神の人格と永遠の計画

不信仰の文化の中で生きる信者のための聖書物語

第三版 日本語訳付き

ブックドメインLLC。
3543 E ルイーズ ドライブ。
フェニックス、アリゾナ 8505
www.bookdomainllc.com

ISBN 978-1-967903-24-5 ペーパーバック
ISBN 978-1-967903-23-8 デジタル

神の人格と永遠の計画

不信仰の文化の中で生きる信者のための聖書物語

フレッド・ベック

BOOK DOMAIN LLC

目次

序文:なぜこの本なのか?

箱の上の絵が見えないまま、1000ピースの絵のパズルを組み立てるのはほぼ不可能です。聖書を理解するために、私たちは解説的、主題別、発見的など、多くの優れた学習法を用います。これらの方法は、神の言葉を学ぶ際に有用で生産的です。しかし、それぞれの方法はパズルの一部しか示さず、全体像を示すことは稀です。

この本は、聖書を学ぶ上で珍しい方法を採用しています。これは年代順聖書物語と呼ばれ、多くの部分だけでなく、全体像を理解し、体験することを可能にします。

聖書の物語は、子供たちに神と敬虔な性格について教える際によく用いられます。また、聖書の物語を一つ、あるいは複数、独立した学びとして用いることもあります。これらは聖書の物語の良い活用法ですが、本書で用いられている方法ではありません。著者はこの方法の創始者ではありませんが、多くの実践者の一人です。これは、聖書の物語を時系列に沿って語り、読み、聞き、あるいは研究するものです。これは、*神が私たちに聖書を教えるために用いられた方法です。*

旧約聖書がなぜこんなに長く、新約聖書がなぜこんなに短いのか、不思議に思ったことはありませんか?道路工事の作業員が、コンクリートを流し込んだりアスファルトを敷いたりする前に、新しい高速道路の路盤を整備するのにどれほどの時間がかかるか、ご存知ですか？基礎や路盤が整備されれば、舗装工事は比較的早く進みます。*長く使える良い高速道路を作るのに近道はありません。聖書全体を理解するための確固たる基盤を築くのも同じです。*

　今日、私たちはほとんどすべてのことに近道を求める傾向があります。ファーストフード、インスタントポテト、即席の満足感などです。しかし、「即席」は健康問題、経済問題、さらには人間関係の問題を引き起こすことがよくあります。

　アメリカを含む数え切れないほど多くの国々で、キリスト教はしばしば「幅は広いが深さはわずか」と評されます。こうした批判の理由の一つとして考えられるのは、長期的な結果を考慮せずに、近道、つまり伝道前の活動を省略したり、粗雑な弟子訓練を行ったりすることで、より簡単に、より早く目標を達成したいという願望です。

　聖書の物語を時系列に沿って読むことで、こうしたジレンマをある程度回避できるかもしれません。敬虔で、聖霊に導かれ、キリストを敬う人生や教会を築く*には、近道はありません。時系列に沿って物語を読むことで、神はあなたや私のような人々に、ご自身と永遠の計画を定期的に明らかにする場を与えられます。*

　神の真の姿を見始めると、私たち自身も真の姿を見始めます。これには数ヶ月、あるいはそれ以上かかることもありますが、ペースを決めるのは私たちではなく、神です。私たちが主導権を握り、啓示のペースを決めようとする傾向は、信仰において永遠に幼子のままの信者を生み出しやすく、あるいはさらに悪いことに、「名ばかりの信者」という偽りの信者を生み出してしまうのです。

　聖書的な信仰は知識に基づくものではなく、正しい教義さえも基盤としていません。真の知識は重要な要素ですが、聖書的な信仰は真の生ける神との個人的な関係と従順に基づいています。*神との個人的な従順な関係がなければ、キリスト教は単なる空虚な「善行の宗教」(行いに基づく宗教)に過ぎません。*

イエスはこう言われました。*「わたしを遣わした父が引き寄せてくださらなければ、だれもわたしのところに来ることはできません。わたしは終りの日にその人をよみがえらせます。」*もし私たちが生ける神を信じるなら、私たちの信仰は神の導きによって始まるものであり、私たち自身の意志や意図によって始まるものではありません。イザヤはこう書いています。

> あなたの息子たちは皆、主の教えを受け、あなたの息子たちの幸福は大きくなるでしょう。
> (イザヤ書 54:13)

> イエスはこう言われました。「わたしを遣わした父が引き寄せてくださらなければ、だれもわたしのところに来ることはできません。わたしは終りの日にその人をよみがえらせます。」
> (ヨハネ6:44 NASB)

「時系列的」とは、物語を最初から学び始め、神が与えてくださった順番に学ぶことを意味します。つまり、*イエスの名を聞いたり読んだりするまでに、数週間から数ヶ月かかるかもしれません。*しかし、旧約聖書の物語の中には、来るべきメシア／救世主／苦難の僕／人の子などに関する記述や暗示が見られます。

聖書の物語を時系列順に、全体として読んだり、聞いたり、学んだりすることで、神はご自身の人格、性格、特質、そして栄光をゆっくりと、そして積み重ねて明らかにすることができます。私たちが神の一貫した性格と目的を発見するにつれて、神は私たちを御自身へと引き寄せてくださいます。旧約聖書全体を通して、神が様々な人々、様々な状況、様々な文化と関わられる中で、私たちは多くの「小さな啓示」を体験します。

これらの小さな啓示は、神が「キリストにおけるご自身の完全な啓示」を私たちに与えてくださるための備えとなります。神が良い状況をさらに良くし、困難な状況を慈悲と恵みの道へと変えてくださるのを見ながら、私たちは神への畏敬の念を抱きます。私たちは、神が永遠のために何をなさっているのか、その全体像を理解しなければなりません。また、神が信者の日々の生活の中で、永遠のために何をなさっているのか、その細部まで理解したいと願っています。

*神の全体像と人類に対する神の計画を理解すると、他の聖書研究法も以前よりも効果的になります。*それは、聖書全体との関係において、聖書研究の重要性が理解できるからです。

*この本では、聖書の物語をすべて学ぶわけではありません。*いくつかの重要な物語と、支えとなる物語をいくつか取り上げます。その過程で、神がご自分の民の中で、そして民と共に、そして民を通して、どのように愛と忍耐をもって働かれるかを学びます。神は信じる者の中で働くだけでなく、信じない者を御自分に引き寄せるためにも働かれます。そして、彼らの個人的な自由な選択を侵害することなく、そうされます。

また、神は悲劇、他者の悪、苦難、厳しい生活、そして鍛錬を用いて、人類を通して、そして人類を通して御自身の計画を成し遂げることができることも発見します。しかし、その選択は私たち自身に委ねられています。*福音書におけるイエスの物語を読む頃には、私たちは神によって備えられ、イエスを*約束された油注がれた者、メシア、救世主、そして神の苦難の僕として認識するでしょう。そしてついに、イエスが私たちを救うために肉体を取り、人間として来られた旧約聖書のヤハウェに他ならないことを私たちは認識するのです。

私たちはイエスを主、「エホバ・イレー」（神ご自身が私たちのあらゆる必要を満たしてくださる）と見ています。私たちの罪を取り除き、神と共に永遠の命を与えてくださる、神の約束の子羊であるイエスへの愛と感謝の気持ちで胸がいっぱいになります。

しかし、イエスの死、復活、そして肉体の昇天の後、使徒たちと同じように、私たちも葛藤し、「これからどうなるのか？」と自問します。ペンテコステと初代教会の成長の物語を学び続けるにつれ、初期の信者たちと同じように、私たちも喜びに満たされます。*神が約束された聖霊を通して今もなお活発に働き、永遠の計画を成就させておられることを私たちは認識します。*この理解は、私たちを聖書全体の奥深くへと導きます。

著者は聖書に忠実な方法で物語を語ろうと努めています。また、行間に隠された文化、歴史的背景、信仰体系、感情といった要素も捉えようと努めています。こうした要素が物語を現実の生活に根付かせ、神の真理を私たち自身の生活に結びつける助けとなっています。

著者は長年にわたり、インドネシア、インド、そして周辺諸国で年代順に聖書の物語を語り継いできました。口承による物語は詳細を省くため、聞き手は家族や友人に容易に語り継ぐことができます。人から人へと物語を語り継ぐことで、福音は急速に広まり、より多くの人々が物語を語り始めるようになります。

本書は、著者が初めて聖書物語を文章で紹介する試みです。物語を紙に書き記すことで、口頭で伝えるよりも、より長く、より詳細な主要な物語を書くことができます。また、文章で伝えることは、口頭で伝える物語を聖書に忠実に保つための基準にもなります。口頭で伝える物語は伝道や弟子訓練の始まりに非常に役立ちますが、文章で伝える物語は、より深い弟子訓練に非常に役立ちます。文章で伝える物語は、口頭で伝える物語よりも深い真理を伝え、信者が聖書を定期的に読み、部分的に暗記し、そして聖書全体を理解する足がかりとなります。*本書は聖書を真理として紹介することを目指していますが、聖書に取って代わるものではありません。*

これらの物語を書く際、著者は文化や感情などを物語に付け加える際に、異なるフォント（例えばイタリック体）を用いています。そのため、それらの付け加えられた要素は物語の一部となる一方で、イタリック体を用いることで読者は元の物語に何かが付け加えられたことを認識することができます。つまり、イタリック体は読者に、そこに含まれる内容が文字通りの聖書ではないことに注意するよう促し、それが真実かどうかを判断するために祈りを捧げる必要があることを示唆しています。

ほとんどの物語の後には、読者が神がその物語の中で明らかにしておられることを発見し、理解し、応用するのを助けるために、いくつかの問いが挿入されています。これらの問いは読者への試金石ではありません。ある意味では、作者の語り手としての能力を試すものと言えるでしょう。読者はこれらの問いのほとんどに答えられるはずですが、祈りや調査を必要とする問いもあるかもしれません。そのため、*作者は自らの問いへの答えを提供していません。*

物語の文脈にうまく収まらない情報や真実を伝えるために、いくつかの物語の後には、珍しいミニエピローグが加えられています（例えば、アブラハムの3人の妻と8人の息子の図表、マタイとルカによる福音書におけるイエスの2つの系図の説明など）。これはまた、読者が物語の答えに飛びつくのを防ぐためのものです。

この物語集は、アメリカの教会に集う大人の信者のために（*ただし、それだけに限りません*）書かれています。*多くの*

*信者の混乱や疑念を払拭する一助となれば幸いです。混乱や*疑念は、今日の変わりゆく文化の中で、偽りの教えや反神的な意見が（特に一部の学校や多くの大学で）蔓延していることに起因しています。

本書をお読みいただきありがとうございます。*主がご自身とその永遠の計画についてさらに明らかにしてくださるにつれ、私たちをより一層ご自身に近づけてくださるよう、主の祝福を祈ります。さらに、神の御言葉への確信を深めてくだ*さるよう祈ります。そうして初めて、私たちは家族、友人、そして神が私たちの前に置かれた人々に、神の救いの物語と永遠の計画を大胆に分かち合うことができるのです。

著者は欽定訳聖書で育ちました。35歳の時、ロックマン財団が著作権を所有する新アメリカ標準訳聖書（NASB）に切り替えました。NASBには、欽定訳聖書が執筆された当時は発見されていなかった、聖書の古い写本が数多く含まれているためです。古いということは、聖書の原本に近いことを意味します。第二に、アメリカ英語は欽定訳聖書以降変化しています。NASBはより現代的な英語を用いていますが、それでも著者にとっては欽定訳聖書に似た響きがあります。本書には、NASB聖書と欽定訳聖書からの直接引用が多数含まれています。

さて、それでは本の内容に入りましょう。

謝辞

*『神の御人格と永遠の計画: 不信仰の文化に生きる信者のための聖書物語』*は、厳選された 32 の聖書物語に基づいており、イエスの信者全員、特に 64 年以上も私の忠実で愛情深い助け手であったリンダ・ラウンツリー・ベックに捧げられています。

すべての信者は、日々創造主を体験し、信仰を深め、私たちに対する神の計画に喜びをもって参加するに値します。インドネシア、インド、そしてその他の国々の、数え切れないほどの信者の方々、そしてアメリカ合衆国の移民で言語を学んでいる方々にも感謝いたします。彼らは私に短い年代順の聖書物語を口頭で語る練習をさせてくれました。

口承による物語にはいくつかの利点があります。短く、理解しやすく、記憶しやすく、語り直しやすく、共感しやすいからです。物語を語る時と聞く時の両方で、より多くの感覚が刺激されるからです。映画を見るのと本を読むのとでは、まるで違いがあるようです。

書かれた物語は、読者の感覚も利用して物語を生き生きとさせます。書かれた物語は、より多くの読者と情報を加えることで、その効果を補います。一つ一つの物語は、ジグソーパズルのピースとなり、神のご性質と、神がこの世とこの世を超えた世界で何をなさるのかを明らかにします。永遠の偉大な芸術家である神は、物語を通して、私たちの心と精神というキャンバスに、ご自身の計画を描き出してくださいます。神が私の努力を通して、皆さんを祝福してくださることを祈ります。

励ましと援助をいただいた Barbara Carlson、Carolyn Miller、Gay Mills、Ann Roubion に特に感謝します。

基礎声明:旧約聖書

初めに神は天と地を創造した。

—創世記1:1 NASB

神(*エロヒム*):「神」の複数形ヘブライ語。唯一の真の生ける神、全能の神、主権者を意味する。注:*エロヒム*　大文字の*Eなしの語は*、偽りの神や偶像を表すために使用されます。

質問

1. この財団の声明はあなたにとって何を伝えているでしょうか?
2. それは神について何を教えてくれますか?
3. 天と地については何と言っていますか?
4. 他に何か伝わってきますか?もしそうなら、それは何を伝えているのでしょうか?

ミニエピローグ

「初めに神は天地を創造された」(創世記1:1)という根本的な記述は、信仰を表明するものではありません。これは神の事実（絶対的な真理）を表明するものです。多くの人々は「絶対的な真理」という考え自体を否定し、「すべての真理は相対的である」と信じています。

人は神の存在を合理的に信じ、神との重要な関係を主張することさえできます。しかし、神の存在を他者に証明したり反証したりできる人はいません。神はご自身を明らかにされるのです。

本書に収録されている聖書の物語の選択は、神の存在を証明しようとするものではありません。神はご自身を顧みられるほどに偉大なお方です。筆者は、神が誠実な読者の皆様にご自身を明らかにされることを期待しています。これらは神がご自身について語る物語です。

ストーリー1

創造
(創世記 1:1-23)

著者は、リビングバイブル(Tyndale House Publishers、1988年)にヒントを得たがそれとは異なる形式で創世記1:1-23を書き直しました。

1-2. 時の初め、永遠の神(エロヒム)が宇宙を創造した時、地球は形がなく荒涼としていました。すべては海に覆われ、完全な暗闇に包まれていました。神の霊は、その被造物全体に活発に働いていました。

3-5. 神はただ「光よ、存在せよ!」と命じるだけで光を灯し、光が現れました。神はその光に満足し、光と闇を分けました。神は光を「昼」、闇を「夜」と名付けました。こうして*第一日目は終わりました。*

6-8. 神は再び仰せになった。「水の中に大空あれ。」神は大空を創造し、それを「天」と名付けた。こうして*二日目は終わった。*

9-13.　神は再び仰せになりました。「陸地が隆起し、海を分けよ。」すると、まさにその通りになりました。神はそれを「地」、海を「海」と名付けられました。神はそれを喜ばれ、再び仰せになりました。「地には草木と実を結ぶ木々が芽生え、それぞれが繁殖のために種を結べ。」こうして、地はたちまちあらゆる種類の草木を生み出し、神は喜ばれました。こうして*三日目は終わりました。*

14-19.　神は再び言われた。「天に光あれ。昼と夜を分け、季節、日、年のしるしとなり、地を照らすためである。」 神の言われたとおりになった。神は二つの大きな光を造られた。昼をつかさどる大きい光は太陽と呼ばれ、夜をつかさどる小さい光は月と呼ばれた。神は星と惑星を創造し、それらを天の大空に置いた。それは地を照らし、昼と夜をつかさどり、光と闇を分けるためであった。神は見て、よしとされた。こうして*四日目は終わった。*

20-23.　神は再び言われた。「水は生き物の群れで満ち、鳥は地の上空を飛べ。」神は大きな海の怪物と、海に群がるあらゆる海の生き物、そして種類ごとに翼のあるあらゆる鳥を創造された。これらはすべて神によって無から創造された。神は見て、良しとされた。神はそれらすべてを、繁殖のために種子または卵をもって創造された。神は祝福して言われた。「産めよ、種類に従って増えよ、海に満ちよ。鳥は種類に従って増えよ（*このように、鶏は卵より先に生まれた*）」。こうして*五日目が終わった。*

24-31. 神は再び語り始め、神の命によって多くの生き物（ネフェシュ）が無から創造された。家畜、這うもの、地の獣、そしてあらゆる種類の野生生物。それぞれの種類に応じて繁殖のための種子や卵を持つもの。神はそれらを見て良しとされ、御自分がなさったことすべてに満足された。

神は再び言われた。「われらの霊の像に似せて、われらの霊の姿に似せて、人を創造しよう。彼らは地と空と海のすべての生き物を支配する。」こうして神は人を男と女に創造された。神は彼らを御自身の霊の像に似せて創造された（神は霊である）。

神は人間を、繁殖のために種と卵を持つように創造しました。神は彼らを祝福し、こう言われました。「子孫を生め。地を人々で満たし、*地を従わせよ*。あなたたちは、わたしが創造したすべての魚、鳥、獣の主人である。わたしは、種を持つすべての植物と、すべての果樹をあなたたちの食物として与えた。また、獣と鳥にも、草と植物を食物として与えた。」*神はご自身が創造されたすべてのものをご覧になり、それはあらゆる点で素晴らしかったとおっしゃいました。*こうして*六日目は終わりました。*

2:1-3 ついに、地球を含む宇宙は、そこに含まれるすべてのものと共に完成しました。こうして、神は創造の業を終え、第七日にその業を休まれました。そして、第七日を聖なる日、すなわちご自身のために定められた日と宣言されました。

*創造物語を復習し、何が語られ、何が語られていないかを探ってみましょう。*ご自身の聖書翻訳からこの箇所をもう一度読み、比較してみるのも良いでしょう。そして、以下の質問に答えてみてください。

1. 聖書の創造の記述から、神、神の人格、そして神の性格について何を学ぶことができますか。
2. この物語から、創造とその意味について何か新しいことを学びましたか？地球と人類の創造について、何か新しい理解が得られたなら、それを書き出してみてください。

3. 神を表すヘブライ語の名詞(エロヒム)は、あなたの理解に何かプラスになりましたか?基礎声明をもう一度参照してください。
4. 真実は普遍的、絶対的、不変なのでしょうか、それとも相対的なものなのでしょうか。何が真実かを決める権限は誰にあるのでしょうか。
5. 創造の物語における主要な真実は何ですか?
6. この物語は神や創造についての疑問に答えましたか?
7. この物語は神や創造について何か新たな疑問を提起しましたか?
8. 創造の6日間は24時間でしたが、一部の人が言うように、それらの6日間は本当に長い期間だったのでしょうか?あなたの答えは何に基づいていますか?

ミニエピローグ

聖書の物語を年代順に研究することで、神がご自身、その人格、性格、そして私たちとすべての人々に対する永遠の目的を明らかにするもう一つの機会を与えることを目指しています。

神は永遠であり、始まりも終わりもありません。そのため、*神は時間と空間の外に存在します*。時間と空間は、常に存在し、常に存在し、そしてこれからも存在する神によって創造されました。神がご自身を明らかにされる主な方法は、聖書における神の永遠の性質、人格、そして計画であり、そしてイエスという人格を通してより明確に示されます。*神の自己啓示は*、神との関係、名前、そして現実の状況における現実の人々との関わりを通しても示されます。

動物と人間の創造は創世記第一章で起こりますが、神による人類創造の詳細については第二章までお待ちください。創世記の最初の11章は、旧約聖書（聖典）と聖書全体への導入部となっています。創世記の最初の11章の物語は、本質的な真理と重要な歴史を、事実に基づいた文体で明らかにしています。神は永遠の計画をすぐに明らかにされたのではなく、数千年にわたる一連の歴史的文脈の中で明らかにされることを選ばれました。

著者は天地創造（創世記1:1-2:25）を二つの部分に分け、最後に「人間の堕落」（創世記3:1-24）を付け加えています。彼の意図は、天地創造と人類の歴史が最初から繋がっていることを私たちに思い起こさせることです。聖書は神話ではなく、真実を扱っています。

聖書は元々、章と節に分かれていませんでした。章と節が追加されたことで、聖書に登場する人物、教え、出来事などを簡単に見つけられるようになりました。創世記1章26-29節は、男と女という人類の創造の概略を示しています。神は人類（人々）を祝福し、子孫を増やして地を満たすようにされました。また、神は人類に地上のすべての生き物に対する権威を与えました。「権威」には、神を演じるのではなく、環境を全体的に保護することも含まれます。

第二話では、人類創造についてより詳細な側面を考察します。現代文化における、性別は二つではなく複数の性別であるという主張は、神の真理と科学的現実に反しています。だからこそ、聖書における人類創造の記述を、大まかな概要と詳細な側面の両方から理解することが、より重要になります。神にとって、何事にも驚きはありません。

ストーリー2

最初の人々
（創世記1:26-3:24）

神は全能の位格です。人間でもなければ、単なる力でもありません。神は霊です。神の位格とは、神が人間の姿をしているという意味ではありません。むしろその逆です。

は宇宙を創造し、地上に植物と動物の生命を宿した後、「われらのかたちに、われらの似姿に、人（アダム）を造ろう」と仰せになりました。私たちは、人間が神によって、神の似姿に創造されたこと*を理解しています。しかし、神は人間の似姿ではありません。*

神のイメージに創造されたことには、神のいくつかの特徴が含まれています。人間は神のような人格を持ち、神のような理性的な存在であり、神のような自由意志を持つ存在であり、神のような責任ある存在として創造され、神のような人間関係、つまり神との関係、そして人間同士の関係のために創造されました。

神は人類を神自身のイメージ（似姿）に創造しました。神は人類を男性と女性という二つの自然な性別に創造しました。男性*と*女性*とは*、人間の二つの自然な性別を表す二つのヘブライ語の英語訳です。聖書のヘブライ語で*男性を表す言葉*は「*ザカール*」で*男性の体の一部*、聖書のヘブライ語で*女性を表す言葉は*「*ンゲバ*」で*女性の体の一部*です。このように、神は*二つの性別を似て非なる自然な性別として創造しました*（創世記　1:27）。二つの自然な性別（男性と女性）はそれぞれ、身体、感情、好き嫌い、役割、優先順位が多少異なるように神によって設計されました。二つの自然な性別*の異なる側面は*、*両者を分離したり*、*競争を生み出したりするためではなく*、*神の永遠の計画を果たすために*、*お互いが相互に依存するようにするためのものです*。これらの違いには生殖も含まれますが、生殖以上のものです。*それぞれの自然な性別（男性と女性）は*、*他方を補完し合います*。

肉と骨の肉体を持って創造されましたが、*動物ではありません*。人間もまた、神が霊であるように、霊を持つ霊的存在として創造されましたが、*人間は神ではありません*。*人類には神の神性のきらめきさえも備わっていません*。

人類は天の被造物ではなく、*地上の唯一無二の存在として創造されました*。*人類は神に従属しますが*、*同時に*、*人類（男女）は神（エロヒム）を知り*、*愛し*、*崇拝し*、*交わりを持ち*、*個人的な関係を築くことができます*。*このように*、*人類（男女）は*特別な存在なのです。

そこで、主なる神（ヤハウェ・エロヒムまたはエホバ・エロヒム[創世記2:7]）は、土の塵から人（アダム）を形作り、その*鼻孔*に命の息を吹き込みました。こうして、人（アダム）は、生き物/魂、*つまり*、*人類の非物質的な霊的な部分になりました*。

神（エロヒム）は、人間（男と女）を創造し、海の魚、空の鳥、家畜、地を這うすべての生き物を支配（統治）させました。

主なる神（ヤハウェ・エロヒム）は人類のために特別な園を造られました。その園はエデン（喜び）と呼ばれ、チグリス川とユーフラテス川の間のどこか（現在のイラク）に位置していました。神はまた、目に美しく、食べるのに良いあらゆる種類の木を園に植えられました。命の木と善悪を知る木は園の中央に置かれました。

主なる神は人を園に住まわせました。園には人が生きるために必要なものがすべて揃っていました。*また、園は幕屋として、人々が日々神の臨在と交わりを楽しむ場所としても機能していました。*神は人（アダム）に、「園にあるすべての木の実を自由に食べてよい」と言われました。こうして、人は*神から楽しく充実した仕事を与えられたのです。*

神は人間（アダム）にこう告げました。「園にある木は、一本を除いて、どれを取っても構わない。ただし、善悪を知る木からは取って食べてはならない。それを食べると、あなたは死ぬ。」*このように神は、人間がいつか自ら背き、禁じられたことを行うようになることを暗示しました。*また、神は人類の罪の後に必ず訪れる裁き（死）についても警告しました（創世記2:7-17）。

神は、園の世話人という人間の仕事に加えて、新たな、しかし一時的な使命を与えました。*神が私たちに何をすべきかを指示するのには、多くの理由があります。*神は人間にすべての動物に名前を付けるように命じました。*これは、人間が地球上で最も優れた被造物であるという真理を裏付けるものです。*アダムは神に従い、動物に名前を付けました。

*アダムは神に従うにつれ、重要な真実を学んだ。*すべての動物はふさわしい伴侶と共に創造されたが、アダムにはふさわしい伴侶がいなかった。*神はアダムにこう告げた。「汝にふさわしい助け手はわが計画の一部である。*『人が独りでいるのは愚かなことである』から*である。汝はふさわしい伴侶の価値を認識するようになり、ふさわしい伴侶を必要とし、ま*

た望んでいることを理解したので、私はそのふさわしい助け手、生涯の伴侶を汝に創造しよう。」神はアダムを深い眠りに陥れた。眠っている間に、神はアダムの肋骨（女性名詞）の1本を取り、肋骨が取り除かれた部分の肉を（新品同様）に戻し、アダムの肋骨を女性（*イシュシャー*）に形作った。神はその女性をアダムのもとへ導き、彼を深い眠りから目覚めさせた。

アダムは女を見て、「*これは*わたしの骨の骨、わたしの肉の肉*だ*」（創世記2:23　欽定訳）と叫びました。*この言葉はあまりロマンチックではないかもしれませんが、文脈を思い出してください。*アダムはすべての動物に名前を付け、それぞれの動物に伴侶がいることに気づいていましたが、彼には伴侶、人生のパートナーはいませんでした。

*アダムは女性を見たとき、喜びに打ちひしがれました。それは一目惚れでした。「わあ！」*アダムは叫びました。「この人は私に似ている。*私にとって完璧な伴侶、人生のパートナーだ。*」*アダ*は男性（イシュ）から生まれたため、女性（イシュシャー）と呼ばれました。*女性は男性と同様に、人間性とは平等で、本来的に一体である存在です。彼女は「イヴ」（ハヴァ、生命の与え主）*と名付けられ、すべての人々の母となるのです。

*神は最初の結婚式を執り行い、*アダムとイブは夫（イシュ）と妻（イシュシャー）となりました。夫と妻は結びつき（*ダバク*）、すなわち固く結ばれることになりました。*神は結婚が生涯続くものであり、一人の男性と一人の女性の関係であることを意図しました。このように、*今日のアメリカ文化では、夫と妻は親元を離れ、一つの肉体（一つの結合、一つの絆、互いに平等でありながら異なる助け手）として結ばれます。*お互いが相手にとって必要なものなのです。*

*しかし、今日の多くの文化では、経済的な理由から、新婚夫婦は夫の両親か妻の両親と同居することがよくあります。かつてのアメリカでも、そのような状況はよくありました。*筆

者の両親は、幼少期には母方の両親と数年間暮らし、その後父方の両親と数年間暮らしていました。

*神が新婚夫婦が結婚後に実家を離れることを計画されたのには、二つの基本的な理由があります。第一に、実家に留まると、新婚夫婦は実家にいることになり、実家の希望に従わなければならず、実家の命令に従わなければならないからです。第二に、*結婚は成熟した人々、つまり神のもとで自らの責任を負える人々のためのものです。*夫婦が実家に住むと、実家の両親が引き続き責任を負うことになり、それは新婚夫婦にとっても実家の両親にとっても、どちらにとっても良いことではないことが多いのです。*

神はアダムとイブに「子を産んで増えよ、地に満ちよ、地とそこにあるすべてのものを治めよ」と命じました。*もちろん、「治める」ということは、世話をする責任を意味します。*

*新婚旅行の後、アダムはエバに、彼女が到着する前に起こった出来事と神が語ったことすべてを詳しく話しました。*二人は裸でしたが、お互いの前では気まずくも恥ずかしくもありませんでした。今や、神の前では恥ずかしい思いをしていました。二人は互いを、そして神が毎日訪れてくださることを楽しみました。*アダムとエバがエデンの園でどれくらいの期間暮らしたかは分かりません。何年も暮らしたかもしれませんが、妊娠していなかったので数ヶ月だけだったかもしれません。神はすべてを私たちに教えてくれるわけではありません。*当時、人間と動物の間には敵意はありませんでした。人間は菜食主義者（創世記 1:29）であり、動物にとって脅威ではありませんでした。動物もまた菜食主義者（創世記 1:30）であり、人間や他の動物にとって脅威ではありませんでした。

人類の誘惑と堕落（創世記3:1-24）

蛇は神が創造した他のどの獣よりも狡猾（ずる賢く、ずる賢い）と言われていました。

*ある日、蛇はイブの心を弄び、「神は善ではない。*あなたをこの美しい園に置いた*のに*、こんなに良い食べ物をあなたに与えないの*だ*」と言いました。

「いいえ!それは違います」と彼女は神を弁護するようにすぐに答えた。「園にあるものは何でも食べていいんです。善悪を知る木の実だけは。あれだけが禁断の実なんです。その木の実を食べたり、*触れたりしたら、私たちは死んでしまうんです。」*

神は「触れることさえ」とは*仰いませんでした。イブがそう付け加えたか、あるいはアダムが彼女にそう告げたのかもしれません。蛇は女（イシュシャー）を不意打ちにしてこう言いました。「神はあなたに真実を語っておられない。*その実を食べてもあなたは死なない。死ぬどころか、あなたの目は開かれ、あなたは神（エロヒム）のようになり、善悪を知るようになるの*だ*」（創世記3:5）

*蛇は、そのような知識があれば、彼女とアダムはもはや神を必要としなくなると示唆しているようでした。彼らは善悪を自ら判断できるようになるように見えました。*今日でも、人類は善悪を判断する能力を求めています。しかし、それは人類にとって依然として障害であり、*特に善悪の定義が神の定義と矛盾する場合にはなおさらです。*

それまで、アダムとエバは神との関係と神への信頼に満足していました。*しかし今、彼らは神の善良さと誠実さに疑問を抱き始めました。神から独立するという考えが、心を惹きつけるようになりました。男と女は禁断の果実をじっくりと見たことがありませんでした。なぜわざわざ見ようとしたのでしょうか?*さて、女がそれをじっくりと見ると、見た目も香りも美味しそうでした。女の目には魅力的に映り、蛇によれば「賢くなるには望ましい」ものでした。

*彼女は、神は唯一(エロヒム)であり、他の神は存在しないことを忘れていたようでした。また、自分が「神の似姿」に創造されたが*神ではないこと、そして*彼女(あるいはアダム)が神になることも、ましてや神々になることもできないことも忘れていました。エバは誘惑に負けてしまいました。*彼女はその「知恵」を欲しがり、神に逆らって禁断の果実を食べてしまいました(イシュシャー)。そして、*傍らにいた夫(イシュ)*にも少し与えてしまいました。アダムも同様の危険な選択をし、自ら進んで食べてしまいました。

エバは敵の攻撃を受けていました。アダムは彼女と共にいましたが、何の助けもしませんでした。神の*敵が妻を攻撃するのを黙って見過ごしていました。アダムは良き助け手とは程遠い存在でした。アダムはエバに敗北を*許し、*自らも反抗に加わりました。まるでアダムが神に唾を吐いたかのようでした。*

彼らの理解の目はすぐに*部分的に*開かれました。彼らは自分が裸であることに気づき、恥ずかしくなり、*いちじくの葉を縫い合わせて一時的に裸を隠すことでこの状況に対処しようと考えました。*

突然、彼らは園で神の声を聞いた。神は日々彼らと交わるために来ていたのに、男と女は彼らが期待していたような力強さと神のような存在ではなく、今や神を恐れていた。神の御顔を求めるどころか、神から隠れようとした。*彼らは神と同等の者となることを望んでいたが、神から疎遠になっていたのだ。*

主なる神(ヤハウェ・エロヒム)は、*幼い子供とかくれんぼをする父親のように、「アダム、どこにいるのか?」と呼びかけました。*

「君が庭に入ってきたのが聞こえたよ」とアダムはおとなしく言った。「裸だったから怖かったから、隠れたんだよ」

*「何が変わったのか?」と神は尋ねた。「あなたはいつも裸だった。誰があなたに裸でいてはいけないという考えを植え付けたのか?*何が変わったのか?今初めて私を畏れるようになった。*私に逆らって禁断の木の実を食べたのか?」神の問いかけは、神が起こったことすべてを知っていたことを示していた。*

「確かに、禁断の果実を食べましたが、*それは私のせいではありません。ある意味では、あなたのせいです。神様」*とアダムは言いました。「あなたが私に与えてくださった女性が、それを私の手に渡し、私はそれを食べてしまったのです。」

*なんともひどい言い訳だ!神の似姿として創造された人間が、怯えたネズミのようになってしまったのだ。責任から逃れ、妻の後ろに隠れて身を守ろうとしたのだ。エバも無実を*訴えた。*「こんな目に遭わせないで!*蛇が私を騙したのよ。*私は無力で、夫は私を守ってくれなかった*から、食べてしまったのよ」

*罪は取るに足らないものではありません。単なる過ちや神の御心からのわずかな逸脱ではありません。*罪の重大さは、人を神を滅ぼそうとさせるほどです。*アダムとエバの罪は、神との関係を破壊し、彼らの人格を堕落させ、最初の口論を招き、そして最終的には彼らの肉体の死をもたらしました。*

自ら創造した蛇(ナハシュ)にこう語りました。*「罪には報いがある。」蛇が神に反抗したのは、禁断の果実を食べたからではありません。蛇はアダムとエバを欺くことで、神への自らの反逆を明らかにしました。その欺瞞が人類の罪と堕落へと導いたのです。*

> *お前はこのようなことをしたので、*罰を受ける。
> すべての動物の中で、お前だけがこの呪いを受けなければならない。今からお前は罪を償い、土の上を腹ばいで這わなければならない。わた

> しはお前と女[エバ]との間に敵意を置く。彼女の子孫[彼女の子孫、つまり子孫、単数形]とお前の子孫は永遠に敵となる。女の子孫[単数形]はお前の頭を砕くが、お前はただ彼のかかとを砕いた*だけである。*
>
> (創世記 3:13-15 NASB)

この諺は、蛇が地獄で女の子孫を襲い、女の子孫が蛇の頭を砕いて蛇を倒すであろうことを示しているようです。

ここで得られる情報は限られているため、神が蛇に語った言葉の意味を理解するのは難しい。しかし、これは聖書における大きな陰謀の導入部であるように思われる。今のところ、まだ答えが出ていない二つの疑問が残っている。「この女の子孫とは誰なのか?」と「アダムとイブを欺いたこの蛇とは誰なのか?」である。陰謀が完全に理解されるまでには、通常、時間をかけて展開していく必要がある。これらの疑問への答えは、後の物語で明かされるものと仮定しよう。

> 主なる神は*エバにこう言われました。「罪には報いがある。子供は祝福であると言ったのに、*あなたの反抗的な心のゆえに、私はあなたの妊娠の苦しみと出産の苦しみを増す。しかし、その苦しみにもかかわらず、あなたは夫を欲しがり、もっと子供を欲しがるだろう。あなたは夫と対等であるにもかかわらず、夫の指導に*従うだろう。」これは夫がボスであるという意味ではなく、むしろリーダーであるという意味です*
>
> (創世記3:16 NASB)。

主なる神は*アダムにこう言われた。「罪には結果がある。*お前は私の権威に反抗し、挑発した。そのため、全人類(男も女も)、地球、そして全自然はお前の罪の影響を受ける。*したがって、人類だけでなく、地球と全自然はお前の罪の呪いを受けるのだ。」*

アダムとイブ以来、私たちはみな罪(堕落した性質)を持って生まれました。

> アダムよ、庭で食物を育てるのはあなたにとって容易だった。しかしこれからは、家族を養うのに十分な食物を生産するために、あなたは一生懸命働くことになる。土は苦労することなく雑草や棘を生み出すだろう。あなたは塵から造られた。肉体が死ぬとき、あなたの体は塵に還るのだ。
>
> (創世記 3:17-20 NASB)

それから主なる神は罪のない動物を殺し、その皮を使って丈夫な衣服を作り、アダムとエバの裸を覆いました。この動物の血まみれの死は、生命創造以来、あらゆる生き物が初めて経験した死でした。主なる神はその後、人類が命の木の実を食べ、罪の中で永遠に生きることを防ぐための措置を講じました。*人類が罪を犯した後、命の木の実を食べさせなかったのは、神の罰ではなく、慈悲でした。*「こうして主なる神はアダムとエバを園から永遠に追い出し、天使を置いて園を守らせた。」

質問

物語は簡潔に語られていますが、問題は非常に複雑です。物語の中で何が語られ、何が描写されているのか、そしてそれが何を意味するのかを探りましょう。*これらの質問はテストではなく、著者は解答リストを提供していません。著者*は、皆さんが聖書を調べ、聖霊に頼って神の真理を発見できるように願っています。この物語と聖書を活用してください。

1. この物語から、神の性格について何を学びましたか?
2. 神様の新しい名前に気づきましたか?その名前とは何でしょうか?その新しい名前の意味については後ほど詳しく学びます。
3. この物語の主な真実や教えは何だと思いますか?
4. 人間と動物の類似点と相違点をいくつか挙げてください。
5. アダムとイブが禁断の果実を食べたら、蛇はどんな3つの約束をしましたか?二人が神に背いた後、それらの約束はどのように実現しましたか?
6. 神が介入する前の彼らの罪の結果は何だったのでしょうか。
7. アダムとイブはギドに背いた後すぐに死んだのでしょうか?そうでないなら、なぜ死んだのでしょうか?もしそうなら、どのように死んだのでしょうか?なぜそう言うのですか?
8. 神はなぜアダムを罰したのですか?イブを?蛇を?
9. 神はなぜ動物の裸を隠すために殺したと思いますか?
10. この物語についての疑問に対して何か新しい答えが得られましたか?
11. 聖書における人類(男性と女性)の創造の記述は、今日の性別をめぐる文化戦争とどのように比較されるのでしょうか。

*この物語について、まだ答えのない深刻な疑問をお持ちなら、*神に助けを求めてください。神は聖書から直接答えて

くださるかもしれません。牧師や、日々神と共に歩む成熟した信者と話すよう導いてくださるかもしれません。

ミニエピローグ

これらの注釈は物語に盛り込むことを意図したものではありません。私たちは聖書の物語の素材や推論のみを用いて物語を語ります。いくつかの物語の後には、ミニエピローグが添えられます。これは珍しいことですが、著者が物語以外の考えを共有するのに役立ちます。信者は聖書全体を知っています。しかし、時系列順に読むということは、それぞれの物語を、目の前の物語以外の神とその計画について何も知らないかのように読むことを意味します。

よく使われる「*その種類に従って*」(創世記 1:12,21,24)という表現に気づきましたか?これらの聖句は、神が植物、海の生き物、鳥、獣、家畜、そして地を這うものを創造したことを教えているのでしょうか。それとも、世俗科学が教えるように、何百万年もかけて単純なものから複雑なものへと進化したことを教えているのでしょうか。

神がご自身を指す複数代名詞を用いて「我々のかたちに、我々に似せて人を造ろう」(創世記 1:26)と述べられていることにお気づきですか?*多くの人*は、これらの複数形は「威厳の複数形」だと言います。例えば、王がしばしば自らを「我々」*「我々の」「我々　」*と複数形で呼ぶのと同じです。*少なくとも今のところは*、それが一つの可能性です。

神を表す言葉*「エロヒム」*が複数名詞であることにも注目してください。一方、神の名「ヤハウェ」(主)は単数形の*固有名詞です*。創世記1-2章の創造物語は、3つ以上の異なる情報源が融合したものであると考える人もいます。融合の有無にかかわらず、聖書の筆者たちに霊感を与えたのは神の霊であり、したがって、それは神の言葉なのです（ペテロの手紙二1:20-21参照）。

多くの人は創世記1章26節を三位一体の最初の言及と見なしていますが、この教えはずっと後になって、新約聖書で啓蒙されて初めて議論されるものです。今日の学びはまだ新約聖書には至っていません。聖書を時系列順に物語る際、まだ触れられていない事柄（未来の物語にある事柄を今教える）を教えることは、新しい信者を混乱させ、聖書を理解できるのは専門の聖書教師だけだという思い込みを与えてしまう可能性があります。*神の言葉は選ばれた少数の人々にではなく、すべての人々に与えられたのです。*

第 1 章では神 (エロヒム) が、第 2 章では主 (ヤハウェ) が出てきます。また、神の霊 (1:2) も出てきますし、神はただ話すことによって天と地を創造しました　(神の言葉そのものが、ずっと後にイエスの誕生においても肉体となりました)。しかし、神が自らを啓示したこの時点では、三位一体や受肉について教える根拠はありません。

三位一体という言葉は良い言葉ですが、聖書には出てきません。私たちが神を説明するために使う言葉です。忍耐強く、神が最初にそうされたように、これらの物語を通してご自身と私たちへの目的を時系列で明らかにしてくださるのを待ちましょう。

*サタン*という名前は使われていないことにも注目してください。誘惑者としては*「蛇」*という言葉しか見当たりません。後の物語を通して、その誘惑者についてさらに多くのことを理解できるようになります。アダムとエバの罪は、彼らを「神」とすることができなかっただけでなく、彼らの新たな知恵にも限界がありました。神の計画と命令は常に私たちの計画よりも優れています。不従順そのものが、望ましくない結果を生み出します。

主なる神（ヤハウェ・エロヒム）は、人類に拒絶されたにもかかわらず、人類への愛と配慮を示されました。神は動物を殺し、その皮でアダムとエバの裸を覆いました。多くの人は、この神の行為を、神が後世のユダヤ人に罪の赦しのために要求した血の犠牲の典型と見ています。後ほど、動物の犠牲は神が救い主を与えてくださるという信仰に基づいていたことを学びます。実際、罪を真に償う唯一の血の犠牲は、人間ではなく神ご自身によってなされるのです。神がご自身を辛抱強く私たちに啓示してくださることを、私たちは先取りしてはなりません。*真理の上に真理が積み重ねられることで、「絶対的な真理」が生まれるのです。*

私たちは皆、誤った思い込みを抱きがちで、時には自らの文化や思い込みを聖書の信仰と混同してしまいます。多くのアメリカの信者や教会は、「アメリカ文化」と「聖書の信仰」の違いを認識していないようです。

聖書の物語は、「文化」がしばしば神に逆らうことを示しています。これらの物語を読みながら、神に啓示を求めましょう。

ストーリー3

親の子は親の子である
（創世記4:1-5:32）

神がアダムとイブをエデンの園から永遠に追放した後、彼らは神に犠牲を捧げました。そして、神の命令に従って子供をもうけ始めました。アダムとイブの多くの息子のうち、聖書に名前が記されているのは3人だけです（カイン、アベル、セツ）。アダムとイブの娘たちや他の息子たちの名前は記録されていません。

*彼らに何人の子供がいたかは分かりません。ただ、もっと多くの息子と娘がいたことは分かっています（創世記5:4）。彼らは私たち人類の始まりでした。急速に繁殖するためには、兄弟は姉妹と、いとこはいとこ同士、そしておそらく叔父は姪と結婚する必要がありました。*人類は若く、力強かったのです。人類の初期の段階では、今日私たちが近親相姦と呼ぶようなことが、遺伝子変異の問題を引き起こすことはなかったでしょう。*（この物語の最後にあるミニエピローグをご覧ください。）*

罪には、短期的な結果と長期的な結果の両方があります。罪を犯す前、アダムとエバは神の訪れを喜んで受けていました。神を畏敬する理由はありましたが、恐れる理由はありませんでした。しかし、神に罪を犯した（不従順／反逆した）とき、神の約束通り、彼らは霊的に死んでしまいました。アダムとエバは神から疎遠になり、かつてのような神との親しい交わりはもはやありませんでした。今や彼らは神を恐れるようになりました。しかし、神は依然としてアダムとエバを愛し、彼らの幸福を願っていました。今日の物語では、アダムとエバの罪が彼らの子孫に及ぼした影響について学びます。

カイン（所有物）は彼らの最初の子、息子でした。エバは神（ヤハウェ／エホバ）に男の子の誕生の功績を帰しました。*おそらく彼女は、その子が蛇の頭を砕く約束の子となると考えたのでしょう。*エバは次男を産み、アベル（息）と名付けました。

息子たちが成長すると、カインは父の跡を継ぎ農夫となり、アベルは羊飼いとなり、羊や山羊の群れを飼いました。人間も動物も皆菜食主義者だったので、人々は羊や山羊を食べませんでした。*羊は衣類や毛布の原料となる毛糸を、山羊はミルクやチーズという形で家族の食料を供給しました。*

アベルは神を愛し、自分の羊の群れから神への捧げ物（犠牲）を捧げました。カインは邪悪な心を持っていましたが、*神を愛しているふりをしていただけでした。*カインもまた、野菜や穀物の収穫物を神に捧げました。*アベルの心が正しかったので、神は彼を喜ばれました。*（「信仰によって、アベルはカインよりも良い犠牲を神に捧げ、それによって彼が義人であることの証を得ました。しかし、*神はカインの心が邪悪であることを知っていたので、カインの捧げ物を喜ばれませんでした。*」）

カインは神に激怒しました。また、神がアベルの捧げ物を受け入れたのに、自分の捧げ物を拒否したことで、アベルに激しい嫉妬を覚えました。神(ヤハウェ)はカインに愛情を込めて語りかけました。「カインよ、なぜ怒って不機嫌になっているのか?*もしあなたの心が正しかったなら、私はあなたの兄弟の捧げ物を受け入れたように、あなたの捧げ物も受け入れただろう。*気をつけなさい。罪があなたの心の扉の前で待ち構えている。*罪はあなたを支配し、滅ぼそうとしている。あなたはそれを拒絶しなければならない。*

　　カインは悔い改めなかったので、彼の邪悪な心が彼を支配し続けました。

　　ある日、彼はアベルに「一緒に畑に行こう」と言いました。

　　アベルはカインと共に旅に出ましたが、二人がそこにいる間に*カインは弟を襲い、殺してしまいました。*神はすべてをご存知です。*アダムとエバの罪を知っていたように、神は彼らの息子たちの罪も知っておられました。そして、*カインが弟を殺したという凶悪な罪についても、神は確かにご存知でした。

　　主は「カインよ、アベルがどこにいるか知っているか」と尋ねました。*主はカインに悔い改めて神の恵みを経験する機会を与えておられましたが、神への反抗心は彼を奴隷にしました。こうしてカインは慈悲を拒否し、代わりに裁きを受けました。*彼は依然として神への怒りを抱いていました。

　　カインは主に嘘をつきました。「弟がどこにいるか分かりません。彼は私の責任ではありません。」カインは自分の罪を告白することを拒否しました。

　　主は尋ねました。「なぜこんなひどいことをしたのか。弟の血が地面から私に向かって叫んでいるのが聞こえる。*カインよ、罪には必ず報いがある。*あなたは地面から呪われている。それゆえ、地面はもはやあなたのために作物を産み出さない。あなたは地上で家なき放浪者となるのだ。」

「その罰はあまりにも重すぎて耐えられません!」とカインは叫びました。「あなたは私を畑から、あなたの前から追い出そうとしているのです。地上をさまよう家なき者のように、私を見つけた者は必ず殺すでしょう」(創世記4:14)。

「復讐は私だけにある」と主は言われた。「お前は私から離れているが、*私はお前から離れていない*。私はお前にはっきりとした印を刻む。カインを殺す者は皆、私に責任を負わなければならないという警告だ。彼らへの私の復讐は、お前への復讐の七倍も強い。」

カインとその妻は、自分たちの土地と主の御前から去りました(*しかし主はカインを見捨てませんでした*)。彼らはエデンの東、ノド(放浪の地)に定住しました。妻は息子を産み、その名はエノク(献身の)とされました。後にカインは都市を建設し、エノクにちなんで名付けました。その地域の人口は増加し始めました。時が経つにつれ、カインの曾孫の曾孫のレメク(*権力者*)は二人の妻を娶り、こうして*一夫多妻制が社会に導入されました。*

一方、アダムとエバはもう一人の息子をもうけ、セツ(代償、代償の意味)と名付けました。エバは「カインがアベルを殺したので、神はアベルの代わりとして、私にもう一人の息子(種)を与えてくださいました」と言いました。*最初の母親は今もなお、蛇の頭を砕く子孫(種)を探し求めています。アベルは死に、カインは追放されました。果たしてセツこそが蛇の頭を砕く者となるのでしょうか?*

セトにはエノシュ(男)という名の息子がいました。エノシュとその子孫によって、人類は主(ヤハウェ、唯一の真の神)の名を呼び始めた、あるいは「神の民」と呼ばれるようになりました。*いずれにせよ、これはアベルの死後、真の霊的成長が聖書に示された最初の例です。*

*創世記は、セツからノアに至るまでのアダムの子孫について記しています。*また、セツが生まれた時、アダムは130

歳であったことも記されています。セツの誕生後、アダムはさらに800年生き、多くの息子と娘をもうけました（創世記5:4）。聖書には彼らの名前は記されていません。*神は私たちが知る必要のあることだけを語っておられます。神は、私たちがアダムの子孫の特定の系譜を辿ることを望んでおられるようです。*

*アダムは*セツの父となり、*セツは*エノシュの父となり、*エノシュは*ケナンの父となり、*ケナンは*マハラレルの父となり、マハ*ラレルは*ヤレドの父となり、*ヤレドは*エノクの父となり、*エノクは*メトセラの父となり、*メトセラは*レメクの父となり、*レメクは*ノアの父となり、*ノアは　セム、ハム、ヤペテの父であった*（創世記4:25-5:32）。

アダムとエバの子孫として名を連ねた人々は皆、800年以上生き、生涯を通じて多くの子孫をもうけました。唯一の例外は、メトシェラの父エノクです。エノク（献身者）は神と親密な関係を築きました。地上で365年しか生きていなかったエノクは、神に命を奪われました。*アダムからノアまでの約1036年間、人口は急速に増加しました。*神はセトとその子孫を、ご自身の理由で選びました。

質問

1. この物語は罪について何を教えてくれるでしょうか。
2. アダムとエバには何人の息子と娘がいましたか。（創世記 5:3-5 参照）
3. 創世記第 5 章に系図（アダムからノアまで）が記録されているのはなぜだと思いますか。

ミニエピローグ

人口は急速に増加しました。人類は若く力強く、近親相姦と呼ばれる関係における突然変異は起こりませんでした。しかし、人類が何世紀にもわたって繁殖を続けるにつれ、近親相姦は問題となりました。そこで神は近親相姦を禁じました（レビ記18章、不道徳な関係に関する律法）。

ストーリー4

世界的な洪水と新たな始まり（創世記6-10章）

エノクの時代、唯一真の神への真の崇拝が復興しました（創世記4:26）。しかし、時が経つにつれ、ほとんどの人々は神を無視するようになり（現代の私たちも同様です）、社会はますます不敬虔で邪悪になっていきました。主（ヤハウェ）は、人類の邪悪さが甚だしく、その心の思いが邪悪であることを御覧になりました。神は被造物を愛し、人類が罪に打ち負かされることを、そして*それが起こることを御存じであったにもかかわらず、深く悲しまれました*。神は、人類の寿命を延ばし続けるのではなく、通常の寿命を最長120年にまで縮め始めると告げられました（創世記6:3）。

寿命の長寿を除けば、現代はノアの時代と似ています。多くの不信者は、現代の学問、文化、富などに誇りを抱いているようです。人類はますます創造主、維持者、そして救い主である神の存在を否定しています。多くの人々は、罪は取るに足らないものであり、救い主は必要ないと考えています。

*ノアは神と共に歩んだ義人でしたが、もちろん罪がなかったわけではありません。*500歳になったノアは、セム（名前）、ハム（熱い）、ヤペテ（開いた）という三人の息子（三つ子）*の父となりました。*ノアとその家族だけが悔い改めた人々であり、神の目に恵み（恩恵）を与えられました。

世界と人類は荒廃し、神はノアが知っていた地球と人類を滅ぼすと脅しました。*その後、*神は再びノアとその家族から始めることになりました。そこでノアと3人の息子は、ゴフェルの木で箱舟を造るように言われました。箱舟は内外ともに非常に頑丈で防水性を備えていなければなりませんでした。3階建ての各階に部屋を設け、全体を覆って換気用の屋根を架ける必要がありました。その船は巨大で、長さ450フィート、幅75フィート、高さ45フィートになるはずでした。*これはフットボール競技場1つ半分の大きさです。*

神はこう言われました。「わたしは地上に大洪水を起こし、すべての肉なるもの（人間と動物）を滅ぼす。命あるものはすべて滅びる。しかし、あなたとあなたの家族は箱舟に入り、死ぬことはない。」

ノアは目を大きく見開いて、ささやきました。「たった 8人の乗客を乗せるには、とても大きな船だね。」

*神は微笑んでこう答えました。「あなたたちと一緒に箱舟に乗るのは、熊、野猫、鶏、蛇、恐竜、這うもの、鳥など、あらゆる動物の代表です。*ですから、それらの動物たちのためにも、食べ物と水を持っていかなければなりません。」

*洪水後、神が洪水から救ったそれぞれの動物の属は、洪水以前のように多くの動物種に繁殖したと推測されています（創世記6:19-20）。洪水が来たとき、*箱舟の中にいた人々と動物だけが生き残り、他のものはすべて滅びました。そこで神はノアと契約を結びました。*ノアへの神の約束は、人類に対する神の永遠の計画へと繋がりました。*

ノアとその息子たちは神に従い、神の指示通りに箱舟を建造し始めました。彼らは簡素な道具を使って木を切り倒し、それを板にのこぎりで切り、巨大な箱舟を建造しました。*ノアは、なぜあんな巨大な船を建造するのかなど、人々が抱く疑問に答えました。しかし、神に頼って神に従う人は誰もいませんでした。人々は悔い改めるどころか、ノアが神を信じ、乾いた土地*で巨大な船を建造したことを嘲笑しました。その時まで、*地上には雨が降ったことは*なく、ましてや洪水など一度もありませんでした（創世記　2:5）。初めに、神は地底水から霧を立ち上らせ、地を潤しました（創世記 2:6）。

*人々はノアと彼の計画を娯楽として見ているようだった。*彼らは彼を嘲笑し、*時折誰かが「ノア、あなたは狂っている。心配する必要はない。*洪水など一度も起きたことがない」と叫ぶと、*傍観者たちは大笑いした。*

*箱舟の建造にどれほどの期間がかかったかは分かりませんが、4人の男が簡単な道具を使ってあの巨大な箱舟を建造するには数十年かかったでしょう。*ノアが3人の息子（双子）を産んだ時、500歳*だった*ことは分かっています（創世記 5:32）。箱舟の建造が始まった時、3人の息子は皆結婚していましたが、私たち*の知る限り、まだ家庭を持っていませんでした。*また、ノアが600歳*だった*時、地上に洪水が起こったことも分かっています（創世記　7:6）。*箱舟の建造には50年から80年かかったと考えられています。*

ついに箱舟が完成し、ノアと家族は食料、水、*そして自分たちと動物たちが長期間過ごすのに十分なその他の物資を箱舟に積み込み始めました。*すべての準備が整うと、*神は選ばれた数の動物たちを箱舟が*立っ*ている場所へ向かわせました。*彼らは神が意図したグループに分かれてやって来ました。*神はご自身の目的のために動物を操ることができます。*神の計画は、神の永遠の計画に従って、洪水の後も人類と動物の子孫を地上に生き残らせることでした。

*傍観者たちは、その光景に驚きと困惑を覚えました。ノアとその家族が箱舟の中の動物たちと合流したときも、彼らはまだ嘲笑していました。 箱舟には出入り口が一つしかありませんでした。*神はその巨大な扉を閉じ、皆を箱舟の中に閉じ込め、他の者を箱舟の外に閉じ込めました。*こうして神は世界を裁きました。神を信じ、従う者は皆、神の恵みによって救われました。そうでない者は皆、神を信じることを拒否し、自らを罪に定めました。*

箱舟の外にいた観客たちは、曇り始めたばかりの空を見上げていた。彼らは皮肉を込めて顔を見合わせ、肩をすくめて「さて、どうする?」と尋ねた。

*彼らに長く待つ時間はなかった。*洪水の水が地上に降り注ぎ始めた。突然、空から豪雨が降り注ぎ、地下深くから水が湧き出し、罪に対する神の恐ろしい裁きの嵐は40日40夜、休むことなく続いた。

*これは、ゆっくりと上昇する水ではなく、荒れ狂う潮が雲の上だけでなく下からも大規模な破壊を引き起こす様子を描いた言葉です。海底火山の噴火や、海面下で津波のような激しい波が縦横に交差する可能性もありました。*箱舟の外にいるすべての生き物を滅ぼしたまさにその水が、ノアとその家族、そして箱舟の中にいたすべての生き物の命を救い、神が約束したとおり、箱舟を洪水の水面に浮かべました。洪水はますます大きくなり、ついには最も高い山から6メートルもの高さまで、地球全体を覆いました。*当初の山々はそれほど高くなかったでしょうが、大陸プレートが互いの下に滑り込み、山々をはるかに高く持ち上げるため、今日の若い山々は成長を続けています。40*昼夜が過ぎた後、神は天の水門と地底の泉を閉じました。

雨は止みましたが、猛烈な洪水はその後110日間、地球を破壊し続けました。洪水以前、地球は海に囲まれた一つの乾いた陸地でした。洪水の間、*巨大な破壊力がその一つの*

乾いた陸地を多くの小さな陸地に分割しました。今日、私たちはこれらの陸地を島や大陸と呼んでいます。

その後ようやく、洪水はさらに 220 日間ゆっくりと引い始めました。かつては水中で渦巻いていた鉱物、植物、土、人や動物の死体などの堆積物が沈殿し始めました。最初に重い堆積物が沈殿し、次に軽い有機質の堆積物などが沈殿しました。堆積物は層ごとに沈殿しました。各層は比較的速く形成され、互いに積み重なった比較的平坦な地層を形成しました。さまざまな層の中には、恐竜を含む大小さまざまな動物、昆虫、植物、樹木、人体などが包み込まれており、その多くは現在、化石として知られています。これらの物質はすべてセメント化プロセスを経て、固い堆積岩(砂岩、石灰岩、頁岩、カリク、フリント、シルト岩、鉄鉱石、石炭など)が生成されました。

封じ込められていた植生は石炭、石油、ガスなどへと変化しました。場所によっては、高地からの膨大な量の表層流出洪水が狭い地域を通り抜けました。その水が速度と驚異的な勢いを増すにつれ、驚くほどの量の土砂と岩石が浚渫され、広大な峡谷や渓谷が形成されました(アリゾナ州のグランドキャニオン、テキサス州アマリロ近郊のパロデュロキャニオン、そしてアメリカ全土および世界各地にある数多くの峡谷や渓谷など)。これらの峡谷や渓谷の壁には、洪水が沈降する力によって地球全体に堆積した堆積岩の地層が露出しています。

堆積岩の各層は、峡谷や渓谷の壁を除いて、侵食の痕跡がなく平坦である傾向があります。堆積岩の層は、多くの人が主張するように何百万年もかけて堆積したのではなく、急速に形成されたことを示す強力な証拠があります。ノアの時代の大洪水は、上記の疑問に対する最も科学的かつ論理的な答えです。

神は聖書に氷河期を含めることを選ばれませんでした。神は私たちが知る必要のある事柄を扱っておられます。洪

水による世界の裁きは不可欠な知識ですが、氷河期はそうではありません。しかし、世界的な洪水と海底火山の噴火によって生じた気象状況は、氷河期の原因を最もよく説明してくれます。

洪水はついに引いて、地表は乾き始めました。神はノアと家族、そして動物たちが箱舟から出られるように扉を開けました。*ノアを救ったのは、単に彼の命を破滅(罪の報い)から救っただけではありません。ノアは人類のための神のより大きな計画のために救われたのです。しかしながら、神の人類のためのより大きな計画がノアに明らかにされたという証拠は存在しません。*

洪水はノアの生涯600年目の2番目の月の17日に始まりました(創世記7:11)。ノアはノアの生涯601年目の2番目の月の27日に箱舟を出ました(創世記8:13-14)。したがって、世界規模の洪水の期間は合計1年10日間(乾いた地から洪水まで、そして再び乾いた地に戻るまで)でした。

ノアは祭壇を築き、清い動物や鳥を犠牲に捧げて神を礼拝し、神の慈悲に感謝しました。神は、*二度と世界的な洪水によって地上の生命の循環(季節、植え付け、収穫など)を破壊しないという無条件の約束を与えました。神はその約束のしるしとして虹を与えました。洪水の雨は地上で最初の雨であったため、神が約束のために虹を与えた時、それはおそらく史上最初の虹だったと言えるでしょう。*

神はノアと三人の息子を祝福し、アダムに与えた戒めを繰り返しました。「産めよ、増えよ、地に満ちよ。」神はまた、「わたしはあなたとあなたの子孫と契約(約束)を立てる」と約束されました。*それは人類にとっての新たな始まりであり、新しい人類の始まりではありませんでした。また、それは地球にとっての新たな始まりであり、新しい地球の始まりではありませんでした。しかし、この壊滅的な洪水は地球を大きく変え、ノアが知っていた地球とは大きく異なるものとなりました。ノ*

アは、神が全土に及ぶ大洪水を通して人類を裁く前に知っていた地球でした。

その時、神はあらゆる獣、鳥、地を這うもの、そして海のすべての魚に、人間への恐れを植え付けました。神はノアにこう言われました。「わたしは、生きとし生けるすべてのものをあなたたちの食物として与える（創世記9:3）。初めにアダムに緑の植物を与えたように、わたしはすべてをあなたたちに与える。」こうして、人類と多くの動物、這う生き物は肉食者となりました。

質問

1. 洪水は世界規模だったと思いますか、それとも局地的なものだったと思いますか？神はなぜ地球に洪水をもたらしたのでしょうか？
2. 洪水は、罪には結果が伴うという考えを強めるでしょうか。
3. ノアとその家族が洪水から救われたということは、彼らに罪がなかったということでしょうか？もし罪があったのなら、なぜ他の罪人たちと一緒に死ななかったのでしょうか？
4. 神はどのようにしてすべての人々に悔い改めて洪水から逃れる機会を与えたのでしょうか。
5. 神は洪水から逃れるための方法をいくつ用意しましたか。
6. ノアの時代の大衆文化と現代の大衆文化には類似点がありますか？ あなた自身の答えを説明してください。
7. この物語には私たちにとっての真実がありますか？もしあるなら、いくつか挙げてください。

8. この実話から、神について何を学ぶことができるでしょうか。また、人類について何を学ぶことができるでしょうか。

ミニエピローグ

ノアの時代の大洪水については、2つの基本的な考え方があります。(1)　聖書に記録されているように、世界規模の大洪水が起こった。(2)　世俗科学では、「洪水は起こらなかったが、もし洪水があったとしても、それは局地的なものであり、大惨事ではなかった」とされています。

多くの人がこう言います。「聖書は愛について語り、神は愛そのものです。しかし旧約聖書では、神は怒りと残酷さに満ちています。洪水で、神はすべての人々と動物を滅ぼしました。愛と慈悲と許しはどこにあるのですか?」

そうです、神は愛であり、聖にして義なる方です。*聖にして義なる神は罪を無視することはできませんが、愛でもある聖にして義なる神は、憐れみと赦しの道を開いてくださいます。*人類は神の道に応じるか、拒むかのどちらかです。

ノアと家族は悔い改めて神に従いました。神は彼らを贖われました。残りの人々は悔い改めて神に従うことを拒み、自ら罪を犯しました。後ほど、神の愛と義、そして神がどのようにして人類の救いの道を切り開くのかについて、さらに深く掘り下げていきます。

*科学は、直接観察できるものとできないものの両方を扱います。*直接観察できるものは「純粋科学」の生命線です。科学が直接観察できない事柄(例えば、ビッグバン理論、進化論、創造論、洪水など)を扱う場合、それはもはや「純粋科学」ではありません。科学が直接観察できないものを扱う場合、科学は正しいか正しくないかの*仮定を立てます。聖書は忠実な証言を与えています。*さらに述べることもできますが、これ

は議論の余地がありません。しかし、聖書を通してご自身を啓示してくださる神に心を開く機会となることはできます。神はまた、罪に対する裁きを聖書全体を通して明確に示しています。進化論者と創造論者はともに、堆積岩に埋もれた化石や堆積岩中の直線状の地層を、それぞれの相反する仮定の真実性を示す主要な証拠として用います。創造論には確かな証拠があり、最近では1980年のセントヘレンズ山の噴火後の急速な生物学的回復などが加わっています。

ストーリー5

言語は失われ、人類は散らされる（創世記10:1-11:32）

ノアは洪水後も349年間生き、950歳で亡くなりました。世界規模の洪水の後、世界はノアの三人の息子（セム、ハム、ヤペテ）と、彼らの名も知られていない妻たちによって再び人口が増えました。洪水後300年の間に、*人口は洪水前の数にまで増加しました。初めには一人の男と一人の女（アダムとエバ）が増殖しましたが、洪水後には三人の男と三人の女が*増殖しました。人類の罪と邪悪もまた増殖し、洪水前のレベルに近づきました。これは、罪が人類の堕落した性質の一部となったことのさらなる証拠です。私たちの堕落した性質は、義ではなく罪に傾く傾向があります。

人類は傲慢になり、ほとんどの場合、神に従うことを拒否しました。その傲慢さから、神は存在しないか、たとえ神が存在するとしても、もはや神を必要としないと考えるようになりました（*現代の私たちの文化に似ています*）。人々は「再び洪水が来た場合に備えて、天に届く塔のある都市を建設しよう。名を上げ、神のように偉大になる。神の助けは必要ない。神の命令に従って地上に散らばることはない」と決意しました（これは、神*を軽視するヒューマニズムの哲学を支持する政府の最初の原型として記録されています*）。*そこで、神は再び支配権を握りました。*それまでは、誰もが方言のない一つの言語を話していました。神はまるでコンピューターから何かを消去するように、自発的に普遍言語を奪い去り、同時に人類に新たな異なる言語を与えました。これらの新しい言語は、神がアダムとイブに最初に行ったように、神によって瞬時に創造されました。*既存の人々は新しい母国語を学ぶ必要はありませんでした。神は全能であり、新しい言語を創造し、それを広めることは神にとって容易なことだった。神は様々な民族、おそらく氏族ごとに異なる言語を与えた。しかし、言語の混乱によって氏族が分裂した可能性もあった。*言語の混乱は、人々の間に*瞬く間に大きなコミュニケーション障害をもたらした。*バベルの塔を建設していた労働者たちは、互いに意思疎通ができなくなったため、もはや協力して働くことができなかった。*この問題は、商業、教育、政府など、あらゆるコミュニケーションにも支障をきたした。*

*言語の大きな分裂と人々の地球上への最初の散り散りは、おそらくヘベル、あるいは彼の息子ペレグとヨクタンの生涯に起こったと考えられます。*ヘブライ語はヘベルから始まりました。彼はノアの息子セムの子孫でした。*共通言語の喪失は、地球上に様々な国家と言語の誕生をもたらしました。もちろん、言語は時とともに変化し、新しい単語、口語表現、文化の変化などが生まれます。*

世界的な洪水による破壊と死の後、すべての人はノアの三人の息子、ヤペテ、セム、ハムのいずれかの子孫です。*言語の混交後に何が起こったのかを簡単に理解すると、ヤペテ*の子孫は*今日私たちがヨーロッパと呼ぶ広大な地域に移住しました。これは、ヤペテの子孫全員が同じ新しい言語を話した*

り、ヨーロッパの同じ地域に行ったりしたという意味ではありません。彼らはおそらく異なる言語を話し、その広大な地域の中で異なる場所に行きました。おそらく、この本の読者のほとんどはヤペテの子孫でしょう。なぜなら、初期アメリカ人のほとんどがヨーロッパから来たからです。しかし、今日、それは急速に変化しています。

セムの子孫は、ヘベルの息子ペレグを通して、現在中東と呼ばれる地域（ユダヤ人、アラブ人など）に散らばりました。ヘベルのもう一人の息子ヨクタンは、現在東アジアと東南アジアと呼ばれる地域（中国など）に移住しました。これらの集団はそれぞれ広大な地域に広がり、多くの異なる新しい言語を持っていました。

ハムの子孫は、現在のアジアの一部とアフリカ大陸へと南下し、それぞれ異なる言語を持つ様々な集団を形成しました。これらの移住に関する詳細な説明は、創世記10章1節から11章32節にあります。

地球上の様々な古代民族（メソポタミア、インド、中国など）の間には、創造と洪水に関する様々な物語が、それぞれ異なっており、矛盾している。著者は、これは共通言語の喪失と、散り散りになった人々の大半が神を敬わなかったことの結果であると推測している。地球と人類の真の初期の歴史は、地上に散らばった不敬虔で偶像崇拝的な人々によって神話へと変えられたが、神は地球と人類の真の歴史を守り、ずっと後になってモーセにそれを書き記すよう啓示した。

質問

1. 私たちはなぜ聖書の冒頭の物語にある系図を研究してきたのでしょうか。

2. ノアの三人の息子（ヤペテ、セム、ハム）のうち、神の特別な永遠の計画のために選ばれたのは誰ですか？
3. 神はなぜ言語を混ぜたのでしょうか？
4. 人間の罪は神を驚かせたでしょうか？
5. 「聖書の最初の 5 つの物語は、聖書全体を理解するための基礎となる」と私たちはなぜ言うのでしょうか。

ミニエピローグ

神は永遠の計画のために、ノアの息子セムと、以下のセムの子孫を選びました。

*セム*の息子はアルパクシャドでした（セムには他にも息子がいました）。

*アルパクシャド*の子はシェラです。*シェラ*の子はヘベル（ヘブライ語の由来は彼です）です。ヘ*ベルに*はペレグとヨクタン（バベルの塔の時代と推定）という二人の息子がいました。*ペレグの子はレウです。レウ*の子はセルグです。*セルグ*の子はナホルです。ナホルの子はテラです。そして*テラの子はアブラム*（アブラハム）でした。

ストーリー6

全人類を祝福するために選ばれた（創世記12-22章）

*アブラムはカルデアのウル（現在のイラク、ペルシャ湾の北西約150マイル、チグリス川とユーフラテス川の合流地点から100マイル以内）で生まれました。*アブラムは異父妹のサライと結婚しました。サライは父と母が同じですが、サライは異母姉妹です（創世記20章12節）。

アブラムの父テラは、ペレグの三代目のひ孫でした。テラは偽りの神々に仕え（ヨシュア記　24:20）、アブラム、ナホル、ハランの父でした。ハランは結婚して息子ロトをもうけましたが、後にハランは亡くなり、アブラムはロトを養子としました。

息子ハランの死後、テラは家族をカルデアのウルから、*現在のイラクとトルコの国境付近に位置する、彼がハランと呼んだ土地に移しました。*テラはハランで亡くなりました。

> アブラムが75歳（サライは65歳で子供なし）の時、神（ヤハウェ）は彼に語りかけました。「父の家、親族、そして故郷を離れ、わたしが示し、あなたの子孫に与える土地に行きなさい。わたしはあなたを大いなる国民とし、あなたを祝福し、あなたの名を高くする。あなたによって地のすべての家族が祝福される。」アブラムはハランからの移住の準備を整えました。
>
> （創世記 12:1-3、著者による改稿）

アブラムの親戚は彼に尋ねました。「どこに引っ越すのですか?」

アブラム。分かりません?

家族。そこに着いたらどうやってわかるの?

アブラム。主なる神が私を導き、到着したら知らせてくださるでしょう。

アブラムとサライは新しい地を目指して出発した。*テント、敷物、衣服、調理器具などをラクダに積み込み、*400マイル（約640キロ）以上もの暑い旅に出発した。*道中にはマクドナルドは一つもなかった。*甥のロトとその幼い家族も同行した。アブラムと男の召使いたちは、羊や牛の群れと共に歩いた。

旅の間中、アブラムは考え続けました。「*神は私を大いなる国民とし、祝福し、私の名を高くすると約束してくださった。*私の名前、*アブラムは『高貴なる父』という意味だが、私は75歳なのに、サライが不妊のため、まだ子供に恵まれていない。*しかも、*サライは65歳だ。どうすれば大いなる国民の父になれるというのか?*」しかし、こうした疑問を抱きながらも、*アブラムは神を信じ、疑念ではなく信仰に基づいて行動したのです。*

*アブラムは、神が自分を大いなる国民にするという約束、*つまり子供を持つことに焦点を合わせていたようです。し

かし、神が彼を通して地上のすべての家族を祝福するとも約束していた*ことを忘れていたようです。私たちはアブラムが子供を欲しがっていたことを確かに理解できます。しかし、この時点で、私たちもアブラムのように、地上のすべての家族を祝福するという、より重要な約束を見落としていたのかもしれません。その約束は、アブラムにとってあまりにも大きく、理解しきれないものだったのかもしれません。神の永遠の約束と計画も、私たちにとってはあまりにも大きく、理解しきれないものなのかもしれません。私たちもアブラムのように、見えるものによってではなく、信仰によって歩まなければなりません。*

彼らがカナンの地に入ると、主（ヤハウェ）は再びアブラムに現れ、*彼とその子孫にその地を与えると約束しました（創世記13:15）*。アブラムは祭壇を築き、主を礼拝した後、ベテルとアイの間の地域へと進み、そこでも祭壇を築き、主を礼拝しました。彼らはそれぞれの場所でしばらく滞在しながら、ゆっくりと南（ネゲブ）へと移動しました。

アブラムとサライはエジプトへ行く（創世記12:10-20）

ネゲブ地方に滞在していた時、深刻な飢饉が襲いました。アブラムはエジプトが飢饉に見舞われていないことを聞きました。*神の御心を知るために祈ることもせず、アブラムはエジプトへ行くことを決意したようです。*当時、エジプトは地上で最も強大な国でした。*アブラムはカナンの飢饉が終わるまでそこに留まるつもりでした。*

エジプトの国境に近づくにつれ、アブラムは問題が起きるかもしれないと予期していました。彼はサライに言いました。「あなたはとても美しい女性だ（*彼女はまだ65歳だった*）。エジプト人にあなたが私の妹だと告げよう。さもないと、彼らはあなたの美しさを見て私を殺し、あなたを妻にしてしまうだろう。」*アブラムは私たちと同じように、罪のない嘘などある*

と思っていたのでしょうか？サライはアブラムの異母妹として生まれました。しかし、彼らの結婚はすべてを変えました。彼らは夫婦となり、以前の関係を覆し、アブラムの計画は欺瞞に満ちた嘘となりました。

アブラムの予言どおり、サライの美しさはすぐに注目され、王室の役人たちは彼女をファラオ（王）のもとに連れて行きました。その美しさに心を奪われたファラオは、アブラム（*彼女の弟とされる人物*）に多額の持参金を与え、サライを自分の家に迎えました。ファラオは彼女を自分の多くの妻の一人にするつもりでした。*そこで神が再び主導権を握り、彼らの結婚を救うために介入したのです。アブラムとサライ、そして彼らの結婚は、神とその永遠の計画にとって重要でした。*神はアブラムの妻サライのせいでファラオに災いをもたらし、その家に災いを下しました。*ファラオはおそらくアブラムを殺したでしょうが、アブラムの強力な神を恐れたため、*ファラオはアブラムとサライをエジプトから護送しました。

*信仰を持つ夫が、自分の命を守るために故意に妻を危険にさらすなど、どうしてあり得るのか、私たちは疑問に思います。古代社会では、男性は女性よりも優れ、より重要だとされていました。今日でも、その考えは変わっていないと言う人もいます。しかし、それは文化や人によって異なります。*創世記は、男性と女性はどちらも等しく重要であると教えていますが、結婚生活や神の永遠の計画においては、それぞれ異なる役割を担っています。*この物語は、神の召命に従うことが、召命を受けた人の賢明な決断や罪のない人生を保証するものではないことを示しています。神ではなく自分自身に頼ることは、私たちの多くにとって永遠の罠なのです。*

アブラムとロトの和解的な分裂（創世記13:1-13）

アブラムとサライはネゲブに戻り、*アブラムは神への忠誠を新たにしました。*時が経つにつれ、アブラムの羊の群れの牧者とロトの羊の群れの牧者の間で争いが起こりました。彼らの羊の群れだけでなく、先住民のカナン人とペリジ人の羊の群れを養うのに十分な草がなかったのです。

アブラムは甥にとても優しく言った。「ロトよ、我々は家族だ。我々と牧者たちの間に争いが起こらないように、この問題を解決しなければならない。家畜に十分な牧草を与えるためには、我々は別々に行動する必要がある。お前に先に土地を選ばせよう。お前が左の土地を選ぶなら、私は右に行く。右を選ぶなら、私は左の土地に行く。」

ロトがその土地を測量すると、ヨルダン川流域は水が豊富で最も肥沃な土地であることが分かりました。また、そこはソドムとゴモラの町にも近かったのです。ロトは少し欲張りで、自分にとって最良の土地を選びました。そしてソドムに住むことを選び、自ら問題を抱えることになりました。アブラムは、肥沃度の低い土地を潔く受け入れました。主(ヤハウェ)はアブラムに、宿営している場所から四方を見渡すようにと告げました。*神はその土地すべてをアブラムとその子孫に永遠に与えると約束されました。*また、アブラムの子孫を数え切れないほど増やすと約束されました。*アブラムへの神の約束は無条件の約束でした。したがって、その土地に関する神のアブラムへの約束は、今日でも有効です。*

神はまた、アブラムに与えられた土地を隅々まで歩き回り、探検するように命じました。アブラムは神に従い、ついにヘブロンの森林地帯に定住しました。彼は主への礼拝のためのもう一つの祭壇を築きました。創世記には、ここには記されていないいくつかの出来事が記録されています。アブラムと部族の王たちとの衝突(創世記14:1-14）、サレム（平和）の王であり、いと高き神（エル）の祭司であるメルキゼデクとの会見（創世記14:17-34）、アブラムがハガルとイシュマエルを追い払ったこと（創世記21:9-21）、そしてアビメレクとの裏切り

（創世記20:1-18、21:22-34）です。

アブラムが80歳くらいの頃、主（ヤハウェ）の言葉が幻の中で彼に告げられました。「アブラムよ、恐れるな。わたしはあなたを守る。あなたの相続地は豊かになる」（創世記15:1）。しかし、アブラムは長年心に抱えていた問題について神に問いただしました。「主なる神よ」（アドナイ・ヤハウェ、私の主／所有者である神よ）、*あなたは私が本当に望むものを私に与えてくださっていません。私は年老いており、まだ子供がいません。*ですから、もし私が今日死んだら、私の家（天幕）で生まれたダマスコの従者エリエゼルが私の相続人となるでしょう。しかし、彼は親族ですらないのです。」

（創世記15:2-3、著者による改稿）

主はアブラムを正した。「エリエゼルはあなたの跡継ぎにはならない。私はあなたに跡継ぎを与えると約束した。あなたの跡継ぎはあなたの体から出る者だ。私と一緒に天幕の外へ出なさい。目を上げて星を数えなさい。あなたはすべての星を数えることはできない。あなたの子孫も数えることはできない。」（創世記15章4-5節、著者による改稿）

アブラムは主を信じ、神はアブラムの信仰を彼の義とみなされました（創世記15:6、筆者による改稿）。このように、アブラムの神への信仰は、彼が信じ、かつ従う（神の言葉に従

って行動する）ことを意味しました。*だからこそ、アブラムの善行ではなく、信仰こそが神の目に正しい立場を与えたのです。本当に重要なのは信仰です。後ほど、信仰が善行に結びつくのであって、その逆ではないことを学びます。*

神はアブラムに、カルデアのウルから連れ出し、その地を与えると告げました。するとアブラムは再び神に問いかけ、揺らぐ信仰を抱きました。「主なる神（アドナイ・ヤハウェ）よ、この地が私のものになるとどうして分かるのでしょうか？」

土地に関する神の保証（創世記15:7–21）

アブラムは、二人の人間の間で交わされる古代の契約を準備するように命じられました。彼は、三歳の雌牛（まだ子を産んでいない若い雌牛）、三歳の雌ヤギ、三歳の雄羊、山鳩、そして若い鳩を供えることになりました。これらの動物を神のもとに携えた後、アブラムは雌牛、山羊、雄羊を頭から尾まで縦に半分に切りました。そして、切り分けた雌牛をそれぞれ、もう一方の半分と端から端まで地面に並べ、その間に通路を設けました。山羊と雄羊も同様にしました。二羽の鳥は切り裂かず、そのまま地面に置き、動物と同じように、通路の両側に一羽ずつ置きました。

このような契約は通常、契約当事者二人が犠牲の動物の間の通路を共に歩くことで締結されます。これは「もし私がこの契約を履行しないなら、あの動物たちと同じように私にもなされますように」という暗黙の合意を伴って締結されます。

地面に新鮮な肉が落ちていると、猛禽類が死骸に舞い降りてきました。アブラムは日没まで鳥を追い払い、生の肉を守らなければなりませんでした。するとアブラムは深い眠りに落ちました。深い闇が彼を包み込み、彼は恐怖に襲われました。神はアブラムの子孫が異邦人となり、400年間奴隷として虐げられることになることを明らかにしました。そして、その時に初めて彼らは解放され、神が約束した地に入ることができるのです。

アブラム自身はその地で異邦人となり、長生きして安らかに死ぬであろうと約束されました。神は、アブラムの子孫にその地を与えるまでには長い時間がかかることを明らかにされました。当時の住民は自ら敵となっていました。*神はすべての人々を愛し、すべての人が悔い改め、信じ、神に従う機会を与え、救われることを望んでおられます。*

アブラムがまだ眠っている間、彼は煙を上げる炉と燃え盛る松明（神の顕現）が、地上の犠牲の動物の間を移動する幻を見ました。こうして神はアブラムと契約を結び、エジプトの川の境界からユーフラテス川までの土地を *すべてアブラムの子孫に与えると約束しました。先ほど学んだように、神とアブラムとその子孫（ヘブライ人）との契約は無条件であり、永遠に有効です*（筆者による書き直し）。

ハガルは第二の妻となる（創世記16:1-16）

アブラムとサライがカナンに滞在して10年が経ち、アブラムは85歳、サライは75歳になりました。サライは夫に、神は彼を偉大な国民の父とすると約束されたことを思い出させました。サライは、*神が自分に息子を産ませることはできないと考えていました。また、サライは神の約束は夫だけに向けられたもので、自分には与えられていないと誤解していました。そこで彼女は、神を助ける必要があると愚かにも提案し*、アブラムに地元の慣習を思い出させました。彼女は召使いのハガルをアブラムの側室（第二夫人）として差し出すことができました。そうすれば、召使いが産む子供はサライの子供とみなされるのです。

アブラムは妻の言うことを聞いて、*愚かにも*彼女の計画に同意してしまいました。こうしてアブラムはサライと同じ誤った結論に至りました。サライはエジプト人の侍女ハガルをアブラムの側室として差し出しました。ハガルが身ごもると、サライはサライを軽蔑するようになりました。サライにとって大きな痛手でした。*サライはサライを夫の妻としてではなく、召使いとして扱っていたのかもしれません。ハガルは、敬意を払われずに利用されていると感じていたのかもしれません。いずれにせよ、*サライは自分が大きな過ちを犯したと悟り、ハガルを夫に差し出したことを後悔しました。

　　家族は今や問題に悩まされていた。*今日では、アブラムは当然の報いを受けたと言う人も多いだろう。 アブラムを裁くのは簡単ですが、現代の私たちも神が私たちの必要を満たしてくださるかどうか疑問に思っています。そのため、サライとアブラムのように、私たちも誤った選択をし、それが人生を複雑にしています。*アブラムが86歳の時、ハガルは男の子を出産しました。アブラムは彼をイシュマエル（神は聞き届けられる）と名付けました。*サライとハガルの争いは、いわゆる「機能不全家族」を引き起こしました。二人とも苦しんでいたのですが、ある夜*、妊娠中のハガルは自分の境遇から逃げ出しました。

　　*主の御使いは*荒野のハガルのもとを訪れ、*彼女が荒野で死ぬであろうと告げました。そして、家に帰って、同じく苦しんでいる*サライに従うようにと告げました。さらに、御使いはハガルに、神が彼女の息子イシュマエルを大いなる国民にすると告げました。ハガルは主に「見聞きし、理解する神」という名を与えました（創世記16:6-13、著者による改稿）。主の御使いが誰であったかは、後ほど明らかになります。

神からの驚くべき告知（創世記17:1-27）

さらに13年が経ち、アブラムは99歳になりました。主（ヤハウェ）は再び彼に現れ、宣言しました。「わたしはエル・シャダイ（

全能の神）である。誠実にわたしと共に歩め。そうすれば、24年前、あなたが父の家を出てわたしに従う前に約束した契約を、わたしは果たす。わたしはあなたを想像を絶するほど増やす。あなたは多くの国の父となる。」アブラムは感激し、神の前にひれ伏して礼拝しました。

> 神は言われた。「アブラム（高貴なる父よ）、わたしはあなたの名を*アブラハム*（万民の父）と変える。わたしはあなたから国々を造り、あなたから多くの王が生まれる。わたしとあなたとの契約は永遠の約束となり、あなたの子孫に代々受け継がれる。わたしはカナンの地（パレスチナ）をあなたに与える。わたしはこのカナンの地を、あなたとあなたの子孫に永遠に与える。」
>
> （創世記17:1-7、著者による改稿）

神はアブラハムに、*割礼は彼らの契約のしるしとなると告げました。*「あなたの家族と家の者で、生後八日目の男子は皆、割礼を受けなければならない。」アブラハム、イシュマエル、そして彼の家の男子は既に生後八日目に達しており、直ちに割礼を受けるべきでした。

すると神は衝撃的な言葉を投じた。

> あなたの妻サライ（王女）についても、私は彼女の名前を変える。彼女はサラ（高貴な女性）となる。*私は彼女を祝福し、サラを通してあなたに「約束の子」を与える。*私はサラを祝福する。彼女は諸国と王たちの母となる。
>
> （創世記 17:15-16、著者による改稿）

アブラハムは耳を疑った。100歳の夫と90歳の妻がどうして子供を作れるのか、心の中で疑問に思った。アブラハムの信仰はどこへ行ったのだろうか。彼は再び神の前にひれ伏した（礼拝の姿勢）。*しかし、それは礼拝ではなかった。礼拝するどころか、彼は笑い、そのあり得ない考えを小声で神を嘲笑した。*アブラハムは神に懇願した。「イシュマエルを受け入れてくれれば、それで十分だ。」神は答えた。*「いや! 私にはそれでは十分ではない。サラをあなたの『約束の子』の母とする私の永遠の計画が変わってしまうのだ。」*

「その子をイサクと名付けなさい（笑）。私があなたに約束した息子はイサクであって、イシュマエルではない。*なぜ私が今、ヤハウェ（主）を*エル・シャダイ（全能の神）と名付けたと思う? *それは、私にとって不可能なことは何もないからだ。」アブラハムへの神の約束は、サラへの神の約束でもあることが明らかになりました。*サラはこの真理を受け入れ、神に個人的な信仰を置き、神を信頼し、従う必要がありました。

神は続けて言われた。「私はイシュマエルを愛し、祝福する。彼は12人の王子の父となり、彼を大いなる国民とする。*しかし、私の契約はサラが産むイサクと結ばれる。それは、イシュマエルが身ごもる*ずっと前に私が立てた約束の通りである。*あなたとサラが、息子を授かるためにハガルと結婚することで私を助けようとした時のことを覚えているか?*今、*あなたは私があなたの助けを必要としないことを知るだろう。*しか*し、私はあなたの信仰と従順を求めるのだ。」*

神はアブラハムと語り終えると、立ち去りました。それからアブラハムは13歳のイシュマエルとすべての男奴隷を連れて行き、彼らに割礼を施しました。アブラハム自身も割礼を受けました。

神はサラに息子を産むと告げる（創世記 18:1-15）

数週間後、アブラハムは天幕の外の日陰に座っていました。すると突然、主（ヤハウェ）が人間の姿で彼の前に現れました（神の顕現。*ミニエピローグストーリー6参照*）。二人の天使も人間の姿で現れました。三人の天使はアブラハムの天幕からそう遠くないところに立っていました。

アブラハムは彼らを認識し（*以前にも会ったことがある。創世記17章参照*）、駆け寄って迎えた。彼は地面に頭を下げ、「我が主（アドナイ／我が主人）よ、どうかこのしもべの住まいを通らないでください。しばらくお留まりください。足を洗うための水を持って来させてください」と言い、客人たちを木陰で休ませた。「どうか私たちのために食事を用意させてください。それから旅を続けてください」

客たちが地面に敷かれた敷物に腰を下ろすと、アブラハムは急いで天幕の中に入りました。サラに客人のために平たいパンを焼くように頼み、それから急いで牛の群れのところへ行き、選りすぐりの子牛を選び、召使いにそれを屠殺して調理させました。すべての準備が整うと、アブラハムは調理した子牛と平たいパンに加え、凝乳（ヨーグルト）と牛乳を客たちに持って行きました。*彼は水を持ってきて、客たちが食事の前に手を洗おうと身を乗り出すと、ゆっくりと水を注ぎました。アブラハムは客たちにどうぞ召し上がってくださいと合図しましたが、一緒には食べませんでした。文化の教えに従って、彼は近くに立ち、客人に給仕する準備をしていました。*

食事を終えると、男たちは尋ねました。「あなたの奥さんのサラはどこですか？」

「彼女はテントの中にいる」とアブラハムは言った。

男性たちは、慣習として既婚女性が家族以外の男性客の前に現れることは禁じられていることを理解していました（*一部の文化では今でもそうなっています*）。

すると主（ヤハウェ）はこう言われた。「私は来年また戻ってくる。そのときサラには息子が生まれるだろう。」

サラは天幕の中から聞いていた。男の子を産むと聞いて、彼女は心の中で嘲笑した。同時に、こう思った。「*私は老女なのに、十歳も年上の夫と楽しく過ごしていいのだろうか?*」

> 主は尋ねました。「なぜサラは『私は年老いてから、本当に子供を産むことができるだろうか』と笑ったのですか？」主は付け加えました。「全能の神にとって、不可能なことがあるでしょうか？来年、あなたの息子が生まれたら、また来ます。」サラは恐怖に襲われ、「私は笑っていません」とささやき*ました*。主は答えました。「しかし、あなたは笑ったのです。」
>
> （創世記 18:9-15、著者による改稿）

ソドムとゴモラ（創世記18:16-19:38）

三人の客は旅を続けるために立ち上がりました。アブラハムは彼らと少し歩き、丁重に見送りました。主（ヤハウェ）は心の中で言いました。「ソドムとゴモラを滅ぼすとアブラハムに告げるべきでしょうか？ 彼は必ず大いなる力強い国民となり、彼を通してわたしは地のすべての国々を祝福するでしょう。わたしは彼を、彼の家族を率いてわたしに従い、正しく生き、すべての人々の正義を擁護する者として選んだのです。」

そこで主はアブラハムに、ソドムとゴモラの邪悪な罪を罰すると告げました。二人の天使は向きを変え、ソドムに向かって歩き始めました。その間も主はアブラハムと語り続けられました。アブラハムは近づき、ソドムのために丁重に執り成しをしました。

「町の中に50人の正しい人がいるのに、本当に正しい者と邪悪な者を一緒に滅ぼすのですか？」

主はこう答えました。「もし町の中に50人の正しい人がいれば、彼らのために町を救おう。」

アブラハムはソドムとゴモラのことを知っていました。甥のロトがそこに住んでいたからです。彼は両方の町が非常に邪悪なことを知っていました。*そこに50人もの義人はいないだろうと考えたのです。*そこで彼は神と交渉を始めました。

「もし 5 人少ない 45 人だったらどうなるでしょうか? 」提案された正義の人の数はどんどん減っていき、ついには「正義の人は 10 人」だけになりました。

神は答えました。「もし十人の正しい者がいるなら、私は彼らのためにソドムを滅ぼさない。」これで彼らの会話は終わりました。主（ヤハウェ）はソドムに向かって出発し、アブラハムは自分の天幕に戻りました。

男の姿をした二人の天使は、夕方早くにソドムに到着した。アブラハムの甥ロトが町の門に座っていた。彼は叔父ロトと同様に、自分の家で彼らを歓待しようとしたが、二人は「結構です。今夜は町の広場で泊まるつもりです」と答えた。

ロトは心配そうな表情で、町の広場ではなく自分の家に泊まるよう強く勧めました。彼らはついにその言葉を受け入れ、ロトと一緒に家に帰り、そこで入浴し、おいしい食事を楽しみました。

二人が寝る前に、町中から大勢の男たちがロトの家を囲みました。彼らはロトに叫びました。「今夜、あなたと一緒に家に帰ってきた男たちはどこにいる？ 連れ出してくれ。彼らと性交するぞ。」

ロトは出て行って、彼らが「悪事を働かず、私の訪問者と性交しないでください」と嘆願しました。

それから彼は、私たちには想像もつかないことを言いました。「私には処女の娘が二人いる。あなたたちのために連

れ出すが、客には何もしない。彼女たちは私の屋根の下にいるのだ。」*これは、神を敬うのではなく否定する時、文化がどれほど病的なものになるかを示す、吐き気を催すような例です。*群衆は、まだ新参者とみなされていたロトに襲い掛かり、後で罰を与えると言いながら、今は男たちを捕まえたいと言いました。彼らはロトを押し倒し、扉を壊そうとしましたが、スーパーヒーローのように、二人の男（天使）は一瞬の*うちに扉から手を伸ばし*、ロトを家の中に引きずり込み、入ろうとした者たちを盲目にして扉を閉めました。事態が収束した後、二人の男（天使）は尋ねました。「町に他に親族はいますか？　あなたとあなたの家族はすぐに立ち去らなければなりません。主は私たちを遣わして、この町を完全に滅ぼされたのです。」

ロトは急いで二人の将来の婿にこれから起こることを告げに行きましたが、二人はロトが冗談を言っていると思って笑い、ロトと一緒に帰るのを拒否しました。家に帰ると、ロト自身も躊躇したので、天使たちは彼と妻と二人の娘の手をつかみ、外に連れ出しました。

男の一人が言いました。「命からがら逃げなさい。ソドムに近づく谷間に留まってはいけない。そうしないと、あなたたちも町も滅ぼされてしまう。山に駆け上がりなさい。町を振り返ってはならない。」すると主はソドムとゴモラに火と燃える硫黄の雨を降らせました。

二つの町に住むすべての人々、すべての物は、ノアの時代の洪水のように、神の裁きによって滅ぼされました。ロトの家族が山へと逃げる中、*彼の妻は天使に背き、故郷の町を懐かしそうに振り返りました。彼女はたちまち息を引き取り、塩の柱と化しました。*ロトと娘たちは、悲しみに暮れながらも山を駆け上がりました。

翌朝早く、アブラハムは主と共に立っていた場所へと歩いて行きました。ソドムとゴモラの方を見ると、まだ大きな煙が下界を覆っていました。こうして、神が谷間の邪悪な町々を滅ぼした時、神はアブラハムを思い出し、ロトを危険から救い出しました。ロトと娘たちは山の洞窟に身を隠しました。

数日後、長女は妹に囁いた。「婚約者も知り合いも皆死んでしまった。私たちはもう夫を持つことができない。父は年老いていて、私たちが何かをしなければ、父が死んだら家系は絶えてしまう。父を酒で酔わせよう。父が何をしているのか分からなくなったら、私たちはそれぞれ別々に父と寝る。*私たちは父を通して家系を守るのだ。*」二人の娘（名前は明かされていない）は、それぞれ父との間に息子をもうけた。ロトの長男は息子をモアブ（母の父にちなんで）と名付けた。彼はモアブ人の族長となった。ロトの末子は*ベン・アミ*（私の民の息子）と名付けられ、アンモン人の族長となった（創世記　19:1-38、著者による改稿）。

イサクの誕生（創世記21:1-8）

主（ヤハウェ）はサラに対して約束どおりにしてくださいました。*サラは89歳という高齢にもかかわらず身ごもり、アブラハムとの間に男の子を産みました。彼らは*神の約束どおり、その子を*イサク（笑）と名付けました。神はサラの子をイサク*（笑）と名付けました。イサクは生後8日目に、神の命令どおり割礼を受けました。息子イサクが生まれたとき、アブラハムは100歳でした。サラは息子の誕生を喜びました。サラが子どもを産むとは誰も思っていませんでしたが、神の約束どおり、アブラハムに男の子を産んだのです。イサクが乳離れすると、アブラハムはその出来事を祝って盛大なバーベキューを開きました。どちらかがイサクと呼ぶたびに、アブラハムとサラはイサクがもたらした喜びを思い出しました。イサクは、二人が神に向かって笑ったことを思い出させる存在でもありました。

イサクは犠牲にされた(創世記22:1-19)

*年月はあっという間に過ぎた。神がアブラハムを試したのは、イサクが12歳くらいの頃だったと思われる。神は、ご自分に従う者すべてを試される。それは、私たち自身を正当化するためである。神は決して私たちを罪に誘惑したり、失敗させたりはしない。アブラハムは、*信仰において浮き沈みの激しい歴史を経験してきた。 *現代の私たちの多くと同じように、アブラハムも神と共に歩んでいました。*時には完全に神に頼り、時には自らの能力と欲望に頼りました。*いざという時、アブラハムはどこに立ち向かうのでしょうか。*

*神はすでにアブラハムの心を知っていました。この神の試練は、アブラハム自身の真の性格を明らかにするものでした。*ある夜、神は再びアブラハムに語りかけました。

「アブラハムよ、あなたはサラと結婚した時、子供を期待していたが、サラは子供を産むことができなかった。あなたは長年子供に恵まれなかったが、兄の死後、ロトのように、またダマスコのエリエゼルのように、父親のいない子供たちを引き取ったのだ。

*わたしはあなたを召し、あなたの家と父の家族を離れ、わたしを信じるようになった。あなたを偉大な国民にすると約束した。あなたはわたしに従い、約束の子イサクを授けた。今、イサクは十二歳になった。*あなたの愛するその子を連れて、モリヤの地へ行き、わたしに捧げなさい。」

アブラハムはその夜、ほとんど眠れなかった。*神の言葉を繰り返し考えながら、何度も寝返りを打ち、自分の耳の聞こえ方に疑問を抱き、神に問いかけた。「まさか神はイサクを犠牲にするようにと私に命じたはずがない」。しかし、神の言葉を聞いて理解していたアブラハムは、心の中でこう言った。「神は常に人間の犠牲に反対してきた。*今、*神がそれを望むとは考えられない。私は112歳だ。イサクは神の約束を受けら*

*れる最後の機会だ。*神は私を偉大な国民とし、私を通してすべての民を祝福すると約束した。*なぜ今、神は私の足元から敷物を抜き取るのか？」アブラハムはついに確信した。「神はモリヤでイサクを犠牲にするように私に命じたのだ」*

アブラハムはついに決心しました。「どんな結果になっても、私は従わなければならない。いや、私は何があろうとも神に従うことを選んだ。*しかし、これから何をするかをサラに告げることはできない。ただ、モリヤへ行って主に犠牲を捧げるということだけ伝えよう。」そしてアブラハムは深い眠りに落ちました。*

*驚くべきことに、アブラハムは翌朝早く起き、十分に休息を取りました。*燔祭の火を起こすための薪を割りました。ロバは乗るためではなく、往復の薪と食料を運ぶために馬をつなぎました。モリヤまでは3日間、そして帰りもさらに3日間の旅でした。*アブラハムは土鍋に真っ赤に燃えた炭を準備し、その熱い容器を運ぶために長い生皮の帯を取り付けました。3日間の旅の間、炭を燃やし続けるのに十分な量の自家製炭を詰めました。ライターオイルもマッチもない当時は、物事はそれほど容易ではありませんでした。*

サラは数日間保存できるフラットブレッド（トルティーヤのようなもの）をたくさん焼きました。旅のためにジャーキーとドライフルーツもたっぷり用意しました。アブラハムは若い二人の作業員に同行の準備をするように言いました。準備が整うと、彼らは一緒に朝食をとり、4人は出発しました。

三日目、アブラハムは遠くにモリヤ山を見つけました。彼は若者たちに言いました。「家畜と一緒にここにいなさい。息子と私はそこへ行く」と*大きな丘を指差して言いました。*「私たちは主を礼拝してから、あなたたちのところへ戻ります。」アブラハムは燔祭用の薪を取り、息子の背に背負わせました。そしてナイフを腰帯に差し込み、*よく燃えた炭の入った土*

*鍋を手に取りました。*二人は一緒に出発しました。若者たちの声が届かないところまで行った後、イサクは父に尋ねました。

アイザック。お父さん、何か忘れてない?

アブラハム。息子よ、どういう意味だ?

アイザック。さて、あなたは火を持っているし、私は薪を持っている。でも、*犠牲の羊はどこだ?*

*イサクの問いは、父の心を突き刺す短剣のようだった。アブラハムは一瞬言葉を失い、涙を隠すために素早く顔を背けた。*そして、自分の意図が真実であることを顧みず、魂の奥底に深く手を伸ばすと、信仰をもって答えた。*「息子よ、神ご自身が犠牲の羊を備えてくださるでしょう。」*

二人は沈黙のうちに丘を登り続け、神が定めた場所に辿り着きました。彼らは大きな平らな石を集め、祭壇を築き、その上に薪を並べました。準備が整うと、アブラハムは縄を取り出し、イサクに向かって差し出しました。*父の目に宿る表情は、イサクに「我が子よ、お前は神が備えてくださった犠牲なのだ」と告げていました。イサクは若く力強く、年老いた父から逃げ出すこともできました。しかし、父が天の父を信頼することを学んだように、イサクも父を信頼することを学んでいました。*イサクは手を差し出し、父に縛られ、足を縛られて祭壇の上に置かれるのを許しました。*父と子、両者の信仰の姿は、まさにこの上ないものでした。*

避けられない瞬間が迫っていた。アブラハムは腰帯から短剣を取り出し、高く掲げ、火を灯す前に息子の心臓に突き刺そうとした。その決定的な瞬間、主の天使が告げた。 *「アブラハム!何をしているのだ?」*

アブラハムは*息を切らして言いました。「主よ、私はあなたが命じられたことを行っています。」*

主の天使は優しく言いました。「イサクを傷つけてはならない。あなたの心と行いは、私が頼んだことをすべてあなたがすでに成し遂げたことを証明している。今、*あなたは私が*

すでに知っていたことを知った。今、あなたは私があなたにとって何よりも、誰よりも、約束のひとり子よりも大切であることを知った。あなたは今、あらゆる世代の信仰の模範である。だからこそ、私はあなたを通してすべての国々を祝福することを選んだのだ。」

*アブラハムがゆっくりと息を吐き出すと、*茂みから何かがざわめく音が聞こえた。振り返ると、近くの茂みに角をつかまれた雄の山羊がいた。アブラハムはすぐにイサクを解放し、二人で雄羊を捕らえて犠牲に捧げた。神は確かにイサクの代わりに犠牲を用意してくださったのだ。

主の御使いは再びこう言いました。「わたしは約束どおりあなたを祝福する。*あなたの子孫(子孫複数、創世記22:17)によって、*カナンの敵は *征服される。あなたの子孫(子孫単数、創世記22:18)によって、*地上のすべての国々は、*メシアである彼を通して祝福される。それはすべて、あなたがわたしの声に従ったからである。」*注:アブラハムに語った「主の御使い」は、通常の天使(神の天の僕)ではありませんでした。*主の御使いとは、受肉前の神の御言葉です。*

アブラハムはその場所を*「ヤハウェ・イレ」(*主は備えてくださる)と名付けました。あるいは、著者は「主ご自身が私たちの備え」と表現しています。*ヤハウェ・イレは、この物語で教えられている神のもう一つの複合名です。この名前は、神の愛、忠実さ、そして神を愛するすべての人々への備えという特質を明らかにしています。しかし、神の愛と備えは、神を愛する人々だけに限られるものではありません。*

犠牲を捧げた後、父と息子は互いに腕を組んで丘を下り、神の恵みを称え、喜びに笑いました。*アブラハムは言いました。「息子よ、急いで家に帰って、母にすべてを話さなければ。母も私たちと一緒に喜んでくれるだろう。」*

アブラハムの3人の妻を通しての子孫

サラを通して	ハガルを通して	ケトゥラを通じて
アイザック		
ヤコブとエサウ・	イシャメル（12人の息子がいた）	ミディアン人
	アラブ人	
イエス、紀元前4年頃	モハメッド、西暦600年	

アブラハムは175歳で亡くなり、息子のイサクとイシュマエルによってサラの隣に埋葬されました（創世記25:7-10）

ストーリー7

霊的な敵対者
(ヨブ記 1:1-42:17)

導入

ヨブはアブラハムと同時代人であった可能性もあるが、アブラハムの約300年後のアラビアの賢者であったという説もある。ヨブの物語の短縮版が、アブラハムの子孫の物語の続きの前に挿入されている。

話

ヨブという名の男がいました(憎まれ、迫害されていました)。彼はウズの地、おそらくパレスチナの東、現在のアラビア地方に住んでいました。神(エロヒム)はヨブを優れた人格の持ち主と呼びました。彼は非の打ちどころがなく、正直で、神を敬い、悪を避けました。ヨブは誠実な人でした。

ヨブとその妻には10人の子供がいました。7人の息子と3人の娘です。彼は非常に裕福で、多くの召使いを雇い、多種多様な牛を所有していました。彼はその地域で最も名声のある人物でした。

サタンは堕天使であり、神、人類、そしてすべての善なるものの敵対者となりました。ある日、サタンは主(ヤハウェ)に近づきました。主はサタンに、どこにいたのか、何をしているのかと尋ねました。

> サタンは答えた。「私は地上をさまよっていた。」主は尋ねた。「あなたは私のしもべヨブについて何を知っているのか。彼のような人をどこで見つけられるだろうか。彼は誠実な人で、悪を避け、私を敬う人だ。」
>
> (ヨブ記 1:7-8、著者による改稿)

> サタンは主(ヤハウェ)を嘲笑して答えた。

> 確かに、それは分かっています。しかし、ヨブがあなたに従ったのは無駄ではありませんでした。彼は自分のパンがどちら側に塗られているかを知っていました。あなたは彼と彼のすべての財産の周りに安全の壁を築きました。あなたは彼に「ミダスの手」を与え、莫大な富を与えました。もしあなたがヨブの真の姿を知りたいなら、彼の富を奪い取ってください。そうすれば、彼はあなたを呪うでしょう。
>
> (ヨブ記 1:9-11、著者による改稿)

「わかった」と主は言った。「ヨブの財産を使って彼を誘惑することを許そう。命を奪うこと以外は、好きなようにしなさい。」神はサタンに限界を与えながらも、*多くの自由を与えた。*

それを聞いたサタンは、*邪悪な笑みを浮かべながら神の前から立ち去りました。そして、時間を無駄にすることなく、*その日、使者がヨブのもとに駆けつけ、こう言いました。「シバ人（アラビア南部の古代部族）があなたの牛とロバを皆盗み、牧夫たちを剣で殺しました。私だけが逃れました。」

彼がまだ話しているうちに、別の人が来て言った。「天から火が降ってきて、あなたの羊と羊飼いを皆殺しにしました。私だけは逃れました。」

もう一人の召使いがヨブのところに駆け寄って報告しました。「カルデア人（ペルシャ湾に面するメソポタミア地方南部出身）があなたのラクダを襲撃し、盗み、ラクダ飼いを剣で殺しました。私だけが逃げおおせました。」

ヨブが悪い知らせに目が回っていると、最後の使者が現れて悲痛な知らせを伝えた。ヨブの子供たち全員が兄の家で飲食していたところ、巨大な竜巻が襲来し、家が破壊され、子供たち全員が死亡したという知らせだった。

ヨブは衣を引き裂き、頭を剃り、神の前にひれ伏しました。彼は礼拝し、「主よ、私は母の胎内から裸で生まれ、裸のまま土に帰ります。主は私に与え、主は私から取り去られました。主はほむべきかな」と言いました。ヨブは神（エロヒム）を責めたり呪ったりして罪を犯すことなく、このすべての悲劇に耐え抜きました。

別の日、サタンは再び主の前に現れました。神は再び彼に尋ねました。「どこにいたのか、何をしているのか？」

サタンは答えました。「ただ地球を歩き回っているだけだ。」

神は以前もこう言われました。「あなたはわたしのしもべヨブについて何を知っているのか。彼に匹敵する者はいない。あなたがたは理由もなくわたしをそそのかしてヨブに敵対させせたが、それでも彼に匹敵する者はいない。」

サタンは、少し得意げな表情で言い返しました。「人は自分の命を救うためなら何でも差し出す。ヨブの健康を損なえば、*彼は豚のように悲鳴をあげ*、面と向かってあなたを呪うだろう。」

*「いずれ分かるだろう」*と神は言った。　*「もう一度ヨブを誘惑することを許してやろう。思いっきり殴ってみろ。だが、命を奪うことはできない。」*

サタンは主（ヤハウェ）の御前から去ると、すぐにヨブを腫れ物（血液の感染症）で襲った。ヨブの全身は膿がたまったひどい腫れ物で覆われていた。灰の中に座っていたヨブは、割れた土器の破片を取り出し、自分の体をこすり、腫れ物から膿を滲み出させせた。

ヨブの妻は夫をあざ笑って言いました。「あなたはまだ神を信じているのですか。神を呪って死ぬべきです。」

*ヨブは優しい声で彼女に答えました。「愛しい人よ、そんな風に言うのは愚かな女だけだ。あなたはその一人ではない。*私たちは神から良いものを受け取っておきながら、逆境を受け入れないでいるべきだろうか？」ヨブは依然として誠実さを保っていました。

*ヨブの友人エリファズ、ビルダデ、ツォファルの三人は、*ヨブの苦難を聞き、慰めようと旅をしました。ヨブの姿を見て、彼らは衝撃を受けました。全身に腫れ物ができ、誰だか分からないほどでした。ヨブの友人たちはヨブのために泣き、着物を引き裂きました。彼らは塵を空中に投げ捨て、それが自分たちの体に降り積もるのを待ち、それからヨブと共に灰の中に静かに座りました。ヨブは皆、耐え難いほどの苦しみに苦しんでいたのです。

一週間沈黙した後、ヨブは自分の生まれた日を呪った。「なぜ私は生まれた日に死ななかったのか？」それから友人たちが一人ずつ口を開いた。口を開くたびに、彼らはヨブへの復讐心と、自らへの独善性を深めていった。「ヨブがこんなにもひどい目に遭っているのは、彼自身が何かひどいことをしたからに違いない。だから、彼は自分の罪の報いを受けているのだ。」と彼らは考え始めた。

ヨブは友人たちが口を開くたびに反論した。現代の言葉で言えば、「彼らのような友がいれば、敵など必要ありません」と言えるかもしれない。しかし、ヨブは自分の無実を主張しようとして、自分の誠実さと正義を主張し過ぎた。ヨブは神に自分の無実を明らかにさせる代わりに、傲慢さに苛立っていたのだ。

エリヒューが登場

ヨブ記32章から37章には、ヨブの若い友人が登場します。エリフ（彼は私の神）という名で、ヨブの他の友人たちよりも若かったのです。文化的背景から、エリフは年長者たちがヨブと話を終えるまで口を開きませんでした。若いエリフは、実はヨブと3人の年長の友人たちよりも賢明でした。エリフもまたヨブを非難しましたが、その理由は異なっていました。*彼はヨブが「神の前に自分を正当化している」*（ヨブ記32章2節）と厳しく非難したのです。*ヨブは「私は正しいのに、まるで神が私を不当に悪者扱いして罰したかのようだ」*（ヨブ記34章5節）と主張していました。

今、私たちは、敬虔なヨブが友人のエリファズ、ビルダデ、ツォファル*と同じ誤った神学を持っていたということを理解し始めています。*

よくある誤解は報復に関するものでした。多くの人は、神は常に義人に良いもの（健康、富など）を与え、罪深い者には必ず罰（病気、貧困など）を与えると誤解していました。

*ヨブはひどく苦しみました。友人たちがヨブをひどい罪人だと決めつけると、ヨブはさらに苦しみました。*彼らは、神がヨブの隠れた罪のせいで富と健康を奪ったのだと考えました。

ヨブは自分を義人だと考えていたため、神は苦しみや貧困ではなく、健康と富を自分に与えてくれるはずだと考えました。そして、自分を正当化することで、ヨブは神が自分の富と健康を奪ったと責め立てました。

一方、「*エリフはヨブに、彼が知識なく語ったことを告げた*」(ヨブ記34:35)とあり、さらに「あなたは自分が神よりも正しいと思っているのか」(ヨブ記35:1-2)と問いかけています。*エリフはヨブに、たとえ特別な祝福を受けなくても、傲慢さを捨て、謙虚に神に従う者となるよう勧めました。今日でも、善なる神がなぜ悪と苦しみを許しているのかという疑問に苦しむ人は少なくありません。*

ついに*主(ヤハウェ)が会話に加わった。彼はまずヨブに語った。*「知識のない言葉で計りごとを曇らせる者は誰か。男らしく*帯を締めよ。*私が地の基を据えたとき、あなたはどこにいたのか。もしあなたが知っているなら、私に言いなさい。」それから主はヨブに尋ねた。「あら探しをする者が全能者と争うだろうか?」(ヨブ記40:1 NASB)。

ヨブは謙虚に主に答えました。「私は取るに足りない者です。あなたに何と答えたらよいでしょうか。」ヨブは主に告白しました。「あなたはすべてのことをなさるお方です。あなたのご計画はくじかれることはありません。知識もなく計りごとを隠す者は誰ですか。それゆえ、*私は自分では理解できない、あまりにも不思議なことを告げてしまいました。私は塵と灰の中で撤回し、悔い改めます。*」(ヨブ記42:1-6 NASB)

ヨブはアブラハム(第6話)と同様に、神が全能であり、人類の最善の利益を念頭に置いていることを発見しました。神はサタンの邪悪な計画を用いて、*ヨブに対するご自身の善*

*なる計画を成就*させました。ヨブの信仰と神との絆は強固なものとなりました。ヨブの物語は、ヨセフの物語（第10話、後述）と類似点があります。

*神はヨブの友人たちに憤慨した。*ヨブに語りかけられた後、主はエリパズ、ビルダデ、ゼファルに言われた。「*わたしの怒りはあなたたちに向かって燃えている。あなたたちはわたしのしもべヨブのようにわたしについて真実を語らなかったからだ。*それゆえ、雄牛七頭と雄羊七頭を用意し、わたしのしもべヨブのもとへ行き、あなたたちのために燔祭を捧げなさい。わたしのしもべヨブがあなたたちのために祈る。わたしは、あなたたちがわたしについて真実を語らなかった愚かさのために、あなたたちを罰しない。」彼らは主の指示に従った（ヨブ記42:7-9）。

*ヨブが友人たちを許し、彼らのために祈った後、主はヨブの財産を回復されました。主はヨブが以前持っていたすべてのものを倍増されました。ヨブはさらに敬虔な人になりました。*ヨブの兄弟姉妹全員がヨブのもとに来て食事をしました。彼らは主がヨブに与えたあらゆる逆境について、ヨブを慰め、慰めました。それぞれがヨブに金と金の指輪を与えました。

主はヨブを、人生の初めよりもさらに祝福されました。ヨブと妻は、さらに7人の息子と3人の娘をもうけました。ヨブは相続に関して、世俗的な慣習に逆らいました。娘は結婚して夫に養われるため、娘に相続財産を与えない人もいました。しかし、ヨブは息子たちに与えたのと同じ相続財産を娘たちにも与えました。その後、ヨブは140歳まで生き、息子たちと孫たち、四世代の子孫を見ました。

質問

1. この物語で初めてサタンが登場します。サタンは誰の敵だったのでしょうか?サタンは他に誰を倒そうとしたのでしょうか?
2. 神はサタンにヨブを苦しめる許可と大きな自由を与えましたが、ヨブに対するサタンの力には制限を与えました。その制限とは何だったのでしょうか。
3. この物語から、私たちは神についてどのようなことを学ぶのでしょうか。
4. 神はなぜサタンがヨブを苦しめ、誘惑することを許したと思いますか。

ミニエピローグ

第7話では、旧約聖書と新約聖書の両方に登場する重要な人物が紹介されました。その人物とは敵対者であるサタンですが、この物語ではサタンについてほとんど何も語られていません。*実際、サタンは第2話で登場し*、蛇の誘惑の力として描かれています。

*サタンとは誰なのか?どこから来たのか?*その答えは、この物語の数百年後に預言した預言者イザヤとエゼキエルから来ます。このことについては、このエピローグでのみ触れておきます。イザヤ書14章で、*預言者は二重の意味を持つ預言をしています。*第一に、バビロンの王への嘲笑として(イザヤ書14:4-23 *)。第二に、ルシファー、サタン、悪魔、敵対者などと呼ばれる者についての説明として*(イザヤ書14:12-15 NASB)。「ああ、暁の星よ、暁の子よ、あなたは天から落ちてしまった」(ヘブライ語:*ヘレル*、「輝く者」/ルシファー)。

サタンよ、汝は地に切り倒された。諸国を弱めてきた汝よ!汝は心の中でこう言った。「わたしは天に昇り、わたしの王座を神の星々（エル）の上に高く上げよう。わたしは集いの山、北の果て（暗黒）に座ろう。わたしは雲の頂（ハイ）の上に昇ろう。わたしはいと高き者のようになる。」しかし、汝は陰府（ハデス／地獄）に、穴の底に突き落とされるのだ。（イザヤ書 14:13-15）

エゼキエル28:1-19も参照してください。

ストーリー8

イサクの花嫁
(創世記24:1-67)

サラが127歳で亡くなった直後、アブラハムは40歳になり悲しみに暮れる息子イサクに妻を迎える必要があると悟りました。アブラハムは最も信頼する召使い、つまり全財産の管理(*マウシャル*)を任されていた召使いを呼びました。アブラハムはその召使いに、故郷メソポタミア(現在のイラク、イランとトルコの国境地域)に戻り、*イサクのために敬虔な妻を見つけるよう命じました。*

アブラハムの召使いの名前は記されていませんが、召使いはしばしばその仕事によって呼ばれていました。この召使いはアブラハムの所有物すべてを管理する管理人であったため、権威ある地位にあり、責任者(*マウシャル)でした。したがって、この短い物語では彼を*「マウシャル」と呼ぶことにしましょう。

アブラハムはマウシャルに、主(ヤハウェ)が天使を遣わして旅の安全と成功を保証してくれると約束しました。アブラハムは熱心に、マウシャルに、ただの花嫁ではなく、アブラハムの家族から、神が選んだ花嫁を連れて帰ると約束するよう求めました。マウシャルは同意し、往復の必需品、様々な贈り物、そして花嫁となる女性への贈り物を10頭のラクダに積んで出発しました。

約640キロの道のりを経てナホルの町に到着すると、マウシャルはラクダたちを町外れの井戸の近くにひざまずかせた。彼はその井戸が、女性や若い女性たちが夕方の水を汲みに来る場所だと知っていた。

> 「ああ、主よ（ヤハウェ）よ」と彼は祈りました。「どうか今日、私に成功をお与えください。そして、主人アブラハムに慈しみをお示しください。ここで待っている間、若い女性たちに水を飲ませてもらいます。あなたがイサク様のために選んでくださった若い女性が、私のところに来て、『さあ、お水です。ラクダにも水を汲んであげましょう。そうすれば、あなたがイサク様の花嫁をお選びくださるよう、愛情を込めて私を導いてくださったことが分かります。』
>
> （創世記 24:12-14 NASB）

彼が祈りを口にした途端、若い女性が彼に水を飲ませ、ラクダにも水を飲ませに来た。マウシャルは、神に彼が願ったすべての願いを叶えてくれるその娘を静かに見守っていた。娘が願いを叶え終えると、彼は腰に下げていた袋から精巧な金の鼻輪と二つの金の腕輪を取り出し、若い女性に渡して尋ねた。「あなたのお父さんは誰ですか？」

マウシャルは、この美しい処女リベカが、アブラハムの実の兄ナホルの妻ミルカの息子ベトエルの娘だと知り、喜びを抑えきれず、喜びを抑えきれませんでした。マウシャルはすぐにリベカに尋ねました。「お父様は、お泊りの客を受け入れる場所をお持ちですか?」

「はい、客室はございます。ラクダ用のスペースと、餌と藁もたっぷりご用意しております。」

リベカは急いで土器の水差しに水を注ぎ、特別な客が来ることを家族に知らせるために急いで出発しました。兄のラバンは井戸に戻り、マウシャルを見つけて家まで案内するよう命じられました。

一方、マウシャルは祈った。

> 主人アブラハムの神、主(ヤハウェ)はほめたたえられますように。主は主人への慈しみと真実を決して捨てられませんでした。主(ヤハウェ)よ、あなたは私を主人の兄弟の家へと導いてくださいました。主よ、感謝します。
>
> (創世記 24:26-27 NASB)

ラクダを厩舎に入れた後、マウシャルは自分の部屋に案内され、水浴びをしました。食事が運ばれてくると、彼は急いでこう言いました。「なぜここに来たのかをお話しするまで、座って食事をすることはできません。私はあなたの兄アブラハムの召使いです。主人の息子イサクの花嫁を見つけるために、ここに遣わされたのです。」マウシャルの目は輝き、声が興奮で震えながら、神がどのようにして娘のもとへ直接導いてくださったかを語りました。彼の旅の驚くべき話とリベカとの出会いを聞いた後、家族はこれが神の計画だと確信しました。

マウシャルは主の前にひれ伏し、主は彼らに主人からの贈り物を与えた。銀と金の品々、そしてリベカのための衣服。また、彼女の母と兄にも貴重な品々を贈った。*それから、マウシャルと部下たちは共に食事をし、祝宴を開き、夜遅くまで家族の話を交わした。*

翌朝、マウシャルは主人の元へ帰らせてほしいと頼みました。彼らはもう10日間滞在するよう説得しようとしましたが、マウシャルは急いで帰らなければならないと言いました。リベカの両親は、リベカがもう少し滞在してくれるよう説得してくれることを期待していましたが、リベカは優しく、マウシャ*ルと一緒にカナンの新しい生活と故郷へ帰る準備ができていると両親に伝えました。*

*娘に二度と会えないかもしれないと悟ったリベカの家族は、非常に苦労しながらも、*リベカの決断を受け入れ、祝福を与えました。リベカと侍女たちは急いで荷物をまとめた後、家族を抱きしめ、別れを告げました。若い女性たちはラクダに乗り、手を振ると、アブラハムの召使いと共に急いで立ち去りました。*リベカの心境は、目に涙を浮かべ、美しい笑顔を浮かべていたことから明らかでした。*

数週間後、旅の終わりが見えてきた頃、アイザックは北からラクダが近づいてくるのを見つけた。*彼は胸が高鳴り、こう思った。「マウシャルは成功したのだろうか？ 俺のために花嫁を連れて帰ってきたのだろうか？ もしそうなら、彼女はどんな人なのだろうか？」*

ちょうどその頃、リベカは野原に一人の男を見つけた。彼女は思った。「*あれは私の将来の夫？ 私と同じように、私の到着を待ちわびているのだろうか？* 」彼女はラクダを止め、地面にひざまずくように合図した。彼女はすぐにラクダから降り、マウシャルに尋ねた。「近づいてくる男は誰ですか？」

「あれは私の主人イサク、あなたの将来の夫です」*と彼は目を輝かせて答えた。*リベカは素早くベールを取り、頭と顔と肩を覆った。

*女性たちはそれぞれの部屋に案内され、沐浴を済ませた後、特別な食事を共にしました。*食事の後、マウシャルは神がどのようにして彼をリベカとその親切な家族に導いたのか、その一部始終を語りました。イサクはリベカ*に一目惚れし*

*ました。*マウシャルのイサクについての話を聞いて、彼を愛し、結婚することを決意したリベカと全く同じです。

ついに、40歳になったイサクは、父の祝福を受け、儀式など一切行わずに、かつて母の美しい天幕であった場所へリベカを連れて行きました。神の選択と導きによって、イサクとリベカは夫婦(イシュ)と妻(イシュシャー)となりました。

質問

1. 歴史のほとんどを通して、親が子供の配偶者を選んできたことをご存知ですか?それは今日でも世界の多くの地域で当てはまります。親が配偶者を選んだ人をご存知ですか?もしご存知でなければ、インド、中東、アフリカ、アジアのカップルと友達になってみてください。
2. この物語の中で、神がイサクのために選んだ妻のもとへ導いてくれるという信仰を示したのは誰ですか。そのような信仰を持った人の名前を挙げてください。
3. この物語の中で、祈りはどのような役割を果たしましたか? いくつの祈りが描かれていますか? 他にも言及されていない祈りはたくさんあったと思いますか? なぜそう思うのですか? これは、祈りが私たちの日常生活において重要な位置を占めるべきであることを示しているのでしょうか?
4. この物語の中で、感謝の気持ちはどのように表現されているのでしょうか?感謝の気持ちは私たちの日常生活において重要な位置を占めるべきでしょうか?なぜでしょうか?
5. リベカの両親は、娘が再び会える見込みもないまま遠くへ行くのを許す勇気をなぜ得たのでしょうか。

覚えていない方は、召使いがリベカの家族と交わした会話に戻って、その理由を調べてください。

6. この物語の中で、文化が重要な役割を果たした回数を数えてみましょう。文化は神を支持するもの、中立的なもの、反神的なものなど、多岐にわたります。この物語の中で、文化はどのような役割を果たしたでしょうか?

ストーリー9

神を信頼することを学ぶ（創世記 25:19-36:43）

イサクとリベカは互いに愛し合い、喜びに満ちた結婚生活はまるでおとぎ話のようでした。二人は神が二人を結びつけてくださったことを深く理解し、神への愛と信頼を深めていきました。

結婚して20年が経っても、リベカは子供を授かることができませんでした。*イサクは妻のために主（ヤハウェ）に祈り、*主はリベカに妊娠のチャンスを与えてくださいました。しかし、リベカの胎内で何かが起こっているようでした。*そこでリベカは主に祈り、「一体何が起こっているのですか？」と尋ねました。*

主は彼女が双子の息子を身ごもっていることを明らかにされた。二つの国を代表する二人の息子が彼女の胎内にいたのだ。*争いは既に始まっていた。*「兄は強くなる。しかし、弟に仕えるだろう。」

出産の時が来ても、苦闘は続いた。彼女は双子の男の子を産んだ。最初の子は赤い肌と毛深い体で生まれた。彼らは彼をエサウ（毛深い）と名付けた。弟はすぐに生まれた。実際、彼はエサウのかかとを掴んで生まれたのだ。彼らは彼をヤコブ（奪い取る者／策略家）と名付けた。

息子たちが成長すると、エサウはたくましいアウトドアマンとなり、野心は抱かず、熟練の狩猟者になった。一方、ヤコブは色白で家庭的な男で、自分の望みを叶えるために知恵を絞るタイプだった。*どちらの息子も特に信仰心が篤いとは思えなかった*。両親は二つの大きな過ちを犯した。*一つ目は、息子たちが夫婦の間に割って入ってくるのを許したこと、二つ目はそれぞれがどちらか一方を贔屓にしていたことだ。エサウはイサクのお気に入りで、リベカはヤコブのお気に入りだった。息子たちが青年になる頃には、イサクとリベカのおとぎ話のような結婚生活は、機能不全の家庭へと変貌を遂げていた。*

あるとき、ヤコブがシチューを調理した後、兄のエサウが狩りの旅で空腹になりながら家に帰ってきました。

「弟よ」と彼は言った。「お腹が空いたんだ。レンズ豆のシチューを少し分けてくれないか」

「わかった」とジェイコブは言った。「だがまず、長子としての権利を私に売らなければならない。」

エサウは同意し、長子の権利を軽視して、それを一杯のシチューと引き換えに売りました。

イサクは年老いて視力が著しく低下しました。イサクはエサウに狩りに出かけ、好物の野生動物のシチューを作ってくれるよう頼みました。「私が食べたら、祝福を授けましょう」と彼は言いました。

リベカは夫の言葉を聞いて、エサウが狩りに出かけた後、ヤコブと共にイサクとエサウに対して陰謀を企てた。

*リベカはサライのように、神がヤコブへの約束を果たすのを助けようとしたのでしょうか。それとも、いつものようにひいきをしていただけだったのでしょうか。*いずれにせよ、彼女は手早くシチューを準備し、ヤコブの変装も手伝いました。彼女はヤコブの滑らかな腕を子ヤギの皮で覆い、ほとんど目が見えなくなった夫にヤコブがエサウだと思わせました。また、ヤコブにエサウの洗濯していない服を与え、エサウの匂いをさせようとしました。こうして、欺瞞的なヤコブは兄から長子の権利（父の祝福）を奪うことができました。これらの策略は功を奏したのです。

その後まもなく、エサウは狩りから家に戻り、父の好物である野生動物のシチューを作って父に届けました。エサウは父から約束された祝福を得られると期待していました。それは長男としての生得権でした。しかし、父は不安になり、「お前は誰だ？」と尋ねました。

「お父さん、私、エサウ、あなたの長男です。狩りに行って、あなたのご要望通りに、あなたの好きな野生動物のシチューを用意しました。」

「ああ、大変！私は一体何をしてしまったんだ？」とイサクは嘆いた。「お前の長子の権利はもうヤコブに譲ってしまった。疑っていたが、彼は自分がお前だと確信した。だからお前の祝福を彼に与えたんだ。」

エサウは震えて叫んだ。「父よ、わたしも祝福してください。」しかしイサクは言った。「わたしは何もできません。ヤコブが偽って来て、あなたの祝福を奪い取りました。わたしは彼をあなたの主人にしました。」

エサウは両親に言いました。「あなたたちはヤコブという名をつけた。彼はまず私を騙して相続財産を奪い、今度は祝福までも奪ったのだ。」エサウは兄に憤慨し、恨みを抱きました。怒りのあまり、兄を殺そうと計画を立て始めました。

エサウの邪悪な計画を知ったイサクは、神にヤコブの祝福を祈りました。イサクは息子ヤコブに、パダン・アラム（現在のイラク北西部）のハランにある母方の祖父の故郷へ逃げるよう勧めました。母方の兄弟*ラバンの娘たちを妻に迎えるべきだと。これらの娘たちに関する知識から、リベカとその家族の間に何らかの交流があったことが分かります。*

イサクとリベカは、エサウのようにヤコブが不信者の妻を娶ることを望まなかった。そのため、ヤコブは両親の命令に従い、兄の怒りから逃れるために家を出た。ヤコブは二度と母に会うことはなかった。エサウはカナンの娘たちとの結婚が両親の不興を買ったことを悟った。両親の好意を取り戻そうと、エサウはアブラハムの息子である叔父イシュマエルのもとを訪れ、イシュマエルの娘マハラトを3番目の妻として娶った。

ヤコブの夢（創世記28:12-22 NASB）

一方、ヤコブはハランへ400マイル以上の旅路を進んでいました。ルズの町の近くで、ヤコブは夢を見ました。地上に梯子が立っていて、その先端は天に届いていました。神の天使たちが梯子を上り下りしていました。梯子の上に主（ヤハウェ）が立ち、ヤコブに語りかけました。*「わたしは主（ヤハウェ）、イサクとアブラハムの神（エロヒム）である。」*

*神はヤコブに無条件の約束をしました。「いつの日か、私は*あなたが眠っているこの地を、あなたとあなたの子孫に与える。私はあなたの祖父アブラハムに、この地を彼の子孫に与えると約束した。今、私はあなたとあなたの子孫にその約束を広める。そして、あなたと共にいることを約束する。あなたがどこへ行こうとも、私はあなたを養い、守る。いつの日か、あなたが今、命からがら逃げているこの地に、あなたを連れ戻す。」

ヤコブは眠りから覚めて、「主(ヤハウェ)がここにおられるのに、私はそれすら知らなかった」と言いました。ヤコブは恐怖に襲われ、「これは恐ろしい場所だ。神の家、まさに天国への入り口に違いない」と言いました。彼はその場所を「ベテル」(神の家)と改名しました。

そこでヤコブは*条件付きの誓いを立てました。*「*もし神*(エロヒム)が私と共にいてくださり、この旅路で私を養い、守ってくださる*なら、もし私に食べ物と衣服を与え、無事に父の家に帰らせてくださるなら、私は主(ヤハウェ)を私の神(エロヒム)として受け入れます。」ヤコブは、現代の多くの人々と同様に、神の御人格も、その永遠の信頼に値する御性質も知りませんでした。ヤコブが誰に話しかけているのかを知らなかったことは明らかです。*

ヤコブは土の中に半分埋もれた大きな石を見つけ、それを自分が寝ていた場所に立てて言った。「私はこの石を、神(エロヒム)が私に与えてくださったすべてのものの十分の一を神に返すという目印と証拠として立てた」(創世記 28:27)。

ヤコブは旅を続け、ついに目的地の近郊に到着した。井戸には三つの羊の群れがいて、水を飲む順番を待っていた。ヤコブは羊飼いたちに尋ねた。「あなたたちはどこから来たのですか?」

彼らは答えました。「私たちはここ、ハラムから来ました。」

ヤコブは微笑んで尋ねました。「あなたはナホルの息子ラバンをご存知ですか?」

「そうですよ」と彼らのうちの一人が言った。

「まあ、今日は幸運な日だね」と別の人が言った。「ラバンの娘ラケル(雌羊)が羊飼いを手伝いに来たよ」

ヤコブはラケルと結婚する契約を結ぶ(創世記 29:8-20)

ラケルの羊たちが落ち着きを取り戻すと、ヤコブは羊たちに水を飲ませるのを手伝いました。それからヤコブは彼女に自己紹介をし、頬にキスをしました。彼女は家に駆け寄り、父に妹の息子が町に来たことを伝えました。ラバンはその知らせを聞くと、ヤコブのもとへ駆け寄りました。ヤコブを抱きしめ、両頬にキスをし、家の中へ招き入れました。ヤコブは兄エサウから逃げていることを明かさずに、カナンの地にいる家族のことを話しました。ラバンはリベカの息子がそこにいることを喜びました。

一ヶ月後、ラバンは甥のヤコブに仕事を与え、いくら支払うべきか尋ねました。ヤコブはラバンの末娘ラケルに恋をしており、「ラケルと結婚するために、七年間あなたに仕えましょう」とすぐに言いました。

ラケルの父親は、彼女もヤコブに恋していることを知っていた。「わかった」と彼は言った。「見知らぬ人と結婚するより、家族と結婚した方がいい」

ラバンはまた、たとえヤコブの7年間の宿泊費と食費を負担することになったとしても、ヤコブの7年間の奴隷生活は間違いなく有益な持参金になるだろうと考えました。

ラケルを深く愛し、毎日会うことができたため、7年はあっという間に過ぎたように思えました。ついにヤコブはラバンに言いました。「私は奴隷として仕えることを終えました。さあ、ラケルを妻として私に与えてください。」ラバンは同意し、結婚の宴を催しました。

ラバンは甥を騙した（創世記29:21-25）

婚礼の客が集まった夜、ラバンはラケルの姉レア（疲れ果てた）に婚礼の衣装とベールを着せ、ヤコブのもとに連れてきました。ラバンはまた、召使いのジルパを娘の侍女として与えました。婚礼の間、レアは一言も口をきかず、物音も立てませんでした。ヤコブはベールの下にいるのがラケルだと考え、彼女を家に連れて帰り、部屋の暗闇の中で彼女と交わりました。

朝になると、ヤコブは自分が騙されて間違った妹と結婚させられていたことに気づき、衝撃を受けた。騙したヤコブ自身も、抜け目のない叔父、つまり義父に騙されていたのだ。

「一体何をしたんだ?」ヤコブは嘆いた。「レアではなくラケルと結婚するために、7年間もあなたに仕えてきたのに!なぜ私を騙したんだ?」

「気にするな」とラバンは答えた。「これが我々の文化だ! 姉が結婚する前に妹を嫁がせることは許されない。来週、お前は私の妹ラケルと結婚できるが、結婚後も彼女のために7年間私に仕えなければならない。」

ラケルは彼の2番目の妻となる(創世記29:28-30:24)

翌週、ラケルがヤコブと結婚する前、ラバンは召使いのビルハをラケルの侍女として与えました。こうしてヤコブはラケルも妻としました。ヤコブはレアよりもラケルを愛していました。ヤコブはラケルのためにさらに7年間ラバンに仕えました。主はレアが愛されていないことを見抜き、彼女に子供を産めるようにしてくださいました。しかし、ラケルは不妊のままでした。

レアは身ごもって男の子を産み、ルベン(見よ、息子)と名付けました。彼女は叫びました。「主は私の苦しみを御覧になりました。夫に息子を授けた今、きっと私を愛してくれるでしょう。」レアはルベン、シメオン(聞く)、レビ(加わる)、ユダ(褒める)と、立て続けに4人の息子を産みました。

ラケルは子供を授かることができませんでしたが、姉は愛されていないと感じ、子供がいないにもかかわらず深く愛されている妹に激しい嫉妬を抱いていました。*私たちにはそのような状況は想像もできませんが、嫉妬、競争、劣等感、*

裏切り、陰謀など、私たち自身や他人を歪んだ道へと導き、空虚で破滅的な人生へと導く感情は、多くの人がよく知っています。

姉妹間の争いは激しさを増す。レアはユダを産んだ後、子を授からなくなってしまった。愛妻ラケルは姉に嫉妬していた。レアはヤコブに4人の息子を産んだにもかかわらず、自身には子供ができなかったのだ。激怒したラケルは夫にこう言った。「姉に与えたように、なぜ私にも子供を与えてくれないのですか？私にも子供を与えてください。さもないと私は死んでしまいます。」

その侮辱に、ヤコブは愛する妻に激怒した。「私を責めないでくれ。お前の胎を閉ざし、子供を産ませなかったのは神（エロヒム）だ。」

するとラケルは、嫉妬と怒りから生まれた、思い切った無謀な計画を思いつきました。「わかったわ」とラケルは言いました。「私の女奴隷ビルハ（困っている）を私の代わりの妻として差し上げましょう。彼女は私の代わりに子供を産んでくれるでしょう。サライがアブラムに召使いを与えたように（創世記16章）、」ヤコブは愛する妻をなだめ、彼女の女奴隷を代わりの妻として迎えました。

ビルハは男の子を身ごもり、ラケルは神が自分の正当性を証明してくださったと感じました。ラケルはビルハの息子をダン（裁判官）*と名付け、自分の子と認めました。現代風に言えば、ビルハは代理母と言えるかもしれません。*その後、ビルハは二人目の男の子を身ごもり、ラケルは夫の心をめぐって妹と格闘しているように感じたため、その子をナフタリ（格闘の意）と名付けました。

嫉妬深い姉妹たちはそこで止まりませんでした。今度はレアの番でした。彼女はもはや子供を身ごもることができなかったので、自分の代わりの妻として、召使いのジルパ（小娘）をヤコブに与えました。ジルパはヤコブにガド（豊穣）とアシェル（幸福）という二人の息子を与えました。その後、レアは再び身ごもることができ、さらにイッサカル（報いがある）とゼブラン（高貴な）という二人の息子と、ディナ（裁き）という娘を産みました。

*その時になって初めて、神はヤコブの愛妻でありながら子供に恵まれなかったラケルを祝福しました。*ラケルはついに妊娠し、ヤコブに息子ヨセフを産みました（主は付け加えています）。数年後には、次男ベニヤミン（右手の息子）が生まれました。

ヤコブはついに繁栄する（創世記30:25）

ラケルがヨセフを産んだ後、ヤコブは義父ラバンにヨセフを解放して国に帰らせてほしいと頼みました。ラバンはヤコブと交渉しました。「どうか留まっていてくれ！　お前が家に来て以来、神は私を豊かに祝福してくださった。だから、いくら払えばいい? 留まっていてくれるなら、いくら払えばいい?」

何年も前、ヤコブはラバンに末娘ラケルとの結婚の許可を求めていました。しかし、その願いはヤコブを知らずにラバンに騙されてしまうことになっていました。ラバンの欺瞞によって、ヤコブは二人の娘に夫を与え、多くの孫を授かり、富を得ることができました。

その時、ラバンが*頭を下げて*ヤコブに近づきました。ラバンの要求は、ヤコブに義父よりも有利な立場を得る機会を与えました。ヤコブはラバンを欺いて富を得ようとする策略を企てていました。

ヤコブはラバンを少しからかった。「私が来る前、あなたの羊の群れがどれほど小さかったか覚えているか？私が来ると、神はあなたを何倍も祝福した。私があなたのためにしたことはすべて、あなたの財産を豊かにした。私はあなたによく仕えたが、今は私の家族も大勢いる。そろそろ私自身の家族を養わなければならない時だ。」

「わかった、息子よ」とラバンは言った。「では、私と一緒にいるためには何をあげればいいんだ?」

「実は、何も支払う必要はありません」とジェイコブは言った。「でも、あなたにできることはあります。覚えておいてください、私はあなたの娘さんたちと結婚するために14年間も無給で働いてきました。もう一つ提案があります。」

ご存知の通り、あなたの羊とヤギのほとんどは白いです。*もし私が*あなたの羊の群れを精査し、ぶちやまだら模様の羊と黒い子羊をすべて選別し、小さな羊の群れを私のために用意することをお許しいただければ、今後6年間、無給であなたの大きな群れの番をいたします。ヤギも同様です。もしよろしければ、今後、私の群れの中の白い羊やヤギはあなたのものです。あなたの群れの中のぶちやまだら模様の羊、黒い子羊やヤギは私のものです。

「いい考えだ」とラバンは言った。「それで取引を成立させよう」

こうして、契約に従って羊の群れは分けられました。ヤコブの羊の群れはラバンの羊の群れから5キロ離れた場所に移されました。ヤコブの息子たちは、まだら模様の羊とぶち模様の羊と山羊の世話をすることになりました。ヤコブはラバンの羊の群れの世話を無給で続けました。

ヤコブの策略は、自分のぶちやまだら模様の雄羊をラバンの白い雌羊の中でも特に優秀なものの近くに置いて交配させ、その結果、ぶちやまだら模様の子羊ややぎが生まれるように仕向けることだった。しかし、ヤコブは自分の雌羊をラバンの雄羊から遠ざけていた。こうしてヤコブの羊の群れは急速に増え、彼は裕福になり、多くのラクダやロバを購入し、召使いを雇うことができた。

こうして、欺瞞に満ちたヤコブは、欺瞞に満ちた義父に形勢逆転を果たしたかに見えた。ラバンは、ヤコブの群れが自分の群れよりも急速に成長しているのを見て、態度を変えた。彼は騙されたことを悟り、もはやヤコブに友好的な態度を取らなかった。

ヤコブは密かにカナンへ出発する（創世記1:1-21）

すると主（ヤハウェ）はヤコブに言われた。「あなたは、最初からあなたを搾取してきた*義父を出し抜いたと思っている。あなたは生まれたときから、自ら作り出した妄想の中で生きてきた。*そして今、あなたは欺瞞的な計画によって莫大な富を得たと妄想している。*しかし、あなたが繁栄したのは、あなた自身ではなく、私のせいだ。*」

主は続けて言われた。「*あなたの悪ふざけにはうんざりだ。*ハランへの旅の途中、私が夢の中であなたに現れたことを忘れたのか。その夢の中で、あなたは私の天使たちが地上から天に届く梯子を上り下りしているのを見た。私は梯子の頂上に立ち、*あなたに無条件の約束をした。*私は常にあなたと共にあり、あなたがどこへ行ってもあなたを守ると約束した。また、あなたを無事に故郷に連れ戻すと約束した。私は、あなたが*地上のすべての家族を祝福するという私の永遠の計画において重要な役割を担っていることを明らかにしたのだ。*」

最後に、主はヤコブを叱責しました。「私の約束にどう応えたか覚えていないのか。*あなたは非常に条件付きの約束をした。*もし私が（神）があなたの旅の間ずっとあなたと共にいて、常に食べ物と衣服を与え、そしてあなたを無事に父の家に連れ帰るなら、私（主）はあなたの神となると言ったのだ。私はあなたとの約束を守り、あなたが私に与えた条件も守った。*今こそ、あなたが約束を守る時だ。私はあなたにカー*

*ドを投げる。約束を守るか、黙るかだ。*準備をしなさい。私はあなたを無事に故郷に帰す。」

ヤコブは家に帰らず、妻たちに使者を遣わして言いました。「私たちの羊の群れの中から出てきて、子供たちも連れてきてください。私たちは急いで出発します。」

妻たちが集まったとき、ヤコブは神（エロヒム）の天使（使者）が告げたことをすべて妻たちに伝えました。神はラバンから妻たちを守ってくれるでしょうが、妻たちはすぐにカナンへ向かう必要がありました。

ラケルとレアはすぐに同意して言いました。「私たちはもう父の財産の分け前はありません。私たちは父にとって外国人です。父は私たちをあなたに売り、私たちの金を使い果たしました。神が父から取り去った財産は、私たちと子供たちのものです。ですから、夫よ、神があなたに命じられたことは何でも行ってください。」ヤコブの*妻たちは、夫がどこへでも連れて行く覚悟ができていました。*

彼はラバンに告げることなく、すぐに妻子をラクダに乗せた。ヤコブと年長の息子たち、そして召使いたちは家畜と共に歩き、ユーフラテス川を渡り、ヨルダン川の東にあるギレアデの山地へと向かった。

ラバンはヤコブが家族と家畜と共に逃げ出したことを三日後に知りました。それを知ると激怒し、急いで親族を集めて追跡を開始しました。そして七日後、ついにヤコブに追いつきました。ヤコブとその家族、そして家畜の群れはギレアデの山地に宿営していました。

二人は全速力で旅をしていた。ラバンは荷物がなかったため、ヤコブの従者たちが10日かかった旅を7日で終えることができた。ラバンは少し離れた場所に天幕を張り、朝までヤコブと対峙するのを待った。

ラバンは夜明けにヤコブと対面すると、激しく非難した。「お前は私を騙した。娘たちを捕虜のように連れ去り、孫たちに別れのキスさえさせなかった。自分の父に会いたいのは分かるが、なぜ私の家の神々を盗んだのだ？　ご存知の通り、私にはあなたを傷つける力がある。だが昨夜、あなたの父の神が夢で私に、『退いてあなたを傷つけないように』と警告したのだ。」

ラバンはヤコブの天幕、レアの天幕、そして二人の侍女（ヤコブの二人の代わりの妻、ジルパとビルハ）の天幕を捜索した。そしてついにラケルの天幕に入った。彼女はラクダの鞍に偶像を隠していた。父が天幕を捜索している間、ラケルは鞍の上に座って父を欺いた。彼女は父に敬意を表すために立ち上がらなかったことを詫び、父に謝罪した。

「怒らないでください」と彼女は言った。「生理中で立っていられないんです。」こうして、ラバンはラケルの天幕でも偶像を見つけることができなかった。

するとヤコブは、ラバンへの怒りを露わにしました。「あなたは私たちの持ち物を調べましたが、あなたの所有物は何も見つかりませんでした。一体どんな罪を犯したというのですか？私が何をしたというのですか？まるで犯罪者のように私を追いかけ、あれほど私を責め立てるなんて。今度は私が怒る番です。私は20年間あなたと共に過ごし、あなたの羊や山羊の世話をしてきました。もし損失が出たら、それは私が負担しました。あなたの羊の群れの肉は食べていません。暑い日も寒い夜も、あなたのために働きました。自分のためではなく、あなたのために眠らずに過ごすことさえありました。あなたの二人の娘と結婚するために14年間働き、さらに6年間、あなたから羊の群れを手に入れるために働きました。あなたは私の賃金を10倍も、*10倍も下げ*、私を犠牲にして自分の利益を追求するのです！」

ヤコブは偽りの正義感でこう続けました。「*この20年間、私を見守り、力づけてくださったのは神であったことが、ようやく分かりました*。以前は、自分の策略と狡猾さで成功したのだと思っていました。父の神（エロヒム）が私を守ってくれなかったら、あなたは私を何も持たずに去らせていたでしょう。神が私を繁栄させてくださったことに感謝します。神は、あなたがたのせいで私が苦労し、苦労してきたことを見てくださいました。だからこそ、神（エロヒム）は昨夜、あなたを叱責したのです。あなたは私を恐れるのではなく、私の神を恐れているのです。」

ラバンは物静かな口調で会話を変えた。「羊の群れ、娘、孫の話はもういい。さあ、我々の間で契約を結ぼう。契約の証として石を積み上げよう。この石は互いへの約束を思い出させてくれる。私はお前たちに害をなすためにこの石を渡すつもりはない。お前も私に害をなすためにこの石を渡すつもりはない。」

二人は誓いを立てた。ヤコブはそこで犠牲を捧げ、親族（ラバンと、彼らを追いかけてきた仲間たち）を食事に招いた。翌朝、ラバンは孫たちと娘たちにキスをして祝福し、安らかに家路についた。ヤコブは父の故郷を目指して旅を続けた。

ラバンとの和平は成立したが、エサウとの対決は依然として必要

義父とのヤコブの争いは終わった。しかし、彼は兄とのより古く、より深刻な争いにまだ直面していた。エサウはヤコブの長子の権利と父の祝福を奪ったとして、ヤコブを殺すと誓っていた。ヤコブは20年前にその危険から逃れていた。今、ヤコブは家族と家畜の富と共に父イサクの家へと向かっていた。そうすれば、ヤコブを殺そうとしていたエサウに近づくことができるだろう。

ヤコブとその家族は国境を越えてカナンの地に入りました。20年前、兄の怒りから逃れていた時と同じように、ヤコブは再び神の天使たちに出会いました。そして今、ヤコブは故郷へ帰る途中、再び神の天使たちが現れました。ヤコブはこの場所をマハナイム（二つの宿営地）と名付けました。これは「神の天使たちと共にここで宿営するのは二度目だ」という意味です。

ヤコブは兄エサウに挨拶の手紙を託し、エサウが自分に好意を示してくれることを期待した。昔のヤコブのように、彼にも計画があった。彼は相変わらず、神ではなく己に頼る狡猾な策略家だった。彼の計画は、愚かな兄エサウを宥めるため、財産の一部をエサウに分け与えることだった。

エサウに手紙を届けた後、使者たちは戻ってきて、エサウが四百人の兵を率いて迎え撃つという知らせを伝えた。ヤコブはますます恐怖に陥った。彼がまだ神の約束を信じていないのは明らかだった。神を信じず、自分の計画に頼っていた彼は、避けられないエサウとの対決に備えて計画を立てた。彼は家臣と家畜を二つの大きなグループに分けた。こうして、エサウが先頭のグループを攻撃したとしても、後続のグループは逃げられるようにした。

自ら計画を立てた後、神が自分の願いを叶えてくださるように祈りました。彼は言いました。

> 20年前、私は杖一本だけを携えて故郷を離れました。今、大家族、多くの召使い、そして多くの羊や牛の群れを引き連れて戻ってきました。どうか、兄エサウの手から私を救い出してください。彼が私と私の家族を襲うのではないかと恐れています。
>
> （創世記 32:9-11 NASB）

翌日、ヤコブはエサウへの贈り物を用意した。雌やぎ二百頭、雄やぎ二十頭、雌羊二百頭、雄羊二十頭、乳らくだ三十頭とその子ら、雌牛四十頭と雄牛十頭、雌ろば二十頭と雄ろば十頭である。ヤコブはこれらの動物をすべて家来たちに渡し、先に進んでエサウに贈り物として渡すように命じた。

ヤコブは宿営でもう一夜を過ごしました。しかし、真夜中、残っていた召使いたちに妻子をヤボク川の浅瀬の向こうへ連れて行かせました。*ついに彼は自分以外の誰かのことを考え始めました。*

ヤコブは川辺に一人残されました。天使（神の使者）が人間の姿で現れ、*夜明けまでヤコブと格闘しました。*

天使。放して下さい。夜明けが来ます。

ジェイコブ。あなたが私を祝福しない限り、私は手放しません。

天使はヤコブが諦めないことに気づき、ヤコブの太ももと腰の接合部に触れました。

エンジェル。あなたの名前は何ですか？

ジェイコブ。私の名前はジェイコブです。

ヤコブ（陰謀家）ではなく、*イスラエル*（神は勝利する）となるでしょう。

ジェイコブ。あなたの名前は何ですか？

エンジェル。なぜ私の名前を聞くのですか？

それから神はヤコブを祝福しました。ヤコブはその場所を「ペニエル」（神と対面する）と名付けました。彼は言いました。「私は神（エロヒム）と顔を合わせて見ましたが、命は救われました。」太陽が昇る頃、ヤコブは足を引きずりながらヤボク川を渡り、家族の元へと向かいました。彼の足を引きずる姿は、*彼が新しい人間であることを神が思い出させてくださったのです*（創世記32:24-31 NASB）。

エサウとの平和（創世記33:1-17）

エサウが地平線に姿を現すと、ヤコブは二人の代わりの妻（ビルハとジルパ）とその子供たちを先頭に立たせ、次にレアとその子供たち、そして最後にラケル(二人目の子供を身重にしていた)とヨセフを先頭に立たせた。それからヤコブは家族の先頭に立ち、謙虚な態度で兄に近づいた。*エサウが武器を投げ捨て、ヤコブのもとに駆け寄り、彼を抱きしめ、頬にキスをすると、皆は驚いた。*ヤコブもまたエサウを抱きしめた。二人は泣き、*双子の兄弟の間には許しと平和が訪れた。*ヤコブは妻と子供たちをエサウに紹介した。

エサウ。私がここに来る途中で出会った、あなたの部下たちが護衛するたくさんの動物たちとは一体何のことですか?

ヤコブ。兄弟よ、あなたの目に恵みを得られますように。

エサウ。私には十分ある、兄弟よ。あなたの財産は家族のために取っておきなさい。

ヤコブ。もし私があなたの目に恵みを得たなら、どうか私の贈り物を受け取ってください。私たちはついに兄弟愛で再び結ばれたのです。

エサウ。いいだろう、君が望むなら。一緒に旅を続けよう。

ヤコブ。いや、エサウ、先に行ってくれ。私の子供たちの中にはとても小さい子もいるし、羊や牛の群れも子育て中だ。あまり急がせると若い動物たちは死んでしまう。

エサウ。それなら、少なくとも私と部下は残って手伝わせてくれ。

ヤコブ。それは必要ない。先に行け。私たちは自分のペースで行くから。

こうしてエサウと四百人の部下たちは、エドムのセイルにある故郷を目指して出発した。*ヤコブは徐々に神を信頼するようになっていった。神はヤコブを守り、兄エサウの心を変えることもできる。ヤコブにとって、唯一の真の生ける神を理解するのは難しかったが、唯一にして偉大な神についての真理は、徐々に彼の心に芽生え始めていた。*

著者は、エサウが帰国した後に起こったヤコブの冒険の一つを省略しています。おそらくヤコブは依然として兄を恐れ、エサウの土地から遠く離れたカナンのシケムに土地を購入したのでしょう。しかし、それはうまくいきませんでした(創世記33:1-34:31)。

ヤコブは家族会議を招集し、召使いたちも出席した。「私たちはベテルに行き、唯一まことの神(エル)を崇拝します。20年前、苦難の時に私を助けてくださった神。それ以来、どこへ行ってもいつも私と共にいてくださいました。」

彼らはカナンのベテル(神の家)に到着すると祭壇を築き、それをエル・ベテル(神の家の神)と名付けました。

神(エロヒム)は再びヤコブに現れ、彼の名前がイスラエル(神は勝利する)と改められることを二度目に告げました。神はヤコブにこう諭しました。「わたしは全能の神(エル・シャダイ)である。子孫を生め、数を増せ。あなたから一つの国民、多くの国民、そして王たちが生まれる。わたしがあなたの祖父アブラハムとあなたの

父イサクに与えた地を、今、あなたとあなたの
後の子孫に与える。」

(創世記 35:9-12 NASB)

ラケルはベニヤミンを出産して亡くなる(創世記35:16-20)

彼らはベテルを出発し、ベテルの南約56キロにあるエフラタ(ベツレヘム)へと旅を続けた。まだ遠く離れている間にラケルの陣痛が始まり、彼女は非常に困難な出産に見舞われた。助産婦は「大丈夫よ。もう一人息子が生まれたわ」とラケルを励まそうとした。ラケルは死に瀕し、最後の息を引き取る間、次男に「ベン・オニ」(私の悲しみの子)と名付けた。ヤコブは息子に「ベニヤミン」(私の右手の子)と改名した。

悲嘆に暮れたヤコブは、愛するラケルをエフラタ(パンの家、ベツレヘム)への道の近くに埋葬し、墓の上に石碑を建てました。ヤコブはついに父イサクの故郷、キルヤト・アルバ(現在のヘブロン)のマムレに戻りました。アブラハムもイサクが生まれる前にそこに住んでいました。ヤコブが故郷に戻って間もなく、イサクは180歳で亡くなりました。エサウとヤコブは共に父イサクを埋葬しました。

質問

1. ジェイコブの名前が彼の性格をいかに正確に表しているかに驚きましたか?
2. 神はなぜヤコブの名前を変えたと思いますか?
3. この物語から神について学んだことは何ですか?
4. 神が何度もその忠実さを証明したにもかかわらず、ヤコブが依然として神の約束を疑っていたことにあなたは驚きましたか。

5. あなたは神がヤコブに対して示した忍耐に驚きましたか？
6. 神は今日でも罪深い人類に対して忍耐しておられるのでしょうか。どのような例が思い浮かびますか。

エサウの子孫は創世記36:1-43と歴代誌上1:35-50に記載されています。

ストーリー10

苦しみを受けるしもべの「型」（創世記37:1-50:26）

17歳の時、ヨセフは兄たちと共に父ヤコブの羊の群れを牧していました。ヨセフは父に、兄たちは羊の世話をきちんとしていないと言いました。ヤコブは賢明ではない決断をしました。ヨセフを兄たちの仕事の監督者に任命したのです。また、ヤコブが兄たちの監督者であることを象徴する、長くて色鮮やかな衣をヨセフに与えました。第9話では、ヤコブが兄たちよりもヨセフを愛していたことが分かりました。それは、ヨセフがヨセフの母ラケルを、兄たちの母レア、ビルハ、ジルパよりも愛していたからです。こうしたことが、兄たちが弟を憎む原因となっていたのです。

*未熟で愚かな少年*ヨセフは、夢の中で兄たちと麦の束を結んでいました。（両手いっぱいの麦の茎を束ねて）ヨセフの束は高くそびえ立ち、兄たちの束はヨセフの束にひれ伏していました。兄たちはヨセフに尋ねました。「本当に私たちの

王になるつもりか?」兄たちは、ヨセフの夢と、その夢を兄たちに話すことへの傲慢さゆえに、ヨセフをさらに憎みました。

> ヨセフはまた夢を見ました。兄たちにそのことを話すのが待ちきれませんでした。「新しい夢の中で、私は太陽と月と十一の星が私にひれ伏すのを見ました。」父はその夢のことを聞くと、ヨセフを叱りつけました。「お前が見た夢は何だ?私とお前の母と兄弟たちが、お前にひれ伏すというのか?」兄たちは嫉妬しましたが、ヤコブはヨセフの言葉を心に留めていました。
> (創世記 37:5-11 NASB)

ヨセフの兄弟たちは父の羊の群れをヘブロンから約60キロ離れたシケムの牧草地に連れて行きました。後にヤコブはヨセフをシケムに遣わし、兄弟たちの安否を尋ねさせました。しかし、ヨセフがシケムに着いた時、彼らは見つからなかったのです。

ある男が尋ねました。「何を探しているのですか?」

「私は、大きな群れの世話をしている10人の兄弟を探しているんです」とジョセフは言いました。

その人は、彼らが羊の群れをドタンへ移動させていると言っているのを聞いたと言いました。そこでジョセフはさらに20マイル歩きました。

急速に形成された陰謀(創世記37:18-28)

遠くから、兄弟たちはヨセフの長くて色鮮やかな衣が風になびいているのを見つけました。彼らはヨセフを始末しようと計画を立てました。「夢見る者が来たぞ。始末しよう。殺して穴に投げ込み、父には野獣に食べられたと言い聞かせよう。」兄弟たちは同意し、笑いました。「それで、ヨセフの夢はどうなるんだ?」

長男のルベンは彼らの話を聞き、遮った。「弟を殺すわけにはいかない。この空っぽの穴に投げ込んで、もっと良い計画を立てよう。だが、彼の血を流してはならない。」ルベンはヨセフを救い出し、家に連れて帰れることを願っていた。

ヨセフが到着すると、彼らは彼の長い衣を剥ぎ取り、雨水を溜めるために掘られた穴に投げ込んだ。それから彼らは座って昼食をとった。ヨセフは解放してくれるよう何度も懇願した。彼らがそこに座って楽しく過ごしていると、ラクダの隊商が通り過ぎるのが見えた。ラクダの隊商は荷物を満載し、エジプトへ南下していた。隊商は盗賊から身を守るため、しばしば密集して移動した。

ユダはそれを聞いて、ある考えを思いついた。「弟を殺しても何の得にもならない。今度通りかかる隊商の誰かにヨセフを売ったらどうだ? そうすれば厄介な弟を始末できるし、二人とも銀貨を少しずつもらえる。」兄弟たちは同意し、ルバンが羊の群れの様子を確認している間に、計画を実行した。

しばらくして、兄弟たちは別の隊商が来るのを見つけ、ヨセフを穴から引き上げて銀二十シェケルで売りました。ヨセフは奴隷として売らないでほしいと懇願しましたが、兄弟たちは彼の叫びを無視しました。隊商はすぐに遠くに姿を消し、ヨセフはエジプトへと旅立ちました。

ルベンは戻ってきて、弟の様子を見に穴へ行きましたが、ヨセフはそこにいませんでした。ルベンは弟を守れなかったことに憤慨し、衣を引き裂きました。「一体何をしたんだ?」と尋ねました。二人の説明を聞いた後、ルベンは再び口を開きました。「どうしたらいいのでしょうか?兄として、弟の安全を守るのは私の責任です。私は失敗しました。父に何と言えばいいでしょうか?」

ルベンを守るため、兄弟たちはヤギを一頭屠り、ヨセフの着物を裂いて血に浸しました。そして、それを父親の元へ持ち帰りました。「道で見つけたんだ。息子さんの着物かい?」

「これはヨセフのチュニックだ」とヤコブは嘆いた。「ヨセフはきっと何かの野獣に引き裂かれ、食べられてしまったのだろう。」

> 父は悲しみのあまり衣服を引き裂き、荒布(深い悲しみや悔い改めのしるしとして着られる袋状の衣服)をまとった。彼は息子の死を長い間嘆き悲しんだ。息子たちは皆、慰めようとしたが、父は慰められることを拒んだ。「私は息子の死を墓まで嘆き悲しむ」
>
> (創世記37:29–35 NASB)

ヨセフの善良な態度と神への信仰(創世記39:1-18)

商人の隊商がエジプトに到着すると、ヨセフはファラオの護衛隊長を務めていたエジプトの軍人ポティファルに売られました。しかし、そのような状況にもかかわらず、主(ヤハウェ)はヨセフと共にあり、ヨセフは主人にとって善良で有益な奴隷となりました。

ポティファルは、ヨセフの神が自分と共にあることをすぐに認識しました。ヨセフが触れるものすべてが繁栄したからです。ヨセフは神の目に恵みを得ただけでなく、主人の目にも恵みを得ました。彼は何度か昇進し、ポティファルの直属の召使いとなりました。最終的に、ヨセフはポティファルの家と彼の所有物すべてを管理する役目を負いました。ヨセフがポティファルの家を管理する役目を負った時から、主(ヤハウェ)はヨセフのゆえにエジプト人の家を祝福しました。

ポティファルは何日も家にいましたが、軍務のため何日も家を空けることもよくありました。*ポティファルの目に留まったのはヨセフの誠実さと勤勉さでしたが、孤独なポティファルの妻の目に留まったのは、ヨセフのハンサムな顔とたくましい体でした。*夫が留守の間、この家の妻はヨセフにさりげなくアプローチし始めました。

最初は彼女の誘惑を無視していたが、次第に露骨で大胆な彼女のアプローチを無視できなくなっていった。優しく、しかし丁重に断ったものの、彼女は日を追うごとにジョセフに迫ってきた。それでも彼は彼女に屈することはなかった。若い彼は、*彼女のせいで日々誘惑と戦っていたのだ。*

彼は説明した。「私がここを仕切っているからこそ、主君は安心して王への義務を果たせるのです。私は主君の完全な信頼を得ています。主君が私に信頼を寄せていないのはあなただけです。そうあるべきです。私は主君の信頼を裏切ってはなりません。そして、神を裏切り、神に罪を犯すことも決してありません。」

ある日、ヨセフは仕事をするために家に入りましたが、他の召使いは誰もいませんでした。彼女はヨセフの上着をつかみ、強く言いました。「ここには誰もいません。あなたは私と一緒に寝なさい!」ヨセフは彼女から逃げ出し、外へ逃げ出しました。しかし、上着は彼女の手に残したままでした。

*彼女の情欲は拒絶され、偽りの愛はたちまち憎しみへと変わった。*彼女は叫び声をあげ、家の男たち(ヨセフのような奴隷たち)を呼び出した。彼らがやって来ると、彼女はヨセフが彼女を強姦しようとしたと主張したが、彼女が叫ぶとヨセフは逃げ出し、彼女のそばに自分のチュニックを残した。

彼女は夫が戻ってくるまでそのチュニックを傍らに置いておき、それからこう主張した。「あなたが連れてきたあのヘブライ人の奴隷が、私をからかうために忍び込んできたのです。私が助けを求めて叫ばなければ、彼は私を強姦していたでしょう。これが彼が私の傍らに置いていったチュニックです。」ポティファルは激怒し、ヨセフを王の囚人らが監禁されていた牢獄に入れたのです。

（創世記 39:17-20 NASB）

罪のないヨセフが投獄される（創世記39:19-23）

*ヨセフはまるでヨーヨーのように、上がったり下がったりを繰り返していた。*若くして家業の頂点に上り詰めたが、嫉妬深い兄たちに奴隷として売られてしまった。ポティファルの奴隷として再び底辺からスタートし、ついには頂点の奴隷へと上り詰めたが、不倫に溺れるポティファルの妻に、ヨセフが自分を虐待しようとしたと濡れ衣を着せられてしまった。ヨセフはもはや単なる奴隷ではなく、牢獄に囚われた奴隷となってしまったのだ。

しかし、*神への信仰は、ヨセフに許し、忘れ、そして前に進む力を与えました。*彼は神を信じるだけでなく、*どんな状況にあっても自分の人生を神に委ねました。ヨセフは過去に支配されることを拒み、決して自分を犠牲者だとは考えませんでした。*神はどんな状況でも彼を導き、新たな機会を与えてくれると信じていました。

投獄されたヨセフは再びどん底に落ちましたが、*主（ヤハウェ）は獄中でもヨセフと共にいました。神はヨセフを看守長の目に留め、ヨセフに恵みを与えました。ヨセフはすぐに監房の重役となり、牢獄の鍵を持ち歩くように*なりました。驚くべきことに、ポティファルは看守長にヨセフを他の囚人たちの監督に任命するよう提案しました。

ことに、看守長はヨセフの管轄下にある事柄を一切監督しませんでした。ヨセフのすることはすべてうまくいったので、主がヨセフと共におられたことは明らかでした。*神とヨセフの間には相互の信頼関係がありました。*

時が経ち、王の献酌官長と調理官長が王の怒りを買いました。ファラオは激怒し、ヨセフが監禁されていた牢獄に二人を閉じ込めました。護衛隊長（ヨセフの主人ポティファル）は、その牢獄の看守も兼任していました。神は彼に、独房監禁されていた王の献酌官と調理官をヨセフに託すよう促しました。

ある夜、二人は別々の夢を見ました。翌朝、二人とも落ち込んでいました。

ジョセフは尋ねました。「今日はなぜ悲しそうな顔をしているのですか？」

彼らは答えました。「私たちはそれぞれ別の夢を見たのですが、それを解き明かしてくれる人がいないのです。」

ヨセフは言いました。「解き明かしは神のものではありませんか。あなたの夢を私に話してください。」

献酌官長は喜んでヨセフに夢を話しました。「夢の中で、私の前にブドウの木がありました。3本の枝があり、それぞれが芽を出し、熟したブドウの実をつけていました。どういうわけか、私はファラオの杯を手に持っていたので、ブドウを杯に絞り出し、ファラオの手に渡しました。」

ヨセフは言いました。「神はあなたの夢を明らかにされました。三つの枝は三日間を表しています。三日以内に、ファラオはあなたを献酌官長の職に復帰させるでしょう。」ヨセフは献酌官に、自分のことをファラオに伝え、牢獄から出られるように助けて欲しいと懇願しました。

ヨセフが献酌官長に好意的な解釈をしたのを見て、料理長はヨセフに自分の夢を話そうとしました。「夢の中で、私の頭の上に白いパンの入った籠が三つありました。一番上の籠には、ファラオのために焼かれた様々な種類のパンが入っていましたが、鳥がその上の籠のパンを食べていました。」

ヨセフは言いました。「神はあなたの夢も明らかにされました。これがあなたの夢の意味です。三つのかごは三日を意味します。あと三日で、ファラオはあなたを木に吊るし、鳥があなたの肉を食べるでしょう。」

三日目はファラオの誕生日でした。ファラオは献酌官長を元の職に復帰させましたが、ヨセフの解釈通り、パン焼き官長を絞首刑に処しました。献酌官長は解放されましたが、ヨセフのことを忘れてしまいました。

ファラオの不安な夢(創世記41:1-37)

二年後、ファラオ自身も夢を見ました。ナイル川のほとりに立っていたファラオは、川の浅瀬から七頭の牛がやって来ました。牛たちはつややかで太っており、沼地の草をはんでいました。ところが、ナイル川のほとりから別の七頭の牛がやって来ました。その牛たちは醜く、ひどく痩せていました。痩せた七頭の牛は太った七頭の牛を食べましたが、それでも七頭の牛は以前と同じように痩せていました。

ファラオは夢から覚めたが、再び眠りにつき、二番目の夢を見た。一本の茎に七つの穂が生えているのを見た。穂はふっくらと実り、良質だった。他に七つの穂が生えているのを見たが、それらは痩せて、猛烈な風で枯れていた。そして、七つの痩せた穂が七つのふっくらとした穂を飲み込み、痩せた穂は痩せたままだった。

ファラオは二度目に目を覚まし、すべてが夢だったことを悟った。二つの夢に悩まされたファラオは、エジプトで最も賢い魔術師や霊能者を招いて夢の解釈を求めた。皆が試みたが、ファラオの夢を解釈できた者はいなかった。この大失敗と神の計らいの後、献酌官長はヨセフのことを思い出した。

彼はファラオに近づき、こう言った。「昔のことを持ち出して申し訳ありませんが、あなたはかつて私とあなたの料理長に激怒し、私たちを投獄されました。ある夜、私たちはそれぞれ夢を見て、その夢に悩んでいました。護衛隊長の従者である若いヘブライ人も投獄されていました。彼は私の夢と料理長の夢を解き明かすことができました。彼の解き明かしは正しく、私は職に復帰しましたが、料理長は絞首刑に処されました。」

ファラオは絶望し、すぐに家来たちを遣わしてヨセフを宮殿に連れてこさせました。ヨセフが到着すると、ファラオはすぐに本題に入りました。「私は悩ましい夢を見てきましたが、誰もそれを解き明かすことができません。あなたは夢を解き明かすことができると聞いています。」

ヨセフは謙虚に「私は夢を解くことはできませんが、神（エロヒム）がファラオに答えを与えてくださるでしょう」と答えました。ヨセフの答えはファラオに受け入れられ、ファラオはすぐに自分の夢を語りました。

> ヨセフは自信をもってこう言いました。「ファラオの二つの夢は、同じ真実を二つの方法で伝えているのです。神（エロヒム）はそれらの夢の中でファラオに語りかけ、エジプトでこれから行うことを明らかにされました。二種類の牛と二種類の穂は、それぞれ二つの七年周期を表しています。」
>
> （創世記 41:25 NASB）

7頭の健康な牛と7本の健康な穂は、7年間の農業豊作を予兆しています。7頭の不健康な牛と7本の不健康な穂は、健康な牛と健康な穂を飲み込んでしまいましたが、その豊作の7年間は7年間の飢饉に見舞われます。その飢饉はあなたの国を荒廃させるでしょう。飢饉が訪れると、人々は以前の豊作の年を忘れてしまうほどの深刻な飢饉となるでしょう。

　　　ファラオはヨセフの夢解きに驚嘆しましたが、若いヘブライ人奴隷の助言にはさらに驚嘆しました。激しい統治者であるファラオは、ヨセフがファラオに取るべき行動計画を語る間、*静かに耳を傾けていました。神はヨセフに謙虚な力を与え、ファラオに助言を与えました。*

　　　ファラオは先手を打つべきです。洞察力のある賢者を選び、国土の監督官に任命してください。監督官には、豊作の7年間に収穫された農作物の一部を取り、それを貯蔵する権限が与えられます。それは7年間の飢饉のための備蓄食糧となります。そうすれば、飢饉の間、民は飢えから救われるでしょう。

ヨセフがエジプトの総督に昇進する（創世記41:38–57）

ヨセフの提案は、ファラオとその家臣たちの称賛と信頼を得ました。ファラオは尋ねました。「ヨセフのような者は他にいるだろうか？　彼の神は我々のために、そして彼を通して語られるのだ。」ファラオはヨセフに言いました。「神（エロヒム）がこれらすべてをあなたに啓示し、順境にも逆境にも我々が繁栄するための計画を立てる知恵をあなたに授けたので、私はあなたを私の国民の長とする。民はあなたに従うだろう。しかし、私はあなたより偉大である。」ファラオは自分の印章指輪を外し、ヨセフの指にはめ、亜麻布の衣を着せ、金の首飾りをヨセフの首にかけました。また、ヨセフを輸送するために、予備の戦車と御者を与えました。

　　　神を信じない古代エジプトの支配者は、神（エロヒム）は国民の敵ではなく友であることを理解していました。彼は、神がエジプトの民のためにヨセフに語りかけ、ヨセフを通して語りかけたことを認めました。しかし、今日のアメリカやヨ

ーロッパでは、多くの指導者が神とその信奉者を偽りの真理、そして国民と国家の敵と見なしています。これは、罪が現代人類に及ぼす影響力の表れです。

ヨセフは30歳でファラオの前に立った。エジプトでの13年間（人生のほぼ半分）の苦難は終わりを告げた。ファラオはヨセフに「栄光の安息の宝庫」を意味するエジプト名を与えた。ヨセフはアセナトという妻を与えられた。

ヨセフはエジプト全土を旅しました。彼は穀物のための巨大な貯蔵庫の建設を命じ、貯蔵用の食糧を集めるために地区監督を任命しました。7年間の豊作の間には、あまりにも多くの食糧が貯蔵され、そのすべてを量りきれないほどでした。その年、ヨセフとアセナトは二人の息子に恵まれました。長男はマナセ（忘れさせる）と名付けられ、ヨセフは「神は兄たちが私に与えたすべての苦しみを忘れさせてくださった」と宣言しました。次男はエジプトにおける神の祝福によって、エフライム（神は私に子孫を豊かにしてくださった）と名付けられました。

7年後、飢饉が猛威を振るいました。民がファラオに助けを求めると、「ヨセフのところへ行き、彼の言うとおりにしなさい」と言われました。ヨセフは、民が穀物を得られるよう、すべての倉庫を開けるよう命じました。エジプトに穀物があると聞いた周辺諸国の人々も、穀物を買いにエジプトへ向かいました。

ヨセフは兄弟たちを試した（創世記42:1-38）

ヨセフの父ヤコブ（イスラエル）は、エジプトに穀物が売られていると聞きました。彼はヨセフの10人の兄たちに、ただじっと見つめ合うのをやめるように言いました。「エジプトに行って穀物を買ってこい。そうすれば飢えることはない。」しかし、ヤコブはヨセフの弟ベニヤミンを行かせませんでした。ベニヤミンに何か悪いことが起こるのではないかと恐れていたのです。

イスラエルの子らが穀物を買いにエジプトへ行った時のことです。物語は重要な結末へと向かうにつれて、新たな展開を見せます。その結末は、神が私たちに対して立てられた永遠の目的への理解に一歩近づくものです。外国人が穀物を買いに来るとき、彼らは皆、まずヨセフの許可を得る必要がありました。

ヨセフはすぐに兄たちだと分かりました。彼らはヨセフを奴隷として売った当時は成人しており、大人の顔立ちは歳月を経てもあまり変わりませんでした。しかし、ヨセフは当時まだ17歳だったので、歳月とともに顔つきは劇的に変化しました。ヨセフはエジプトの衣装を着て、エジプト語で話し、ヘブライ語が分からないかのように通訳を使っていました。

兄弟たちはヨセフが生き延びたかどうか知らなかった。彼が今のような状態になっているとは想像もできなかっただろう。兄たちがヨセフにひれ伏すと、ヨセフは兄たちがひれ伏す夢を思い出した。

ジョセフは彼らに厳しい口調で言った。「あなたたちはどこから来たのですか?」

「私たちはカナンの地から来ました」と彼らは答えました。

「あなたたちはスパイだ!我が国の無防備な地域を探しに来たのだ」と彼は通訳を介して言い返した。

この予期せぬ出来事に、兄たちは怯えた。「いいえ、殿下、私たちは食料を買いに来たのです。私たちは皆、同じ男の息子です。スパイではなく、正直者です。」

しかしジョセフは再び彼らを非難した。「いや!あなたたちは我々の領土の無防備な部分を探しに来たのだ。」

彼らは答えました。「ご主人様、あなたのしもべたちは全部で十二人兄弟で、カナンの地に住むひとりの人の息子です。私たちは十人です。弟が一人父と家にいますが、もう一人兄弟は亡くなっています。」

ヨセフはずっと前に兄たちを許していた。だから、彼にとっての試練は、20年前の兄たちの仕打ちに対する復讐ではなかった。当時、兄たちは信用できなかった。彼らは変わったのだろうか？ヨセフは今、彼らを信頼できるのだろうか？兄たちは、ヨセフを奴隷として売ることを決めた後、容赦なくヨセフに接した。

ジョセフが現在指揮を執っている。彼の厳しさは真実を明らかにしようとする試みだった。相手が自分に対して完全に透明性を保っていると確信するまで、彼は粘り強く交渉を続けた。

ヨセフは三度目に言った。「私が言ったとおりだ。あなたたちはスパイだ。私はあなたたちを試そう。弟が私の前に立つまで、ここから出て行ってはならない。あなたたちのうちの一人を家に送り、弟をここに連れて来させ、残りの者は監禁しておく。」それからヨセフは彼ら十人全員を三日間牢に入れた。

三日目に、ヨセフは兄弟たちを自分の前に呼び寄せました。「生き延びたいなら、私の指示に従わなければならない。私は神（エロヒム）を畏れる」と彼は言いました。「もしあなたたちが正直者なら、一人はここに留まり、残りの者は家に帰って家族に穀物を届けなさい。そして、穀物を買いに戻るときには、一番下の弟を連れて来なさい。そうすれば、あなたたちの話が真実であることが証明されるだろう。」彼らはそれに従うことに同意しました。

兄弟たちは互いに話し合い始めました。「兄ヨセフのことで、私たちは本当に罪を犯しました。彼が私たちに懇願した時、彼の心の苦しみを見ていたのに、私たちは耳を傾けませんでした。今、状況は逆転しました。今、苦難が私たちに降りかかっているのです。」

ルベンは彼らに注意した。「あの子に罪を犯すなと言ったのに、お前たちは聞かなかったのか？　今、彼の血の報いは我々に下されるのだ。」

二人の間には通訳がいたので、この無慈悲な男が彼らの言葉をすべて理解していたとは思えませんでした。ヨセフは彼らから背を向け、静かに泣きました。ヨセフが再び彼らの方を向くと、シメオンを彼らの目の前で縛り、牢獄に連れ戻しました。

ヨセフは密かに彼らの袋に穀物を詰め、各人に支払った代金を袋に戻すよう命じました。また、帰還のための食料も与えることになりました。

シメオンを除く兄弟たちはロバに荷を積み、出発しました。宿に着くと、一人がロバに飼料を与えようと袋を開けました。袋を開けてみると、支払いのお金が袋の中に返されていたのです。皆、エジプトに帰った時にまた問題が起こるのではないかと心配し、動揺しました。

彼らは、自分たちの問題がヨセフに対する罪に対する神の罰であると考えるようになりました。*良心の呵責が私たちの思考にどれほど影響を与えるかは驚くべきことです。*カナンの地にある父の故郷に戻ると、シメオンが身代金目的で捕らえられていたという知らせに、大きな不安が広がりました。ベニヤミンはエジプトへの帰途に同行する必要がありました。ヤコブはベニヤミンを行かせることを考えませんでした。ルベンはそれが必要だと主張しました。他の兄弟たちも金が返還されたことを知り、不安は募りました。

恐れていた日が近づき、穀物の備蓄は底をつきかけていた。エジプトに戻るか、飢えるかの瀬戸際だった。ヤコブは穀物を買い戻すためにエジプトに戻るよう彼らに告げたが、ベニヤミンは一緒に行けなかった。

ユダが口を開いた。「ベニヤミンが行かなければ、誰も行きません。あの厳しい役人は、ベニヤミンが一緒に来ない限り、二度と彼に会うことはないと言いました。シメオンはどうですか？彼を牢獄に残しておくわけにはいきません。それに、あの人の許可なしに穀物を買うこともできません。」

議論はしばらく続いた。ついにユダは言った。「あの子を私と一緒に行かせてください。家族全員が生き延びるために、私たちは出発します。私はベニヤミンの保証人になります。彼の責任は私に負わせてください。もし私たちがこんなに迷って遅れていなければ、二度も行って戻ってくることができたでしょう。」

彼らの父（イスラエル）はついに折れた。「もしそうなら、行きなさい。その土地の最も良い産物を袋に入れて、役人への贈り物として持って行きなさい。手持ちの金は二倍にして、袋に入れて返された金も持って行きなさい。全能の神（エル・シャダイ）が、あの無慈悲な男の目にあなたたちの憐れみを与え、シメオンを解放し、穀物を買って帰ることを許してくださいますように。」

ヨセフはベニヤミンが彼らと一緒にいるのを見て、家令に「彼らを私の家に連れて行きなさい。動物を屠って準備しなさい。彼らは正午に私と一緒に食事をすることになるから」と命じました。

家令はヨセフの願いに従いました。兄弟たちはヨセフの家に連れて行かれたので、怖がりました。

彼らはひそひそと話しました。「前回、袋に入れて返してもらったお金のせいだろう？奴は私たちのロバを奪い、皆を奴隷にする機会を狙っているのだ。」

ヨセフの家に近づくと、彼らは家に入る前に家令に話しかけました。彼らは前回の旅で穀物の袋に入れてお金を返してもらったことを説明しました。彼らはそのお金を見せ、そのお金を返すだけでなく、穀物を買い足すためにここに来たので、支払うだけのお金は十分にあると説明しました。

家令は微笑み、優しく彼らに話しかけました。「安心してください。恐れることはありません。あなたたちの父の神は、あなたたちの袋の中に宝を与えてくださいました。穀物の代金はまだ残っています。」家令はシメオンを彼らのところへ連れ出し、11人の兄弟たちを家の中へ案内しました。家令は彼らに唾浴用の水を与え、別の僕にロバに飼料を与えさせました。

そこで食事をすることになった兄弟たちは、その無慈悲な男への贈り物を用意しました。ヨセフが家に帰ると、兄弟たちは贈り物を家の中に運び込み、ヨセフの前で床に頭を下げました。ヨセフは兄弟たちの安否を心配し、「あなたがたが話していた年老いたお父様は、まだお元気ですか」と尋ねました。

「はい」と彼らは答えた。「彼は生きていて元気です。」

ヨセフは母の子ベニヤミンに視線を移し、尋ねた。「あなたが話していた末の弟ですか。息子よ、神の恵みがありますように。」それからヨセフは突然部屋から出て行った。ベニヤミンの存在に深く心を痛めたのだ。母は末の弟を出産した際に亡くなっていた。ヨセフは一人で泣ける場所が必要だった。彼は自分の部屋に入り、泣き、顔を洗って客たちのところに戻った。

ヨセフは家に戻ると、家令に兄弟たちに食事を出すように言いましたが、ヨセフは彼らと一緒に食事をしませんでした。兄弟たちは年齢順に席に着いていたことに驚きました。彼らは互いにひそひそと話し合いました。「どうして私たちの年齢を知っていたのだろう?」ヨセフは自分の食卓から肉を少し取りましたが、ベニヤミンにはもっと多く与えました。

兄弟たちへの最後の試練(創世記44:1-34)

ヨセフはまだ自分が彼らの兄弟であることを明かす準備ができていませんでした。彼は彼らの性格を見極めるために、もう一つの試練を用意しました。家令は、以前のようにすべての袋に杯を満たし、自分の銀の杯を末の子の袋の口に入れるように命じられました。

翌朝、夜明けとともに兄弟たちは帰路につきました。町を出てすぐに、ヨセフは家令にこう言いました。「武装した者を連れて兄弟たちを追いかけ、こう問いなさい。『なぜ善に対して悪で報いるのか。これは主君が飲む杯ではないか。主君の銀の杯を盗んだのだ。』」家臣たちは何の疑問も抱かずに従いました。

兄弟たちは驚いて答えました。「ご主人様はなぜそのようなことをおっしゃるのですか。家来たちはそんなことは絶対にしません。以前、袋の中にあった金貨を返したのを覚えていますか。それなのに、なぜ今になってご主人様の銀の杯を盗むのでしょうか。さあ、私たちを調べてください。もし私たちの誰かがご主人様の銀の杯を盗んだら、その人は死刑に処せられます。残りの私たちはご主人様の奴隷になります。」

家令は言った。「杯が見つかった者は私の奴隷となる。残りの者は罪のない者となり、自由に去ってよい。」彼らは長男から末っ子まで、兄弟たちの穀物の袋を一つ一つ調べた。杯はベニヤミンの袋の中にあった。兄たちは驚いて服を引き裂き、ロバに荷を積んで町へ戻った。ユダと兄たちがあの無慈悲な男の家に行くと、男はまだそこにいた。彼らは服従し、彼の前にひれ伏した。

ヨセフは言いました。「あなたは一体何をしたのですか。私があなたを見つけ出して、あなたを裁きを受けさせるような男を知らなかったのですか。」

ユダは答えました。「主君、私たちには何と申し上げればよいでしょうか。私たちには正当性などありません。神は私たちの罪を明らかにしました。私たちは主君の奴隷なのです。私たちも、罪を犯した兄弟も。」

ユダは長子ではなく四男でしたが、長子として責任を負いました。ベニヤミンが犯したとされる罪の結果について、彼は言い訳も不満も述べませんでした。

ヨセフはユダに感銘を受けたが、こう答えた。「たった一人の罪を犯したからといって、皆を罰するわけにはいかない。いや、だめだ！杯が見つかった者だけが私の奴隷になる。他の者は父上のもとへ安心して帰っていい。」

ユダはさらに近づき、こう言いました。「ご主人様、このしもべがあなたの耳元でそっとお話しさせてください。どうか、しもべを怒らせないでください。私はあなたの権威を尊敬しています。あなたはファラオと同等です。私たちが初めてエジプトを訪れたとき、ご主人はしもべたちに『あなたたちには父や兄弟はいますか』と尋ねました。私たちは父と末の弟について真実を話しました。

「あなたがたは、私たちが信頼できる人間であることを知ってもらうために、末の弟を連れて来るよう正しく要求しました。父の末子に何かあったら父が死んでしまうと申し上げましたが、飢えないように穀物を買いに戻る必要がありました。あなたがたは末の弟を連れて来るようにとおっしゃったので、彼は来ました。もし彼なしで帰れば、父が死んでしまいます。私たちは大変な状況にあります。どうか、末の弟ではなく、あなたのしもべである私を奴隷にさせてください。さもないと、父の心が砕けてしまいます。」こうして、ヨセフを奴隷として売ろうと持ちかけた兄のユダは、ベニヤミンのために命を捧げる覚悟を固めました。ユダの言葉はヨセフの心に火をつけ、もはや自制心を失い、皆の前で公然と泣き崩れました。

ヨセフは兄弟たちに自分の正体を明かす（創世記45:1-15）

ヨセフは家令に「この外国人以外の者を皆部屋から出してください」と命じました。エジプト人たちが部屋から出て行った後、ヨセフは兄たちに言いました。*「私はヨセフです!父は本当にまだ生きているのですか?」*

兄たちはヨセフの前で唖然とし、何も言えませんでした。ヨセフは他の部屋にいたエジプト人たちにも聞こえるほど大声で泣きました。

ヨセフはようやく感情をコントロールできるようになり、兄たちに「もっと近づいてください」と頼みました。兄たちが近づくと、ヨセフは言いました。「私はあなたたちがエジプトに売った弟のヨセフです。私を売ったからといって、悲しんだり、腹を立てたりしないでください。苦難を通して、*私は神を完全に信頼できることを学びました。神は私たちの家族を守るために、私をあなたたちより先に遣わすという計画を持っていたのです。*神はあなたたちの邪悪な意図を利用して私をここに連れて来たのです。それは、父の命、あなたたち、そしてあなたたちの子供たちの命を守るためでした。*私はまた、神には私がまだ理解していない長期的な計画があると信じています。*

「この国はここ二年間飢饉に見舞われています。耕作も収穫もまだ五年間は続きません。急いで父のところへ行き、私、父の息子ヨセフが生きていると伝えてください。神は私をエジプト全土の領主に任命されました。一族全員を連れて、今すぐ私のところへ来てください。私はあなたたちを養い、ゴシェンの土地を与えましょう。そこはあなたとあなたの家畜の群れにとって良い土地です。」それからヨセフはベニヤミンを抱きしめ、兄弟たち全員の頬に口づけして泣きました。その後、彼らは皆語り合いました。

ヨセフの兄弟たちが来たという知らせを聞いたファラオは喜びました。ファラオはヨセフに言いました。「兄弟たちには馬車を用意して故郷へ帰らせ、それから父とその家族をエジプトへ連れて帰って住まわせなさい。家財道具を全部持って来る必要はありません。エジプトの国土で最も良いものはあなたのものになります。」

ヨセフはファラオの言いつけに従いました。父への贈り物として、ロバ10頭に土地の最上のものを積み込みました。また、兄弟たちにはエジプトへの往復の旅に必要な新しい服と食料を与えました。

父の家に着くと、彼らはヨセフに関する良い知らせをすべて父に伝えました。ヤコブの心は生き返りました。「もう十分だ」と彼は言いました。「息子ヨセフはまだ生きている。死ぬ前に彼に会いに行こう。」ヤコブ（イスラエル）は家族全員、牛、羊の群れと共にエジプトへ出発しました。ベエル・シェバ（エジプトに入る前のイスラエル南端の町）に到着すると、神（エロヒム）に犠牲を捧げました。

神は夜の幻の中でヤコブ（イスラエル）に語りかけました。「ヤコブ、ヤコブ！」ヤコブは答えました。「ここにおります。」神は言いました。「わたしは神（エル）、あなたの父の神（エロヒム）である。エジプトへ下ることを恐れるな。わたしはそこであなたを大いなる国民とする。わたしはあなたと共にエジプトへ下り、またあなたを連れ戻す。ヨセフはあなたの目を閉じるだろう。」

イスラエルの子らは、ファラオが送った荷馬車に父と妻と子供たちを乗せ、家畜と家財道具も携えてエジプトへ移住した。こうしてヤコブの家族全員がエジプトへ移住した。ヨセフの家族はすでにそこにいた。ヤコブの子孫は全部で70人であった。

ヤコブはユダをヨセフのもとに遣わし、ゴシェンへの道を示しさせました。ゴシェンに住む予定だったのです。彼らは財産を築き、子孫を残し、数を増やしました。ヤコブはエジプトで17年間、幸福に暮らしました。ヤコブ（イスラエル）の死期が近づくと、息子ヨセフを呼び、「どうか、私が死んだらエジプトに埋葬せず、先祖の墓に連れて帰ってくださいと誓ってください」と言いました。ヨセフは父の願いを叶えると誓いました。イスラエルはヨセフに頭を下げて拝みました。

ある日、ヨセフは父が病気になったことを聞き、二人の息子、マナセとエフライムをヤコブ(イスラエル)の元に連れて行き、祝福を受けさせました。ヨセフは、父が次男のエフライムにマナセよりも多くの祝福を与えたことに憤慨しました。イスラエルはヨセフに、ヨセフの二人の息子はヤコブの子として数えられ、ルベンとシメオンと同じになるだろうと指摘しました。「つまり、兄弟たちよりも一つ多くあなたたちに分け与えるということだ。」

ヤコブは息子たち全員を呼び集め、「これから起こることを告げよう。皆で集まりなさい」と言った。ヤコブは息子たち一人一人を祝福し、それぞれの息子について真実を語った(創世記49:3-20)。*最も大きな祝福は四男ユダに与えられた。ヤコブは彼を獅子と呼び、王笏(統治権)が永遠に彼の上にあると告げた。それが何を意味するのかは後の物語で明らかになる。*ヤコブはヨセフにも大きな祝福を与え、父はヨセフが兄弟の中で唯一優れた息子だと言った。するとヤコブ(イスラエル)はヨセフに言った。「見よ、私はもうすぐ死ぬ。しかし、神はあなたと共にいて、あなたを先祖の地に連れ戻してくれるだろう。」

ヤコブは息子たち一人一人を祝福した後(創世記49:1-33)、足を床に引き寄せて息を引き取った。ヤコブは147歳まで生きた。ヤコブはイスラエルの三大族長(アブラハム、イサク、ヤコブ)のうち、三番目にして最後の子であった。ヤコブの遺体は防腐処理され、エジプトは70日間彼の死を悼んだ。その後、ヨセフと兄弟たちは父の遺体をカナンの地へ持ち帰り、埋葬した。そしてエジプトへと帰還した。

父の埋葬後、ヨセフの兄たちは、ヨセフが自分を奴隷として売ったことへの復讐を遅らせているのではないかと恐れました。父を失った今、斧が振り下ろされ、自分たちの首が切り落とされるだろうと考えたのです。そこで彼らは、ヨセフの報復を阻止しようと策略を練りました。ヨセフに偽の伝言を送り、「あなたの父上は亡くなる前に、兄弟たちの罪とあなたに対する恐ろしい罪をお赦しくださいとお願いするようにと私たちにおっしゃいました」と告げました。「あなたに対する私たちの罪をお赦しください」と彼らは言いました。

受け入れられない許しは享受できない

ヨセフは、彼らが父の願いを装って自分を操り、彼らを許させようとする陰謀を見抜いた。ヨセフは怒るどころか、むしろ心を痛めた。彼はずっと以前、奴隷だった頃に彼らを許していたのだ。そして、兄たちに自分の正体を明かした後、面と向かって彼らを許した。

ヨセフは、17年前に赦されたにもかかわらず、兄たちが自分の赦しを受け入れなかったために泣いた。彼らは17年間もの間、報復の恐怖に怯えながら生きてきたのだ。

*それは、赦しの恵みを理解していない人々の特徴のようです。恵みの欠如は、罪悪感、空虚感、恨み、あるいは報復につながります。*計画が失敗した後、彼らは弟の前にひれ伏し、「あなたの勝ちです。私たちはあなたの召使いです」と言いました。

> 非常に忍耐強く寛容なヨセフはこう答えました。「私は何も勝ち取っていない。恐れることはない。私はあなたの兄弟であり、あなたの神ではない。 *17年前に言ったように、あなたが私を奴隷として売った時、あなたは私に悪意を持っていたが、神はそれを善のために用い、父の家族全員を守った。*心配したり恐れたりしなくていい。私はこれからもあなたたちとあなたの家族

を養う。」ヨセフは彼らを慰め、優しく語りかけました。

(創世記 50:19-21 NASB)

ヨセフと兄弟たち、そしてその家族はエジプトに留まりました。ヨセフは110年間生きました。そのうち93年間はエジプトに住んでいました。そのうち63年間は父の死後でした。ヨセフは息子たちの三世代を見守りました。

死期が近づいたとき、ヨセフは兄弟たちに言いました。「私はもうすぐ死にますが、神はあなたたちを守り続けてくださいます。そして、私たちの父アブラハム、イサク、ヤコブに約束された地に、あなたたちを導いてくださいます。」ヨセフは兄弟たちに、エジプトを出て約束の地へ向かう際に、自分の骨も一緒に持っていくと約束させました。

第10話に関する質問を考える前に、旧約聖書の基本的な記述(創世記1章1節)とこれまでの9つの物語を簡単に振り返ってみましょう。神は(1)ご自身について、(2)地球と宇宙について、(3)人類について、(4)罪について、(5)裁きについて、何を明らかにされましたか?

これまでに、人類に対する神の永遠の計画について何を学んできましたか?

質問

1. ヨセフは経営の才能に恵まれた聡明な若者だったようです。彼の成功に神はどのような役割を果たしたのでしょうか。
2. ヨセフが奴隷になった後、神はどのように彼の自信を取り戻させたのでしょうか。

3. 奴隷制度は、ジョセフを生意気で未熟な十代の若者から責任ある男に変える上で、どのような良い役割を果たしたでしょうか。
4. ジョセフはどのようにして、自分を被害者だと考えるのをやめ、どんな状況でも最善を尽くすことを学んだと思いますか。
5. 人はどのようにして恨みを抱くことからヨセフのように許す人へと変わるのでしょうか。
6. 神がジョセフを通して秘密裏に働いている証拠が何か見えますか？
7. 今日，神が人々の中で，あるいは人々を通して，隠れて働くのを見たことがありますか。もしあるなら，例を挙げてください。
8. あなたは、神があなたの中で、あるいはあなたを通して働いているのを感じたことがありますか？もしそうなら、神はあなたの利益のために働いていたのでしょうか、それとも他の人の利益のために働いていたのでしょうか？もしそうなら、声に出して自分自身に語りかけ、例を挙げてみましょう。
9. 神はヨセフとの関係において包括的な計画を持っていたのでしょうか。神のその包括的な計画とは何だったと思いますか。
10. この物語から神について何か新しいことを学びましたか?
11. この物語で神はあなたにどんなメッセージを伝えたいですか？
12. この物語の中に、ヤコブの最大の祝福（通常は長男に与えられるもの）が四男のユダに与えられた理由を示唆するものは何かありましたか？たとえ見つからなくても大丈夫です。後で分かりますが、この疑問について祈り、考えられる理由を見つけるよう努めてください。

ミニエピローグ

第 10 話で創世記 (始まり) の研究は終わります。

主はヨセフと共におられました。主はヨセフに優しさを示し、様々なことを啓示されましたが、*アブラハムやヤコブのようにヨセフに直接語りかけたことは*なかったようです。やがて、上記の質問12が神の永遠の計画にとって重要であることが分かります。

ストーリー11

敬虔な指導者モーセ(出エジプト記から申命記まで)

第10話と第11話の間には400年の歳月が流れました。

導入

ヨセフは神に用いられ、7年間続いた飢饉の際、エジプトとイスラエルの民を滅亡から救いました。ヨセフはエジプトの国民的英雄となりましたが、何年も経った後、エジプトに新たな王(ファラオ)が台頭しました。彼はヨセフのエジプトへの貢献を知りませんでした。

イスラエルの子孫がエジプトで増える(出エジプト記1:7-10)

ヤコブとその70人の子孫はエジプトに移住した。400年以上経った今、彼らの数は50万人を超えた。新王は民に、イスラエルの民は数が多く強大であるため、エジプトにとって国内の脅威となるだろうと告げた。近隣の敵と手を組めば、その脅威は倍増するだろう。「彼らには慎重に対処しなければならない。彼らは我々の経済を支える存在であると同時に、潜在的な敵でもあるのだ。」

エジプトに奴隷にされたイスラエルの子孫（出エジプト記1:11-22）

エジプト人はイスラエルの民に監督官を任命し、強制労働を課しました。これは単なる奴隷制よりもさらに悪いものの始まりでした。エジプト人はヘブライ人の人口を支配しただけでなく、特に男性を標的に、過酷で危険な強制労働を課しました。ラムセスを含むエジプトのいくつかの都市は、強制労働によって建設されました。

強制労働によって多くの死者を出し、彼らの生活が苦しめられただけでは十分ではありませんでした。ファラオはヘブライ人の増殖を阻止しようと試みましたが、成功しませんでした。彼らが苦しめられるほど、ヘブライ人の数は増加したため、ファラオはヘブライ人の助産婦に命じ、ヘブライ人の男児は生まれたら殺し、女児は生き延びるようにしました。

しかし、助産婦たちは神（エロヒム）を畏れ、王の命令に従わなかった。役人たちに尋問されると、助産婦たちは「ヘブライの女性は力持ちで、助産婦が到着する前に出産してしまう」と答えた。そこで神は助産婦たちに恵みを与え、彼女たちに家を与えた。

> そこでファラオは計画を変更し、ヘブライ人の男児に出会った者は誰でもその子をナイル川に投げ込んで溺れさせるように命じました
> （創世記1:17-22 NASB）。

モーセの誕生（出エジプト記 2:1-10）

レビ族のヘブライ人夫婦、アムラン（高貴な民）とヨケベド（ヤハウェは栄光）は結婚しました。二人は娘ミリアムと息子アロンという二人の子に恵まれました。3年後、エジプトの王（ファラオ）は、ヘブライ人（イスラエル人）の人口増加を抑えるため、ヘブライ人の男児を全員殺害するよう命じました。

　ファラオの勅令の後、ヨケベドはもう一人の息子を産みました。彼女は幼い息子を3ヶ月間隠していました。もはや安全に隠すことができなくなった時、この愛情深く機知に富んだ母親は、ある計画を思いつきました。柳の籠にタールとピッチを塗り、船のように浮かぶように防水加工を施したのです。*名前も知らない*男の子を籠に入れ、ナイル川の岸辺近くの葦の間に浮かべました。姉のミリアムは、川岸に沿って浮かぶ籠の後をついて歩き、幼い弟を見守りました。

　たまたま（神はよくそういうことをするものです）、ファラオの娘が川で水浴びをしていました。葦の間に浮かぶ籠を見つけ、侍女の一人を水の中に送り込み、それを運ばせました。王女が籠を開けると、*赤ん坊の顔立ちと*、巻かれた農民の毛布から、それがヘブライ人の子であることが分かりました。赤ん坊は泣き始め、王女は彼に同情しました。

　勇敢なミリアムは王女に近づき、「ヘブライ人の女性に赤ちゃんの授乳をさせてあげましょうか？」と尋ねました。

　王女は少女に微笑みかけた。おそらく何が起こっているのか察したのだろう。「ええ、それはとても助かります」と彼女は答えた。

　そこでミリアムは家に駆けつけ、母を王女のもとへ連れて行きました。母は赤ん坊を家に連れて帰り、乳を飲ませるよう頼まれました。王女はヨケベドの苦労に対する報酬を申し出ました。*また、誰かが赤ん坊のことを尋ねてきた場合に備えて、賢明にも王室のスカーフをヨケベドに渡しました。*こうして神は、ヨケベドが乳離れするまで赤ん坊を安全に育てられるようにしてくださったのです。

子供は成長し、時が来るとヨケベドは息子をファラオの娘のもとへ連れ帰りました。その子は王女の息子となり、王女は彼をモーセ（水から引き上げた者）と名付けました。「そうです、モーセです」と王女はヨケベドに言いました。「私が彼をナイル川から引き上げたのですから。」

*ヨケベドは空っぽの腕と悲しみの心を抱えて家に帰りましたが、神が息子を救ってくださったことを喜びました。奴隷の子である息子が、他のヘブライ人が夢にも思わないような教育と特権を得られることを思い、彼女は自分を慰めました。悲しみに暮れる母親は、神の恵みを称えました。*古今東西、そして現代においても、奴隷の母親は皆、ヨケベドの祝福と息子の特権を失った悲しみを理解できるでしょう。

何年も経ち、40歳になったモーセは、ヘブライ人の仲間たちのところへ出かけ、彼らの重労働を目にしました。エジプト人がヘブライ人を殴っているのが見えました。四方を見回し、誰も見ていないのを確認すると、モーセはそのエジプト人を殺し、その遺体を隠しました。翌日、モーセは二人のヘブライ人が争っているのを目にしました。

彼は喧嘩を始めた相手に「なぜ仲間を殴るのですか？」と質問しました。

その男はモーセが誰であるかを知っていたので、「あなたはあのエジプト人を殺したように、私たちをも殺したいのですか？」と尋ねました。

*その言葉にモーセはパニックに陥った。*エジプト人を殺害したことが公になってしまうのではないかと恐れたのだ。ファラオはそれを知り、*激怒した。娘がヘブライ人の少年を家に連れて帰り、養子にしたとき、ファラオは快く思っていなかった。モーセは王の食卓で食事をし、エジプトの王子としてのあらゆる恩恵を受けていた。*今、*エジプト国民を殺害する*

*ことで、彼らの顔に唾を吐いたのだ。*ファラオはモーセを探し出し、殺そうとした。

モーセの妻と家族(出エジプト記2:16-22)

モーセはエジプトから逃れ、ミディアン(紅海の北、アカバ湾の東)へと向かいました。ミディアンに入ると、彼は井戸のそばに座り、7人の娘たちが父親の羊の群れのために水を汲み始めるのを見守りました。男の羊飼いたちがやって来て、娘たちと羊たちを追い払おうとしましたが、モーセは娘たちを守り、羊の群れに水を飲ませるのを手伝いました。おかげで娘たちはいつもよりずっと早く家に帰ることができました。父親は驚いて、「今日はどうしてこんなに早く家に帰れたんだ?」と尋ねました。

「あるエジプト人が、男の羊飼いたちから私たちを守ってくれました。彼は水を汲んで羊の群れに水を飲ませてくれました。」

「あのエジプト人はどこだ?」と父親はたしなめた。「礼儀知らずだな。あの親切な男を家に招いて一緒に食事をするべきだったのに。」

そこで、ミディアンの祭司エテロ(別名レウエル)の娘たちは出かけてモーセを呼びました。*モーセは遠く離れてはいなかったようですから、娘たちが計画していた結末だったのかもしれません。*

エテロはモーセを素早く見定めた。*彼は砂漠を一人で、荷物も持たずに旅をしていた。命からがら逃げている逃亡者かもしれない。それでも、彼は立派な男だ。私の娘たちを守ってくれた。力持ちで、羊の群れ全体に水をやり、何も求めなかった。そうだ、とエテロは思った。モーセは勤勉で立派な男だ。彼の過去を心配する必要はない。*

エテロはモーセに自分の状況を説明することにしました。「あなたは私の7人の娘に会ったでしょう。私には息子がいません。私を助けてくれる信頼できる人が必要です。」エテロは申し出ました。「もしあなたがここに留まって働く気があるなら、安定した仕事に就くことができます。さらに、私はあなたを家族の一員として受け入れ、長女のツィッポラをあなたの妻として与えます。」モーセはエテロの申し出をすぐに受け入れました。

モーセとチッポラの間には二人の息子が生まれました。長男はゲルショム（外国人）と名付けられました。モーセは外国人でしたが、家族に迎え入れられました。次男はエリエゼル（助けの神）と名付けられました。モーセは以前の苦難と、神がいかに自分を救ってくださったかを思い出しました。モーセはミディアンで40年間暮らしました。その時彼は80歳でした。

ある日、モーセはエテロの羊の群れを牧していたとき、羊の群れを荒野の西側に連れて行き、神（エロヒム）の山であるホレブ（シナイ山）の近くに来ました。

燃える柴（出エジプト記3:1-22）

主（ヤハウェ）の御使いは、柴の中から燃え盛る炎の中にモーセの前に現れました。モーセは遠くからその姿を見て、柴が火で燃え尽きていないことに驚きました。「*これは驚くべきことだ。もっと近づいて、なぜあの柴が火で燃え尽きないのかを確かめなければならない*」*と彼は思いました。*

モーセが近づくと、燃える柴の中から神（エロヒム）が彼に呼びかけました。「モーセ！　もう十分近づいた。サンダルを脱ぎなさい。あなたは聖なる地に立っているのだ（*神がそこにいる間だけ聖なる地である*）。」

モーセは従い、神は続けました。「わたしはあなたの父の神（エロヒム）、アブラハムの神、イサクの神、ヤコブの神である。」

モーセは神を見るのが怖かったので顔を覆いました。

> 燃える柴の中から主（ヤハウェ）はこう言われた。「わたしはエジプトにいるわたしの民の苦しみを知っている。彼らの悲痛な叫びを聞く。わたしは彼らが監督官の手によって苦しんでいることを知っている。わたしは彼らの幸福を願っている。そして、エジプトの邪悪な力から彼らを救うために来たのだ。」
>
> （出エジプト記 3:3-8 NASB）

> わたしはあなたをファラオのもとに遣わし、わたしの民イスラエルの子らをエジプトから導き出させよう。
>
> （出エジプト記 3:10）

「わたしはあなたたちの先祖に、乳と蜜の流れる地を与えると約束した。その地はカナン人の部族のものだ。わたしは忍耐と慈悲を示し、悔い改めてわたしを主として受け入れるまで400年以上も彼らに時間を与えてきたが、彼らは依然として信じようとしない。それゆえ、その地を創造したわたしは、その地をイスラエルに与える。」

「わたしにはファラオのところへ行ってイスラエルの子らをエジプトから導き出す*方法はありません*。

「その通りだ」と神は言った。「*だが、あなたは一人ではない。わたしはあなたと共にいて*、わたしがあなたに与えたしるしを与える。そのしるしとは、あなたが民をエジプトから導き出した後、この山（ホレブ）でわたし（エロヒム）を礼拝することだ。」

　このように、*神はモーセに、アブラハムのように信仰をもって応えなければならないと告げていたのです。*アブラハムは神を信じ、神は彼の信仰を義とみなされました（創世記15:6）。主はモーセに、エジプト王が神を信じていないことを告げました。ファラオは、*強制されない限り、ヘブライ人の奴隷たちにエジプトを離れることは決して許さなかったのです。*

> 神はこう言われた。「わたしは奇跡をもってエジプトを打つ。その奇跡を彼らの前に現す。その時になって初めて、ファラオはイスラエルを解放するだろう。」
>
> （出エジプト記3:11-20 NASB、著者による加筆修正あり）

　モーセは、現代の私たちの多くと同じように、神に疑問を抱き続け、神に従わない言い訳を探し続けました。「もし彼らが私を信じなかったり、私の言うことを聞かなかったらどうしよう?」

　神はモーセに二つのしるしを与え、ヘブライ人たちに、*神が本当に*モーセを遣わして彼らを救うのだということを確信させました。まず、神はモーセに羊飼いの杖を地面に投げるように言われました。モーセが従うと、杖は蛇に変わりました。モーセは蛇から逃げましたが、神は尻尾をつかむように言われました。モーセは*しぶしぶ*手を伸ばして蛇の尻尾をつかむと、それは再び杖になりました。次に神はモーセに、手を衣の中に胸の方に入れるように言われました。モーセは言われたとおりにし、手を衣から出すと、その手はらい病（恐ろしい皮膚病）になっていました。その後、手を衣の中に戻し、もう一度引き抜くと、皮膚の他の部分と同じように正常に戻っていました。

「もし彼らがその二つの標識を信じなかったらどうなるでしょうか？」

「それからナイル川の水を取って地面に注ぐと、それは血になるだろう」と神は言った。

モーセは答えました。「私は決して話し上手ではありません。」

神はモーセのあらゆる疑問や言い訳に辛抱強く答えられました（出エジプト記 3:10-4:12）。モーセは神の返答を一つ一つ無視し、さらにこう言いました。「*私でなければ、お望みの者を遣わしてください！*

主の怒りはモーセに対して燃え上がった。*神は忍耐強いが、その忍耐にも限界がある。*

*神を驚かせるものは何もありません。モーセが言い訳を始めるずっと前から、*神はモーセの兄アロンをホレブ山近くの荒涼とした砂漠に派遣し、モーセと会わせました。洗練された弁舌を持つアロンをモーセの代弁者とすることを神は意図していました。神は、彼らがヘブライ人を奴隷状態から解放し、約束の地へと導く力となるようにと、彼らに力を貸してくださると約束しました。*神は常に先見の明があり、選ばれた者が状況や機会、あるいは必要性に気づくよりも前に、人や資源を配置するために行動を起こします。*

神は言いました。「履物を履き、羊飼いの杖を取りなさい。それをもって奇跡と不思議を行いなさい。あなたはすぐにエジプトへ行き、ヘブライ人を味方につけ、ファラオと戦うことになるでしょう。」

モーセは義父への義務があったため、まずエテロの羊の群れをすべて返しました。彼は羊の群れを残して行く許可と、エテロとの合意を求めました。モーセはエテロに、エジプ

*トにいる親族の元へ戻る必要があると告げました。*エテロは同意し、祝福を与えました。

主（ヤハウェ）はモーセに、彼の命を狙っていた者たちは皆死んだと告げました。モーセは妻と息子たちをロバに乗せ、エジプトへと旅立ちました。モーセは羊飼いの杖も持っていましたが、それは今や彼の手の中で「神（エロヒム）の杖」となっていました。「神の杖」という呼称は、神がモーセの羊飼いの杖を用いて数々の奇跡を行ったことを示しています。杖*自体には魔力はありませんでした。*

エジプトへの道中、アロンはホレブ山でモーセと出会った。それは、*おそらく少なくとも40年も会っていなかった兄弟たちの素晴らしい再会だった。*モーセは、エジプト行きについて主（ヤハウェ）から告げられたことをすべてアロンに伝えた。そこには、ヘブライ人の解放のために彼らを用いるという神の計画や、神がモーセに命じたしるしも含まれていた。

エジプトに到着すると、アロンはイスラエルの長老たち（部族の長老たち）の集会を招集しました。民全体が協力し、アロンに従うためには、長老たちの支持を得ることが重要でした。アロンは集会にモーセを紹介し、主（ヤハウェ／我あり、我あり）がモーセに語ったことを長老たちに伝えました。

> 彼らは神がモーセに与えられた二つのしるし（奇跡）を行ないました。長老たちは、モーセの代弁者であるアロンを通して伝えられたモーセの言葉を信じました。そして、彼らはイスラエルの人々のもとへ行き、主（ヤハウェ）が彼らのことを気にかけておられるという知らせを伝えました。イスラエルの人々は興奮し、ひれ伏して主を礼拝しました
>
> （出エジプト記4:29-31）。

ヘブライ人の支持を得た後、モーセとアロンはファラオと会う許可を得ました。アロンは神の言葉をファラオに伝えました。

> イスラエルの神である主（ヤハウェ・エロヒム）はこう言われる。「わたしの民を去らせ、荒野でわたしを讃える祭りを祝わせよ。」*ファラオはこう答えた。「この主とは誰だ。なぜわたしは彼に従わなければならないのか。*わたしは彼を知らないし、イスラエルを去らせることもない。」
> （出エジプト記 5:1-2 NASB、著者による改稿）

アロンは答えました。「もし私たちが3日間犠牲を捧げることができなければ、エジプトに疫病をもたらすと神はおっしゃいました。」

ファラオはすぐに言い返した。「なぜ人々を仕事から引き離そうとするのですか？*いいですか、皆さん、あなたたちは何千人もの労働者に休暇を求めているのです。それが私にどれほどの損失をもたらすか考えてみてください。*」

その後、ファラオはヘブライ人の監督官たちを集め、監督官たちはヘブライ人の労働者（奴隷）たちを監督しました。ファラオは彼らにこう言いました。「我々の奴隷たちは反乱を起こした。我々は彼らに対処しなければならない。レンガを作るヘブライ人の労働者たちには、今後は藁を支給しない。今後は彼ら自身で藁を集めなければならない。それは彼らの多くの時間を要するが、それでも毎日同じ量のレンガを生産しなければならない。」

しかし、ヘブライ人の労働者たちは、藁を集めて刈り取るだけでは、毎日のレンガのノルマをこなすことができませんでした。そこで、監督官たちは監督官たちを殴り、労働者たちにもっと一生懸命、もっと早く働かせるよう命じました。監督官たちはファラオに訴えましたが、ファラオは聞き入れず、「あなたたちの同胞は怠け者だ」と言いました（出エジプト記5:1-17）。

神はモーセとアロンに、ファラオがいずれ彼らの民がエジプトから出ることを許可するだろうと約束した。ただし、それは強制によるものだった。「わたしはファラオの心をかたくなにし、エジプトの地でわたしのしるしと奇跡を増し加える。ファラオがあなたたちの言うことを聞かないなら、わたしはエジプトに重い手を下し、エジプトに厳しい裁きを下してわたしの民を滅ぼす。その時、彼らはわたしが主であることを知るであろう。」

「ファラオのところに戻り、彼が奇跡を願うとき、アロンに神の杖をファラオの前に投げ捨てるように言いなさい。そうすれば、それは蛇になるでしょう。」

モーセとアロンは主に従いましたが、ファラオは魔術師と呪術師を呼び寄せました。彼らは自分たちの杖を投げ捨てると、彼らの杖も蛇に変わりました。しかし、アロンの杖は彼らの杖を飲み込みました。しかし、ファラオの心はかたくなで、主が言われたとおりに彼らの言うことを聞き入れませんでした。ファラオとエジプトの神々に対する御自身の力を示すために、主はエジプトの地に十の災いを下されました。

*最初の災い:*エジプト人はナイル川を神聖なものとして崇拝していました。翌朝、神はモーセとアロンをファラオのもとへ遣わし、神の裁きを求めました。ファラオが川へ水浴びに出かけようとした時、モーセは杖を水面に差し出し、これから起こることを告げました。「あなたがたが主の御声に耳を傾けず、民を去らせようとしないので、主はナイル川を血に染めるでしょう。魚は死に、民は川の水を飲むことができなくなります。こうして、主は御力を示されるのです。」神の御言葉通りでした。

神はファラオの魔術師たちに、一時的に同じことをさせました。ファラオは*笑い*、家に入りました。主の計画通り、神は魔術師たちにしるしを再現することをお許しになりましたが、水を再び清めることはできませんでした。人々はナイル川の血のような水を飲むことができませんでした。飲める水を見つけるために、彼らは川から遠くまで掘らなければなりませんでした。主が川から血を取り除かれるまで七日かかりました。それから主はモーセをファラオのもとに遣わし、新たな言葉を与えました。「神の民を解放せよ。さもなければ、神はあなたの国全体をカエルで打つであろう。カエルは至る所に、家の中にさえいるであろう。」

*第二の災い:*主はモーセに、アロンに杖を川や小川、池の上に伸ばさせ、エジプトの地にカエルを出現させるように命じました。そして、神の言葉どおりになりました。エジプトの魔術師たちは再び同じしるしを再現することを許されました。ファラオはすぐにモーセとアロンを呼び、「主(ヤハウェ)にカエルを退治するよう願いなさい。そうすれば、民は主に犠牲を捧げに行くことを許される」と言いました。

モーセは同意し、「明日にはカエルは去るでしょう。そうすれば、私たちの神、主のような者はいないことがわかるでしょう」と言いました。モーセは主に祈り、カエルの苦しみが取り除かれるよう、カエルを去らせてくださいと願いました。主はモーセの願いを聞き入れられました。しかし、カエルがいなくなったのを見たファラオ*は心を閉ざし、主の預言どおりイスラエルの民を解放するという約束を破りました。*

状況は次の 7 つの災害でも同様に続きました。3番目(ブヨ/シラミ)、*4 番目*(ハエの大群)、*5 番目*(家畜の病気)、*6 番目*(腫れ物)、*7 番目*(雹)、*8 番目*(イナゴ)、*9 番目*(暗闇)。

第三の災い以降、ファラオの魔術師たちはもはや神のしるしを再現することができなくなりま

した。魔術師たちはファラオに、モーセの奇跡は魔法ではなく神の御手によるものだと告げました。*また、第三の災い以降*、イスラエルの民が住んでいたゴシェンを除くエジプト全土に災いが降りかかりました。ファラオは九つの災いの間も強硬な態度を保ち、神の意志に屈することはありませんでした

（出エジプト記7:14-10:29）。

主の過越祭（出エジプト記11:1-12:29）

主（ヤハウェ）はモーセに、ファラオとその民にもう一つの災いをもたらすと告げました。最後の災いは、エジプトのすべての家庭の長男の死です。ファラオの長男は例外なく死にます。「その後、ファラオはあなたたちにエジプトから去るように命じるでしょう。」こうして、その月の10日には、ヘブライ人の各家庭は、傷のない一歳の雄の子羊か雄山羊を一頭ずつ取り分けなければなりません。その動物は、その家庭の長男の*象徴となります*。そして、その月の14日の夕暮れ時、それぞれの動物は長男の代わりとして犠牲に捧げられなければなりません。

ヘブライ人の各家庭は、戸口の柱と鴨居に子羊の血を塗らなければなりません。血は、彼らの信仰を通して与えられた神の慈悲と恵みを表しています。そして、その肉を火で焼き、その夜、無酵母パン（イースト菌の入っていないパン）と一緒に食べなければなりません。また、奴隷の苦しみを思い起こさせるために、苦いハーブも食べなければなりません。残った食べ物はすべて火で燃やさなければなりません。彼らは旅着と靴を身につけ、ハイキング用の杖を手に、急いで食事をしなければなりませんでした。これは主の過越祭です。主はヘ

ブライ人の家を過ぎ越されます。そして、それは私が約束した地への旅の始まりでもあります。

しかし、神は国中を巡り、エジプトのすべての初子、すなわちすべての家の人、家畜、そして彼らのすべての偽りの神々を打たれます。「わたしは主であり、裁きを行う。*戸口の柱と鴨居に血が付いているのは、わたしへの信仰のしるしである*（血がないのは、わたしへの信仰がないことを意味する）。わたしが血を見るなら、その家を過ぎ越す。そして、初子は生き残る。血がない所では、その家の初子は死ぬ。」神の言葉通り、真夜中になると、ファラオの長子を含むエジプト人の初子が死に始めました。「主はイスラエルの人々に言われた。『あなたたちは毎年過越の祭りを守らなければならない。』」

ファラオは従う（出エジプト記12:30-32）

夜中にファラオとその家臣、そしてすべてのエジプト人が目覚め、エジプト中に大きな叫び声が響き渡りました。エジプトのすべての家庭で、ファラオの初子からすべての民の初子、そして家畜の初子まで、死者が出ました。ファラオはすぐに夜中にモーセとアロンを呼び寄せて言いました。「*私はあなた方の主には敵いません。*民をエジプトから連れ出し、主の命じられたとおりに、あなたの神を礼拝しに行きなさい。羊や牛を連れて行き、決して戻ってはなりません。*しかし、出発する前に、私を祝福してください。*　」エジプトの人々もまた、ヘブライ人が直ちに立ち去ることを望みました。彼らはかつての奴隷たちに、食料や衣類だけでなく、銀や金の品々まで与えました（これは*長年の奴隷生活に対する自発的な賠償に似ています*）。まるでヘブライ人がエジプトを略奪しているかのようでした。

エジプトからの脱出（出エジプト記12:33-13:21）

イスラエルの民は神の力によって奴隷状態から解放され、エジプトを去りました。430年後、イスラエルはエジプトを去りました。モーセは、約400年前にヤコブの子らが約束した通り、ヨセフの骨を携えて出発しました。主は民と共に旅をし、約束の地へと導きました。神の臨在は、昼は雲の柱、夜は火の柱によって示されました。こうして、彼らは昼夜を問わず快適に旅をすることができました。

ファラオは考えを変えた（出エジプト記14:1-12）

ヘブライ人がエジプトを去った後、ファラオは奴隷労働を逃がしたことを後悔した。その後悔と傲慢さが、前夜の出来事から得た神への畏れを覆い隠していた。彼は軍勢と精鋭の戦車600台、そしてエジプト全土の戦車を結集した。それは当時最強の戦力の一つだった。ファラオはヘブライ人奴隷をエジプトに連れ戻すよう命じた。

紅海を渡る（出エジプト記14:13-31）

神は民を海とエジプト軍の間に導きました。イスラエルの民は逃げ場もなく閉じ込められたかに見えました。神はファラオ、エジプト人、そしてイスラエルの民にも御力を見せることを選ばれました。ヘブライ人は、ファラオの軍勢が背後から迫り、海が前進を阻んでいるのを見て、希望を失いました。恐怖が彼らの心を支配しました。彼らはモーセに叫びました。「エジプトには墓がないのに、私たちを砂漠で死なせようとここまで連れてきたのですか？エジプトでは、エジプト人に仕えるだけでいいと言っておいたのに、あなたは私たちをこんなひどい死に方をさせようとしたのですか？」

モーセは民に答えました。「恐れることはありません。あなたたちは今日、主（ヤハウェ）の力の働きを見るでしょう。主はあなたたちのために戦い、エジプト軍はあなたたちの目の前で滅ぼされるでしょう。その時、エジプト人は神の力を知るでしょう。」

神の天使（*別の*　かつてイスラエルの民の前方を進んでいた *ヤハウェの神の顕現は*、今や*後方に移動しました。雲の柱もまた後方に移動しました。神の御使いはイスラエルの民とエジプトの攻撃してくる戦車の間に立ちはだかりました。この動きによって、エジプト軍は背後からの攻撃を阻止しました。*

神はモーセに海に向かって手を伸ばすように命じ、強い東風で海を押し戻しました。神は海の一部を、分かれた海の両岸の間にある乾いた道に変えました（出エジプト記14:21）。イスラエルの民は、陸地を歩いて海の真ん中を通り抜け、逃れられないと思われていた罠から逃れることができました。

驚いたエジプト人は、海を通る同じ乾いた道でイスラエル人を追跡することに決めましたが、彼らの戦車と軍隊がすべて分かれた海の真ん中にいた後、主（ヤハウェ）はエジプト軍に混乱を引き起こしました。

彼らは叫びました。「撤退せよ！彼らのヤハウェが我々と戦っている。」

その時、主はモーセに言いました。「もう一度、海に向かって手を伸ばしなさい。」

モーセは従い、神は分断されていた水を閉じ、エジプト軍と戦車を飲み込んだ。生き残った者は一人もいなかった。主（ヤハウェ）はイスラエルをエジプトの手から救った。エジプトの戦士たちの遺体が海岸に並べられた。

エジプト人に対する主の力を見て、イスラエルの民は主を畏れました。*おそらく畏敬の念と恐怖が入り混じった感情でしょう。*疑いを抱いていた者たちも、賛美の歌によって主とそのしもべモーセを信頼し始めました

(出エジプト記 15:1-27)。

主に歌いましょう。主は力強く、高貴な方です。主は、私たちを追いかけていた軍隊を海に沈めてくださいました。主は私たちの力であり、救い主です。主は私たちの神(エル)です。私たちは父の神(エロヒム)を賛美し、崇めます。私たちの主は戦士であり、主(ヤハウェ)はその御名です。

(出エジプト記 15:1-3、著者による改稿)

、神々(偶像)の中で、あなたに並ぶ者は誰でしょうか。*あなたに並ぶ者は誰でしょうか。聖なる威厳に満ち、賛美に満ち、奇跡を行う者。あなたは右の手を伸ばし、海は彼らを飲み込みました。あなたは慈しみをもって、あなたが贖われた民である私たちを導きました。あなたの力は、私たちをあなたの聖なる住まいへと導きました。*

(出エジプト記 15:11-13、著者による改稿)

神は苦い水を甘くする(出エジプト記15:22-25)

*神への彼らの信頼は長くは続かなかったようだ。*紅海を渡って三日後、彼らはマラ(苦い)に到着した。そこの水は苦く、飲めなかった。民はモーセに不平を言い、エジプトで奴隷として

暮らしていた方が幸せだったと言った。これは彼らが直面する最初の試練に過ぎなかった。*真の信仰とは、あらゆる状況において、神に命と幸福を託すことを学ぶことなのだ。*

神はモーセに、ある木の枝を苦い水に投げ入れるように命じました。すると水は甘くなりました。神はまた、民に次のような規則を与えました。

> わたし、主[ヤハウェ]、あなたの神[エロヒム]が告げることに真に従うならば、わたしがエジプト人に下した病気に苦しむことはないだろう。わたしは *ヤハウェ・ロフェである。* わたしはあなたの主であり、癒し手である。他の何者でもなく、わたしに頼りなさい。
>
> (出エジプト記 15:26 NASB)

ヤハウェ・ロフェ(私たちの癒し主であるヤハウェ)は、神のもう一つの複合名であり、神がどのような方であるか、神が私たちのために何をしてくださるかを明らかにする名前です。

彼らはエリムへと旅を続け、12の泉と70本のナツメヤシの木に囲まれた場所で宿営した後、シンの荒野へと向かった(*シンは場所名であり、英語の「sin」とは異なる*)。彼らはエジプトを出てから1ヶ月後にシンに到着した。

神はパンと肉を与えた(出エジプト記16章)

人々は再び不平を言い始めた。今度は食料についてだった。パンと肉が彼らの不満の対象となった。「エジプトではパンも肉も食べ放題だった」と彼らは自慢した。*エジプトでは奴隷だったことを、こんなに早く忘れてしまったのだろうか。*

神はこの状況を教訓とされました。神は民を奴隷状態から解放し、エジプトからカナンの地、つまり今日のイスラエル、あるいはパレスチナと呼ばれる地へと移住させようとしていました。それは困難で危険な旅でした。神ご自身が生活必需品を備え、過酷な環境と道中の凶暴な敵から守る必要があったのです。

何世紀も前に、アブラハムは神の二つの新しい複合名を知っていました。一つ目はエル・シャダイ（全能の神）です。*エルの力で成し遂げられることは何もないのです。シャダイ。*二番目は*ヤハウェ・イレー*（神は備えてくださる、あるいは神自身が私たちの備えである）です。アブラハムは神を完全に信頼することを学ぶのに苦労しました。今や、イスラエルの民は神がどのような方であり、完全に信頼できる方であるかを学ばなければなりませんでした。（*私たちも今日、同じ真理を学ぶ必要があります。*）

荒野で生き残るには、水と同様に食料が必要です。乾燥した荒野を歩く50万人の人々は、どこで生命を維持するのに十分な食料と水を見つけることができるでしょうか？主（ヤハウェ）はモーセに、毎朝新鮮な薄片状のパンを与えると告げました。人々がマナ（何のことでしょうか？）と呼んだそのパンは、毎朝集めなければなりませんでした。神は人々を試し、彼らが神の指示に従うかどうか、そして神の恵みに感謝するかどうかを見ました。

彼らは、家族の一人当たり毎日約2クォートのマナを集めることになっていた。毎日、それ以上でもそれ以下でも集めてはならないと指示されていた。しかし、週の6日目には、安息日に集会をしないように、2倍の量を集めるように指示された。こうして、エジプトでの400年間の奴隷生活の間、無視されていた*安息日が復活したのである（出エジプト記 16:1-7）。*

試練は、神の教えに従うかどうかでした。神の簡単な試練によって、誰もがすぐに合格か不合格かが分かりました。

神が命じたよりも多くのマムを集めたら、余った分は翌朝腐って悪臭を放つことになります。毎日集めなければ、その日は飢えてしまうでしょう。*神の試練は罰のためではなく、私たちの益のためにあるのです。乾燥した荒野には、人々が道中で集めて食事に加えられる、食べられる緑の植物がいくつかありました。*

> 主はモーセに言われた。「イスラエルの人々に告げよ。あなたたちはわたしの安息日を守らなければならない。*それはわたしとあなたたちとの間のしるしであり、わたしがあなたたちを聖別する*主であることをあなたたちが知るためである。」
>
> （出エジプト記 31:13 NASB）

神の道の単純さは、イスラエルにとって時につまずきの石となりました。彼らは(1)神の道ではなく自分たちのやり方で物事を行うか、(2)諦めて、彼らにとって存在しなかった理想のエジプトに戻りたがりました。*この最初の衝動は、アダムとイブ、そして私たちの物語に登場する多くの人々の問題でした。しかし、神は過去と現在だけでなく、未来も見ておられます。神は私たちのような人々に対して非常に忍耐強くおられます。*モーセ自身も未完成でしたが、霊的に成長していました。

モーセは民にタンパク質を与えるよう執り成しをしました。全能の神は、選ばれた動物たちに、出航に間に合うように箱舟に現れるよう告げました。そして今、*神は毎日、選ばれたウズラたちに、毎晩宿営地に現れ、神の民のタンパク質となるよう告げました。*

神（*エロヒム*）は畏敬の念を抱かせる御方です。ヤハウェ・イレ（神は我らの糧）であり、エル・シャダイ（全能の神）であるだけでなく、ヤハウェ・ロフェ（*神は我らの癒し*）でもあります。これから、神のご性質と人類との関係を明らかにする他の呼び名も学びます。神には永遠の計画がありますが、イスラエル人はまだその永遠の計画を知らず、理解していませんでした。*私たちも同様です。*

神は民を、彼らのために定められた目的地へと導いておられました。神はアブラハムにカナンの地を約束しておられました。アブラハムは400年以上も前に、そこに寄留者として住んでいました。神はアブラハムに、その子孫がその地を所有するまでに400年間の捕囚を耐え忍ばなければならないと告げられました。それは、神が慈悲深く、当時その地を開拓した人々に悔い改めて神に立ち返る機会を与えたからです。エジプトでの長い待ち時間の間に、イスラエルの家族は大勢の民となりました。神はイスラエルに対して忍耐強く、愛に満ちていました。*そして、私たちに対しても忍耐強く、愛に満ちておられます。*

著者は「旅は目的地と同じくらい重要だ」とよく言います。神はエジプトからカナンへの旅を通して、「民衆」を一つの国家へと準備させました。ただの国家ではなく、「神の民」として知られる国家です。

イスラエルの民は主の指示に従い、シンの荒野を転々と旅しました。彼らはまずドフカに宿営し、次にアルシュに宿営し、シナイ山近くのレフィディム（砂漠の休息地）に宿営しました（民数記33:13-14）。レフィディムには水がありませんでした。神はそれを事前に知っておられました。再び*試練の時が訪れ、民は再び神を信頼することができませんでした。*今度は民はモーセを責め、彼と口論しました。「この件は神にではなく、私に訴えるべきです」とモーセは言いました。しかし、民は喉が渇いており、モーセに不平を言い続けました。「なぜ私たちをこんな神に見放された場所に連れてきて、渇きで死なせようとするのですか？」

モーセは主に叫びました。「この民をどうしたらいいのでしょうか。彼らは私を殺そうとしているのです。」

主は彼にこう告げました。「イスラエルの長老たち（指導者たち）と、ナイル川を打つ羊飼いの杖を持って、歩きなさい。私はホレブ（シナイ山の麓）の岩のそばで、あなたの前に立ちます。あなたの杖で岩を打て。そうすれば、そこから水が流れ出るでしょう。こうして人々と家畜の渇きが癒されるでしょう。」

主の言われたとおりになった。モーセはその場所を「マッサ（試練）、メリバ（争い）」と呼んだ。民が争い、神を試し、「主は我々と共におられるのか、そうでないのか」と尋ねたからである。

イスラエルがアマレクを破る（出エジプト記17:8-16）

イスラエル人がレフィディムに陣取っていた時、アマレク人（ヤコブの兄弟エサウの子孫）が彼らを攻撃しました。モーセはヨシュアに、アマレクと戦うために戦士を集めるように命じました。ヨシュアはモーセの命令に従いました。モーセ、アロン、そしてフルは神の杖を丘の頂上まで運びました。モーセが神の杖を掲げると、イスラエルはアマレクに打ち勝ちましたが、モーセの腕が疲れて腕を下ろすと、アマレクが勝利しました。アロンとフルはモーセに言いました。「あなたは大きな岩の上に座り、私たちはそれぞれあなたの左右に立ち、あなたの腕を支えなさい。」こうしてモーセは日没まで神の杖を掲げ続けることができました。こうして神はヨシュアとその部下たちにアマレクを打ち破る力を与え、生き残ったアマレク人は命からがら逃げ去りました。

主はモーセにこう告げました。「これを記念として書き記し、ヨシュアに読み聞かせよ。わたしは（将来）アマレクの記憶を消し去る。」モーセは主のために祭壇を築き、それを*ヤハ*

*ウェ・ニシ(主は我らの旗)と名付けました。*ヤハウェ・ニシは私たちの精神を奮い立たせ、諦めることなく前進するよう励まします。*この名前は、神の他の複合名と同様に、神の人格と、神がどのように私たちを助け、人格を成長させてくださるかを明らかにしています。*

モーセへの良い助言(出エジプト記18章)

モーセの義父エテロは、主がモーセと神の民をエジプトの手から救い出されたという知らせを聞きました。エテロはモーセの妻ツィポラと二人の息子を彼のもとに連れてきました。*(エテロはシナイ山の近辺に住んでいました。モーセは家族を義父に預けていました。)*モーセは家族と義父を歓迎し、主が彼とイスラエルのためにしてくださったことをすべて伝えました。エテロは神の御業と救いを喜びました。彼は言いました。「今、私は主(ヤハウェ)がすべての神々(エロヒム/偶像)よりも偉大であることを知りました。」エテロは神(真の神エロヒム)に全焼の供え物と犠牲を捧げました。

翌日、モーセは民を裁くために座っていたが、多くの人々はモーセとの時間を待ちながら、一日中立ち尽くしていた。それは朝から晩まで続いた。その後、エテロは義理の息子に尋ねた。「なぜあなたは民の間の争いや争いを一人で解決しようとするのですか?あなたはご自身だけでなく、民も疲弊させています。その仕事の多くは委任すべきです。」

モーセは答えました。「それはできません。人々は紛争の解決を私に頼っているのです。」

エテロは答えました。「*あなたがたがすべてを自分で行うのは良くありません*。有能で誠実で、神を敬う人々を選び、それぞれを民の指導者として任命しなさい。彼らに小さな争いを解決し、大きな争いをあなたに伝える権限を与えなさい。もしこれが神の御心ならば、あなたも民も、このような事態に疲弊することはないでしょう。」

モーセは義父の言うことを聞き、その勧告に従った。こうしてエテロは自分の家へ戻った。

シナイ山での長期キャンプ（出エジプト記19-40）

イスラエルの民がエジプトを出てから3ヶ月後、彼らはレフィディムで宿営を解散し、神の山の前にあるシナイの荒野へと移動しました。神はシナイをモーセと民にとって重要な中継地点とすることを計画していました。*それは将来の国家の基盤を築くための長い期間となりました。*

神はモーセに、会合のために山に登るように命じました。「ヤコブ（イスラエル）の家に告げよ。あなたたちは、わたしがエジプト人にしたこと、また、鷲の翼に乗せてあなたたちをわたしのもとへ連れて行ったことを見た。*もし*あなたたちがわたしの声に従い、わたしの契約を守るなら、*あなたたちは*すべての民の中でわたしの所有物となる。地はわたしのものであり、あなたたちはわたしにとって祭司の王国、聖なる国民となる。」（注：これは*神の条件付きの約束でした。「あなたたちが望むなら…わたしは…する…」*）

モーセは宿営地へ下り、部族の長老たちを集め、主（ヤハウェ）が彼らに何をなさるよう望んでおられるかを全て説明した。長老たちは神の申し出を民に伝えた。民は声を揃えて「主の仰せのとおりにいたします」と答えた。モーセは民の決断を主に持ち帰った。もちろん、神は既に民の決断を知っておられた。*神はすべてをご存知だったのだ。*

主はモーセに言われた。「わたしは濃い雲の中をあなたのもとに来る。*民がわたしの言葉を聞けるように。*そうすれば、わたしの言葉を偽っているとは思わなくなる。*民があなたの言葉を常に信じるように。*戻って、あなたの民を聖別しなさい（わたしの目的のために彼らを捧げなさい）。明日、彼らに衣服を洗わせ、三日目に山でわたしを迎える準備をさせなさい。」

*主は*来臨に備えて民に境界を設けました。民は山に登ることも、境界にさえ近づかないことさえ許されました。少しでも違反すれば即死刑に処せられました。また、主の来臨に備えて性行為も控えなければなりませんでした。

十戒とシェマ（出エジプト記20章/申命記6章）

三日目の夜明け、雷鳴と稲妻が響き、山には厚い雲が立ち込め、ラッパの音は大きく響きました。宿営の人々は皆、畏敬の念に震え上がりました。モーセは彼らを宿営から連れ出し、神（エロヒム）に会わせました。彼らは山の麓に立ち、神を敬い、神がモーセに語る言葉を聞きました。神は約束通り降臨し、個人と国家の霊的、道徳的、そして社会的幸福のための律法を啓示しました。私たちはそれを十戒と呼んでいます。十戒は、*神との精神的な調和と、社会における道徳的な生活の基盤となります。*その後、より詳細な律法が定められました。

神は言いました。「わたしは、あなたたちをエジプトの奴隷状態から導き出した、あなたたちの神（エロヒム）の主（ヤハウェ）である。」

1.（あなたには私以外に他の神々（エロヒム/偶像）を持ってはならない。私を表す偶像や像を作ってはならない（私に対抗するためとしても）。2.　偶像を拝んだり、仕えたりしてはならない。主なるあなたの神は、ねたむ神（エル）だからである。*「ねたむ」という言葉は神に対してのみ用いられ、人間のねたみとは異なる。3*．主の名をみだりに唱えてはならない（偽って、嘘をついたり、呪ったり、私利私欲のためにしたりしてはならない)。4.　安息日(*土曜日*)を覚えておきなさい。5.　父母を敬いなさい(*親としての立場を尊重せよ*)。*6. 殺人をしてはならない。7. 姦淫してはならない。8. 他人から何も盗んではならない。9.*他人に対して偽証*し*てはならない。10.隣人の家や妻、あるいは隣人の所有物に何も*欲し*がってはならない。」

(出エジプト記20:1-17 NASB、著者による書き直し。申命記5:6-21も参照)

十戒を与えた後すぐに、主は*私たちのユダヤ人の友人が「シェマ」(「聞いて従う」)と呼ぶ戒律を与えました*。それはこうです。

イスラエルよ、聞け!主[ヤハウェ]は我らの神[エロヒム]、唯一の主である!心を尽くし、魂を尽くし、力を尽くして[言い換えれば、全身全霊と全能力を尽くして]、あなたの神である主を愛せよ。

(申命記 6:4-5 NASB、著者による改稿)

これは基本的に最初の四つの戒律の説明です。十戒とシェ マには、関連する律法があります。

あなたは復讐してはならない。また、あなたの民の子らに対して恨みを抱いてはならない。*あなたは隣人を自分自身のように愛さなければならない*。わたしは*主である*。

(レビ記 19:18 NASB)

この律法は第 5 戒から第 10 戒までの意図を明確にします。

幕屋、礼拝の天幕(出エジプト記31章)

これらの戒めの後、神は労働者の扱い方、人身傷害、財産権、安息日の礼拝、その他数多くの律法に関して民に規則を与えました。

記20章から40章は、*礼拝と神との関係における指針と言えるものについて述べています。*そこには、十戒、移動可能な礼拝用の大きな幕屋(幕屋)を建てるための神の詳細な計画(*口伝設計図*)、罪の償いのための血の供え物、神の臨在、そして神がモーセに栄光を現す物語(出エジプト記33章18-23節)が含まれています。

神の幕屋の計画には、家具、装飾品、器具、祭壇、そして人々の罪に対する神への犠牲を含む礼拝行為も含まれていました。*イスラエルの民が約束の地へと旅する間、幕屋は梱包され、様々な場所へと移動させることができました。*

幕屋とその家具、器具などの建造において特筆すべき点は、神が全てが御自身の計画通りであることを強く望まれたことです。そのため、*神はベザレルに神の霊*とあらゆる工芸技術を授け、芸術的なデザインを創造できるようにされました。また、オホリアブをはじめとする人々をベザレルと共に働くよう任命し、神の命令通りに全てを造れるよう、特別な技能を授けられました(出エジプト記 31:1-6)。幕屋で使われた金、銀、宝物は、エジプトを去るヘブライ人を追い払うために、エジプトの人々が惜しみなく与えたものでした(出エジプト記12:35)。*神は職人のためにそうされましたが、私たちが証しし、仕えるためにもそうすることができます。*

神の基本的な計画には、精巧な天幕幕屋を覆う防水皮革の覆いが含まれていました。天幕は幅15フィート、長さ45

フィートで、建てられると常に東を向きます。幕屋の前方30フィートは「聖所」と呼ばれ、祭司たちが毎日そこに入ります。北側には供えのパン（特別な製法で作られた無酵母パン）のテーブルが置かれ、南側には金の燭台（メノーラー）がありました。聖所の西端には香の祭壇がありました。香の祭壇の向こうには垂れ幕があり、「聖所」と「至聖所」を（物理的にも視覚的にも）隔てていました。

幕屋の後方15フィート（約4.5メートル）は「至聖所」と呼ばれ、神の聖所を表していました。そこには契約の箱だけが置かれ、大祭司だけが年に一度だけ至聖所に入ることを許されていました。大祭司は犠牲の血を携えて入り、その血は大祭司と民の罪のための犠牲として箱に塗られました。贖罪*（at-one- ment 、神に受け入れられること）*は幕屋での礼拝の鍵でした。

犠牲に捧げる動物は、傷のない雄でなければなりませんでした。（*人間アダムから私たち皆が罪人となったからです。*）動物の犠牲は人の罪を清めることはできませんでしたが、神が将来、価値のない人類に恵みを与えてくださることを象徴していました。*当時の人々は、人の罪がどのように償われるのか、また、神との関係がどのように完全に回復されるのかを理解しておらず、*神の永遠の計画の重要な要素である「贖罪」は、*神がご自身と私たちに対する永遠の計画を啓示されたこの段階ではまだ理解されていませんでした。人々は、人が神への信仰によって受け入れられることを知っていただけ*で、「アブラハムは主を信じ、その信仰が彼の義とみなされた」（創世記15:6）ように、神への信仰が受け入れられることを理解していました。

*物語のこの時点で、私たちはイスラエルと同様に、動物の犠牲は贖罪の象徴に過ぎないことを知っています。*贖罪を成し遂げ、*アダムとエバが罪を犯す前に享受していたような神との個人的な関係を私たちに与える犠牲が何なのかは、*

私たちの年代学研究においてはまだ明らかにされていません。

幕屋の東側の屋外には、大きな洗盤（青銅製の大きな鉢、あるいは水盤）が置かれていました。祭司たちは、天幕内で奉仕する前や屋外で犠牲を捧げる前に、そこに水を入れて手足を洗いました。

洗盤の正面、東側には、動物のいけにえを捧げるための大きな燔祭壇がありました。高さは1.2メートル、幅は2.1メートル四方でした。祭壇の火は祭司によって維持され、常に燃え続けていました。これは、*罪人が血によって償いを受けない限り、人類は神に近づくことができないことの象徴でした。*

*実際、幕屋とその礼拝に関するあらゆる事柄は、神と人類の関係において象徴的な意味を持っていました。それらの意味はすべて、やがて神によって私たちに明らかにされるでしょう。*幕屋の中庭は、高さ7.5フィート、長さ150フィート、幅75フィートの布の柵で囲まれていました（幕屋、大きな青銅の水盤、そして燔祭の祭壇を囲み、*薪などを置くための十分なスペースもありました*）。

安息日やその他の特別な機会に*人々が礼拝に来るとき、彼らは幕屋の中に入ることはなく*、幕屋を取り囲んでいました。彼らは幕屋の庭を囲む布の柵の向こう側、*部族ごとに屋外に立っていました。*動物の犠牲は屋外の中庭で捧げられました。

幕屋の建設により、レビ族の祭司職は急速に発展し、祭司職の働きと奉仕のための儀式も急速に発展しました。幕屋は礼拝と国家生活の中心となりました。古代イスラエルは神を統治する神権政治国家として始まり、アメリカの言葉で言えば「政教分離」は存在しませんでした。

神はシナイ山でモーセに40日間（食事も睡眠も取らず）語りかけ、イスラエルに多くの法令と律法を与えました。それは、家族と共同体の幸福、労働者と家畜の保護、捧げ物、

犠牲、そして神、祭司職、国家、そしてそれ以上のものへの従順のためのものでした。神は語り終えると、モーセに二枚の石板を与え、そこに神の指によって十戒が記されました。

金の子牛（出エジプト記32章）

一方、宿営地では、モーセが山から戻るのを遅らせているのを目撃した人々がいた。数百人の男たちがアロンの周りに集まり、自分たちのために偶像を作るよう要求しているようだった。「その偶像が私たちを導いてくれるだろう。私たちを砂漠に引きずり出したモーセが今どこにいるのかわからないからだ」と彼らは言った。

どうやら、進んで応じたアロンは彼らにこう言った。「あなたたちの妻、息子、娘から金のイヤリングを取って、私のところに持って来なさい。」

アロンはイヤリングを非常に熱い火で溶かし、溶けた金を子牛の型に流し込みました。金が冷えて子牛の形に固まると、人々は金の子牛こそ自分たちの神（偶像）であると宣言しました。彼らは金の子牛こそがエジプトから彼らを導き出した神だと主張しました。*これは人々が神に唾を吐いたもう一つの例です。彼らは人類を*創造した全能の神を崇拝する代わりに、人の手で作られた偶像を崇拝することを選んだのです。神だけが私たちの創造主、救い主、そして支え主です。

モーセは神と共に山の上にいたため、山の下で何が起こっているのか知りませんでした。神はモーセにこう告げました。「すぐに下って行きなさい。あなたがエジプトから導き出したあなたの民*は堕落したからです。」これは神からの重大な言葉でした。ノアの時代の人々に対して神が使ったのと同じ言葉です。人々は堕落し、それが洪水を引き起こしました（創世記6章12-13節）。偶像を造ることはイスラエルにとって深刻な状況を引き起こしました。偶像を崇拝し、供物を捧げ、*

さらには偶像がイスラエルを奴隷状態から救ったとさえ考えるようになったのです。

神は彼らを頑固な民と呼び、(洪水の時のように) 彼らを滅ぼし、モーセとその子孫から再び始めると脅しました。*モーセは民のために執り成しをし*、主が彼らに対する怒りを忘れてくださるよう願いました。「アブラハム、イサク、ヤコブへの約束を思い出してください。」

そこで主はイスラエルに害を及ぼさず、偶像を造らせた民を処罰するためにモーセを山から下らせました。*神はモーセを弟子として(霊的指導者として成長させるために)いました。モーセは神が十戒を記した石板を持って陣営に近づきました。*すると、金の子牛の前で大勢の男たちが踊っているのに気づきました。モーセは彼らに激怒し、石板を投げ落としました。すると石板は粉々に砕け散りました。

金の偶像を破壊した後、モーセは陣営に入り、神に反逆した者たちを罰するために人々を集めました。レビ族(祭司部族)から派遣された一団が剣で三千人を処刑しました。アロンが金の子牛を造ったことに、主は怒り、彼も滅ぼそうとしましたが、モーセは祈りを捧げ、神は彼を生かしました。

イスラエルの民がシナイ山でほぼ1年間宿営した後、主はモーセに、旅立つ時が近づいていると告げました。神は「神の臨在の天使 *(神の顕現)* 」を遣わすつもりはなく、もはや遣わさないと告げました。*民が頑固であるため、神はモーセに自ら彼らと共に行くつもりはないと告げました。*

民はそれを聞くと、悲しみに暮れ、悔い改めの兆しを見せ始めました。モーセは彼らのために神に執り成しをしました。「主よ、あなたは私にこの民を導くようにと仰せになりましたが、私を導くために誰を遣わされるのかはお教えになりません。あなたは私の名を知り、私を慈しんでくださると仰いました。もしあなたが私を喜ばれるなら、どうかあなたの道を教えてください。そうすれば、私はあなたをより深く知り、あなたの恵みを受け続けることができます。」

あなたの栄光を見せてください(出エジプト記33:18-23)

モーセは神に対してもう一つの願いをしました。*「主よ、あなたの栄光を見せてください。」*

「わかった」と神は言った。「わが栄光と慈しみをあなたのそばを通らせ、わが名を告げ知らせよう。しかし、あなたはわが顔を見ることはできない。わが顔を見て生き残る者はいない。あの大きな岩には大きな裂け目がある。岩の裂け目に身を潜めなさい。わが手が近づくにつれ、わが手があなたを覆う。わが手が通り過ぎた後、わが手を引き離す。すると、あなたはわが背中を見ることができるだろう」(筆者による改稿)。*無名の信者が付け加えた。「神の背中は、神に従う者だけが見ることができる光景だ。」*

*モーセはまた、砕けてしまった十戒の板の代わりに、新しい石板を二枚切り出すように指示されました。*モーセは新しい石板を山頂まで携えて登らなければなりませんでした。神はそこに十戒を以前と同じように書き直すことになりました(申命記　10:1-5)。モーセは山に他の者がいないことを確認することになりました。翌日、モーセは山に登り、主は雲の中に降りてモーセと共に立たれました(雲は神の臨在を象徴していました)。

> 雲に隠れた*主はモーセのそばを通り過ぎ、ご自身の道徳的特質を明らかにされました。主は宣言されました。「主なる神[ヤハウェ・エル]は、聖にして義であり、慈しみ深く、恵み深く、怒ることに遅く、慈しみと真実に満ちている[ご自身の道徳的性質への誠実さ]。主は慈しみを千代まで*

保ち、咎[邪悪]と背き[神とその道徳に対する反逆]と罪[神が定めた目標を外すこと]を赦される。しかし、主は決して罪人を罰せずにはおかれない[悔い改めを拒む者]。主は父の咎を子、孫に三代、四代まで報いられる。」

(出エジプト記 34:6-7 NASB)

こうして主は、ご自身の基本的な道徳的性質、すなわち愛、義、真実、そして聖性を明らかにされました。主は、真に悔い改め、主を主であり救い主であると認めるすべての人に赦しを与えてくださいます。

*悔い改めて神に立ち返ることを拒む者には、罪は重大な結果をもたらす。*裁きは彼ら自身だけでなく、親の堕落に影響を受けた子孫にも下される。したがって、悔い改めを拒む者も親と同様に神によって裁かれるのだ（*筆者による書き直し*）。

モーセは神の道徳的性質の啓示に圧倒され、ひれ伏して礼拝し、こう言いました。「主よ（アドナイ＝万物の所有者または主人、神の威厳を表す）よ、もし私があなたの目に恵みを得ているなら、たとえ民が頑固であっても、約束の地への旅に私たちと共にいてください。どうか私たちの不義（道徳的倒錯）と習慣的な罪深さをお赦しください。どうか私たちをあなたの所有物として受け入れてください。」

幕屋が完成し奉献されると、神の臨在の雲が会見の幕屋を覆いました。主の栄光が幕屋（会見の幕屋）に満ちました。それ以来、旅の途中、雲が幕屋の上から取り去られると、イスラエルの子らは荷物をまとめて旅を続けました。もし雲が取り去られなければ、彼らは雲が取り去られる日まで旅を続けることはありませんでした。

その後、彼らは旅を中断し、数日間宿営した後、幕屋が建てられました。人々の目の前で、昼は主の雲が幕屋の上に、夜は幕屋の中に火が灯るのを見ることができました（出エジプト記　40:34-38）。シナイ山で約1年間宿営した後、神は約束の地への旅を続ける時が来たと告げました。パランの荒野（カデシュ・バルネア）に到着し、そこでしばらく宿営する*までの旅の続きは省略します。*

モーセはカナンにスパイを送り込む（民数記13）

パランの荒野（カデシュ・バルネア）に宿営している間、各部族から一人ずつがカナンの地を偵察するために選ばれました。モーセは十二人の偵察隊に、カナンの地に関する情報を持ち帰るよう命じました。人々は弱いのか強いのか？各都市や地域の人口は？都市は要塞化されているか？森林はあるのか、そして森林はどこにあるのか？そして最後に、果物や農産物のサンプルを持ち帰るよう命じました。

　　十二人はカナンの地を巡り歩き、40日後に果物のサンプルを持って戻ってきました。モーセへの報告の中で、12人の斥候全員がその地が豊かであることを認めました。しかし、10人は「町々は要塞化されています。民は大きく、我々には手強いです。*我々は彼らの中にいるイナゴのようでした*」と言いました。大多数の報告を聞いた後、イスラエルの民は恐れと落胆に襲われました。*奇妙に思えるかもしれませんが、私たちは敵や神から与えられた任務と自分を比べると、その任務に対して劣等感を抱き、恐怖に身動きが取れなくなってしまうことがよくあります。しかし、敵や神から与えられた任務を、私たちに力を与えてくださる全能の神と比べると、「神が私たちを強くしてくだされば、私たちにできないことは何もありません」*　（ピリピ人への手紙4章13節、筆者による改稿）のです。

　　*カレブとヨシュアは、神がイスラエルにその地を征服させてくださることを知っていました。*彼らは肯定的な報告を

し、約束通りその地を征服させてくださると神を信頼するよう民を励ましました。しかし、*二つの異なる報告を聞いたイスラエルの民は、カレブとヨシュアの肯定的な報告ではなく、十人の否定的な報告を支持しました。*彼らは、否定的な報告をした十人の斥候が描いたように、自分たちをイナゴと見なすことを選びました。民は投票を行い(投票は男性のみに認められていました)、神の指示に従うことを拒否しました。彼らは、肯定的な報告をしたカレブとヨシュアを石打ちにすることさえ考えました。

主の栄光が会見の幕屋でイスラエルのすべての子らに現れた。そして主は言われた。

> わたしは幾度となく彼らを貧困と危険から救い出してきたにもかかわらず、この民はいつまでわたしを信じようとしないのだろうか。疫病で彼らを滅ぼすべきかもしれない。モーセをイスラエルよりも偉大な国民にすることもできるだろう。
>
> (民数記 14:10-12、著者による改稿)

> モーセは主に問いかけました。「もしあなたがこの民を滅ぼすなら、不信仰な諸国民は『ヘブライ人の神は約束を守れなかったので、荒野で彼らを虐殺したのだ』と主張するでしょう。しかし、あなたは無限の力をお持ちです。あなたは怒りに遅く、慈しみに満ち、咎の罪を赦し、悔い改めを拒む者の罪を罰します。ですから、どうかあなたの慈しみの豊かさに応じて、イスラエルの咎を赦してください。」
>
> (民数記 14:10-19、著者による改稿)

*そこにモーセの偉大さが表れています。*彼はアブラハムのように、主とその計画を心から信頼し、従うことを学びました。*神に導かれ、愛と忍耐に満ちた敬虔な人へと変えられました。彼は自分自身ではなく、他者を擁護することを学びました。イスラエルの民のための彼の執り成しの祈りは、彼の民と神との間の継続的な仲介と言えるでしょう。*

「わかった、モーセ」と主は言った。 *「あなたの願いどおり、民を赦そう。しかし、エジプトからの長旅の途中で私の奇跡と栄光を目撃しながらも、私の言葉を信じず、従わなかった者たちには、彼らの望むままの罰を与える。彼らは土地に入ることを拒否したため、土地に入ることに反対票を投じたすべての成人男性は、土地に入ることを許されない。」* 40年が追加された唯一の理由は、土地に入ることを拒否したすべての人々が自然に死ぬのを待つためだった。これは、*一部の人々の罪が多くの人々に影響を及ぼすことを示すもう一つの例である。*

霊的巨人は完璧ではない

民数記20章7-11節には、放浪の民が再び、民と家畜のための水がないという状況に直面したことが記されています。民はモーセに訴えました。主はモーセとアロンにこう言われました。「民を集めよ。*神の杖を携え、民の目と耳の前で、岩に向かって静かに語りなさい。わたしは必要な水を与える。」*

> *モーセは民に激怒し、*彼らを集めて叫んだ。「*あなたたちは厄介者だ。*アロンと私はこの岩からあなたたちに水を与えよう。」*モーセは神に従い、岩に優しく語りかける代わりに、神の杖で岩を二度叩いた。*すると、民と家畜が飲み込むのに十分な水が岩から湧き出た。*主はモーセとア*

> *ロンにこう言われた。「あなたたちはわたしを敬わず、従わず、民の前でわたしを聖なるものとしなかったため、*あなたたちは二人とも、わたしが彼らに与えた地に民を導くことはできない。」
>
> （民数記 20:8-12 NASB）

アロンとモーセの死（民数記20章）

アロンは亡くなり、荒野に葬られました。*モーセは民に自身の出発に備える時間を与えられました。*彼は民に神の愛と力、そしてエジプトを出てから起こったすべての出来事を思い起こさせました。彼はイスラエルの各部族に語りかけ、それらすべてを申命記に記しました。モーセは民が神の律法に従い、命と繁栄を享受できるように願っていました。また、もし神に従わなければ、逆境や死さえも経験するだろうと警告しました。*成就の簡潔な真理とは、「あなたの神である主を愛し、そのすべての戒めに従って生きなさい」ということです。*

> 神に従うなら、あなたは生き、繁栄し、神の祝福を受けることができます。しかし、もしあなたの心が神から離れ、神に従うことを拒み、偽りの神々を崇拝し、仕え始めるなら、あなたは滅びます。神を選ぶか、それとも破滅へと至り、神から与えられた土地を失う道を選ぶかは、あなた次第です。
>
> （申命記 30:14-19、著者による改稿）

モーセが指示を終えると、神は彼をモアブの平原からネボ山（現在のヨルダン）の頂上へと導きました。山頂からモーセは西のヨルダン川を見下ろすことができました。ヨルダン川の西側にはエリコとその先を見渡すことができました。*主はカナンの様々な地域と、各部族が居住する場所を示しました。*

ヨルダン川のこちら側の長い土地は、ルベン、ガド、そしてマナセの半分に分割されます。ヨルダン川をまっすぐ西に渡るとベニヤミンとエフライムが、川を渡って少し南（ネゲブまでは遠くない）にはユダが位置します。主のしもべモーセは、主（ヤハウェ）の言われたとおり、モアブで亡くなりました。主はモーセを葬られましたが、その場所を知る者はいません。モーセは120歳まで生き、イスラエルは彼の死を嘆き悲しみました。（申命記34:1-8、著者による改稿）

質問

1. ヤコブの子孫のうち、エジプトに移住したのは何人ですか？400年後、モーセと共にエジプトを去ったヤコブの子孫は、およそ何人ですか？
2. なぜイスラエル人はエジプトで奴隷にされたのですか？
3. モーセの母親はなぜ彼を手放したのですか？
4. モーセの生涯はいくつの区分に分けられますか。それぞれの区分は何年ですか。
5. 「燃える柴」で何が起こったのでしょうか？
6. 「過越祭」の意味は何ですか？
7. 神は本当にイスラエルがエジプト軍から逃れるために海を開いたと思いますか？ なぜ神はそうした、あるいはそうしなかったと思いますか？
8. イスラエル人はなぜ神を完全に信頼するのにそれほど苦労したのでしょうか。それは現代の私たちにとっても問題でしょうか。

9. これまでのお話で、神の複合名をいくつか学びました。このお話でもいくつかが繰り返されます（例えば、*ヤハウェ・ロフェ*と*エル・シャダイ*）。このお話では、さらに2つの神の複合名を学びました。あなたはそれらの名前を挙げることができますか?それぞれの名前が使われたきっかけは何ですか?
10. 神は通常、モーセを通して民に語りかけますが、十戒を与えた際には、すべての民に神の声を聞かせたいと願われました。なぜ神はすべての民に神の声を聞かせたいと願われたのでしょうか。
11. 十戒は聖書のどこにありますか（書名と章）?
12. 「シャマ」とは何ですか?そして聖書のどこに書いてありますか?
13. 幕屋について何を知っていますか?
14. 「金の子牛」の何がそんなに悪かったのでしょうか?
15. モーセは神に栄光を見せてくださるよう願いました。出エジプト記33章18-23節と34章3-7節を読んでください。モーセは神のご性質について何を学んだでしょうか。これは、神が私たちに対して立てられた計画と、神が私たちの中に創造しようとしておられるご性質について何かを明らかにしているでしょうか。*そのことについて、祈りの時間を取ってください*。
16. イスラエルの子らがさらに40年間を荒野で過ごしたのはなぜですか。（民数記13:1-3、14:26-33）
17. 民数記20章8-12節を読んでください。主はなぜモーセを約束の地に入れないという罰を与えたのでしょうか。

18. 神はモーセが死ぬ前に，どんな特別なことをなさったでしょうか。もし分からないなら，申命記34章1-8節を読んで答えを見つけてください。

ミニエピローグ

*主（ヤハウェ）の御使いは*燃える柴の中でモーセに現れました。それは*単なる天使ではありませんでした。*なぜなら、御使いはモーセに御名をはっきりと示したからです。これはもう一つの「*神の顕現*」です。主（ヤハウェ）は、創世記18章1-13節でアブラハムに（そしてそれ以前の創世記12章7節と14章18-20節でも）現れ、創世記32章24-30節でヤコブに現れたのと同じように、モーセにも現れました。モーセが柴の中で見た燃え尽きなかった火は、火ではなく、主（ヤハウェ）の輝く「シェキーナの栄光」だったのかもしれません。神のもう一つの複合名は「*聖別する主*」、*あるいは*「*主ご自身が私たちの聖別です*」（レビ記20章8節）です。主は私たちを聖別し、神との関係を持つ機会を与えてくださいます。

ストーリー12

消極的な指導者（ヨシュア記 1:1-24:33）

モーセの死後、神はモーセの助手ヨシュアを、神の民を約束の地に導くために選びました。しかし、神の民はカナン人からその土地を奪い取るほどにその土地を欲しがらなければなりませんでした。

40年前、イスラエルがカナンに入るという神の計画に反対票を投じた最後の男たちが、ついに死んだ。神に対する彼らの罪が、イスラエルのカナン入りを40年間遅らせたのだ。イスラエルがカナンに入る時が来た。神は彼らに告げた。「イスラエルが征服するすべての場所は彼らのものとなる。しかし、征服できなかった土地はすべて彼らのものとなる。」

*神は私たちの心の奥底までご存知です。*ヨシュアはモーセの信頼できる助手でした。また、荒野でイスラエルの落伍者たちを殺し略奪しようとしたアマレクの略奪者との戦いにおいて、イスラエルの民を率いて成功を収めました（出エジ

プト記　17:8-16)。しかし、ヨシュアはモーセの後継者として自分が果たせる能力に疑問を抱いていたことは明らかです。

神はヨシュアに、その地を征服する間ずっと共にいると約束されました。もしヨシュアが神に従うなら、誰も彼に立ち向かうことはできませんでした。しかし、民を率いてその地を占領するには、ヨシュアは神を信頼し、強く勇敢でなければなりませんでした。

ヨシュアは神を信じ、民をその地に導き、それを所有するという神の召命を受け入れました。彼は各部族の指導者たちと会い、計画を説明しました。ヨシュアは指導者たちに命じました。

> あなたたちの部族を整えなさい。三日のうちにヨルダン川を渡り、神があなたたちに与えようとしている土地を手に入れ[征服し]始めるでしょう。

モーセは死ぬ前に、ルベン族、ガド族、そしてマナセ半部族と協定を結んでいました。この3部族はヨルダン川東側の未開拓地を所有することで合意しました。彼らの妻、子供、家畜などは川を渡る必要はありません。しかし、彼らの男性は他の9部族と共に川を渡り、神から与えられた土地のそれぞれの領地を征服するのを助ける義務がありました。こうして、イスラエルの各部族は皆の利益のために団結したのです。

エリコに派遣されたスパイ(ヨシュア記 2章)

数日前、ヨシュアは陣地から二人の男を密かに派遣し、川を渡ってエリコを偵察させていた。ヨルダン川を渡った後、エリコはイスラエルが攻め込む最初の城壁に囲まれた要塞となる。偵察隊は売春婦ラハブの家に宿を見つけた。彼女のような職業の女性は多くの男性客を抱えており、町の噂話にも通じていたため、これは賢明な戦略だった。

ラハブは町を囲む城壁の一つに建てられた家に住んでいました。彼女は二人の斥候に、民が近づいてくるイスラエル人のことをよく聞いていると伝えました。エリコの人々は、何年も前に神が紅海を干上がらせ、イスラエルがエジプトから脱出できたこと、そしてイスラエル人がアモリ人の二人の王を倒したことも聞いていました。彼女はこう告白しました。「私たちはそれらのことを聞いて心が凍りつき、兵士たちは勇気を失いました。あなたの神、主（ヤハウェ・エロヒム）は天と地において力強い神です。」

ラハブはスパイたちと取引をしました。「私は親切に振る舞い、あなたたちを死から守ることで命を危険にさらしました。あなたたちが私たちの街を占領したら、どうか私の親切に報いてください。どうか両親、兄弟、そして彼らの子供たちを守ってください。そうすれば、私たちは殺されません。」

斥候たちは、もしラハブがエリコにいる理由を言わなければ、主がエリコを彼らに与えてくださった時に、彼女と彼女の家族に親切に、そして誠実に接することを約束しました。彼女は彼らに、まず山地へ行くように勧めました。そうすれば、彼らを探している兵士たちに見つからないからです。そこで数日間隠れていれば、彼らは諦めて何も持たずに町に戻るでしょう。そうすれば、彼らは無事に自分の陣営に戻ることができるでしょう。*今にして思えば、神はラハブを通して語られたようです。*

斥候たちはラハブに、大勢で帰還した際には、家の窓に赤い糸の玉を結びつけて自分の家であることを知らせなければならないと念を押した。父方の親族は皆、ラハブの家に集まり、救出されるまで外に出てはならない。計画が合意に達すると、ラハブは窓を開け、二人の男を縄で城壁の外の地面に降ろした（ヨシュア記　2:1-22、筆者による改稿）。斥候たちは陣営に戻ると、エリコの状況をヨシュアに詳しく報告した。

イスラエルはヨルダン川を渡り、エリコを破る（ヨシュア記3章）

ヨシュアは部族の指導者たちに、それぞれの陣営を巡回し、民に出発の準備を指示するよう命じました。彼らは食料を用意し、そして何よりも、自らの準備を整えるよう指示されました。主（ヤハウェ）が彼らの間で奇跡を行う翌日のために、自らを聖別（清め、霊的に備えること）しなければなりませんでした。翌朝早く、ヨシュアとイスラエルの民は陣営を離れ、ヨルダン川の岸辺へと向かいました。

> 主[ヤハウェ]はヨシュアに言われた。「今日、わたしはイスラエルの人々の目の前であなたを高く上げ始める。わたしがモーセと共にいたように、わたしがあなたと共にいることを彼らに知らせるためである。」
>
> （ヨシュア記3:7 NASB）

　ヨルダン川を渡る日が近づくにつれ、普段は狭く流れの緩やかな川は洪水状態にあった。水深は堤防をはるかに越え、激しい波が激しく打ち寄せ、非常に危険な状況だった。人々は祭司たちが契約の箱を持ち上げ、川に向かって運び始めると、ついて行くように命じられた。

　神はヨシュアに、祭司たちに箱を乾いた川の真ん中まで運ぶように命じました。祭司たちはヨシュアの指示に従い、激流の川に向かって歩きました。彼らが水辺に足を踏み入れると、神は川の流れを止めました。水は壁のように立ち上り、川は上流まで積み重なりました。そのため、死海への下流への流れは完全に遮断されました。*神は紅海を渡った時と同じように(出エジプト記15章)、渡河地点の川底を乾かしました*。祭司たちは箱を川の真ん中まで運び、部族が川を渡る間、そこに立っていました。

民全員が渡り終えると、各部族の代表者が川底から大きな岩を一つずつ拾い上げました。十二人が岩を運んだ後、祭司たちは箱を携えてカナンの地へ渡りました。すると神は再び川の流れを自由にしました。十二人は岩をエリコの東、カナンの地にあるイスラエルの最初の宿営地へ運びました。十二の大きな岩は神への記念として積み上げられました。それは、イスラエルがヨルダン川を乾いた地面を安全に渡ることができたのは全能の神によるものだということを、人々に思い起こさせるものでした。

エジプトから出てきたすべての男子は割礼を受けていましたが、荒野で生まれた男子は誰一人として割礼を受けていませんでした。主はヨシュアに、カナンの征服を始める前に彼らに割礼を受けさせるよう命じました。主はヨシュアに、「今日、わたしはエジプトの侮辱をあなたから転がし去った」(ヨシュア記5:9、欽定訳)と言われました。彼らは宿営地を「ギルガル(転がす)」と名付けました。過越祭が祝われ、翌日から彼らはカナンの産物と炒り穀物を食べ始めました。荒野での長年の間、神が与えてくださった「マナ」とウズラはもはや必要ではなくなりました。

ヨシュアがエリコの近くにいたとき、剣を抜いた男が目の前に立っているのが見えました。ヨシュアはその男に尋ねました。「あなたは我々の味方ですか、それとも敵の味方ですか?」

その男は答えました。「私は主の軍勢の長です。」

ヨシュアは地面にひれ伏して尋ねました。「我が主君はしもべに何とおっしゃるのですか?」

主の軍勢の長は答えました。「履物を脱ぎなさい。あなたが立っている場所は聖なる場所なのです」(ヨシュア記5:13-15 NASB)。

注：*ヨシュアに関する上記の段落と、モーセに関する出エジプト記3章2-6節を比較してください。主の御使いと主の軍勢の長は同一人物である可能性があります。*

> 主はヨシュアに、エリコとその住民を既に彼の手に渡したと告げました。ヨシュアとその兵士たちは、六日間、一日に一度町を巡回することになりました。七人の祭司は角笛を吹き、契約の箱の前を行進することになりました。七日目には、イスラエルの兵士たちは、祭司たちが角笛を吹き鳴らす間、町を七回巡回することになりました。そして、角笛を長く一回吹き鳴らすのです。その音が聞こえたら、イスラエルの兵士たちは皆、大声で叫びます(*主が彼らに勝利を与えたからです*)。すると、町の城壁は崩れ落ち、全軍が町に攻め込むことになります。
>
> (ヨシュア記 6:3-5、著者による改稿)

ヨシュアは民に警告しました。町から何も持ち出してはならない、記念品も戦利品も召使いも、何も持ち出してはならない、と。町とその中のすべてのものは神のもの。*遊女ラハブとその父の家族だけが生き残る。彼女はイスラエルの斥候たちを守ったからである。*もし誰かが自分のために何かを盗むなら、イスラエルの陣営全体に災いをもたらすであろう。町を偵察していた二人の男は、城壁が崩れ落ちたらすぐにラハブの家に入ることになっていた。彼らは約束通り、ラハブと父の家族を安全な場所へ導くのだ。すべては主の約束通りに起こった。主はヨシュアと共におり、彼の名声は国中に広まった。

イスラエルはアイで敗北した(ヨシュア記7章)

ある男が神に背き、禁令を無視しました。彼は戦利品を自分のものにしました。そのため、主はイスラエルに怒りを覚えました。ヨシュアは、要塞都市エリコを一人の犠牲者も出さずに完全に勝利した後、ベテルの東にある要塞化されていない都市アイを偵察するために兵士を派遣しました。彼らは楽観的な報告を持って戻ってきました。「アイに全軍を送る必要はありません。彼らは弱いのです。2、3千人の兵士を送るだけで十分です。それで十分でしょう。」

約3,000人の自信過剰の男たちが町を攻撃し、敗北して逃げ去りました。アイの男たちは丘を下って彼らを追撃し、退却するイスラエル人37人を殺害しました。この驚くべき敗北の後、イスラエル人の心は水のように溶けました。ヨシュアとイスラエルの指導者たちは悲しみのあまり衣服を引き裂き、土をかぶり、夕方までひれ伏しました。ヨシュアは叫びました。「主なる神(アドナイ・ヤハウェ)よ、なぜこのようなことを許されたのですか?イスラエルが背を向けて敵から逃げ去った今、カナン人の敵は皆それを聞き、私たちを襲って滅ぼすでしょう。その時、誰があなたの偉大な御名を守るのでしょうか?」

*主(ヤハウェ)はヨシュアにこう仰せになりました。「いい加減にしてくれ。立ち上がって、泣き言を言うのはやめろ。イスラエルがアイで恥をかいたのは、イスラエルが罪を犯したからだ。*私が命じたにもかかわらず、彼らはエリコから戦利品を奪い取った。だから、お前たちの軍隊はアイの民に対抗できなかったのだ。お前たちが戦利品を処分し、戦利品を奪

った者たちを罰するまで、私はイスラエルに勝利を与えない。民に身を清めさせ、翌朝この件を片付けさせせよ。」

翌朝、イスラエルは主の前に立った。主は民を巡り、ユダの部族を選ばれた。ユダの氏族の中から、主はゼラの氏族を選ばれた。ゼラの氏族の中から、主はカルミの子アカンを選ばれた。「確かに」とアカンは言った。「私は主に対して罪を犯しました。美しいバビロンの衣を見て、銀五斤と金一斤を持って行き、天幕の中に埋めました。」

アカンは神に罪を犯し、イスラエル全体に災いをもたらしたとして有罪とされ、民によって彼とその家族は処刑されました（*家族は彼が戦利品を天幕に隠していたことを知っていたはずです*）。彼らの遺体と盗んだ戦利品は焼かれ、石で覆われました。人々はその場所を「災いの谷」*と名付けました。これは厳しい罰でしたが、アカンの罪は神への反逆であり、37人の死をもたらしました。これは、一人の罪が多くの人に影響を与えるというもう一つの例です。*

アイの敗北とカナンの征服（ヨシュア記 8章）

主はヨシュアに言われた。「全軍を率いてアイへ戻りなさい。恐れることはない。わたしはあなたたちに勝利を与える。今度こそ戦利品と家畜はあなたたちのものとなるだろう。町の背後から攻撃する準備をしなさい。」早朝、ヨシュアは約五千人の兵士を率いてアイに近づいた。夜の間、彼の軍勢の大部分は町の背後に隠れて進軍した。

朝になると、アイの王はヨシュアとその兵士たちが前と同じように正面から近づいてくるのを見て、すべての兵士を率いてヨシュアを攻撃しようとした。ヨシュアとその兵士たちは前と同じように撤退を開始し、アイの兵士たちを町からどんどん遠ざけた。するとヨシュアの兵士たちの大部隊が隠れていた場所から現れ、町を占領して火を放った。町の炎を見てヨシュアは部隊を反転させ、アイの兵士たちと正面から向き合い、攻撃を開始した。さらに、町を後方から占領していたヨシュアの部隊は、アイの軍隊を背後から攻撃した。こうして、ヨシュアの分断された軍勢はアイの軍隊を包囲し、壊滅させた。

*カナン征服には長い時間がかかりました。*エリコの戦いとアイでの二度の戦いは、その後に続いた数々の戦いを象徴するものでした。すべての戦いはついに終結し、その地はイスラエルの十二部族に分割されました。各部族は、与えられた土地について意見を述べました。各部族は他の部族とは独立しており、統一された政府を持たずにそれぞれが独自の生活を送っていました。

*しかし、すべての土地が征服されたわけではありませんでした。*カナン人の一部の国々と協定が結ばれました。平和な時代が続きましたが、*イスラエル人が神に従い、すべての都市と農村地帯を征服できなかったため、周期的な問題と紛争が発生しました。*ヨシュアはイスラエルの十二部族に対し、*「残りの不信仰なカナン人の国々は、各部族にとって永遠の問題となり、あなたたちを神から引き離し、偽りの神々へと導くでしょう。*彼らはイスラエルを小さな食用動物のように捕らえる罠となるでしょう」と警告しました。

ヨシュアは老齢（ヨシュア記23章）を迎えた時、イスラエルの部族に別れの挨拶をし、次のように語りました。「私は年老い、間もなく死にます。あなた方は主があなた方のために働かれるのを見てきました。もし神に祝福と守りを与えられ続けることを願うなら、主に従い、モーセの律法に記されているすべてのことを行いなさい。あなた方の中にいる不信仰な者たちの道に従ってはなりません。主に忠実でありなさい。あなた方は、あなた方の神である主が約束されたことをすべて果たされたことを知っています。神がすべての約束を守られたように、あなた方が神の戒めに従わないなら、神はすべて

の脅しも実行します。もしあなた方が他の神々（偶像）を拝むなら、神の怒りがあなた方を罰するでしょう。」

> もしあなたがたが主に仕えることを望まないなら、あなたがたは誰に仕えるかを選びなさい。私たちの先祖（アブラハムの父テラ）がユーフラテス川の向こうで仕えた偶像か、あなたがたが住んでいるアモリ人の偶像か。しかし、*私と私の家は主（ヤハウェ）に仕えます。*
>
> （ヨシュア記 24:15 NASB）

ヨシュアは110歳で亡くなった（士師記2:8）

彼はエフライム族の山地に埋葬されました。彼の世代が亡くなるにつれ、若い世代は主を個人的に知ることも、主がイスラエルのためになさったすべてのことを知ることもありませんでした（*今日のアメリカと同じです*）。

ヨシュアの死後、イスラエルの全ての部族を率いる指導者はもはや存在せず、彼らは神の戒めに従わなくなりました。そのため、神は、その地に残っていたカナン人の部族（カナン人、ヒッタイト人、アモリ人、ペリジ人など）や近隣の部族（モアブ人、ミディアン人、アマレク人、アンモン人）が、イスラエルの部族に対して反乱を起こすことを定期的に許されました。

その後、イスラエルの民が悔い改めて神に頼ると、神はイスラエル人の裁判官を立て、その裁判官は敵を鎮圧する軍事指導者としても働きました。しかし、実際には、勝利を与えたのは主（ヤハウェ）でした（つまり、士師記6～8章のギデオンです）。

質問

1. なぜイスラエル人はさらに40年間も無意味な放浪を続けたのでしょうか。
2. カナンの征服を指揮するヨシュアを励ますために神がヨシュアに語った言葉にはどんなものがありますか。
3. イスラエルの斥候たちを助けたカナン人の娼婦の名前は何でしたか。なぜ彼女は彼らを助けたのですか。
4. イスラエル人が洪水したヨルダン川を渡りカナンの地に入ることができるように、神は何をしましたか。
5. ヨルダン川を渡った後、イスラエル人はギルガルに宿営し、3 つの重要なことを行いました。(a) ヨシュア記 5.1: 彼らはヨルダン川の川底から 12 個の大きな岩を積み上げて＿＿＿＿＿＿＿＿としました。(b) ヨシュア記　5:2:　イスラエルがエジプトを去った後に生まれた男性と男の子は＿＿＿＿＿＿＿＿でした。(c) ヨシュア記 5:3: 彼らは＿＿＿＿＿＿＿＿を守りました。
6. 過越祭の後、なぜ神はイスラエルにマナを与えるのをやめたのでしょうか？
7. エリコの戦いの物語を、あなた自身の言葉で言葉にして語ってください。ラハブとその家族に何が起こりましたか？
8. イスラエルは重武装の要塞エリコを難なく陥落させた後、なぜより弱い都市アイに敗走したのでしょうか。これは罪について何を物語っているのでしょうか。

9. 神はイスラエルにカナンの地を征服するよう命じました。イスラエルは神の命令どおりにカナンの地を全て征服しましたか？その結果はどうなりましたか？

ミニエピローグ

罪人が悔い改めて神に従うことによって神に信仰を置くなら、すべての罪は赦されます。私たちも、神を信じるようになったすべての人を赦さなければなりません。エリコの遊女ラハブは神によって赦され、変えられました。後にラハブはサルモンと結婚し、ボアズという息子をもうけました。ボアズは、信者となった外国人の非信者ルツと結婚しました。ボアズとルツの間にはオベデという息子が生まれました。オベデはエッサイの父となり、エッサイはダビデ王の父となりました（マタイ1:5-6）。こうして、ラハブはダビデの曾祖母となり、ルツはダビデの祖母となりました。イエスはラハブとルツの両方の子孫でした。

士師記6章24節には、神のもう一つの「複合名」が記されています。ギデオンはそこに主のために祭壇を築き、*「主は平和なり」*あるいは「*主こそわれらの平和なり*」*と名付けました。*主の臨在は、どんな状況にあっても、信じる者に常に平和をもたらします。

最も著名な裁判官は

クシャンリシュタイムの治世下における*オテニエル*とイスラエルの背教（士師記　3:7-11）、モアブ人に対するエフド（士師記 3:12-30）、ペリシテ人に対する*シャムガル*（士師記 3:31 および 5:6）、カナン人に対する*デボラ*（士師記 4 および 5）、ミディアン人に対する*ギデオン（士師記　6-8）*、アンモン人に対す

るエフタ（士師記　10:11）、ペリシテ人に対するサムソン（士師記 13-16）。

*士師記には、バアル神による神の民への霊的な戦いが続いていたことが記されています。*カナン人の文化と偶像崇拝は、イスラエルの唯一の真の神への信仰を蝕んでいました。神は旧約聖書の預言者を通して、バアル神による偶像崇拝が引き起こす霊的な戦いと戦いました。

今日、アメリカでは、*無神論によって煽られた神への不信と、聖書の真実への不信（無神論者の教授が教室を使って、霊的に準備ができていない学生の信仰を攻撃することによって煽られている）を通じて、霊的な戦いも進行中です。*

著者は、今日の霊的戦争の主な戦場は、*宗派を超えた大勢の信者と大勢の教会の世俗性であるように思われる、と考えています。*

今日、多くのアメリカ人は文化的にはキリスト教徒のように見えますが、キリスト教の礼拝にはほとんど出席せず、現代版バアル神学であるヒューマニズムを実践的に崇拝するようになりました。*ヒューマニズムは神よりも人間性を重視、あるいは神抜きの人間性を重視する傾向があります。ヒューマニズムでは、何でもアリです。自分や自分のものを第一に考え、富、セックス、ドラッグなど、自分が気分が良くなるものなら何でもアリです。さらに、金銭、名声、有名人、スポーツなどを崇拝するのもアリです。*

神はすべての民とすべての国を裁かれます。*罪は罪自身の罰をもたらします。私たちが神を敬うことを望まないので、神は*私たちを「汚れた心の欲と、卑しい情欲と、堕落した思いに引き渡された」ように思われます（ローマ人への手紙1章、著者による改稿）。

ストーリー13

イスラエルは他の国々のようになることを望んでいる(サムエル記上 1-10)

一見重要でない人物や出来事が、神がアブラハムに約束した国家を樹立するための基礎となることはよくあります。

ハンナの物語(サムエル記上1:1-2)

エフライム族の山地出身のエルカナ(神は創造した)には、ハンナ(恵み)とペニンナ(宝石)という二人の妻がいました。ペニンナには子供がいましたが、ハンナには子供がいませんでした。

エルカナは毎年、シロ（安息の地）にある幕屋（礼拝の天幕）へ忠実に旅を続けた。彼は万軍の主（ヤハウェ）エリ（昇天）に礼拝と犠牲を捧げ、二人の息子ホフニとピネハスは祭司として仕えた。

エルカナが犠牲を捧げる日が来ると、彼はペニンナと彼女の息子、娘全員に分け前を与えました。しかし、ハンナには二分の一を与えました。ハンナは子供を産めなかったにもかかわらず、エルカナはハンナを愛していたからです。ハンナのライバルであるもう一人の妻は、ハンナが子供を持たないことで彼女を苛立たせていました。

ペニンナはハンナが愛妻だったため、嫉妬していました（これは*第9話のレアとラケルの二人の姉妹の状況と似ています*）。ペニンナの侮辱は、夫の耳に届かないところで行われ、毎年、皆で主の宮へ犠牲を捧げに行く時に起こりました。エルカナの二人の妻は別々の家に住み、年に一度しか会わなかったようです。毎年シロへ出かけるのはハンナにとって辛い時でした。ペニンナの嘲笑はいつもハンナを涙で満たし、彼女は食事を取ろうとしませんでした。エルカナは、ハンナが子供がいないことで悲しんでいることを知っていました。ハンナが泣くと、彼はいつもこう言っていました。「愛しい人よ、なぜ悲しんでいるのですか。私はあなたにとって十人の息子よりもましではないでしょうか。」

ある時、シロへの礼拝の旅で、ハンナは祭司エリの耳元で激しく泣きました。彼女は心を痛め、主（ヤハウェ）に祈りました。そして、泣きながら誓いを立て、こう言いました。

> 主よ、もしあなたがあなたのはしための苦しみを顧み、私に息子を与えてくださるなら、私はその子をあなたにお返しします。
>
> （サムエル記上 1:11 NASB）

> エリはハンナが泣きながら祈るのを見守っていた。彼女は心の底から祈っていた。口は動いていたが、声は聞こえなかった。エリはハンナが酔っていると思い、そう告げた。しかしハンナは答えた。「いいえ、ご主人様。私は子供を持たず、精神的に抑圧された妻です。強い酒を飲んでいるわけではありません。主に心を注ぎ出しているのです。*どうか私を無価値な女と思わないでください。私は心配と怒りから神に語りかけているのです。*」
>
> （サムエル記上 1:12-16、著者による改稿）

エリは答えました。「分かりました。安心して行きなさい。イスラエルの神（エロヒム）が、あなたの願いをかなえてくれますように。」ハンナはエリに感謝し、食事に出かけました。彼女の顔はもう悲しげではありませんでした。主はハンナを祝福し、彼女は男の子を産み、サムエル（神に願った）と名付けました（サムエル記上 1:17-20）。

翌年、エルカナと家族が毎年の犠牲を主に捧げるためにシロへ旅立った時、ハンナは赤ん坊を連れて家に留まりました。彼女は夫にこう言いました。「子が乳離れするまではシロには戻りません。それから主の家に連れて行き、永遠にそこに住まわせてあげます。」

エルカナは同意した。「あなたにとって最善だと思うことをしなさい。子供が乳離れするまで家にいなさい。ただし、*これが主の計画であることも確認しなさい。*

若いサムエルは祭司エリに仕える（サムエル記上1:27）

サムエルが乳離れした後（おそらく4歳）、エルカナとハンナは息子をシロに連れて行き、祭司に預けました。また、祭司エリのために雄牛一頭、小麦粉数ガロン、そしてぶどう酒の入った壺も持参しました。ハンナはエリに挨拶し、*「エリ様、こちらは私の息子サムエルです。私は彼を主に一生与えると約束しました」と言い*ました。ハンナは信仰と感謝の祈りを捧げました（サムエル記上 2:1-10）。その後、彼女と夫は約32キロ歩いてラマの自宅に戻りました。幼いサムエルはシロに留まり、エリの指導の下で主に仕えました。

エリは息子たちが幼い頃に躾を怠り、彼らは成長して無価値な男になってしまいました。幕屋で仕えていたにもかかわらず、主を個人的に知らず、礼拝の慣習を重んじることもありませんでした。女と寝たり、人々が神への供え物として生の肉を持って来ると、ホフニとピネハスは召使いを遣わして、自分たちのために一番良いものを要求したりしました。彼らの罪は重大でした。主への供え物を軽蔑したのです。エリは彼らのせいで苦しみましたが、彼らは気に留めませんでした。*（悲しいことに、現代の牧師やその子供たちにも、このようなことが起こることがあります。）*

サムエルは主に仕える際、亜麻布のエポデ（祭司の衣服）を着けていました。母は毎年サムエルのために新しい衣を作り、夫と共に毎年主に犠牲を捧げるためにサムエルのもとへ持って行きました。エリはサムエルたちに感謝し、主に捧げた一人の子供の代わりに多くの子供たちを授けてくださるよう主に祈りました。主はハンナとエルカナを訪れ、さらに三人の息子と二人の娘を授けました。息子サムエルは主の中で成長し続けました。

> 一方、*神の人がエリのもとにやって来て、神からのメッセージを告げました。*「わたしは、あなたの父レビの子孫がエジプトで奴隷となっていたとき、彼らにわたしの名を現し、他の部族の中から彼らをわたしの祭壇の祭司として選んだ。

わたしはあなたとあなたの家族を養ってきた。なぜあなたはわたしと、わたしがあなたに与えた召命を軽蔑するのか。*わたしはあなたの家族から祭司職を剥奪する。*わたしの裁きのしるしは、あなたの息子たちがその日に死ぬことである。そしてわたしは、わたしのために忠実な祭司を選ぶ。それは、わたしの願いに従う祭司であって、自分の願いに従う者ではない。」

（サムエル記上 2:27-29, 34-35 NASB/著者）

神はサムエルを召される（サムエル記上3章）

エリの家族は神の言葉にあまり耳を傾けませんでした。ある晩、皆が寝床に入っていると、主はサムエルを呼びました。サムエルは起き上がり、エリのところへ走って行き、「私を呼んだのですか?」と言いました。

エリは答えました。「いいえ、息子よ、私はあなたを呼んでいません。ベッドに戻りなさい。」

主は再びサムエルを呼びました。サムエルは再び起き上がり、エリのところに戻りました。「あなたの呼ぶ声が聞こえました。ここにいます。」しかしエリは答えました。「いいえ、私ではありません。ベッドに戻ってください。」

*サムエルはまだ主を個人的に知らず、主の言葉も啓示されていませんでした。*主はサムエルを三度目に呼び、サムエルは再びエリのもとへ行きました。エリは今度は主がサムエルを呼んでいるのだと悟り、「寝床に戻りなさい。もし主がまた呼ばれたら、『主よ、お話しください。しもべは聞いています』と言いなさい」と言いました。

そこでサムエルは再び寝床に戻りました。*主は来てサムエルの寝床のそばに立ち、以前と同じように彼を呼びまし*

た。サムエルは答えました。*「主よ、お話しください。しもべは聞いています。」*

主はサムエルに、イスラエル全土を震撼させるようなことをしようとお告げになりました。主はエリの息子たちの罪のゆえに、エリの家を裁こうとしていたのです。エリは彼らの罪を知っていましたが、何もしようとしませんでした。主は既にエリに、これから何をするかを告げておられました。

サムエルは再び寝床に戻りましたが、眠ることができませんでした。ようやく朝になり、起き上がって主の家の扉を開けましたが、見た幻についてエリに話すのが怖かったです。エリはサムエルを呼び、「息子サムエルよ、昨夜、主はあなたに何とおっしゃいましたか。たとえ私にとって悪い知らせであっても、恐れることなく私に話してください」と言いました。そこでサムエルは主が言われたことをすべてエリに話しました。エリは*「神は必要なことをなさるでしょう。私は神の御心を受け入れます」と答えました。*

*時が過ぎ、*サムエルは成長し、主は彼と共におられました。サムエルが預言したことはすべて成就しました。イスラエルの人々は皆、神がサムエルを真の預言者として認めてくださったことに気づき始めました。神はサムエルに御自身を現し続け、忠実な預言者サムエルを通して語り続けられました。

ペリシテ人は再びイスラエルと戦いを挑んだ。イスラエル軍はシロから約30キロ離れたエベン・エゼルに陣を敷いた。ペリシテ人はそこからほど近いアフェクに陣を張り、イスラエル軍を打ち破った。イスラエル軍は戦いで4千人の兵士を失った。

イスラエルの長老たちは陣営に戻ると、「なぜ主は今日我々を罰するのですか？シロへ行って箱（主の契約の箱、*まるで魔法の力があるかのように*）を取りに行きましょう」と尋ねました。彼らは箱がイスラエルに敵に対する勝利をもたらすことを期待していました。ペリシテ人は神の箱（エロヒム）がイスラエルの陣営にあると聞いて恐れました。エロヒムがイスラエルの敵をどのように打ち負かしたか聞いていたからです。

しかし、ペリシテ人は敗北すればイスラエル人の奴隷になれると考え、勇気を奮い起こし、イスラエルの歩兵三万人を殺害しました。彼らは神の箱も奪取しました。エリの息子ホフニとピネハスも殺されました。98歳のエリは、神の箱が奪われ、息子たちが殺されたことを知り、椅子から後ろに倒れ、首の骨を折って亡くなりました。

一方、ペリシテ人は奪った神の箱をアシュドド（ガザ近郊）へ運びました。アシュドドは地中海沿岸に位置する彼らの主要都市の一つでした。彼らはそれを、彼らの大切な偶像である魚の神ダゴンの神殿に安置しました。翌朝、彼らはダゴンの偶像が神の箱の前でうつ伏せになっているのを発見しました。彼らはダゴンを元の場所に戻しましたが、翌朝、偶像は再び神の箱の前でうつ伏せになり、頭と手は折れていました。

> 主（ヤハウェ）はアシュドドとその周辺地域の人々に、腫瘍を発生させるという罰を与えました。神の箱がペリシテ人の手に渡って7ヶ月が経った後、地元の人々はそれをイスラエルに送り返すよう要求しました。彼らはイスラエルの神に罪滅ぼしの供え物として金を捧げることに決め、箱の中にそれを納めました。「おそらく神は私たちを癒し、私たちと私たちの神々と私たちの国からその怒りを取り去ってくださるでしょう」
>
> （サムエル記上 5:1-6:21）。

サムエルは大祭司、預言者、裁判官となった

イスラエルは主（ヤハウェ）に近づかなかったことを悔いていました。サムエルは彼らに、主は彼らをペリシテ人から救い出すことができると告げました。しかし、彼らはまず悔い改め、口先だけでなく、心を尽くして主に立ち返らなければなりませんでした。また、異国の偶像を捨て去る必要もありました。これは、神がイスラエルに与えたもう一つの条件付きの約束です。神は彼らが気まぐれで頼りにならないことを知っていたのです。

イスラエルの民は悔い改め、バアル（異国の偶像）と豊穣の女神（豊穣の偶像）を取り除き、再び主に仕え始めました。サムエルは言いました。「イスラエルの民を皆ミツパに集めなさい。私はあなた方のために主に祈ります。」イスラエルの民はミツパに集まり、水を汲んで主の前に注ぎ（犠牲／礼拝の行為）、断食（飲食を断つ）し、「私たちは主に対して罪を犯しました」と告白しました。

ペリシテ人はイスラエルがミツパに集結したことを知り、指導者たちは軍勢を率いてイスラエルに攻め入りました。イスラエルはペリシテ人を恐れ、サムエルに自分たちのために祈ってくれるよう懇願しました。サムエルは子羊を燔祭として捧げ、イスラエルのために祈りました。主は彼の願いに応え、敵軍の周囲に非常に大きな雷鳴を響かせて混乱させ、敵を敗走させました。勇気づけられたイスラエルはベト・カルまで敵を追いかけ、道中で敵を打ち倒しました。

サムエルは石を取り、ミツパとシェンの間に置きました。ペリシテ人を打ち破った神の助けを記念するためです。サムエルの生涯を通じて、ペリシテ人はイスラエルに再び入ることはなかったのです。主（ヤハウェ）の御手が彼らに臨んだからです。

サムエルは年老いて、息子のヨエルとアビヤをイスラエルの裁判官に任命しました。しかし、イスラエルの指導者たちはサムエルのもとへ行き、こう言いました。「あなたの息子たちはあなたの模範に従っていません。彼らは汚れた金を求め、賄賂を受け取り、正義を曲げています。主は彼らを通して語られません。どうか、*私たちの上に王を立ててください。私たちは他の国々のようになることを望みます。*」サムエルは善良な人であり、優れた裁判官であり、優れた祭司でしたが、エリが息子たちに犯したのと同じ過ちを息子たちに犯しました。

　サムエルは民の願いに納得せず、主に祈りました。主はサムエルに答えました。「民の声に耳を傾けなさい。彼らが拒絶したのはあなたではなく、わたしです。わたしが彼らをエジプトの奴隷状態から救い出して以来、彼らはわたしに背き、偶像を拝んできました。彼らの望むものを与えなさい。しかし、王が彼らとその家族を奴隷にすることを警告しなさい。そうすれば、民は王に逆らって叫び、わたしの助けを求めるでしょう。しかし、わたしは答えません。」

　サムエルは主に従い、神の言葉を民に伝えました。しかし、指導者たちは彼の警告に耳を貸しませんでした。*彼らは他の国々と同じようになるために王を要求しました。*サムエルが再び祈ると、主はこう言われました。「彼らのために王を立てなさい。わたしはベニヤミン族からサウルを遣わす。あなたたちは彼に油を注ぎ、王として立てなさい。」

　主はベニヤミン族のサウルをサムエルのもとに導かれました。サウルは壮年のハンサムな男で、背が高く、イスラエルの他の誰よりも頭一つ抜きん出ていました。サムエルはサウルをイスラエルの王として油を注ぎました。サムエルはサウルの頬に接吻し、一瓶の油を彼の頭に注ぎ、「主(ヤハウェ)はあなたに油を注ぎ、御自分の嗣業の支配者として下さる」と言いました。(注:神がサウルに油を注いだからといって、彼が王になったわけではありません。)

　神の霊がサウルに臨みました。彼は大勢の兵士を集め、アンモン人ナハシュの軍隊に包囲されていたヤベシュ・ギレアデの人々を解放するために出陣しました。サウルの勝利の後、イスラエルの人々は彼を王位に就けることを決意しました。

サムエルは民に言いました。「ギルガルへ行き、そこで王国を再建しよう。」民は興奮し、サムエルの計画に従うことに同意しました。彼らはサウルを主の前に王として立て、主に犠牲を捧げました。

> サムエルは主の前で民に尋ねました。「私は自分の地位を私利私欲のために利用したことがありますか。誰かのロバを奪ったことはありますか。誰を騙したり、虐げたりしたことがありますか。誰から賄賂を受け取ったことはありますか。」民は声を揃えて叫びました。「いいえ!」 あなた方はそのようなことは決してしていません。
>
> (サムエル記上 12:3-4 欽定訳)

サムエルは、神がエジプトの奴隷状態からイスラエルを解放して以来、長年にわたりイスラエルのために導き、守り、備えてくださったことを彼らに思い起こさせました。「イスラエルが主に忠実でなかった時でさえ、主はイスラエルに対して忠実であり続けた。」

サムエルはサウルに合図しながら、こう続けました。「あなたが求めていた王がここにいます。見よ、主はあなたの上に王を立てられました。*もし*あなたが主を畏れ、忠実に仕え、主の声に耳を傾け、主の命令に背かなければ、主はあなたと共にいて、あなたとあなたの国を祝福してくださいます*(条件付きの約束)*」。

サウルは王位に就いた後、軍を率いてイスラエルの敵と戦いました。彼らはモアブ、アンモン、エドム、ツォバを破り、ペリシテ人との小競り合いにも勝利しました。*しかし、サウル*

*王は神の命令に長く従いませんでした。*ペリシテ人は再びイスラエルと戦うために集結しました（サムエル記上 13章）。サウルは、イスラエルを率いて戦いに赴く前にサムエルが来て神に祈りと犠牲を捧げるまで待つように言われました。しかし、サムエルが7日間も遅れたため、サウルは自らの手で事を進め、自ら犠牲を捧げました。

サウルが犠牲を捧げるとすぐに、サムエルが現れて尋ねました。「*サウルよ、なぜあなたは主に背いたのか。*あなたは神ではなく自分自身を信頼するという愚かな行いをした。神は*イスラエルにあなたの王朝を永遠に築くはずだった。しかし、あなたの死後、あなたの王朝は続かないだろう。*主は、あなたが死んだ後、あなたに代わる新しい王を探しておられる。主は、ご自分に従う者、自分の意志ではなく神の意志を求める者を選ぶだろう。」

人々はサミュエルに自分たちのために祈ってくれるよう頼みました。サミュエルは彼らの罪を告げ、「もし悔い改めるなら、主はあなたたちを見捨てないだろう」と保証しました。そして、これからも彼らのために祈り続けると約束しました。

その日、主はイスラエルにペリシテ人に対する小さな勝利を与えました。しかし、それはサウル王の計画や行動によるものではなく、サウルの息子ヨナタンとその武具持ちの英雄的な活躍によるものでした。ペリシテ人は撤退し、サウル王の軍隊と同様に元の場所に戻りました（サムエル記上 13-14章、筆者による改稿）。

主はサムエルを通して再びサウルに告げられた。「わたしはアマレク（エサウの子孫である遊牧民）に、イスラエルへの殺戮を悔い改める十分な時間を与えた。しかし彼らは悔い改めを拒み、わたしとイスラエルを嘲笑し続けている。*あなたは彼らと彼らのすべてのものを滅ぼさなければならない。*」

しかし、アマレク人の中に住んでいたケニ族は、イスラエルの民がエジプトから脱出した際に親切を示してくれた。そこでサウルは、戦闘中に被害を受けないよう、アマレク人の間から離れるよう警告した。サウルの軍はアマレク人を打ち破ったが、アマレク王アガグと、羊、牛、子羊、*そして良いものすべてのうち最良のもの*だけを残した。サウルは、自分のために不要なものだけを滅ぼした。

主はサムエルに、サウルが主の命令に従い、実行しなかったため、サウルを王としたことを後悔していると告げました。サウルはサムエルに嘘をつき、アマレク人を滅ぼすという神の命令をすべて実行したと告げました。しかしサムエルはサウルを責め、「もしあなたが主に従い、アマレク人とその所有物を滅ぼしたのなら、なぜ羊の鳴き声や牛の鳴き声が聞こえるのですか?」と問い詰めました。

「ああ、そうだ」とサウルは言った。「我が兵士たちは、アマレク人の羊と牛のうち最良のものを取っておいて、あなたの神、主に捧げ物として捧げたが、残りは完全に滅ぼしてしまったのだ。」

サムエルは反論した。「*主は、燔祭や犠牲よりも、従順を喜ばれる*。しかし、あなたは神の言葉に背を向けたので、王の座を退けられたのだ。」(著者による改稿) サウルはワニの涙を使って、自分の責任を兵士たちに転嫁しようとした。彼は再び嘘をつき、兵士たちを恐れていると告げ、神の御心ではなく、彼らの望むままにした。

サミュエルは答えました。「私たちは人々ではなく神を恐れるべきです。」

サウルはサムエルに、罪を赦し、主を礼拝するために自分の側に戻るよう頼みました。サムエルはサウルを見捨てたくはありませんでしたが、他に選択肢はありませんでした。禁欲的なサムエルは、神に逆らってサウルの側に立つことはできないと言いました。サウルは主の言葉を拒み、主はサウルのイスラエル王権を剥奪したのです。深く謙虚になったサウルは自分の罪を認め、民の長老たちの前でサムエルに敬意を表し、彼らの前でサムエルと共に礼拝することで*「面目を保つ」ことを許してほしい*とサムエルに頼みました。サムエルはこれに同意しました。その後、サムエルは主の命令に従ってアガグを処刑しました。サウル王の悲劇は、神が彼に神の心にかなう人になる機会を与えたにもかかわらず、サウルが自分のエゴの心（人類全体の悲劇）に心を奪われたことでした（サムエル記上15章、筆者による改稿）。

質問

1. 聖書に登場する著名な女性の中に、子供がいない人が何人もいたことに驚きましたか？あなたは、子供がいないことで苦しんでいる女性を個人的に知っていますか？
2. エリは神に選ばれた祭司でした。彼の没落の原因は何でしょうか。
3. 神はなぜサウル王朝を終わらせたのですか？なぜ神はサウルを王位から退けたのですか？（2つの質問）

ミニエピローグ

サウルが王になる以前、神はイスラエル（神政国家）を統治し、導いていましたが、イスラエルの民は常に神に従ったわけではありませんでした。*サウルの治世以降*、旧約聖書時代のイスラエルは*君主制*（王による統治）となりました。*神はどのような形態の政府においても働くことができますが、一部の形態の政府は他の形態よりも神の民を迫害します。*

ストーリー14

神の心にかなう人（サムエル記上16:1; 列王記上2:12）

ダビデが次の王として油を注がれる

（サムエル記上 16章）

主（ヤハウェ）はサムエルに、サウルのことで悲しむのをやめるように言いました。「ベツレヘムへ行きなさい。私はエッサイの息子の一人を王に選んだ。」しかしサムエルは、サウルに知られて殺されるのではないかと恐れていました。主はサムエルに雌牛を一頭犠牲として連れてきてエッサイを招くようにと告げました。犠牲を捧げた後、主はサムエルに次に何をすべきかを告げるだろうと。

サムエルは従い、ベツレヘムへ行きました。町の指導者たちを犠牲の儀式に招きました。サムエルは神の祝福を町に祈りたかったからです。サムエルは指導者たちに、町民たちに儀式的な清めによって霊的な備えをさせ、犠牲の儀式に出席するよう指示しました。また、ダビデの父エッサイも招きました。

犠牲の後、サムエルはエッサイの家へ行きました。エッサイの息子7人が、まるで架空の「ハンサムな男」コンテストの出場者のように、サムエルの前に引き立てられました。サムエルはまず長男のエリアブを見て、「*この子こそ神が選んだ息子に違いない*」*と思いました*。しかし、主はサムエルに、「外見や体格、背丈などを見てはならない。神は人の心を見るのだ」と言われました。エリアブは選ばれませんでした。7人のうち誰も選ばれなかったのです。

絶望したサミュエルはエッサイに尋ねました。「これがあなたの息子たち全員ですか?」

ジェシーは答えました。「僕にはもう一人息子がいますが、まだ男の子です。」

サミュエルは言いました。「誰かを遣わして彼をここに連れて来させてください。そうすれば彼に会えます。」

ダビデがまだ作業着のまま到着すると、サムエルは鋭い目と愛らしい容貌を持つ、赤ら顔の青年を見ました。主は「この人こそ私が選んだ者である」と言われました。そこでサムエルは油を取り、ダビデの頭に注ぎました。ダビデに油が注がれたからといって、彼が王になったわけではありません。それはサウルの死後、何年も経ってから起こりました。しかし、ダビデが油を注がれた時、神の霊がダビデの上に降り、彼を決して離れませんでした。同時に、神の霊はサウルからも去りました。神の霊がサウルから離れると、悪霊が彼に降りかかり、彼を何度も脅かしました。

サウルの家臣たちは、竪琴でサウルを慰めてくれる腕のいい音楽家を探したいとサウルに願い出ました。サウルは許可しました。すると、家臣の一人が言いました。「私はまさにその人を知っています。ベツレヘムのエッサイの子ダビデです。ダビデは若いですが、並外れた音楽の達人です。彼はほとんどの人よりも強く、賢く、言葉遣いや振る舞いにも慎重です。」

「すごい!素晴らしい履歴書だ」と別の人が言った。

サウルは使者をエッサイに遣わし、ダビデに協力を要請した。エッサイはロバにパン、ぶどう酒の壺、子やぎを積み、ダビデと共に送り出した。ダビデはサウルの従者となり、竪琴の音色でサウルを慰めた。サウルはまた、ダビデを武具持ちに任命した。

ダビデはサウルと共にいることもあれば、家にいて父の羊の群れの世話を手伝っていることもありました。サウルの心が乱れると、彼らはダビデを呼び寄せ、ダビデは音楽でサウルを慰めました。サウルが正気に戻ると、ダビデは家に帰りました(サムエル記上16章、著者による改稿)。

しばらくして、ペリシテ人はイスラエルと戦うために軍勢を集めました。彼らは谷を見下ろす丘に陣取りました。サウルとその兵士たちは、谷の向こう側の丘に陣取りました。ペリシテ人にはゴリアテという名の新たな勇者がいました。毎朝、ゴリアテはペリシテ人の陣営から出てきて、イスラエル軍を挑発しました。彼は身長9フィート半の巨人で、鎧や武器もそれ相応に巨大でした。彼はサウル軍に向かってこう叫びました。「勇者を送って私と戦わせろ。もし彼が私を殺せば、我々はお前たちの奴隷になる。もし私が彼を殺せば、お前たちは我々の奴隷になる。」

サウルとその部下たちは、その大きな挑戦の声を聞いて恐怖に震えました。あの巨人を倒すことは不可能に思えたのです。一方、ダビデはベツレヘムの家で羊の世話をしていました。父はペリシテ人との戦いがあることを知り、サウル軍に仕える兄たちに食料を届けるようダビデに命じました。

ペリシテ人との戦争（サムエル記上17章）

ダビデは翌朝早く、兄たちと司令官への物資を携えて出発した。戦いを見るのが待ちきれず、興奮していた。到着すると、両軍がちょうど陣形を整えて出陣し、互いに鬨の声を掛け合っていた。ダビデは兄たちと話すために戦線に沿って駆け出した。彼らが話している間、巨人が前に出てイスラエルを嘲笑した。

ダビデは、サウル軍の誰一人としてペリシテ人に立ち向かおうとしなかったことに衝撃を受けた。むしろ、彼らの表情は恐怖を露わにし、中には逃げ出す者もいた。ゴリアテはイスラエルをさらに嘲笑した。

ダビデは声をあげました。「神の軍を軽蔑するこの不信仰なペリシテ人は誰だ？ 我々の勇敢な兵士のうち、誰が立ち上がってあの巨人を倒すのか？」

ダビデの兄弟たちは彼の無礼さに怒っていましたが、誰かがダビデの言葉をサウル王に報告し、サウル王はダビデを呼び寄せました。

ダビデがゴリアテを倒す（サムエル記上17:31-58）

ダビデは王に言いました。「もしあなたの軍隊の誰もゴリアテに挑戦しないなら、私が挑戦します。」

サウルは答えました。「お前はまだ子供だ。ゴリアテは巨人で、若い頃から戦士だった。お前にあの獣を倒せるはずがない。」

「旦那様」とデイビッドは言った。「父の羊の世話をしていた時、熊やライオンと対峙したことがあります。そのたびに、あの獣が群れから子羊を奪い去っていきました。私は追いかけて、その口から子羊を救い出しました。獣が私に反抗するたびに、私は殺しました。」

最後に、ダビデはこう言いました。「ライオンと熊から私を救い出してくださった主（ヤハウェ）は、この不信仰なペリシテ人からも私を救い出してくださるでしょう。」

サウルには擁護者がいなかったので、彼は同意してこう言った。「わかった、彼と戦ってみろ。神がお前を守ってくれるように。」

ダビデは鎧を着せ、剣を持たせようとする試みを拒絶した。彼は自分の簡素な服を着て、羊飼いの杖を持ち、滑らかな石を五つ選んで袋に入れた。石を投げるための投石器を手に、ダビデは巨人に近づいた。

ペリシテ人は盾持ちを前にダビデに近づかせたが、すぐにダビデがまだ子供だと悟った。しかし、巨人はダビデに敬意を示さなかった。彼はダビデに向かって「棒切れを持って襲いかかるとは、私は犬か？」と怒鳴りつけ、ダビデを罵り「お前をハゲタカの餌にしてやる」と言った。しかし、ダビデは冷静なペリシテ人にこう答えた。「お前は剣や槍を持って来るが、*私は万軍の主、イスラエルの軍の神、お前が嘲笑した主の名においてお前に立ち向かう*。主はお前を私の手に引き渡すだろう。そして、イスラエルには神がいることを皆が知るだろう。」

巨人が近づくと、恐れ知らずのダビデは彼に向かって走り、石投げ器に石を一つ入れる時だけ立ち止まった。ダビデは石をくるくると回し、放った石はゴリアテに向かって飛んだ。石はゴリアテの額に命中し、巨人は顔を下にして倒れ、地面に倒れる前に死んだ。ペリシテ軍は勇士の死を悟ると、イスラエル軍に追われて逃走した（サムエル記上17章、著者による改稿）。

サウルはダビデに敵対する（サムエル記上18章）

サウルの息子ヨナタンとダビデは、まるで双子の兄弟のように魂の伴侶となりました。ヨナタンは自身の王冠と剣をダビデに与えました。軍隊は帰還し、楽隊が演奏し、女性たちが通りで踊るパレードを楽しみました。踊りながら、彼女たちは「サウルは千を殺し、ダビデは万を殺した」と歌いました。ダビデは一夜にして国民的英雄となりました。

サウル王は激怒し、激しく嫉妬しました。*彼らはダビデに王国以外のすべてを与えたのです。*その日から、サウルはダビデを疑うようになりました。

それから間もなく、再び悪霊がサウルに襲い掛かりました。ダビデが王をなだめようと竪琴を弾いていると、サウルは槍を投げつけ、壁に押し付けようとしました。ダビデは槍をかわして逃げました。サウルはダビデを恐れました。主はダビデと共におられたにもかかわらず、すでに彼から離れていたからです。*嫉妬と怒りは、自らを破滅させる危険な罪です。*

サウルは*ダビデを*自分の前から締め出しました。ダビデはもはや彼に心地よい音楽を奏でることも、王の食卓で食事をすることもありませんでした。サウルは最終的に、ペリシテ人がダビデを戦死させることを願って、ダビデを千人の兵士の指揮官に任命しましたが、ダビデは民衆の注目を集め、ますます人気を博しました。サウル王の娘の一人、ミカルはダビデを愛し、結婚を望んでいました。サウルは娘を利用してダビデを罠にかけようとしたため、この結婚に同意しました。ヨナタンはダビデのためにとりなしをしましたが、サウルは怒りに駆られ、自分の息子を槍で殺そうとしました。

しばらくして、ヨナタンは父を説得し、ダビデがサウルに敵対していないことを納得させました。ヨナタンは父に「罪のない僕に罪を犯さないでください。ダビデがしたことはすべてあなたの利益のためでした」と言いました。サウルは息子の言葉に耳を傾け、ダビデを殺さないと誓いました。ダビデはサウルの前に連れ戻され、音楽で王を慰めようとしましたが、再び悪霊がサウルに入り込み、ダビデに槍を投げつけました。

ダビデは命からがら逃げた(サムエル記上19:1-24)

ダビデはサウルから逃げましたが、サウルは軍勢の中から精鋭三千人を率いてダビデを殺そうとしました。ダビデに忠実な者たちが国中に散らばっており、彼らはサウルの居場所をダビデに知らせました。サウルはダビデの居場所を探るため、国中にスパイを送り込みました。ダビデとその部下たちは頻繁に場所を変え、スパイを捕らえるたびに殺しました。ダビデとその部下たちはサウルの一歩先を進んでいました。

ダビデの善良な人柄は、私たちに常に思い出させてくれます。かつて、ペリシテ軍は森の要塞に隠れていたダビデを捕らえようとしていました。ペリシテ人の小隊は、ダビデが故郷に帰ってしまう可能性に備えて、ベツレヘムに陣取っていました。その間、ダビデは疲れ果て、ベツレヘムの井戸の水を飲みたいと呟きました。ダビデは知りませんでしたが、彼の「勇士」三人は要塞を抜け出し、ベツレヘムに潜入し、ベツレヘムの井戸から水を汲み、再びベツレヘムから抜け出して、その水をダビデに届けたのです。

ダビデは「勇士たち」が命をかけて水を手に入れたことを悟ると、その水を飲もうとはしませんでした。彼はそれを主に捧げ物として注ぎました。ダビデは兵士たちの勇敢さに自分が値しないと感じ、*神だけがそのような献身に値すると考えました*(サムエル記下 23:13-17)。

ずっと後、王位に就いたダビデは、神の意志に反してイスラエルの人口調査を命じました。彼は自分の軍隊にさらに何人の兵士を徴兵できるかを知りたかったのです。ダビデは*神ではなく人間に頼っていた*のです。軍司令官ヨアブでさえ、人口調査は賢明ではないと考えましたが、ダビデの意志は勝利しました。人口調査が終わった後、ダビデは心を痛めました。彼は自分が間違っていたことを悟りました。ダビデは神に謝罪し、「私はこれまで大きな罪を犯しました。どうか私の咎を取り除いてください。私は愚かな行いをしました」と言いました。

神はイスラエルに疫病を降らせ、多くの人が亡くなりました。ダビデは神に嘆願しました。「罪を犯したのは私です。どうか、あなたの御手が私と私の家族に降りかかり、私の罪のために民を苦しめないでください。」

神は答えました。「エブス人アラウナの打ち場に主のために祭壇を築きなさい。」

ダビデは神の命令を果たすために出かけました。アラウナは王が来るのを見て、ダビデの前にひれ伏し、「わが主よ、なぜこの僕のもとに来られたのですか」と尋ねました。

「あなたの脱穀場を買い取るためです」とダビデは答えた。「私は主に祭壇を築きたいのです。私たちの民を死に至らしめている疫病を止めてくださるよう主に懇願しているのです。」

アラウナは王に「陛下、私の持っているものを受け取ってください。そして、あなたのお望みのものを何でも主に捧げてください」と答えましたが、ダビデはすぐに「その価値に見合ったものを捧げます。*私は、神である主に、何の代価も支払わないものを捧げるつもりはありませんから*」(サムエル記下 24:24 NASB)と答えました。ダビデは脱穀場と牛を買い、祭壇を築き、主に燔祭と和解の供え物を捧げました。主は疫病を止められました(サムエル記下 24:1-25)。

神が特定の人物や場所を繰り返し用いていることは興味深いことです。例えば、創世記では、神はアブラハムに息子イサクをモリヤ山に連れて行き、そこで犠牲を捧げるように命じました。この物語では、神はダビデにモリヤ山のアラウナの打ち場で犠牲を捧げるように命じました。そしてダビデの死後、神はダビデの息子ソロモンにエルサレムのモリヤ山に神殿を建てることを許しました(歴代誌下 3:1)。

ダビデがサウル王を常に尊敬していたことは、ダビデの人柄を物語っています。サウルが何度もダビデを殺そうとしたにもかかわらず、彼は神に油を注がれた者を尊敬していました。サウルを安全に殺す機会が少なくとも二度ありましたが、ダビデはサウル王に触れることを拒み、部下たちにサウルを殺すことを許しませんでした（サムエル記上　24:1-22、26:1-25参照）。

ダビデがサウルの命を助けるたびに、サウルはダビデが自分より優れていることを認めました。しかし、サウルはダビデの命を狙うことをやめるたびに、後に心変わりし、再びダビデを殺そうとしました。ダビデは部下たちに、時が来れば主（ヤハウェ）御自身が王を退位させられると説明しましたが、「しかし、我々は彼に手を下してはならない」とも言いました。このように、ダビデは自分を殺そうとする王を守ることで、常に自分の心を露わにしていたのです（サムエル記上16-27章、筆者による改稿）。

質問

1. あなたもサミュエルのように、人の心ではなく外見で判断してしまうことがありますか？ 振り返ってみてください。外見で間違って評価してしまい、後になってそれが間違っていたことに気づいた人はいませんか？ 今後、どうすればそのようなことを避けることができますか？
2. 今日、音楽療法士がいます。おそらくダビデが最初の音楽療法士だったのでしょう。神は、身体的、感情的、あるいは霊的な必要を抱える人々を助けるために、あなたの才能と能力をどのように用いてくださるでしょうか。若いダビデがゴリアテと戦うために志願したのは、（17歳のヨセフと彼の夢のように）傲慢だったのでしょうか。それとも、神を第一に考えていたのでしょうか。なぜそう思うのでしょうか。

3. ダビデへの嫉妬はどのようにしてサウルの没落につながったのでしょうか。嫉妬は私たちも不利な立場に置かれる可能性はあるでしょうか。どうすれば嫉妬から身を守ることができるでしょうか。
4. サウルは、神が私たちを見捨てることができる（救いを失うという意味ではありません）ということを私たちに思い出させる存在となるでしょうか？

ミニエピローグ

> 主の霊はサウルから離れ、悪霊が彼を脅かした。
>
> （サムエル記上 16:14）

悪霊とは、悪霊のこともあれば、精神的あるいは感情的な病を指している可能性もあります。この話は旧約聖書にあります。神は特定の目的と理由のために、ごく少数の信者にのみ御霊を与えました。そして、必要に応じて御霊を退けられました。

姦淫と間接的な殺人の罪を悔い改めた後、ダビデは祈りました。

> あなたの御前から私を追い出さないでください。あなたの聖霊を私から取り去らないでください。
>
> （詩篇 51:11）

救い主による神の永遠の贖罪の業は、新約聖書の時代まで完成しませんでした。新約聖書の*時代になって初めて、すべての信者は聖霊を受け、聖霊は信者から離れることはありません。*

ストーリー15

王たち：ダビデ、ソロモン、そして分裂したイスラエル（サムエル記下1:1～列王記上14:31）

サウル王の死後、ユダ族はヘブロン（ユダ、南王国）においてダビデを彼らの部族の王に選出しました。イスラエルの部族はサウル一族（イスラエル、北王国）に忠誠を誓いました。

ダビデは両王国間の和平を模索したが、ヨアブ将軍率いるダビデの軍と、サウルの将軍アブネル率いるイスラエル軍は、しばらくの間、激しい戦闘を続けた。ダビデの軍勢はますます強力になり、敵軍はますます弱体化していった。ダビデとアブネルはついに休戦を宣言し、協力関係を結んだ。

アブネルはイスラエルの各部族にダビデに従うよう説得し、彼らはダビデを王と宣言しました。ダビデはエブス人を打ち破り、彼らの要塞都市エルサレムを征服しました。ダビデは首都を南ユダのヘブロンから、新たな統一国家の中心地であったエルサレムに移しました。エルサレムは新たに征服されたため、中立地帯であるという利点もありました。この移設は、北部諸部族をダビデのもとに統一する上で大きな役割を果たしました。

ダビデはイスラエル史上最も偉大な王となりました。彼は現在のシリア（神がヤコブに約束した地）全土を征服し、南はエジプトの川、アカバ湾の北端までを支配しました。ダビデは神を愛し、神に仕えていましたが、女性に弱く、複数の妻を持っていました。ダビデがバテシバと姦淫し、彼女の夫を間接的に殺害した後、ダビデは彼女と結婚したことは、私たちの多くが知っています。神の預言者の一人であるナタンはダビデ王の罪を叱責し、ダビデは悔い改め、他の多くの王のように預言者ナタンを殺害することはありませんでした。後にダビデは息子の一人にナタンの名を与えました。

詩篇51篇でダビデはこう書いています。

> 神よ、あなたの愛ゆえに、私を憐れんでください。私の多くの罪を消し去り、再び清めてください。私は常に自分の罪を意識しており、主であるあなたに対して罪を犯してきたため、罪が私の心を蝕んでいます。
>
> （詩篇 51:1-4、著者による改稿）

> 神よ、私の中に清い心を造り、私の内に正しい霊を新たにしてください。どうか私をあなたの御前から追い出さないでください。あなたの聖霊を私から取り去らないでください。どうか、あなたの救いの喜びを私に取り戻し、あなたの霊によって私を支えてください。
>
> （詩篇 51:10-12 欽定訳）

ダビデは悔い改め、神の要求通りに赦しを求めた。神は彼を赦し、ダビデはこう記した。

> 罪を赦され、罪を赦された人々は幸いである。
> （詩篇 32:1 KJV）

ダビデの罪は赦されました。しかし、赦しによって罪の結果が消えるわけではありません。主（ヤハウェ）は預言者ナタンを通してダビデにこう語られました。

> あなたは主の言葉を軽んじ、悪を行った。剣はあなたの家から決して離れない。わたしはあなたの家からあなたに対して災いを起こす。
> （サムエル記下 12:9-11 NASB）

> ダビデの罪は彼の一族にとって災難でした。姦淫の子は生後すぐに亡くなりました（サムエル記下　12:15-23）。その後、神はダビデとバテシバにソロモンという新たな息子を与えました。ずっと後、ダビデの息子アムノンは義理の妹タマルを強姦しました。タマルの兄弟アブサロムは、タマルを強姦した罪で義理の弟アムノンを殺害しました。そしてアブサロムは命からがら逃げ去りました
> （サムエル記下 13:24-39）。

アブサロム（ダビデの三男）は3年後に故郷に戻り、父ダビデに反逆する陰謀を企てた。彼はダビデを倒して自ら王位に就こうとした。ダビデは命からがらエルサレムから逃げなければならなかった。

ダビデが留守の間、アブサロムはイスラエル全土の目の前で父の妾（後妻）を娶りました。その後、アブサロムは1万2千人の兵士を集め、父を殺そうと追跡しました。しかし、ダビデの兵士たちは先にアブサロムを殺しました
（サムエル記下15:1-18:18）。

ダビデが老齢に達し、ソロモンに王位を譲ろうとしていた頃、ダビデの四男アドニヤは異母兄弟ソロモンから王位を奪おうと陰謀を企てました。ダビデの死後、アドニヤは処刑されました（列王記上　1:1-2:27）。ダビデとその家族は、その罪のために確かに大きな代償を払いました。

今日でも同じことが言えます。私たちは罪を赦されますが、その結果は残ります。例えば、失業、投獄、離婚、人間関係の破綻、場合によっては死、あるいは他者の死、そして特に子供が巻き込まれた場合にはその他の悲劇です。私たちが植えたものは、良いものであれ悪いものであれ、収穫をもたらします。

神はダビデを用いて詩篇のほぼ半分を記させました。詩篇は一般的に音楽に乗せられた詩でした。詩篇はユダヤの人々にとって賛美歌集であると同時に祈祷書でもあり、賛美、喜び、感謝、悲しみ、祈りの願い、悔い改め、赦し、礼拝など、多くの主題を扱っていました。ダビデの詩篇23篇は、多くの人々に愛されています。この詩篇は*「ヤハウェ・ロヒ」*（私の牧者なる主）で始まります。私たちの多くは、ヤハウェ・ロヒを神の別の複合名と考えています。

多くの人は、*ダビデ王が　彼もまた神の預言者であった。*彼の詩篇の多くには、ダビデ自身の子孫であるメシアについての預言が含まれている。

主[ヤハウェ]は私にこう言われました。「あなたは私の子。今日、私はあなたをもうけた。私に求めよ。そうすれば、私は必ず諸国民[非ユダヤ人の国々]をあなたの相続地とし、地の果てまでもあなたの所有地とする。」

(詩篇 2:7 NASB)

ヘブル人への手紙5章5節以降と比較してください。
同じように、キリストも大祭司となるために自ら栄光を与えられたのではなく、「あなたはわたしの子、わたしは今日あなたを生んだ」と言われた方が栄光を与えられたのです。

(詩篇2:7-8 NASB)

あなたは人を何者だと言うのですか。人の子を何者だと言うのですか。あなたは彼を神よりも少し低くし、栄光と威厳で冠をかぶせられました。あなたは御手の業を彼に治めさせ、すべてのものを彼の足元に従わせられました。

(詩篇 8:4-6 NASB)

エペソ1:19b-23と比較してください

陰府」[*死者の所*]に捨て置くことも、あなたの聖なる者を朽ち果てさせることもなさいません。あなたは私に命の道を示してくださいます。あなたの御前には喜びが満ち、あなたの右の手には永遠の楽しみがあります(復活の象徴)。

(詩篇 16:10-11 NASB)

> わが神よ、わが神よ、なぜ私を見捨てたのですか。
>
> （詩篇 22:1）

マタイ 27:46 とマルコ 15:34 を参照してください。これは、ローマが十字架刑を発明する 1000 年前に十字架刑を描写した預言です。

> 彼らは頭を振りながら言います。「主に身を委ねなさい。主があなたを救い出してくださるように。主は彼を喜ばれるから、彼を救い出してくださるように。」
>
> （詩篇22:7b-8 NASB; マタイ27:43
> およびマルコ第二15:34と比較）

> 彼らはわたしの手と足を刺し貫いた。
>
> （詩篇 22:166 NASB; ヨハネ 20:25と比較）

> 彼らはわたしの着物を分け合い、わたしの着物をくじ引きで分け合う。
>
> （詩篇 22:18 NASB; マタイ伝 27:35と比較）

> あなたの家（神殿）への熱意がわたしを焼き尽くすのです。
>
> （詩篇69:9a NASB; ヨハネ2:16-17と比較）

> あなたをそしる者のそしりがわたしに降りかかりました。
>
> （詩篇69:9b NASB; ローマ15:3と比較）

> 主[ヤハウェ]は私の主[アドナイ=主人/救世主]にこう言われました。「わたしがあなたの敵をあなたの足台とするまで、わたしの右に座していなさい。」
>
> (詩篇110:1 NASB; マタイ22:43-46、マルコ12:36、ルカ20:42と比較)

> 主[ヤハウェ]は誓いを立て、その心を変えることはありません。「あなたは永遠に祭司である。メルキゼデクの位に等しい。」
>
> (詩篇110:4;ヘブル人への手紙7:21-28と比較)

ダビデの他の詩篇にも、メシアについて預言しているものがあります。

ダビデはイスラエルで最も愛された王でした。*死ぬ前に、ソロモンをイスラエルの王にしました。ソロモンは王位継承権を持っていませんでしたが、ダビデの寵愛を受けた妻バテシバの息子でした。*そのため、ダビデの息子で、同じくダビデの息子であるアドニヤは、異母兄弟であるソロモン(物語の前半で言及)から王位を奪おうとしましたが、失敗しました。

ソロモンはイスラエルの王となった(列王記上2:10-12)

> ソロモンは祈りました。「わが神、主よ(わがエロヒム、ヤハウェよ)、あなたは父ダビデに代えて私を王とされました。しかし、私はまだ若く、*この民をどのように導けばよいか分かりません。*どうか、あなたの民を導き、善悪を見分け

るための、理解力のある心を私にお与えください。」

（列王記上 3:7-9 NASB）

ソロモンは神に富や長寿などを求めるのではなく、イスラエルを導くための知恵を求めたので、神は喜んで彼を地上で最も賢い者とされました。神は彼に富も与えました。「もしあなたが、あなたの父ダビデのように、わたしに従い、わたしに服従するならば、わたしもあなたの命を長くするであろう。」

（列王記上3:10-14）

ソロモンは順調なスタートを切りました。彼は主（ヤハウェ）を愛し、主の前に謙遜になりました。父ダビデが計画した主の宮を、古代の幕屋（礼拝の天幕）に代わるものとして建設しました。神殿の奉献式で、ソロモンは主に祈りを捧げ、神殿は主のシェキーナの栄光（火のような明るい光）で満たされました。人々はひれ伏して主を礼拝し、賛美しました（歴代誌下7:1-3、筆者による改稿）。

その夜、*主*（ヤハウェ）はソロモンに現れ、こう言われた。「わたしはあなたの祈りを聞き、この神殿を犠牲の神殿として選んだ。しかし、もし*イスラエルの罪のために*、わたしが天を閉じて雨を降らせず、イナゴを送って作物を荒らし、わたしの民に恐ろしい疫病を降らせるとしても、*もし彼らがへりくだり、祈り、わたしの顔を求め、罪を悔い改めるなら、わたしは彼らの願いを聞き、彼らの国を癒すであろう。*」（歴代誌下7:13-14、著者による改稿）

主はさらにこう付け加えた。「しかし、*もし*あなたがたがわたしから離れ、わたしの戒めを無視し、偶像を拝む*ならば*、わたしはあなたがたに与えた土地と、わたしの名のためだけに聖別したこの神殿から、あなたがたを根こそぎにする。」(歴代誌下7:19-21、筆者による改稿) *神はソロモンの弱点を指摘された。*

ソロモンは長年にわたり、政治的な理由と自身の情欲のために、多くの不信仰な異国の妻を娶りました。700人の妻と300人の妾(二人の妻)がいましたが、これらの妻たちは彼の心を神(エロヒム)から遠ざけました。彼は神を完全に捨てたわけではありませんが、妻たちは彼を他の神々(バアル、アシュトレテ、ミルコム、ケモシュ、モレクなど)へと向かわせました。彼は神(エロヒム)である主(ヤハウェ)に完全に身を捧げていませんでした。

ソロモンは戦士ではありませんでしたが、ソロモンの治世下でイスラエルの領土は北はユーフラテス川、南はエジプト国境まで拡大されました。ソロモンは非常に裕福で、民に非常に高い税金を課しました。彼は聖書の箴言、伝道者の書、雅歌を著しました。*ソロモンは紀元前933年に亡くなり*、息子のレハブアムが王位を継承しました。

イスラエルの北十部族を代表するヤロブアムは、レハベアムに民への税を下げるよう求めました。愚かなレハベアムは誤った助言に耳を傾け、傲慢な自尊心を持っていたため、父ソロモンよりもさらに高い税を課すとヤロブアムに告げました。こうしてヤロブアムは北十部族を率いてレハベアムに反旗を翻し、ユダから離脱して新たな王国を樹立しました。*十部族はイスラエルという国名を保持しました。*ヤロブアム王は神に背き、イスラエル(北王国)に二頭の金の子牛を崇拝させました。偶像バアルの崇拝が彼らの主要な宗教となりました。彼らの王には善良な者はおらず、神に従う者もいませんでした。北王国は衰退の道をたどり始めました。

北王国は紀元前721年、アッシリア王サルゴン2世によるサマリア陥落によって滅亡しました。住民の大部分は捕虜となり、他国からの捕虜もかつての北王国に送られました。イスラエル（北王国）を滅ぼしたアッシリア帝国は、約300年間世界大国でした。アッシリアは紀元前609年にバビロニアに滅ぼされました。

*南王国は二つの部族から成り、ユダ王国となりました。*ユダには多くの善王がいましたが、同時に多くの悪王もいました。ユダ王国も衰退の一途を辿りましたが、北王国ほど急速ではありませんでした。ユダは最終的に紀元前605年にバビロニア人の手に落ちました。エルサレムは後に滅ぼされました。ユダの民は、紀元前607年、紀元前597年、そして大衆は紀元前586年に、波状にバビロンへ捕囚されました。ダニエルと彼の3人の友人、シャドラク、メシャク、アベドネゴは王家の血筋であり、紀元前607年にバビロンへ連行され、ネブカドネザル王の宮廷に仕えました。

神は預言者を通して、捕囚は70年間続くと告げられました。ユダの民が捕囚に送られる間、預言者エレミヤは神からのメッセージを彼らに伝えました。

> あなたは罪の罰を受けており、その罰は70年間続く。しかし、わたしはあなたたちに災いの計画ではなく、平和の良い計画を持っている。わたしはあなたたちに希望と良い未来を与える計画を持っている。あなたたちがわたしに祈るとき、わたしは聞く。あなたたちが心を尽くしてわたしを求めるとき、わたしは見いだされ、あなたたちを故郷に帰らせる。
>
> （エレミヤ書 29:10-14、著者による改稿）

70年間の捕囚の後、ペルシャ人は戦うことなくバビロニア人を倒しました。紀元前538年、ペルシャ王キュロスはヘブライ人を解放し、エルサレムへの帰還を許可しました。紀元前536年、ゼルバベルは4万2千人以上のヘブライ人を率いて故郷へ帰還しました。しかし、多くのヘブライ人はペルシャに留まりました。紀元前457年、エズラと共に少数のヘブライ人がエルサレム神殿の再建のため帰還しました。紀元前444年、ネヘミヤと共に少数のヘブライ人がエルサレムの城壁の再建のため帰還しました。

エステル記は、イスラエルに帰還せずにペルシャに留まったヘブライ人の生活を垣間見せてくれます。美しいユダヤ人女性エステルは、バビロン捕囚が終わってから約58年後の紀元前478年、アハシュエロス王（クセルクセス1世）と結婚し、ペルシャの王妃となりました。

*勇敢なエステル王妃は、王位に就くという思いもよらぬ出来事が、ペルシャにまだ住んでいたユダヤ人を救うための神の計画であることを悟り、自らの命を危険にさらし、ペルシャに住むユダヤ人（数千人）を皆殺しにする計画を阻止しました。*この本は神については一切触れられていないにもかかわらず、どのページにも神が隠れた姿で現れているという興味深い内容です。多くの出来事が「ただ起こった」にもかかわらず、神は御自分の民を守り、御心を行うために働いていました。

最も記憶に残る二つの箇所はエステル記4章14-16節で、モルデカイがエステル王妃にこう語った箇所です。

あなたがこのような時に王位に就いたかどうかは誰にも分かりません。

そして、4章15～16節には、エステルがモルデカイに勇敢に答えています。

> ユダヤ人の皆さん、私のために三日三晩断食してください。私と侍女たちも同様に断食します。それから私は王のもとへ行きます。それは法律

に反しています。もし処刑されれば、私は滅びます。

（著者による改稿）

エステル記は男性と女性の両方にとって必読の書です。実に短い 10 章 (聖書ではわずか 12 ページ) で構成されています。

*エステルとモルデカイ（エステルの両親の死後、エステルの親代わりを務めた従兄）の墓は*イラクのハマダンにあります。スマートフォンやパソコンで調べてみましょう。

現在でも一部のユダヤ人はイラン（旧ペルシャ）に住んでいますが、近年では多くのユダヤ人がイランから逃亡しました。

ストーリー16

神の預言者

導入

聖書時代において、祭司と預言者はどちらも非常に重要な存在でした。祭司の役割は、神の前で民を代表することでした。*祭司は民のために神に執り成しをしました。預言者は民に対して神を代表しました。*

預言者は神の民に対する神の代弁者でした。預言者は神の言葉を民に宣言しました。時には将来の出来事を預言することもありました。イスラエルの預言者の中には、ナタン、エリヤ、エリシャなど、書面を持たずに口頭で語る者もいました。

預言者の中には、言葉と筆記の両方の能力を持つ者もいました（例えば、イザヤ、エレミヤ、エゼキエル、ダニエル）。言葉のみで語る預言者は、言葉と筆記の両方の能力を持つ預言者に劣るものではありません。

書記預言者のうち4人は長めの書物（イザヤ書、エレミヤ書、エゼキエル書、ダニエル書）を書き、「大預言者」と呼ばれています。12人の書記預言者(ホセア書、ヨエル書、アモス書、オバデヤ書、ヨナ書、ミカ書、ナホム書、ハバクク書、ゼパニヤ書、ハガイ書、ゼカリヤ書、マラキ書)は短めの書物を書き、「小預言者」と呼ばれています。小預言者は大預言者より劣っているわけではなく、単に書物が短かったというだけです。

預言者の中には奇跡を行った者(モーセ、エリヤ、エリシャなど)もいれば、行わなかった者(ダニエル、ホセア、アモスなど)もいます。著者は、アブラハム、モーセ、ダビデ、イザヤが旧約聖書で最も著名な人物であると考えています。モーセは、(1) モーセ五書(聖書の最初の五書、創世記、出エジプト記、レビ記、民数記、申命記)の著者であること、(2) イスラエルの民をエジプトの奴隷状態から解放し、荒野を抜けて約束の地へと導いたこと、(3) イスラエルのために執り成しをし、奇跡を起こし、神の言葉を宣べ伝えたことで知られています。

一般的に、神の預言者には神に代わって話す(「主はこう言われる」)という 1 つの主な使命があり、*5 つの主なメッセージがありました。*

1. まず第一に、預言者たちはイスラエルを偶像崇拝から遠ざけ、ヤハウェのみの崇拝へと戻そうとしました。
2. 罪を悔い改めて主に立ち返らなければ、裁きを受けることになります。
3. 公正な賃金を含む、貧しい人々に対する正義と優しさ。
4. 神は、罪を償い、悔い改めて従うすべての人を救うために、メシア/救世主を用意します。
5. 神はすべての人を愛し、神を崇拝し従うことを拒む人さえも気にかけておられます。

以下に、神の預言者たちの短い例をいくつか挙げます。

預言者エリヤ（ヤハウェは私の神）（列王記上16:28〜列王記下2:1〜14:9）
バアルと主なる神との争い（列王記上18:20-46）

預言者エリヤは民と邪悪な王アハブにカルメル山に集まるよう命じました。王は偶像バアルの預言者450人を連れて来ることになっていました。

神の預言者はヘブライの民に対し、彼らが誰を崇拝するかを決めるのが遅いことを公然と語りました。そこでエリヤは、*ある競争を提案しました。*「私は主（ヤハウェ）の者です。ここにはバアル（偶像）の預言者が450人います。バアルの預言者たちは、犠牲として牛を二頭用意してください。バアルの預言者たちは自分の牛を一頭選び、もう一頭を私に差し出してください。」

バアルの預言者たちは薪を積み上げ、牛を犠牲としてその薪の上に置くだろう。エリヤも同じことをするだろう。火を下す神は、自らが神であることを証明してくれるだろう。人々は皆その考えに賛成し、エリヤの提案した競争に同意した。

バアルの預言者たちは犠牲を準備し、バアルに火を降らせて犠牲を焼き尽くすよう呼びかけ始めましたが、バアルは答えませんでした。彼らは諦めるどころか、さらに激しく、ますます大声で叫び続けました。しかしバアルは答えませんでした。声も火も、何もありませんでした。

そこでエリヤは民に呼びかけました。「あなたがたがなおざりにしていた主の祭壇を私が修理する間、近寄ってきなさい。」エリヤは主の祭壇を再建し、それによって*神の祭壇の大切さを民に教えました。*

それから彼は祭壇の周囲に、何ガロンもの水が溜まるほどの深さの溝を掘りました。エリヤは祭壇に薪を置き、その上に屠殺した牛を置きました。そして牛と薪の上に水をかけて皆を驚かせました。すると水が溝に溢れかえりました。*エリヤは祈り、*神が人々にご自身がどのような方であるかを示してくださり、人々の心を神に立ち返らせてくださるように願い求めました。エリヤの祈りの直後、*主の火が天から降り、*全焼の供え物、薪、石、塵を焼き尽くし、溝の水をなめ尽くしました。人々はひれ伏し、主は神であると宣言しました。するとエリヤは人々に、バアルの偽預言者たちを捕らえるようにと命じました。人々は彼らを捕らえてキション川に連れて行き、処刑しました。バアルの*預言者たちは、数え切れないほどの子供たちを偶像バアルに犠牲として捧げた罪で、神の裁きを受けました。*

預言者エリシャ（神は救い主）（列王記下1:1-13:25）

エリヤはエリシャを後継者として油を注ぎました。エリシャには多くの短い物語があります。彼は、より有名なエリヤよりも多くの奇跡を神に用いられました。ここではエリシャの物語を一つだけ見てみましょう。

ナアマンはアラム王（現在のシリア）の軍司令官でした。彼は勇敢な戦士であり、らい病を患っていたにもかかわらず、非常に尊敬されていました。主（ヤハウェ）は彼を用いてアラムに勝利をもたらしました。

彼の妻には、イスラエルへの襲撃の際に捕らえられた若いユダヤ人の召使いがいました。*彼女は捕虜生活を最大限に活用し、立派に仕えていたようです。*彼女は神と預言者エリシャへの信仰を分かち合いました。彼女は主人（ナアマン）がサマリアにいる神の預言者を訪ねることができるようにと願っていました。彼女は預言者がナアマンのらい病を治してくれると確信していました。

ナアマンは主君であるアラム(シリア)の王のもとへ行き、若い召使いが妻に話したことを告げました。王は喜んで将軍をイスラエルに派遣し、イスラエル王への公式の手紙を届けました。また、金銀や衣服などの贈り物も贈りました。イスラエル王はその手紙を読みましたが、これは口論を誘発し、戦争へと発展させるための陰謀だと考えました。

*神の人エリシャは、王が動揺していることを聞き、王にシリア人をエリシャのもとへ遣わし、イスラエルに神の真の預言者がいることを知らせるよう命じました。*ナアマンとその部下たちは戦車を駆ってエリシャの家へ行き、家の入り口に立ちました。しかし、エリシャは出迎えに出てきませんでした。代わりに召使いを遣わしました。召使いはナアマンに、ヨルダン川で七回身を清めれば病が癒されると告げました。

> ナアマンは、ただの召使いからその言葉を聞いたとき、気が狂いそうに怒り狂いました。預言者が、神に祈ってらい病を治してもらうなど、何を言って何をしてくれると期待していたのか、と延々とわめき散らしました。なぜヨルダン川の泥水で身を沐浴させなければならないのか?なぜアラムの美しく清らかな川に送り返して、癒してもらわないのか?
>
> (列王記下 5:11-12、著者による改稿)

ナアマンの従者は謙虚に主人に近づき、預言者の教えは実に簡単なこと、ただ身を沐浴すれば癒されるのだと優しく告げました。ここまで来たのだから、失うものは何もないでしょう。ナアマンはプライドを捨て、ヨルダン川に下り、神の人の言葉に従って七度身を浸しました。すると、彼の体はたちま

ち生まれたばかりの赤ん坊のようになり、もはやらい病ではなくなりました。

ナアマンとその部下たちは神の人のもとへ感謝を捧げるために戻り、こう告白しました。「今、私は唯一の真の神がイスラエルにおられることを知りました。どうか、しもべからの贈り物を受け取ってください。」しかし*エリシャは*、*神の御業を自分のものとしようとしませんでした。*

ナアマンは言いました。「たとえ私の贈り物を受け取ってくださらなくても、どうかイスラエルの土で作った牛車二台を私に贈ってください。イスラエルの土で主（ヤハウェ）を礼拝したいのです。もう偽りの神々を礼拝したり、犠牲を捧げたりすることはありません。」ナアマンは続けました。「この件で、主君である王をリモン（バアル）の神殿に連れて行き、礼拝させなければならないのですが、主君である王と共に頭を下げなければなりません。主君である王よ、どうか私をお赦しください。」

エリシャは微笑んで言いました。「平和に行きなさい。」

ナアマンはイスラエルから求められた土を持ってアラム（シリア）へ出発した。しかし、エリヤの従者ゲハジは、主人がアラムの将軍ナアマンに甘すぎると考えた。ナアマンが差し出した贈り物を受け取るべきだったのだ。ゲハジはナアマンを徒歩で追いかけ、贈り物を乞う決意をした。

ナアマンはゲハジが追いかけてくるのに気づき、戦車を止めて降り、ゲハジに「大丈夫ですか」と尋ねました。

「はい、旦那様、すべて順調です。しかし、あなたが去られた後、困っている若い預言者が二人来ました。主君から、その二人の若い預言者のために銀貨一タラント（現在の価値で4,000ドル以上）と着替えの服二着を用意していただくよう、頼むようにと遣わされました。」

ナアマンは助けることができて嬉しくて、こう言いました。「着替えの服二着と合わせて、銀一タラントではなく二タラントを持って行ってください。私の家来二人がそれを運んで帰ります。」

彼らはそうしましたが、ゲハジの家に近づくと、彼は贈り物を受け取り、二人を主君の元へ送り返しました。贈り物を自分の家に置いた後、ゲハジはエリシャの家に戻りました。

エリシャは尋ねました。「ゲハジ、どこに行っていたのか?」

「ああ、どこにも」と彼は言った。

> エリシャは答えました。「あなたがナアマンを追いかけていた時、私の心はあなたと共にあった。あなたは貪欲になり、ナアマンに嘘をつき、自分のために贈り物を取った。*ナアマンを癒したのは神であり、あなたではない。*それゆえ、ナアマンのらい病はあなたとあなたの家族に伝わるであろう。」
>
> (列王記下 5:25-27 NASB)

*神の僕は決して特別な扱いを期待したり、神の慈しみを私腹を肥やす機会として利用したりしてはなりません。そうすることは自らの危険を冒すことです。神の裁きは、すぐに下されるか、遅れて下されるかに関わらず、必ず下されます。*この物語は、信者だけでなく、不信者や外国人に対する神の愛と配慮を明らかにしています。*イスラエルの敵であったナアマンの癒しは彼の改宗に繋がりましたが、改宗は彼の癒しの前提条件ではありませんでした。*

> *預言者ホセアは*神の愛と恵みの生きた象徴となりました
>
> (ホセア書 1:1-3:35)。

誰：ホセアは邪悪な北イスラエル王国における神の預言者でした。「主（ヤハウェ）の言葉がベエリの子ホセア（助け）に臨んだ（紀元前760～720年頃）。」

内容: 主 (私は在る) はホセアにこう言いました。「ホセアよ、遊女を妻にめとり、彼女によって子供をもうけなさい。」

理由: イスラエルの人々は神の花嫁とみなされていましたが、神の代わりに偶像を崇拝していたため、甚だしい霊的姦淫を犯していました。

*ホセアの「愛の物語」は非常に奇妙で、ホセアが主を全面的に信頼し、主もホセアを全面的に信頼していたことを物語っています。主が*預言者ホセアに与えた想像を絶する命令について考えてみましょう。ホセアは、妻が不貞を働くとしても、妻に愛情深く忠実な夫でなければならないと命じられました。また、妻が産む子供たちに対しても、本当に自分の子かどうかは分からないとしても、愛情深く忠実な父親でなければならないと命じられました。*当時はDNA鑑定は未知数でした。*

イスラエルの民が神を捨て、偶像バアルに従っていたため、ホセアは神の命令に従う必要がありました。ホセアの妻は姦淫の民イスラエルの象徴となり、ホセアは罪深いイスラエルを愛し、イスラエルを取り戻すと約束する神の象徴となるはずでした。ホセアは神に従い、ディブライムの娘ゴメル（完全）と結婚しました。彼女は身ごもって男の子を産みました。

主はこう言われました。「その名をイズレエルと名づけよ。わたしは、イスラエルの王を、その先祖エヒウがイズレエルで犯した殺人のゆえに、すぐに罰する。わたしは、イズレエルの谷でイスラエルの軍事力を滅ぼす。」— ガリラヤ湖の南西端から南西25マイルのところにある肥沃な谷です（列王記下9:1-10 NASB）。

ゴメルは娘を産んだ。主はホセアに、その子をロ・ルハマ(憐れみを受けていない)と名付けるように命じた。「わたしはもはやイスラエルを憐れまず、わたしに対する彼らの罪を赦さない。しかし、ユダの人々を憐れみ、彼らを滅びから救う」からである。ユダは神を信じていたが、常に神に従ったわけではない。しかし、彼らもまた、罰として70年間の捕囚生活を送ることになる。

ゴメルは娘を乳離れさせた後、*再び身ごもり、もう一人の男の子を産みました*。主はホセアに、その子を「ロ・アミ」(私の民ではない)と名付けるように命じました。「イスラエルはもはや私の民ではなく、私はもはやイスラエルの神ではない。しかし、ユダとイスラエルが再び一つになり、彼らが再び私の民となり、私が再び彼らの神となる日が来る。」

しばらくして、ゴメルはホセアと子供たちの*もとを去りました*。彼女は幾人もの愛人を経ましたが、彼らは皆、夫にはかなわないものを彼女に与えてくれました。しかし、彼らは彼女の若さと美しさを奪い、彼女は漂流者となり、奴隷として売りに出される時が来ました。

ホセアは妻を愛し、探し求め続けましたが、見つからなかったのです。*しかし神の恵みにより、ホセアはゴメルが奴隷として売られるまさにその日に彼女を見つけることができました*。こうして、忠実な夫はついに不貞な妻を見つけたのです。ホセアはゴメルを競り落とし、銀貨15枚と大麦7ブッシェルを支払い、妻を家に連れて帰りました。

それは一体どんな愛でしょうか。預言者は、神の愛を、それに値しない妻に示しました。ホセアの妻への愛は、ついに妻の愛に打ち勝ちました。ゴメルは淫行を悔い改め、忠実な妻、母となりました。彼女は罪を軽く受け流したのでしょうか。いいえ、淫行は彼女の若さ、美しさ、そして命と家族を危うく失うという、大きな代償を伴いました。ゴメルはホセアの愛を通して、真の愛とは何かを知ったのです。

その後、預言者ホセアは唯一の真の神を崇拝する代わりに偶像崇拝の罪の結果を説きましたが、ホセアは目に涙を浮かべながら厳しい説教を続けました。イスラエルは悔い改めようとせず、紀元前720年にアッシリア王サルゴンが首都サマリアを占領すると、敗北して捕囚されることになりました。

神はイスラエルの人々から身を引かれたが、彼らを見捨てたわけではない。しかし、彼らは神を見捨てた罪の代償を払うことになる。アッシリアに捕囚されることで、偶像崇拝は癒される。捕囚される以前から、神はホセアを通してイスラエルに「ユダとイスラエルが再び一つになり、彼らはわたしの民となり、わたしは彼らの神となる日が来る」(ホセア書3:5)と告げていた。イスラエルに対する神の愛は、ホセアの愛が姦淫を犯した妻ゴメルの心を掴んだように、彼らの霊的に姦淫に満ちた心を最終的に掴んだのである。

この奇妙だが真実の物語の主人公はホセアではなく神です。*しかし、もしかしたら、これは現代の多くの家族や文化と比べて、それほど奇妙なことではないのかもしれません。アメリカでは、結婚の約半数が離婚に終わり、その多くは不貞が原因です。私たちの国で神を崇拝する人の割合は、ゆっくりと、しかし着実に減少しています。同時に、私たちの国の文化はますます神を軽視する方向に進んでいるように思われます。*

私たちは霊的な目覚めを切実に必要としており、神はソロモン王に再生への道筋を示しました。再生は、信じる者(不信者ではなく)が行うべきことから始まります。神はソロモン王にこう告げました。

> わたしの名によって呼ばれるわたしの民がへりくだり、わたしの顔を求めて祈り、悪の道から離れるなら、わたしは天から聞いて、彼らの罪を赦し、彼らの国を癒すであろう。
>
> (歴代誌下 7:14 NASB)

神はまた、ソロモン王に、神から離れて偽りの神々に仕えることのないよう警告しました。

> もしあなたがたがわたしから背を向け、わたしがあなたがたに与えた定めと戒めを捨て、偽りの神々に仕え、それを拝むなら、わたしは彼らに与えたユダの国を根こそぎにする。
> (歴代誌下 7:19-20 NASB)

アメリカはどうですか?

預言者アモスは、南王国ユダのテコア出身の住民であり預言者でしたが、神は彼を北王国イスラエルへの一時的な宣教旅行(紀元前750年頃)に派遣し、人々の罪を戒めさせました。

イスラエルへの説教の中で、*ユダを含む近隣諸国に対する神の裁きについて賢明なメッセージを伝えました*(アモス1:3-2:5)。*イスラエルの人々は*、*敵が罰せられると聞いて*、*そのメッセージを信じ込みました。しかし*、*アモスは突如イスラエルの不意を突いて*、*イスラエルに対する神の裁きについて語りました。*彼らは神の代わりに二頭の金の子牛とバアルの偶像を崇拝していました。裁判官たちは金で買収されていました(彼らは義人を金で売りました)。債権者たちは邪悪で、困っている者を金で買い、困っている者を靴一足で売りました。彼らは貧しい者を絶えず虐げ、無力な者を踏みにじりました。

神の目に、*貧しい人々から(騙して)*奪い、*抑圧することは重大な罪でした。*それは不道徳でした。彼らは神の預言者たちに自由に語ることを許しませんでした。アモスはイスラエルの裕福な女性たちを肥えた牛に例えました。彼女たちは夫に酒を持って来るように命じ、真実を語る者を忌み嫌い、貧しい人々に高い家賃を課し、*貧しい穀物商人に価格を下げるよ*

う強要して穀物を盗み、貧しい商人たちの元々わずかな利益をさらに減らしました。

*しかし、悔い改めるなら神は赦しを与えてくださいます。*悪ではなく善を求め、貧しい人々のために正義を擁護するなら、神は彼らと共におられます。神は貧しい人々を犠牲にして宗教的な供物を行うことには関心がありません。彼らは貧しい人々を利用するのではなく、貧しい人々のために正義を確立しなければなりません。

> 正義は水のように流れ、義は川のように絶えず
> 流れますように。
>
> (アモス書 5:24)

今日のアメリカ合衆国では、富裕層と貧困層の格差は歴史上かつてないほど拡大しています。新型コロナウイルス感染症のパンデミックに伴う都市封鎖は、貧困層をさらに貧しくし、中流階級が経営する無数の中小企業を破壊しました。貧困層はどこで仕事を見つけ、家族を養うのでしょうか?しかし、上位1%の富裕層は都市封鎖中に数百万ドル、いや数十億ドルもの富を稼ぎました。当局は国民を制限する法律を制定しましたが、自らは他の人々に施行した法律を無視しています。私たちへの審判はいつ始まるのでしょうか、それともすでに始まっているのでしょうか?

救世主預言者イザヤ

彼はウジヤ王が亡くなった年(紀元前740年頃)から南ユダ王国で神に仕えました。

神はその民(ヘブライ人)に、驚くべき忍耐、愛、そして慈悲を示されました。しかしながら、北イスラエル王国の滅亡とアッシリアによる捕囚、そして南ユダ王国の滅亡とバビロ

ンによる捕囚という形で、神は彼らの邪悪さを厳しく罰しました。神はこれらの罰を用いて、民を偶像崇拝から救い出されました。

イザヤは非常に活動的な預言者でしたが、今日ではメシア的預言者として最もよく知られています。ここでは、来るべき救世主に関する彼の預言のいくつかを取り上げます。

1. *処女から生まれる:* 「主 (アドナイ-マスター) 自らがあなたにしるしを与えられる。処女が男の子を産み、その名をインマヌエル、神は我々と共にいると名付ける」(イザヤ書 7:14 NASB)。
2. 「*わたしたちにひとりの子が生まれます。*その名は『不思議な助言者、力ある神、永遠の父、平和の君』と呼ばれます。」(イザヤ書 9:6-7 NASB)
3. *苦難のしもべ:* 「彼は軽蔑され、見捨てられました。彼は私たちの悲しみと苦しみを負われました。しかし、私たちは彼を、神によって裁かれ、罰を受ける罪人として*裁きました。しかし、私たちは全く間違っていました。*彼は私たちの罪のために傷つけられ、私たちの咎のために打ち砕かれました。彼は私たちの罰を自ら引き受け、私たちが命を得られるようにし、私たちのために鞭打たれ、私たちが癒されるようにしてくださったのです」(イザヤ書53:3-5、著者による改稿)。
4. 「*私たちは皆、口のきけない羊のようです。自分の道を選び、迷い、道に迷い、神のもとへ戻る道を見つけられません。*それでも神は、私たちのすべての罪を救い主に負わせました。救い主は、*抑圧と苦難を不平一つ言わず受け入れました。子羊のように、悪人が彼を屠殺へと導く間も、沈黙を守っていました。神は救い主が罪人のために自らを捧げ、死なれるこ*

とをお許しになりました。神の苦しみに苦しむ僕である彼は、不義なる者を義とされました。」(イザヤ書 53:6-11、著者による改稿)

5. *主(ヤハウェ)の計画は、苦難の僕、神の義なる者が、多くの人々の咎(堕落)を負うことによって、自らを犠牲として捧げ、多くの人々を義とすることであった。* 義なる者が多くの罪深い者のために命を捧げたことで、多くの人々が神によって義と認められるのである(イザヤ書 66:9-12)。悔い改めて従う者は赦され、それによって天の父と共に永遠の命を得る(イザヤ書 66:15-18、著者による改稿)。
6. イザヤはメシアについて他の預言もしました。(*注:* ヨハネ12:41 *KJV*では「イザヤはメシアの栄光を見て、彼について語った」と記されています。)

*イザヤは世界秩序についても予言しました。*例えば、

1. イザヤ書 17:1-3: アッシリアはシリアを滅ぼし、その民を捕虜にする(イスラエル(北王国)も同様)。
2. イザヤ書 39:5-7: バビロンは南王国ユダを滅ぼし、その民をバビロンに捕囚する。
3. イザヤ書 13:17-22: メディア人(*およびペルシャ人*)がバビロンを滅ぼす。
4. イザヤ書 44:28: 神は不信者のキュロスを、ユダヤ人を解放するという神自身の計画のために用いる。
5. イザヤ書 65:17 欽定訳:*主は新しい天と新しい地を創造される。以前のことは思い出されることも、心に浮かぶこともない。この預言は、メシアに関する預言に次ぐものであるように思われる。*

6. *神の預言者について先ほど紹介したように、彼らの主な役割は、神が言われたこと、「主はこう言われる」を人々に伝えることでした。*

神がイザヤを通して語った多くの例の一つは、イザヤ書1章18-20節に記されています。

「さあ、共に論じよう」と主は言われる。「あなたたちの罪は緋のようであっても、雪のように白くなる。紅のように赤くても、羊毛のようになる。もしあなたたちが同意して従うなら、地の最も良いものを食べることができる。しかし、もし拒否して反抗するなら、剣によって滅ぼされる。」

ユダ(南王国)の預言者エレミヤ(エレミヤ書 1:1-52:34)

エレミヤはイザヤと同様に、神の預言者として多忙な働きをしました。彼の宣教活動は紀元前626年頃、イザヤよりずっと後から始まりました。エレミヤ書は、イザヤ書(66章)やエゼキエル書(48章)と同様に、非常に長い(51章)書です。*エレミヤは神の偉大な預言者でした。しかし、時として理解しにくいこともありました。神は、私たち人間が持つ「神から与えられた自由な選択」を侵害することなく、人々や国々を困難から守るために最善を尽くされます。*

> わたしは主である。地上で慈しみと正義と義を
> 行う。わたしはこれらのことを喜ぶ。
> (エレミヤ書 9:24)

エレミヤはエレミヤ書 23 章 1 節から 8 節 (6 節) で、神のもう一つの複合名を紹介しています。「*主こそ私たちの正義です*」。ヘブライ語は省略。

*預言者エゼキエルは*この書には含まれていません。しかし、彼はエゼキエル書48章35節で、神のもう一つの複合名を紹介しています。*「主ご自身が(常に私たちの中に)おられる。」*

*預言者ダニエルは、ユダ(北王国)の人々にとって重要な預言者でした。*ユダは紀元前587年にバビロンに陥落した後、捕虜となり、王に仕える訓練を受けるためにバビロンに連れて行かれました。ダニエルと彼の三人の友人シャドラク、メシャク、アベデネゴは神に従い、その忠実さゆえに罰を受けました。これらの重要な物語(ダニエル書1章、3章、6章1-28節)はここでは省略します。

代わりに、ネブカドネザル王の二つの重要な夢／幻を見てみましょう。*まず*(ダニエル書 2:1-49)、王は大きな人間の像の夢を見ました。像の頭は金、胸と腕は銀、腹と腿は青銅、脚は鉄、足は一部が鉄、一部が粘土でできていました。すると、石が像の粘土の足に当たり、像は倒れて砕けました。

ダニエルだけが、その夢の内容と、その意味を解き明かすことができました。像の頭部は金で、ネブカドネザル王(*バビロニア王国*)を表していました。像の腹部と腿は青銅でできていました。像の脚は鉄で、足は鉄と粘土の混合物でした。

ネブカドネザルの幻の中で、*石が鉄と粘土の混ざった足を打ち砕き、像全体が倒れて粉々になった。*金、銀、青銅、鉄、そして鉄と粘土の混合物はすべて脱穀場で砕かれ、小麦の収穫後のもみ殻のようになった。そして風がもみ殻を吹き飛ばし、跡形もなく消え去った。

ネブカドネザルの後、別の王国(銀の胸と腕)が興り、バビロニアより劣るものの、世界を支配するだろう。その王国も滅亡し、さらに別の王国(青銅の腹と腿)が興り、世界を支配するだろう。さらにその王国(鉄の脚と鉄と粘土の混合物の足)が興り、世界を支配するだろう。その王国も強大で、世界を支配した。しかし、ある時、石が像の足に当たり、鉄と粘土の足を押し潰した。その結果、像はうつ伏せに倒れ、完全に粉砕された。

*しかし、像を壊した石は山となり、地を満たしました。*地を満たしたその岩は、決して滅びることのない神の国を表していました（ダニエル書 2:26-45）。

ダニエルは、神がすべての人々を愛しておられることを示すもう一つの例を示しています。ネブカデネザルは冷酷な王であり、傲慢で、神ではなく偶像を崇拝していました。しかし、神は彼をご自身の目的のために利用しただけでなく、ネブカデネザルの目を真実に開き、彼の心を神に導くような方法で彼を罰しました（ダニエル書4:1-37。素晴らしい物語です。ぜひ聖書から読んでみてください）。

これで、著者による古代の神の預言者たちについての簡潔な紹介は終わりです。

ストーリー17

神は400年ほどの間、誰にも気づかれずに働いた

第16話は、紀元前430年頃の旧約聖書研究の締めくくりとなりました。この物語は、旧約聖書と新約聖書の間の時代を簡潔に描写したものです。まず、神がバビロニアのネブカドネザル王に与えた夢について考えてみましょう。その夢は、神が将来の王国について預言したものでした。この物語を古典史と照らし合わせると、神の預言が間違いなく真実であることが分かります。

ダニエル書第2章のネブカドネザル王の夢によると、王は巨大な男の像の幻を見ました。その頭は純金で、ネブカドネザル王を表していました（ダニエル書 2:36-38、バビロニア王国、紀元前626年）。最終的に、バビロンは紀元前539年に陥落し、メディア・ペルシャ王国が統治しました（銀の胸と腕は彼らを表していました）。バビロンに捕らわれていたユダヤ人は、バビロン陥落後まもなくキュロス王によって解放されました。多くのユダヤ人はバビロンに留まり、多くは故郷（

ユダ）に戻り、また多くは後にギリシャの都市となる地域へと移住しました。

ペルシア王国は紀元前330年、ガウガメラの戦いでアレクサンドロス大王に滅ぼされました。ギリシャ王国は、この像のブロンズ製の腹部と腿部によって表現されています。そして最後に、*ローマは*紀元前146年のコリントスの戦いでギリシャ軍を破りました。

*ユダヤ／パレスチナは紀元前129年にセレウコス朝（ギリシャ）の支配から解放され、約66年間独立を維持しました。ユダヤ史においてこの時代はマカバイ時代と呼ばれています。この時代に書かれた14冊の書物は外典と呼ばれています。カトリック聖書にはこれらの14冊が収録されています。ユダヤ教聖書とプロテスタント聖書は、これらの書物を聖書として否定しています。おそらく知恵の書ではあっても、*聖書ではないからです。

外典のマカバイ記下12章42-45節には、*亡くなったカトリック教徒のための祈りと犠牲は、赦されない罪の赦しをもたらすと記されているようです。このマカバイ記の箇所では「煉獄」という言葉は使われていませんが、カトリックでは死者にとって地上と天国の間にあるとされる中間の場所、あるいは状態を指す言葉として使われるようになったようです。*

*著者はカトリック教徒ではないため、カトリックの教義を説明する資格はありません。*しかしながら、聖書はイエスが私たちの身代わりとなって死ぬことで、私たちの罪が完全に償われると教えています。*他に道はありません。このことから、煉獄は存在せず、また必要もありません。*

紀元前63年、ポンペイウスがエルサレムを占領した時、ユダヤ/パレスチナはローマの支配下に入った。

*新約聖書の原典は、*コイネー・ギリシャ語（共通ギリシャ語）*で書かれました。これは、新約聖書の原典執筆に使用さ*

れた言語です。実際、コイネー・ギリシャ語は、今日の英語のように、世界中の多くの地域で理解されていました。

ローマ時代、帝国中の主要都市を結ぶ石造りの*幹線道路が建設されました。これらの幹線道路とそれを利用する人々はローマ軍によって守られていました。*これにより、(徒歩、動物、あるいは動物の荷車による)旅はより容易で安全になりました(福音を伝える人々も例外ではありませんでした)。

*ローマ法*も大きな進歩でした(例えば、ユダヤ人ローマ市民であった使徒パウロを保護したのです)。ローマ法はまた、今日の私たちの民法の基本的な枠組みを形成しました。ローマ人はユダヤ人を容認していましたが、彼らを好んでいたようには見えませんでした。

*このように、神は旧約聖書と新約聖書の間の400年間、静かに働いておられました。神は多くの未信者の人々と国々を用いて、来るべきメシア*とその福音の宣教の道を備えられました。イエスはローマ時代に生まれ、教会もその時代に成長し始めました。使徒パウロが後に宣言したように、

> 時が満ちると、神は御子を遣わされました。この御子は、女から生まれ、律法の下に生まれました。それは、律法の下にある人々を贖い出し、私たちが神の子として受け入れられるためでした。
>
> (ガラテヤ人への手紙 4:4-5 NASB)

最後に、聖書の日付がどのように決定されたかを学びましょう。

聖書(旧約聖書と新約聖書の両方)は、現代のように絶対的な日付を明示していません。*例えば、アメリカのイギリスからの独立宣言は1776年7月4日でした。*聖書は、*歴史上の出来事や歴史上の人物を用いて、実際の日付、あるいはおおよ*

*その日付を決定しています。*例えば、*ノアの生涯における大洪水の始まりと終わりの日付は*、*ノアの*年齢によって決定されました。創世記7章11-12節にはこう記されています。

> ノアの生涯の六百年目の二番目の月の十七日に、深淵の源が裂け、天の水門が開かれた。地の面の下から水が流れ出し、四十日四十夜、天から雨が降った。(NASB)

創世記8:13-16 NASB、続く、

> 六百一年目の一の月一日(ノアの年齢)に、地の水は乾ききった。ノアが箱舟の覆いを取り除いて見ると、地の面は乾ききっていた(水は溜まっていない)。二月二十七日(ノアの年齢)にも、地(泥)は乾いていた。神はノアに言われた。「箱舟から出なさい…」こうして洪水は一年十日間続いた。

ノアの年齢から洪水の年代を推定することはできますが、*ノアの年代はどのように推定するのでしょうか?*物語3「親の子の子」に戻りましょう。そこには、神が人類に対する計画／目的の初めに用いた人々の名前と年齢(祖先)が記されています。

*アダムの創造からノアの誕生までの年数は約1,036年です。洪水が始まったノアの年齢である600年を加えると、洪水は1,637年に終わりました。つまり、洪水は神が地球と宇宙を創造してから約1,636年後に始まったことになります。洪水は*1年10日間続きました(*創世記6-10章*、*第4話参照*)。*これで*、*創世記に記された*一見退屈な*祖先の物語を*、*より深く理解することができるようになりました。*

イエスの生誕年。BC＝キリスト以前、AD　　　Anno Domini＝主の年なら、なぜイエスは西暦1年に生まれなかったのでしょうか？おそらくそれは正しいはずです。しかし、今日では様々な暦の切り替えにより、わずかに誤った暦が使われています。

*したがって、イエスの生誕日を推定するために、歴史的出来事や歴史上の人物を用いて出来事を概算するという、昔ながらの方法に戻らなければなりません。ルカによる福音書の著者であるルカは、医師、歴史家、そして宣教師でもありました。ルカによる福音書*2章1-2節にはこう記されています。

> 皇帝アウグストゥスから、ローマ帝国全土に課税せよという勅令が出された。この課税は、キレニウスがシリアの総督であった時に初めて行われた。
>
> （欽定訳）

*その*情報*（カエサル・アウグストゥスの最初の税法令と、キレニウスがシリアの総督であったとき）から、イエスの誕生は紀元前 6 年から 4 年の間であると推定されます。ヘロデ王の死の日付からイエスの生誕日を推測しようとする人もいますが、結局は紀元前6年から4年の間という結論に至ります。著者は、科学的根拠なしに、イエスの生誕はおそらく紀元前6年から4年の間だったと考えています。*

新約聖書の基礎となる記述

使徒ヨハネによる福音書には、ヨハネ1章1-5節、9-14節にこう記されています。

> 初めに言葉が存在した[*ロゴス*、神の言葉は既に存在していた]。言葉は神と共にあった[*テオス*、至高の神性]。言葉は神自身であった。言葉は初めから[*創造以前*]神と共にあった。すべての被造物[宇宙、地球、人類、動物、樹木など]は*彼によって創造された。彼から離れて存在するものは何もなかった。*
>
> (1-3節)

> *地上に生命*(生物、植物など)が誕生したのは、イエスの命によるものでした。イエスの命は人類の光です。光は暗闇(暗黒)の中でも輝き続けます。暗闇は光に打ち勝つことができないからです。
>
> (4-5節)

> (神、人類、人生の目的などについて)*世に来られました。御言葉/光は、御自身が創造された世界に来られ*ましたが、世界は御自身によって存在し、御自身によって支えられているにもかかわらず、*世全体は御自身を認めませんでした。御自身が選ばれた民*(ヘブライ人)でさえ、*御自身を歓迎しませんでした。*しかし、*御自身を受け入れ*、御名を信じる(御自身を主に委ね、主

として従う）すべての人に、御自身は、人間の努力によってではなく、神によって生まれた、*霊的な*（肉体的な）*神の子となる権利を与えられました*。

（9-13節）

こうして、御言葉は神であると同時に人となり、しばらくの間、地上で私たちの間に住まわれました（直訳：「彼は私たちの間に天幕を張った」）。旧約聖書において、ヤハウェは幕屋を通してイスラエルの間に住まわれました。新約聖書（そしてそれ以降）において、ヤハウェは肉体をもって、イエスという人格をもって人類の間に住まわれます。私たちは、父なる神の独り子である御方の栄光を見ました。そして、御方は恵み（霊的な祝福）と真理に満ちていました。

（14節）

著者の書き直しとあなたの聖書を比べてみてください。

ヨハネの第一の手紙の中で、ヨハネはこう付け加えています。

初めからあったもの、私たちが聞いたもの、自分の目で見たもの、じっと見つめ、自分の手で触れたもの、すなわち*永遠の*いのちのことば（*主*）について――そのいのちは私たちに現れた――私たちはそれを見、あなたたちにも証しし、告げ知らせます。それは、あなたたちも私たちと交わりを持つようになるためです。私たちの交わりは、父（神）とその御子、主イエス・キリストとの交わりです。私たちがこれらのことをあなたたちに書き送るのは、私たちの喜びが満たされるためです。（ヨハネの手紙一 1:1-4 NASB）

これは、私たちが神から聞いて、あなた方に伝えるメッセージです。神は光であり（*道徳的な性格*）、*神には闇（悪や罪）は全く*ありません。もし私たちが神と交わりを持っていると言いながら、闇の中を歩んでいるなら、私たちは偽りを言っていることになり、真理を行っていません。しかし、神が光の中におられるように、私たちも光の中を歩んでいるなら、私たちは互いに交わりを持ち、*神の子イエスの血（十字架、死、そして復活のこと*）は私たちをすべての罪からきよめます。*しかし*、もし私たちが罪がないと言うなら、私たちは自分自身を欺いており、真理は私たちのうちにありません。もし私たちが自分の罪を告白するなら、神（神）は真実で正しい方ですから、私たちの罪を赦し、すべての不義から私たちをきよめてくださいます。しかし、もし私たちが罪を犯していないと言うなら、私たちは神を偽り者とし、神の言葉は私たちのうちにありません。（ヨハネの手紙一 1:5-10 NASB）

質問

1. ヨハネの福音書の最初の節が創世記の最初の節に似ているのはなぜだと思いますか。
2. 旧約聖書のどんな教えがヨハネ1:9-14と関係があるのでしょうか。
3. 第一節の言葉とは何ですか、あるいは誰ですか?
4. アブラハムが息子イサクを神に捧げた物語（物語6）に戻りましょう。神はアブラハムの子孫（複数）とアブラハムの子孫（単数）について言及しています。アブラハムの子孫（単数）は、新約聖書の根底にある記述において何らかの役割を果たしているでしょうか?もしそうなら、どのような役割を果たしているでしょうか?どのように?

5. この基本的な声明は、神が私たちに対して立てた永遠の計画について何かを教えてくれるでしょうか。

ミニエピローグ

使徒ヨハネは、天地創造と救い主の到来を18の短い節（ヨハネ1:1-18）で結び付けています。千年にわたる数々の物語を経て、待ち望まれていた救い主が到来しました。私たちは、神の永遠の計画の根本を理解できる段階に到達したのでしょうか。神はイエスの誕生後、さらに100年間の啓示を通して、永遠の計画を私たちに明らかにしてくださいます。私たちは近づいています。エキサイティングな出来事が起ころうとしています。*著者は、ヨハネ1章が新約聖書の最も優れた基礎的な記述であると考えています。*しかし、他にも新約聖書の基礎的な記述と言える箇所がいくつかあります。それらを一つにまとめれば、より明確な記述となるように思われますが、神はそうすることを選ばれませんでした。新約聖書の信者にとって、一度に理解するには多すぎたのかもしれません。*今日、私たちはより明確な理解を得ていますが、多くの信者は神の永遠の計画を理解しておらず、*聖書的な世界観を理解するのに苦労しています。

新約聖書におけるさらに3つの基礎的な記述

キリストであるイエスは神の姿と性質を持っておられましたが、私たちを罪から救うために、それを喜んで放棄されました。こうして、イエスは自らを空にし、しもべの姿を取りました。そうすることで、イエスは人間のようになり、自らしもべの役割を引き受けられました。人間となったイエスは、従順さによってご自身を低くされ、私たちの罪を自ら負い、私たちの代わりに十字架上で死んでくださいました。（ピリピ人への手紙2:6-11、著者による改稿）

だからこそ、神（父なる神）はイエスを高く上げ、他のすべての名にまさる名をイエスに授けられました。天にいる者、地上にいる者、そして地獄にいる者さえも、イエスにひれ伏し、イエスが主であることを告白し、父なる神に栄光を帰すというのが、神のご計画なのです。（9-11節。聖書と照らし合わせてみてください。）

イエスは目に見えない神の完全な姿であり、すべての被造物の初子です。天にあるもの、地にあるもの、見えるもの、見えないもの、すべてのものはイエスによって創造されました。*すべてのものはイエスを通して、またイエスのために創造されました。イエスにあっては、何一つ崩れることはありません。*父なる神は、*神の満ちあふれる豊かさがイエスに宿ることを喜び*とされました。そして、十字架上で流されたイエスの血を通して、イエスは私たちが神との平和を得る道を開いてくださいました。（コロサイ人への手紙 1:15-20 NASB）

昔、神は私たちの祖先や預言者を通して、様々な方法で語られました。しかし、この終わりの日に、神は御子を通して私たちに語られました。御子は万物の相続者であり、宇宙とその中にあるすべてのものを創造されました。また、御子は万物を支え、一つにまとめています。神の御子は約束されたメシア（キリスト／油注がれた者）です。彼（イェシュア）は神の栄光の輝きであり、神の本質と性格の完全な姿です。彼（キリスト）は私たちの罪を清めた後（十字架と復活によって）、全能の神の右に座されました。父なる神の威厳は高くあります。（ヘブル人への手紙 1:1-3、著者による改稿。お手持ちの聖書と照らし合わせてください）

ストーリー18

救世主の誕生（マタイ1:1-2:23、ルカ1:26-2:52）

著者による想定婚約ストーリー:

　　ある晩、ナザレの山村で、ヤコブ夫妻がエリ夫妻を訪ねました。ヤコブ氏の息子ヨセフは30歳に近づき、成人となり結婚できる年齢でした。エリ氏の娘マリアは17歳前後で、若い女性にとっては結婚適齢期でした。これが、ヤコブ夫妻がエリ夫妻の家を訪れるきっかけとなりました。

　　マリアは高く評価されていました。母親から料理と家事の手ほどきを受けていたからです。ヤコブ夫妻はマリアを息子の妻として、また息子をマリアの夫としてふさわしいと考えていました。息子は物静かで道徳的な人物で、大工をしていたため、家族を養うことができました。さらに、ヨセフ（マタイ1:16）とマリア（ルカ3:22）は、約1000年前のイスラエルで最も有名な王ダビデの誇り高き子孫でした。

アメリカ人の多くは、お見合い結婚に否定的な意見を持っているようです。インドのある若い女性は著者にこう言いました。「私たちインド人は結婚して恋に落ちるのに、あなたたちアメリカ人は結婚してすぐに恋が冷めてしまうんです」。なんとも残念な話ですが、実際にはインドとアメリカの結婚習慣の成功率と失敗率はほぼ同じなのです。

マリアとヨセフはそれぞれ、将来の結婚（約1年後）を条件とした、お約束の婚約（婚約以上、結婚未満）を受け入れました。最終決定権は夫婦にありました。しかし、両親の決定に逆らうのは容易ではありません。そこで、ささやかな婚約パーティーが開かれたのです。

インドの若い未婚の牧師は著者にこう語った。「結婚適齢期の独身者よりも、両親の方が結婚についてよく知っています。私は、自分で妻を選ぶよりも、両親が妻を選んでくれることを信頼しています。」

ヨセフとマリアの結婚の合意は拘束力を持つものでした。文化的慣習では、婚約を破棄するには離婚が必要でした。婚約した夫婦は二人きりになることは許されず、結婚するまで未婚の夫婦の処女を守るために、親か成人の付き添いが必要でした。

天使によるマリアの訪問（著者による改稿、ルカ1:26-38）

婚約から間もなく、神は天使ガブリエルをガリラヤ地方の山村ナザレに遣わしました。ガブリエルの使命は、エリの娘マリアに話しかけることでした。マリアは神に忠実に従う者で、当時*17*歳ほどの処女でした。

ガブリエルは衝撃的な言葉を告げた。「マリアよ、平安あれ。神はあなたを、待ち望まれていたメシア（救世主）の母としてお選びになりました。あなたは*突然*身ごもり、男の子を産みます。その子をイエス(イェシュア)と名付けます。その子はダビデ王の王座に座り、神の子と呼ばれるでしょう。」

マリアは*ガブリエルがすぐに妊娠することを指していると理解したようで*、すぐにこう答えました。「それはあり得ません。私には夫がいません。私は処女です。男性と交わったことがありません。」

ガブリエルは*優しく*答えました。「赤ちゃんは父親なしで生まれます。神にとって*不可能なことは何もありません。神は世界を無から創造しました。最初の人間アダムを母親も父親もなしで創造しました。*神は、あなたが男性と交わることなく(*精子を必要とせずに*)子供を授かることを可能にします。神の霊が降り、神の力があなたに宿ります。だからこそ、あなたの息子は神の子と呼ばれるのです。」

*マリアはまだ、どうしてこんなことが起こるのか理解できませんでした。結婚前に妊娠したら石打ちの刑に処されるかもしれないことは知っていました。この勇敢な若い女性は*神を信じていたので、天使に喜んでこう言いました。「どうしてこんなことが起こるのか分かりませんが、私は神のしもべです。*神の御心であれば何でも結構です。*

こうして、神の奇跡によって、マリアは男性との交際なしに*(人工授精やいかなる種類の妊娠もなしに)*妊娠したのです。*神はただ、創造の初めに「メシアなる子と共にあれ」と仰せになったのです。マリアが妊娠していたことを知っている者は他にいませんでした。マリア自身も自分が妊娠した瞬間を意識していませんでした。著者は、マリアが神に同意する瞬間に妊娠したと推測しています。*

マリアがエリザベスを訪ねる(ルカ1:39-56)

ヨセフとマリアの婚約と天使の*訪問の直後、結婚式の日取りが決まる前に、マリアは父親に付き添われて*ユダヤの丘陵都市まで約 90 マイル歩き、母親の従妹であるエリサベツを訪ねました。

エリサベツは、子供を産む女性の多くよりもずっと年上でした。彼女は子供を産むことができませんでした。夫はユダヤ教の祭司であり、二人とも出産可能な年齢を過ぎていましたが、神はエリサベツとザカリヤを祝福し、高齢ながらも子供を授かることができました（ザカリヤとエリサベツよりもさらに年上だったアブラハムとサラを通して生まれたイサクのように、創世記21章1-8節）。

エリザベスはマリアの訪問当時妊娠6ヶ月でした。*文化妊娠後期には親族が手伝いに来るよう指示されていました。著者は、マリアが長女で、弟や妹がいたのではないかと推測しています。この推測は、母親ではなくマリアがエリザベスの手伝いに行った可能性に基づいています。おそらくマリアの母親は、姉よりもマリアの言うことをよく聞く弟や妹たちの世話をするために家に留まっていたのでしょう。この旅行は急遽行われたもので、エリザベスの近くに住む親族が訪問をキャンセルせざるを得なかったことを示唆しているのかもしれません。これは私たちにとっては重要ではありませんが、当時の生活と文化を物語っています。*

マリアが到着し、エリサベツに挨拶すると、エリサベツの胎内で赤ちゃんが跳ね上がりました。その時、エリサベツは神の霊に満たされました。神の霊は、マリアが妊娠していること、そしてマリアの子が待ち望まれていた救世主、神の子羊であることをエリサベツに知らせました。エリサベツはマリアにこう告げました。「あなたはすべての女性の中で最も祝福された方です。あなたの産む子も祝福されています。主の母が私を訪ねてくださるとは、なぜこのような素晴らしいことが私に起こるのでしょうか。」

マリアは答えました。「私の魂は主をあがめ、私の霊は私の救い主である神を喜び祝っています。主は、この卑しいしもべの身分を顧みてくださったからです。今から後、すべての世代の人々が私を祝福するでしょう。」(ルカ1:46-48 NASB)

マリアはエリザベスに3ヶ月近く仕え、身の回りの用事、料理、その他の家事を行いました。エリザベスの出産前にマリアは家路につきました。おそらく、出産の経験がある年上の親戚がマリアの代わりにやって来たのでしょう。8日後、エリザベスは男の子を出産しました。彼らは神の御心に従って、その子をヨハネと名付けました。ヨハネは成人し、神の預言者となり、洗礼者ヨハネと呼ばれました。彼については後ほど詳しくお話しします。

マリアはナザレの故郷に戻る(ルカ2:39-40)

メアリーの父親は彼女を家まで送り届けるために戻ってくるはずだった。メアリーが家に着く頃には、彼女のお腹は少しふっくらとしてきたが、誰も彼女の体重増加を気にしていなかった。しかし後になって、メアリーの両親は彼女が妊娠していることが明らかになった。両親は悲しみに暮れ、恥ずかしく思い、妊娠を秘密にしようとした。しかし数週間が経つにつれ、近所の人々はメアリーの「妊娠の兆候」についてささやき始めた。

ついに、マリアの両親はヨセフの両親を訪ねなければなりませんでした。それは恐ろしい訪問でした。マリアが妊娠していることを告白しなければならなかったからです。皆は「愛しいマリアが罪を犯した」と思い込み、彼女に失望しました。父親が誰なのか全く分からず、マリアが家を留守にしている間に起こったのではないかと考える人もいました。

天使がヨセフを訪ねる(マタイ1:20-23)

神はまだヨセフにマリアの境遇を告げておられませんでした。ヨセフは大人で、マリアに好意を抱いていましたが、深く悩み、「*どうして清らかな女性と結婚できるだろうか*」と考え*ていました。しかも、マリアは別の男との間に子供を身ごもっていました。ヨセフ*はマリアとの婚約を破棄することを決意しましたが、マリアの問題について誰にも口外しませんでした。ヨセフは善良な人であり、マリアが疎外されたり石打ちにされたりすることを望まなかったのです。

マリアのことで頭がいっぱいで、*ヨセフは寝床でぐずぐずと眠りに落ちていた*。その時、神の天使が夢に現れた。天使はこう言った。「ヨセフよ、マリアを妻に迎えることを恐れたり、*恥じたりしてはならない*。神の霊は、マリアが男と交わることなく子を宿せるようにしてくださった。彼女は男の子を産む。あなたはその子をイエス（イェシュア）と名付けなさい。彼は約束された救世主となり、民を罪から救う。*神はマリアを選んだように、あなたも選んだ。あなたは*イエスの実の父親ではないが、重要な役割を担っている。イエスには*実の父親はいない*が、あなたはイエスの父親のような存在となるのだ」*（筆者による改稿）。*

神は、500年前に預言者イザヤを通して約束したとおり、これらすべてを実現させました。

> 処女が身ごもって男の子を産み、その名をインマヌエルと呼ぶ。これは「神は我らと共におられる」という意味である。
>
> （イザヤ書 7:14 NASB）

ヨセフは眠りから覚めると、神に従いました。マリアとの婚約はそのままで、後に結婚しました。しかし、マリアがイエスの出産から回復するまでは、性的な関係を持つことはありませんでした（マタイ1:24）。これは、イエスの誕生から少なくとも40日間、マリアが出産後に身を清めるまで続きました。イエスが生まれた時、マリアはまだ処女でした（マタイ1:25）。

その後、ヨセフとマリアはヤコブ（ヤコブ）、ヨセフ（ヨセ）、ユダ（ユダ）、シモンの4人の息子と、少なくとも2人の名のない娘をもうけました（マタイ12:47、13:55-56、マルコ6:3、ヨハネ7:5）。

イエスの誕生、紀元前5年頃（マタイ1:18-25; ルカ2:1-7）
第 17 話にあるイエスの誕生の日付の説明に*注目してください。*

イエスの誕生に先立ち、ローマ皇帝アウグストゥス・カエサルは、ローマ帝国全土（キリニウスがシリアを初めて総督にしていた時代）で*税金の目的のために人口調査を実施するよう命じました。*

*イスラエルは紀元前63年、ローマの将軍ポンペイウス大王に征服されていました。そのため、皇帝の望むものはすべて皇帝の手に渡りました。*ヨセフは新たな家長として、マリアと共に国勢調査に登録するために、ダビデの町ベツレヘムまで約160キロも旅をしなければなりませんでした。

*ベツレヘムへの旅はおそらく何日もかかったでしょう。*妊娠中のマリアにとって、それは大変な旅でした。到着すると、小さな町は人口調査のためにやって来た人々で溢れかえっていました。宿屋はどこも満員で、*地元の人々は手に負えないほどの客で溢れていました。*ヨセフが見つけられた唯一の宿は馬小屋*（おそらく洞窟の中）*でしたが、*動物たちは文句を言いませんでした。*

メアリーは言いました。「大丈夫よ。ロバに乗るより干し草の上で寝た方がよさそうね。」

*その夜、マリアは最初の子、天使ガブリエルの約束通り男の子を産みました。マリアは赤ちゃんの指先と足の指を数えましたが、欠けているものはありませんでした。宿屋の主人は赤ちゃんを暖かく保つために布切れを*渡しました。ヨセフは飼い葉桶（動物の餌箱）に新鮮なわらを詰めました。マリ

アはイエスをくるんで、飼い葉桶、つまり彼の最初の寝床に寝かせました（ルカによる福音書 2:1-8）。

羊飼いたちは救い主の誕生を知る（ルカ2:8-20）

イエスが生まれた後、羊飼いたちが野原で羊を飼っているところに天使が現れ、彼らは恐れました。天使はこう告げました。「恐れることはありません。私はすべての人、*特に*貧しい人々に、大きな喜びをもたらす良い知らせを持って来ました。」今夜、ダビデの町に救い主が誕生しました。天使は、馬小屋の飼い葉桶で眠っている赤ちゃんの見つけ方を彼らに教えました。すると、天使の合唱団が現れ、神を賛美する歌を歌いました。天使たちが去った後、羊飼いたちはベツレヘムへ行き、天使が告げたことの真実を目撃しようと決意しました。彼らは馬小屋と赤ちゃんを見つけました。すべては天使が告げた通りでした。

*マリアの疲れた体は、起こった出来事すべてと、天使たちが貧しい羊飼いたちに彼女の赤ちゃんについて告げたという話を聞いたことで、喜びで胸がいっぱいになり、新たな活力を得ました。彼女はついに深い眠りに落ちました。*馬小屋を出てから、羊飼いたちは天使たちと、彼らが赤ちゃんについて語ったことを、会う人ごとに語りました。

羊飼いの話を聞いた人々は皆、このような素朴な羊飼いたちが、これほど素晴らしいことを語れることに驚きました。羊飼いたちは、見聞きしたすべてのことに感謝し、神を賛美しながら、羊たちのところに戻っていきました。

幼子イエスが神殿に奉納される（ルカ2:21–38）

誕生後 8 日目に、その男の子はイエス (イェシュア) と名付けられました。これは、イエスが子宮に宿る前に天使がマリアに

与えた名前です　(後にヨセフにも与えられました)。男の子は名前を与えられた後、神がモーセを通して与えた律法に従って、その日のうちに割礼を受けました(レビ記 12:1-3)。

出産から40日目に、若い一家はロバに乗ってエルサレム(約9キロ)へ旅立ちました。モーセの律法(レビ記12:3-7)では、母親には清めの日にちが定められていました。マリアは清めの律法に従い、2羽の山鳩を捧げました。1羽は清めの供え物として、もう1羽は罪の供え物として捧げられました。マリアの捧げ物は、彼らが貧しい家族であり、マリアが普通の人(神ではない)であったことを思い出させます。もしヨセフとマリアが貧しくなかったなら、モーセの律法(レビ記12:8)に従って、1歳の子羊と山鳩を捧げ物として捧げていたでしょう。

清めの儀式の後、ヨセフとマリアはイエスをエルサレムの神殿に連れて行き、主(キュリオス＝主人／神)に献げ、犠牲を捧げました。神はこの訪問にもう一つの目的を持っていました。それは、二人を二人の特別な人物に紹介し、その特別な人物をメシアに紹介することでした。

エルサレムにシメオンという名の老人がいました。彼は義にかなっていて敬虔な人でした。聖霊が彼の上に臨み、待ち望まれていたメシアに会うまでは死ぬことはないと啓示されました。幼子イエスが神殿に連れて行かれた日、聖霊はシメオンを神殿へ連れて行くよう促しました。

シメオンは、生後40日の息子を神殿に運び入れる彼らを見かけました。彼はすぐに、その子が神に油を注がれたメシアだと分かりました。シメオンは幼子イエスを腕に抱き、神に感謝し、こう言いました。

> 主よ、今、私は安らかに死ねます。あなたのメシアを見ましたから。あなたはすべての民(「パンタ・タ・エトネー」、コイネーギリシャ語で「地上のあらゆる民族」を意味する)のために救いを

> 備えてくださいました。*彼は異邦人(非ユダヤ人)へのあなたの啓示の光であり、あなたの民イスラエルの栄光と賛美です。*
>
> (ルカ2:29-32、著者による改稿)

マリアとヨセフは、シメオンが自分たちの子について語った言葉に驚きました。シメオンは二人を祝福し、預言しました。「この子は、イスラエルの多くの人々の栄えと滅びのために定められ、また、反対されるしるしとなることを知りなさい。そして、悲しみがあなたたちの心を砕くでしょう。」

*84歳の未亡人*で預言者であったアンナは、神殿に住み、断食と祈りを通して昼夜神に仕えていました。結婚してわずか7年で未亡人となりました。幼子イエスに出会った時、彼女は未亡人になって約60年が経っていました。彼女*はイエスを目にし、腕に抱きながら神に感謝を捧げました。*そして、メシアによるエルサレムの救済を待ち望んでいたすべての人々に、イエスについて語り始めました(ルカによる福音書2:21-38)。*多くの人が、メシアはイスラエルを憎むべきローマの圧制から解放するために来ると言いましたが、神がメシアを遣わしたのはそのためではありませんでした。*

賢者たち(マタイ2:1-12)

イエスが生まれた後、東方のマギ(*ペルシャ出身の賢者、天文学者*)は新しい星を見ました。それは新しい王の星でした。彼らは*数週間その星を追いかけ*、エルサレムへと導かれました。彼らはエルサレムの役人たちに尋ねました。「ユダヤ人の王として生まれた方はどこにおられますか? 私たちはその星を見ました。そして、その星が私たちをここに導きました。私たちはその方に敬意を表すために来たのです。」

ヘロデ王はこれを聞いて、動揺し、嫉妬しました。祭司長と律法学者たちを集め、メシア(油そそがれた者)がどこで生まれるのかを問い詰めました。彼らは「預言者ミカは、メシアの誕生地はユダヤのベツレヘムであると言った」(ミカ書5:2)と言いました。ヘロデは東方の三博士たちと密会し、新しい王の星が初めて現れた正確な日付を尋ねました。自らの疑問に答えを得た後、ヘロデは彼らに「ベツレヘムへ行かなければならない」と言いました。そして、「幼子に会いに行き、それから立ち寄って幼子がどこにいるのか教えてくれ。私も拝礼に伺いに行きたい」と付け加えました。

王の言葉を聞いた後、東方の三博士たちは星に導かれて再び出発し、幼子のいる場所へと導かれました。家に入った後 *(馬小屋ではなく、40日以上、おそらくそれ以上が経過していました)* 、彼らは幼子とその母マリアの姿を見ました。*おそらくヨセフは日雇いの大工として働いており、家にはいなかったのでしょう。*

博士たちはひれ伏し、イエスにふさわしい敬意を表しました。彼らは新しい王への高価な贈り物、黄金、乳香、没薬を開けました。贈り物は三つで、聖書には博士の人数は記されていません。その夜、宿屋で眠っている博士たちは、夢の中で神から警告を受けました。「ヘロデのところへ戻るな!」そこで翌朝、彼らはペルシャへの帰路に着きましたが、エルサレムを迂回しました。

エジプトへの脱出(マタイ2:13-15)

博士たちが去った夜、主の天使がヨセフの夢に現れました。「ヘロデが幼子を捜し求め、殺そうとしている。起きなさい!幼子とその母親を連れてエジプトへ逃げなさい。私が戻るように命じるまで、エジプトに留まりなさい。」ヨセフは、まだ暗いうちに幼い家族と共にエジプトへ出発しました。

彼らはヘロデ王が死ぬまでエジプトに留まりました（マタイ2:16-20）。*贈り物として与えられた金、乳香、没薬は、生活に必要なお金と交換することができました。神は常に信仰を持つ人々の必要を、そしてご自身の栄光のために進んで助けてくださいます。*

ヘロデは子供たちを殺害した（マタイ2:16–2）

ヘロデ王（ヘロデ大王）は、東方の三博士たちが幼子王に関する情報を届けに帰ってこなかったことに激怒し、ベツレヘムに軍隊を派遣して2歳以下の男の子を皆殺しにするよう命じました。邪悪な王は、年齢差が大きければ幼子王の死は確実だと考えました。

彼の命令はベツレヘムの周辺地域にも及んだ。*エレミヤが預言した子供たちの虐殺（エレミヤ書31章15節、紀元前600年頃）は、その凄惨な惨状を余すところなく現実のものとなった*（西暦6-4年頃、マタイ伝2章16-19節）。*さらに恐ろしいのは、アメリカで望まれず生まれた何百万人もの赤ん坊が母親の胎内にいる胎児殺害である。その多くは妊娠9ヶ月という遅い時期に殺されている。*

ナザレの家（マタイ2:19-23）

ヘロデ王の死後、主の御使いが夢の中でヨセフに現れ、ヘロデ王が死んだことを告げました。こうして、ヨセフはイスラエルに無事帰還できました。イスラエルに到着すると、神はヨセフにナザレへ行くように告げました。ヘロデ王の邪悪な息子、アケラオが父に代わってユダを統治していたからです。幼子（イエス）は成長を続け、強くなり、知恵が増し、神の恵みが彼の上にあったのです。（ルカによる福音書 2:39-40 NASB）

イエスは12歳でエルサレムを訪問する(ルカ2:41-52)

マリアとヨセフは毎年、過越祭のためにエルサレムへ行っていました。*イエスと他の子供たちは行きませんでした。おそらく祖父母がその間子供たちの世話をしていたのでしょう。*しかし、イエスは12歳になると、過越祭の週のために両親や多くの人々と共にエルサレムへ(90マイルも歩いて)旅をしました。帰宅の時、マリアとヨセフはイエスが仲間の隊商の中にいるだろうと思っていました。しかし、幼いイエスはエルサレムに残っていました。彼らは丸一日旅をして、イエスが仲間の中にいないことを知りました。

彼らはエルサレムまで引き返しましたが、*3日も経ってからようやくイエスを見つけられず、パニックに陥りました。*ようやくイエスが神殿で教師たちの真ん中に座り、彼らの話を聞いたり質問したりしているのを見つけました。皆、イエスの理解力に驚き、さらに深い質問に唖然としました。両親がようやくイエスを見つけたとき、彼らもまた神殿で起こっていることに驚きました。

母親は尋ねました。「なぜこんなふうに私たちを辱めるのですか。私たちはあなたを探すのに気が狂いそうだったんです。」

イエスは答えました。「なぜ、まずここに来なかったのですか。わたしが父の家にいるはずだということを、知らなかったのですか。」

両親はイエスの答えに唖然としました。*イエスが生まれる前、両親は天使のメッセージを完全に理解していませんでした。*イエスは両親と共に家に戻り、両親に従って生活しました。そし

て、知恵と背丈が増し、神と人々から恵みを受けていきました

（ルカ2:41-52 NASB）。

質問

1. この物語を読んだ後、私たちの文化とは対照的な新約聖書時代の結婚習慣を少なくとも 4 つ挙げることができますか。
2. マリアが男性と関係を持たないで妊娠したと信じる、あるいは信じないのはなぜですか?
3. エリザベスのお腹の中の6か月の胎児がマリアの声を聞いて飛び上がったこと、そしてエリザベスがマリアの妊娠とその胎児が誰なのかをすぐに理解したことに、あなたは驚きますか。*それを言葉で説明してみましょう。*
4. マリアがナザレの故郷に戻ったとき、マリアは何に直面したでしょうか。
5. ヨセフは自分の子ではないのに、妊娠中の婚約者をどうやって受け入れることができたのでしょうか。
6. 神はなぜ御子を馬小屋で生まれさせたのでしょうか?
7. *神が御子の誕生を最初に告げたのはなぜ、貧しい人々の中でも最も貧しい羊飼いたちだったのでしょうか。*
8. 羊飼いたちはイエスのことを他の人に話すのを恥ずかしがっていましたか。
9. 神の子が貧しい家庭に生まれたのはなぜだと思いますか?

10. 質問7, 8, 9は, 現代の貧しい人々に対する私たちの考え方を再考させるものとなるでしょうか。*鏡を見ながら答えてください。*
11. この物語の中で、神様は夢を通して何回語りましたか?
12. 神は今でも人々に語りかけておられるのでしょうか。もしそうなら、どのように語りかけておられるのでしょうか。
13. イエスが12歳の時、ご自身についてどのようなことを知っていたと思いますか?物語の最後の一文について考えましたか?物語の最後の一文によって、あなたの意見は変わりましたか?

ミニエピローグ

系図は多くの人にとって退屈なものに思えるかもしれません。しかし、そこには欠かせない情報が含まれていることもあります。例えば、聖書にはイエスの系図が2つあることをご存知ですか?*この2つの系図には、3つの基本的な違いがあります。*

1. *逆順*: マタイによるイエスの系図（マタイ1:2-16）はアブラハムから始まり、イエスへと続きます。ルカによるイエスの系図（ルカ3:23-38）はイエスから始まり、アダムへと続きます。マタイとルカの系図は逆順になっているため、比較が難しくなります。
2. *より多くの名前*: ルカによるイエスの系図は、より長い期間を扱っているため、より多くの名前が含まれています。ルカはアダムからアブラハムまでの名前も含めているため、追加された名前は問題を引き起こしません。

3. *異なる名前*:マタイとルカによるイエスの系図では、ダビデ王とイエスの名前がすべて異なっています。「なぜこのような矛盾が生じたのでしょうか?」*理解の鍵はダビデ王から始まります。 第一に*、聖書はメシアがダビデ王の子孫であると教えています。*第二に*、ヨセフはダビデの息子ソロモン王を通してダビデの子孫でした。しかし、ヨセフはイエスの父親ではありませんでした。マリアは男性の助けなしに妊娠していました。では、聖書がメシアがダビデの子孫であると述べるのは誤りなのでしょうか?第三に、ルカによるイエスの系図は、マリアもダビデの息子ナタンを通してダビデの子孫であったことを示しています。

ダビデの妻バテシバがソロモンとナタン(そして他の子供たち)の母であったことも興味深い点です。*これは神がバテシバを無罪と認めたことを示唆しているのかもしれません。彼らの姦淫の罪はダビデにあって、バテシバにはないのです。*

*しかし、それだけではありません。*マタイによる福音書1章16節には、「ヤコブはヨセフの父であり、ヨセフはマリアの夫であり、そのマリアからイエスが生まれた」と記されています。これは真実です。マタイはヨセフがイエスの父であるとは述べていませんが、「ヨセフはマリアの夫であり、そのマリアからイエスが生まれた」と述べています。(マリアはイエスの母であり、ヨセフは父親ではありませんでした。父親は誰もいません。しかし、ヨセフはイエスにとって父親のような存在でした。)

*もっと必要ですか?*物語2で神が蛇に語った言葉に戻りましょう。創世記3章15節にはこう記されています。「主は蛇に言われた。『わたしは、お前と女との間に、またお前の子孫と*女の子孫*との間に、敵意を置く。彼はお前の頭を砕き、お前は彼*のかかとを砕くであろう。*』」

その物語の中で、作者はこう書いています。「神が蛇に語った言葉の意味は、ここに記された限られた情報では理解しにくい。しかし、これは聖書における大きな筋書きの導入部であるように思われる。『この女の子は誰なのか?』そして『蛇とは誰なのか?』という、まだ答えが出ていない二つの疑問が残されている。これらの疑問への答えは、後の話で明かされるだろう。筋書きが完全に理解されるまでには、通常、時間をかけて『深まる』必要がある。」

これで創世記3章15節*と、私たちが今直面している霊的な戦いを理解できるようになりました。そして、*女(マリア)*の胤はイエスであり、私たちの罪の問題を解決できる方であると言えるようになりました。また、このことを創世記22章15-18節と結びつけることもできるでしょう。そこでは、神が物語6でアブラハムにアブラハムの胤(複数形)とアブラハムの胤(単数形)の違いを説明されています。物語の中でこの力強い物語を振り返ってみましょう。イスラエルはアブラハムの複数形の胤であり、イエスはアブラハムの単数形の胤です。*

さて、私たちは*イザヤ書7章14節(NASB訳)も理解することができます。*

> それゆえ、主[アドナイ]自らがあなたたちに一つのしるしを与えられる。「見よ、処女がみごもって男の子を産む。その名をインマヌエルと呼ぶ。」

マタイによる福音書はユダヤ人読者のために書かれました(他の3つの福音書よりも旧約聖書からの引用が多い)。マタイによるイエスの系図は、ヤコブの子ヨセフなどの「コーシャ」な系図です(マタイ1:16)。ルカによる系図は、これらの疑問を解消します。

ルカによる福音書3章23～38節で、ルカは世界中の読者に向けてこう書いています。 「イエスは30歳くらいで、エリの子ヨセフと思われていた。」(エリは実際にはマリアの父親でした。) *ルカはエリの娘マリアを通して系図を記しています。*

第10話でなされた約束を果たすためには、ヤコブが4番目の息子ユダに与えた祝福と預言の意味を遡って説明する必要があります。「王笏はユダから離れず、支配者の杖はユダの足の間から離れない」(創世記49:10) などという*言葉は、ダビデとイエスが共にヤコブの息子ユダの子孫であることを意味していました。ユダ族はイスラエルで最も有力な部族となりました。*

*ヨセフとマリアの婚約は*聖書には記録されていませんが、実際に起こりました。*長編物語18「救世主の誕生と幼少期」の冒頭にある短編は*、作者がその婚約を想像して描いたものです。

マタイによるイエスの系図には、二人の異邦人女性が登場します。 (1)*ラハブ*はエリコで遊女でしたが、信者となり、ボアズの母、*ダビデの曾祖母となりました。*(2)*ルツ*はモアブ出身の未亡人でしたが、後に信者となり、ヘブライ人の義母を養いました。彼女は後にボアズと結婚し、オベデの母、ダビデの祖母となりました。上記は、聖書の系図から発見できる人物のほんの一例です。

この物語で言及されている旧約聖書の預言の一部リスト:

- 救い主は男ではなく女の子である。(創世記3:15)
- 救い主はアブラハムの子孫である。(創世記12:3、18:18)
- 救世主はユダ族から出ます。(創世記49:10)
- 救い主の誕生地はベツレヘムです。(ミカ書 5:2)
- 救い主は処女から生まれる。(イザヤ書 7:14)
- ヘロデ大王による幼児虐殺。(エレミヤ書 31:15)

ストーリー19

イエスの宣教が始まる(マタイ3:13-4:25、マルコ1:9-28、ルカ4:1-5:39、ヨハネ1:35-2:12)

預言者ヨハネは四福音書すべてに登場します。第18話では、マリアの母の従妹であるエリサベツが男の子を産み、ヨハネと名付けました。ヨハネは孤独に育ち、やがてヨルダン川沿いの荒野に住むようになりました。

洗礼者ヨハネとその召命(ヨハネ1:6-8)

神はヨハネを遣わし、人類の光(イエス)を紹介し、証しさせ、人類が信仰を持つようにされました。ヨハネはユダヤの荒野で説教を始めました*(ヨハネ1:15以降、マタイ3:1以降、マルコ1:1以降、ルカ3:1以降)*。「悔い改めなさい。神の国は近づいた。自分の道を捨て、神に立ち返り、神の道を歩みなさい。」大勢の人々がヨハネの説教を聞くために荒野へ出かけ始めました。

*群衆が洗礼者ヨハネに惹かれたのは、彼が洗練された人だったからでも、健康や富に関する大衆向けの説教をしていたからでもありません。ヨハネは洗練された人などではありませんでした。*彼はラクダの毛でできた粗末な衣服を革のベルトで留めていました。お金はなく、バッタやイナゴと野蜂蜜という質素な食事をしていました。*エルサレムのユダヤ人信者は著者にこう語りました。「ヨハネはおそらくバッタではなく、イナゴの木に実るタンパク質豊富な豆を食べていたのでしょう。」*イスラエルにはイナゴの木がたくさんあります。*イナゴはタンパク質を豊富に含み、多くの国で食べられています。*

ヨハネの説教は、人々の自尊心を慰めるような磨き上げられた宝石ではありませんでした。彼の説教は率直で要点を突いており、心と行動の変革を強く求めました。多くの人々が罪深い人生を悔い改め、ヨハネによってヨルダン川で洗礼を受けました。

今日、私たちは彼を洗礼者ヨハネ、あるいはバプテスマを施す者ヨハネと呼んでいます。ヨハネはエリヤに似た人物でした。ユダヤの宗教指導者たちは、祭司や他の宗教指導者たちを荒野に派遣し、ヨハネがメシアであるかどうかを尋ねました。

ヨハネはすぐに答えました。「いいえ、私は救世主ではありません。」

「あなたはエリヤですか?」

「いいえ、私はエリヤではありません」とヨハネは言いました。

宗教指導者たちは「あなたがエリヤでないなら、あなたは何者ですか?」と問い詰めました。

ヨハネは答えました。「私はイザヤ書40章3-5節に預言されているように、荒野で主の道を備える声です。私はあらゆ

る場所、あらゆる民族の人々が救いを経験することを望んでいます。」(ヨハネ1章22-23節、著者による改稿)

群衆はヨハネの教えを聞くために荒野へ向かっていました。ヨハネは、天の御国が近づいているため、悔い改めて洗礼を受ける必要があると説きました。ヨハネは、パリサイ人やサドカイ人が洗礼を受けに来るのを見るたびに、彼らを蛇の群れと呼び、こう問いかけました。「誰があなたたちに、罪に対する神の怒りの罰から逃れるように警告したのか。私に洗礼を授けてほしいのなら、真の悔い改めにふさわしい実りに満ちた、変化した人生を見せなさい。『私たちの父はアブラハムだ』と言ってはなりません。神は、このような石ころからでもアブラハムの子孫を起こすことができます。良い実を結ばない木は、斧で切り倒す準備ができています。」

兵士たちは尋ねた。「我々はどうなる?我々は何をしなければならないのか?」

イエスはこう言いました。「自分の賃金に満足しなさい。自分の権威を利用して他人から金銭を奪ったり、不当に告発したりしてはならない。」

ヨハネの信奉者の中には、彼が約束の救世主であるかどうかを尋ねる者もいました。

ヨハネは答えました。「いいえ、私はキリストではありません。私は水であなたたちにバプテスマを授けますが、私よりも力のある方が来られます。私はその方の靴ひもを解くことさえできません。その方が来られると、信じる者たちに神の霊と火でバプテスマをお授けになります。彼は麦からもみ殻を分けられます。麦は救われますが、もみ殻は火に投げ込まれます。」

ヨハネは来るべきメシアについて絶えず語りました。

イエスの洗礼 西暦26年頃(マタイ3:13-17;ルカ3:21-22)

イエスの義父ヨセフは、イエスに大工の訓練をした後、しばらくして亡くなったようです。イエスは母と兄弟姉妹を養う責任を引き受けました。30歳になると、イエスは兄弟たちに責任を委ね、家を出て洗礼者ヨハネを探しました。ヨルダン川を遡り、死海に流れ込む地点からそう遠くないところでヨハネを見つけました。

以前、神はヨハネに、イエスが約束のメシア、神の子羊であることを明らかにしておられました。イエスは世の罪を取り除きます。ヨハネは、自分が説教と洗礼を行っていた場所にイエスが近づいてくるのを見ました。イエスが近づいてくるのを見ると、ヨハネは説教を中断し、イエスを指差して叫びました。「見よ、方が来られる! イエスが来る。神の子羊である。世の罪を取り除く。私があなたたちに告げてきた方、すなわち、イスラエルに知られるようになる方である。」

ヨハネに近づくと、イエスはヨハネに洗礼を授けてくれるよう頼みました。ヨハネは断ろうとして、イエスに言いました。「私は罪人たちに説教し、罪から離れるすべての人に洗礼を授けるために来たのです。あなたは罪人ではありません。洗礼を受ける必要はありません。代わりに、あなたが私に洗礼を授けてください。」

イエスは答えました。「そうさせてください。私たち一人一人が神の計画を成就するのは当然のことです。私は罪人を救うために来ました。*ですから、彼らと同じように洗礼を受けることで、彼らと一体になりたいのです。*

イエスが洗礼を受け、川から上がってこられたとき、ヨハネは天が開け、神の霊が鳩のように降りてきてイエスの上にとどまるのを見ました。すると天から声が聞こえました。「これはわたしの愛する子。わたしは彼を心から喜ぶ。」その後、ヨハネはこう証言しました。「わたしは今、神の霊が鳩*のよう*

*に天から降りてきてイエスの上にとどまるのを見ました。*神はこう言われました。『イエスは、わたしの弟子たちに聖霊によって洗礼を授ける方である。』」(ヨハネ2:29-34、著者による改稿)

イエスの誘惑(マタイ4:1-11とルカ4:1-13)

イエスは洗礼を受け、天の父なる神から言葉で確約された後、神の霊によって荒野へと一人で導かれました。イエスは悪魔の誘惑を受けることになりました。*この時、おそらく初めて、悪魔(サタン)はイエスが本当は誰であるかを知りました。しかし、初めてであろうとなかろうと、*サタンはレーザー銃のような霊的な戦いをイエスに向け始めました。それはヨブ記第7章でサタンがヨブに対して行った戦いと似ています。しかし、*サタンのイエスに対する戦いはより激しくなり、人類を罪から救うというイエスの目的を阻もうとします。それはイエスとのこの一度きりの出会いではなく、最後まで続く戦いとなるでしょう。*その荒野でイエスは一人で40日間断食*(食べ物を口にせず、水を飲んだ)し、天の父なる神の御心についてより深く理解しようと努めました。イエスは私たちの罪を償い、弟子たちが神と共に永遠に生きるための全体的な計画を練っておられました。*それは新しい計画ではありませんでした。それは世界が創造される前に神によって立てられたのと同じ永遠の計画でした。*しかし、永遠の言葉が肉(人間も)となった今、神の永遠の計画は、神の霊に導かれたイエスによって、あたかも新しいかのように、自発的に再び実行されました。*

40日間の断食の後、イエスは空腹と肉体的な衰弱に悩まされていました。*サタンは40日間、イエスと断続的に戦いを挑んでいましたが、今こそイエスの命綱を刺し、神の永遠の計画を打ち砕く絶好の機会だと考えたのです。*

　　サタンはイエスに言いました。「この丸い石がパンのように見えることに気づいたか？　あなたは40日40夜何も食べていないので、とてもお腹が空いている。神の子であるあなたは、神の力を自分の必要に応じて使いなさい。この石にパンになって食べなさいと命じなさい。」

　　イエスは答えた。「『人はパンだけで生きるものではなく、主の口から出る一つ一つの言葉で生きるものである』と書いてある（申命記 8:3 KJV）。」*第 1 ラウンド: イエス 1、サタン o。*

　　悪魔はイエスをエルサレムへ連れて行き、神殿の頂上へと連れて行きました。「下にいる人々を見なさい」と彼は言いました。「もしあなたが飛び降りたら、誰かがあなたが落ちるのを見て叫び、あなたを指さすでしょう。すると群衆の注目が一気にあなたに集まるでしょう。あなたは神の子ですから、*『神は御使いたちにあなたを守らせる。彼らはあなたが舗道に倒れる前に、素早くあなたを捕らえるであろう』と書いてあることをあなたは知っています（詩篇91篇11-12節、欽定訳聖書）。」注：サタンは詩篇91篇11-12節を文脈から外して引用していました。*サタンは続けてこう言いました。「神があなたを救う義務があることをすべての人々が知れば、あなたの望みどおりに彼らはあなたに群がるでしょう。」

　　イエスは静かに答えました。「主なるあなたの神を試してはならない」（主を強制しようとすること；申命記6:16 KJV）。第2ラウンド：イエス 2、サタン o。

　　*悪魔はまたもや失敗したが、最大の誘惑は最後まで残しておいた。*イエスを高い山の頂上へ連れて行き、一瞬のうちに世界のすべての王国を見せた。*サタンは言った。「お前には絶対に逃せない取引がある。お前はすべての人々を神のもとへ導きたいのだから、私がそれを容易にしてやろう。」それから、狡猾な笑みを浮かべながら、*サタンは続けた。*「お前は神の子であるから、*これらのすべての王国が私の支配下にあ

ることは分かっているだろう。しかし、もしお前が一度でも私にひれ伏すなら、私はこれらのすべての王国をお前に与えよう。*そうすれば、私は去る。そして、お前はもう私から煩わされることはないだろう。*」

イエスはすぐにこう反論した。*「まず第一に、そして最も重要なこと!*あなたはあなたの神である主を畏れ(畏敬の念を抱き)、主にのみ仕えなければならない。あなたは他人の偶像(神々)に従ってはならない(申命記6:13-14　KJV)。*第二に、あなたは嘘つきだ。それだけでなく、サタンよ、あなたは根本的な問題ではない*。根本的な問題は罪だ。*もしあなたが地上を去ったとしても、罪は依然として存在するだろう。*私はあなたを滅ぼし(創世記3:15)、人類の罪を償い(イザヤ書53:4-6、10-12)、そして神と人類の関係を再構築する(詩篇23篇)。」*第3ラウンド:イエス3、サタン0—テクニカルノックアウト!*

*二人の間には、物語27の後半で描かれる最後の、そして最も激しい戦い(「マニラのスリラー」)を含む、更なる戦いが繰り広げられることになる。*そこでサタンは別の好機が訪れるまで去った。天使たちがやって来て、イエスの肉体的な必要を満たした。

イエスは弟子を集め始めました(ヨハネ1:35-51)

別の日、イエスは洗礼者ヨハネが教えている場所を通り過ぎました。ヨハネは二人の弟子と話していた時、遠くにイエスの姿を見つけました。*二人の弟子はイエスが洗礼を受けた時にはそこにいませんでした。*ヨハネはイエスを指差して言いました。「この人こそ神の小羊です。」

二人の弟子はイエスがどこへ行くのか見ようと、イエスの後について行きました。イエスは彼らがついてくるのを見て、立ち止まり、「何を求めているのですか」と尋ねました。

彼らは言いました。「ラビ[先生]、どこにお泊まりですか?」

「見に来てください」と彼は言った。

二人のうちの一人はシモン・ペテロの兄弟アンデレでした。洗礼者ヨハネの二人目の弟子で、名前が明かされていないのは*ゼベダイの子ヨハネでした。 (ヨハネは福音書の中で自分の名前を言及していません。ヨハネ1:35-40、著者による書き直し)。*

その後、アンデレは兄のシモンを探しに行き、「私たちはメシア(キリスト、油注がれた者)を見つけました」と言いました。

アンデレはシモンをイエスのもとに連れて行きました。イエスは彼を見て言いました。「あなたはヨハネの子シモンです。これからはケファ(ペテロ、岩)と呼ばれるでしょう。」

ゼベダイの子ヨハネは、弟のヤコブにイエスのこと、また洗礼者ヨハネがイエスを神の子羊と呼んだことについて話しました。

別の日、イエスはガリラヤ湖畔を歩いておられたとき、ペテロとアンデレが海に漁網を投げているのを目にされました。イエスは彼らに呼びかけられました。「わたしについて来なさい。あなたたちを、人間をとる漁師として*整えてあげます*。人々を神のもとに連れ戻せるようにしてあげます。」彼らは網を捨ててイエスに従いました。それから少し離れたところで、イエスはゼベダイの子ヤコブとヨハネという兄弟たちが網を修理しているのを目にされました。イエスは彼らにも従うように呼びかけられました。彼らも父親と共に舟を離れ、イエスに従いました(マタイによる福音書 4:18-22、著者による改稿)。

4人の漁師(ペテロ、アンデレ、ヤコブ、ヨハネ)はイエスの最初の4人の弟子となりました。イエスはさらに多くの弟子を選びました。最初の4人(アンデレ、ヨハネ、そしておそらくペテロ）のうち少なくとも2人、もしかしたら3人は洗礼者ヨハネから弟子として教えを受けていました。もう1人のヤコブは兄ヨハネの影響を受けており、ヨハネもペテロと同様に兄アンデレから影響を受けていました。*イエスは、ご自身がこの世を去った後も宣教を続けられるよう、弟子たちを訓練するという長期的な目標を持っていました。*

イエスの知らせはウイルスよりも速く広まり始めました。フィリップはアンデレとペテロと同じベツサイダ出身でした。フィリップはナタナエル（別名バルトロマイ）を見つけ、こう告げました。「私たちは、モーセが語った方、預言者たちが書き記した方を見つけました。その名はイエス（イェシュア）、ナザレのイエス、ヨセフの子です *（ヨセフはイエスの父と誤って推定されました。ヨハネ1:45）*。」

ナタナエルはフィリップに尋ねました。「ナザレから何か良いものが出るでしょうか？」

フィリップは「*聞いてくれて嬉しいよ。*見に来てね」と答えました。

イエスはナタナエルが自分のところに来るのを見て、「見よ、だれが来るか。偽りのない純粋なイスラエル人だ」と言われました。

ナタナエルは尋ねました。「どうして私を知ったのですか？」

イエスは答えました。「フィリポがあなたを呼ぶ前に、あなたがいちじくの木の下に座っていたのを私は見ました。」

ナタナエルは信仰をもって答えました。「先生、あなたは神の子、イスラエルの王でいらっしゃるに違いありません。」

イエスは彼に尋ねました。「あなたがいちじくの木の下に座っているのを私が知っていたからといって、私を信じるのか。さあ、私について来なさい。そうすれば、もっと大きなことを見るでしょう。」（ヨハネ1:47-51 KJV）

フィリップとナタナエルも洗礼者ヨハネの影響を受けてイエスの弟子になったのかもしれません。

イエスはガリラヤとその先を巡回する(ルカ4:42–5:26)

イエスは神の霊に満たされ、ガリラヤに戻り、会堂で教え始めました。至る所で福音を宣べ伝え、様々な病気や衰弱に苦しむ多くの人々を癒しました。大勢の群衆がイエスに従い、イエスはガリラヤ中を巡り、ヨルダン川を渡ってデカポリス(十の都市)へ、そしてユダヤ地方を通り抜け、ついにエルサレムへ至りました。イエスは人々に「悔い改めなさい」と繰り返し勧め、「神の国は近づいた」と言われました。

イエスと弟子たちはガリラヤ湖の北西岸にあるカペナウムに戻りました。安息日(土曜日)に彼らは会堂に入り、イエスは教え始めました。地元の人々はイエスの教えに驚きました。特に、ユダヤ人の律法学者や他の宗教指導者とは異なり、イエスが権威をもって教えられたからです。律法学者の主な仕事は、聖書を手書きで書き写すことでした。当時は印刷機もコンピューターもありませんでした。律法学者たちは自分たちを旧約聖書の専門家だと考えていましたが、*その解釈はそれほど上手ではありませんでした。*

イエスが教えを終えると、汚れた霊に取りつかれた男が叫びました。「ナザレのイエスよ、私たちは何の用事があるのですか。私たちを滅ぼしに来たのですか。あなたは神の聖者だと私は知っています。」

イエスは汚れた霊を叱り、「黙れ。この人から出て行け」と言われました。

汚れた霊はその男をけいれんさせ、叫ばせて、男から出て行った。

人々は驚き、互いに論じ合った。「これは何事だ。権威を持った新しい教師だ。汚れた霊どもに命令することもできる。すると、彼らは従うのだ。」イエスの知らせは周囲の地域に広まった。

*ペテロの姑*の家に立ち寄りました。彼女は高熱にうなされていました。イエスは彼女を癒し、彼女は起き上がって彼らの世話をしました。翌朝、夜明け前に*イエスは起き上がり、父なる神に一人で祈る静かな場所を探して家を出ました*。その後、4人の仲間がイエスを探し、見つけると、「みんながあなたを捜しています」と言いました。

イエスは答えました。「近くの他の町々にも行きましょう。そこでも宣べ伝えます。」

質問

1. ヨハネがイエスのために道を切り開いた方法を少なくとも 2 つ挙げてください。
2. 洗礼者ヨハネとイエスは弟子を育てました。弟子であることは今日でも重要ですか？なぜそうなのか、あるいはそうでないのか？
3. ヨハネは、彼のもとに来た人々に洗礼を授けました。また、他の人々にはこう言いました。「あなたの生活や態度に変化が見られ、本当に悔い改めたことが分かります。それから戻って来なさい。そうすれば洗礼を授けましょう。」今日、これは必要なことでしょうか。
4. ヨハネは水で洗礼を授けたと言いましたが、「私の後に来る方が聖霊と火で洗礼を授けます」とも言いました。ヨハネはまた、「イエスは栄え、私は衰えなければなりません」とも言いました。ヨハネはどういう意味だったのでしょうか。

5. イエスが洗礼者ヨハネから洗礼を受けた直後、イエスとヨハネの両者にとっての証人として、どのような二つの出来事が起こりましたか。
6. イエスが40日間と40夜間断食したのはなぜだと思いますか?
7. サタン(悪魔)はイエスを罪に誘惑しましたが、失敗しました。誘惑に直面したイエスは、どのような前向きな決断を下しましたか?
8. イエスの宣教は3つの活動に基づいていました。あなたはそれらの名前を挙げることができますか?ヒント:T　　　　　　　、P　　　　　　　、そしてH。
9. イエスは天の父との交わりを保つために主にどのような活動を用いましたか。

ミニエピローグ

この時点でイエスに何人の弟子がいたかは定かではありません。イエスは4人、あるいは7人を選んでいました。フィリポとナタナエルはおそらく5番目と6番目、マタイは7番目だったかもしれません。イエスは弟子(追随者/学ぶ者)を召し続けました。その数は不明ですが、増え続けました。

多くの弟子の中から12使徒を選ぶ前に、*一晩中祈られました。これらの使徒の名前*は、3つの共観福音書、マタイ10:2-9、マルコ3:13-19、ルカ6:12-16、使徒行伝1:13に記載されています。各福音書で挙げられている名前の順序は、おおむね同じです。(1)シモン・ペテロ、(2)ペテロの兄弟アンデレ、(3)ゼベダイの子ヤコブと(4)ヨハネ、(5)ピリポ、(6)ナタナエルとも呼ばれるバルトロマイ、(7)レビとも呼ばれるマタイ、(8)トマス、(9)アルパヨの子ヤコブ、(10)ヤコブの子ユダとも呼ばれるタダイ、(11)熱心党のシモン、(12)裏切り者となったイスカリオテのユダ。

　イエスと使徒たちが伝道旅行に出かけたとき、何人かの女性たちが料理や雑用を手伝うために同行しました。彼女たちはまた、イエスとその一行を支えるために、自分の財産から寄付もしました。名前が挙がったのはマグダラのマリア、スザンナ、ヨハナ、そして他の著名な女性たち、たった3人だけです。*今日でも、忠実な女性たちが与え、奉仕しなければ、御国で成し遂げられることははるかに少ないでしょう*（ルカ8:1-3、著者による改稿）。

ストーリー20

カナの奇跡
（ヨハネ2:1-11）

イエスの奇跡は前の物語にもいくつか登場します。カナの奇跡はイエスの最初の奇跡であり、ヨハネによってのみ記録されています。これはおそらく、前の物語でイエスが最初の4人の弟子を選んだ直後に起こったと考えられます。カナの奇跡は、その重要なメッセージを強調するために別個に記されています。

イエスがペテロ、アンデレ、ヤコブ、ヨハネを最初の弟子として選び、おそらく他の弟子も選んだ後、間もなくガリラヤのカナで婚礼が行われました。カナはイエスが育ったナザレの北約13キロに位置していました。

イエスの母マリアもそこにいて、結婚披露宴で*何らかの公式な役割を担っていたようです。イエスと弟子たちも招待されていたことから、イエスの親戚の結婚式だったのかもしれません。　結婚式は、特に村ではほとんどの人が出席する*

特別な行事でした。結婚式は数日間にわたって行われることもありました。

マリアはイエスに近づき、「ワインがなくなりました」とささやきました。

*食べ物やぶどう酒が足りなくなったら、花婿とその両親は恥をかくことになるでしょう。*イエスは彼女にささやきました。「婦人よ、それが私たちに何の影響を与えるのですか?」

「婦人」*という言葉は、私たちには厳しい響きに聞こえるかもしれませんが、当時は非常に敬意を表した言葉でした。マリアは動揺せず、イエスが何かしてくれるだろうと予想していました。*彼女はただ家の使用人たちの方を向いて、「イエスが命じることを何でもおやりなさい」と言いました。

台所には石造りの水がめが6つありました。それぞれ20～30ガロン(約15～20リットル)の容量があり、家族にしては異例の数 *でした。中には、おそらく結婚式の参列者の近所の人から借りてきたものもあったのでしょう。こうした水がめは、ユダヤ人の清めの習慣のためのものでした。水は、食事の前に手を洗ったり、食器を洗ったりするのに使われました。*

イエスは家の召使いたちに水がめに水を満たすように命じました。それは井戸から水を汲んで水がめに満たすという意味でした。これらの水がめは婚礼の準備のためにすでに満たされていましたが、すでに手や食器などを洗うのに多くの水が使われていました。客は家に入る際に、玄関に置かれた別の水がめで足を洗ったことでしょう。

多くの人は、イエスが6つの水がめの水をワインに変えたと考えています。イエスを含め、ユダヤ人は誰も、清め(清め)のために使われた水がめから水を飲ませることはしませんでした。それは客に対する侮辱であり、主人の評判に永久的な傷を残すことになるからです。

イエスは召使いたちに水がめに水を満たすように言われました。つまり、*水がめを満たすためには、井戸から水を*

*汲む必要があったのです。*儀式用の水がめに水を満たした後、イエスは召使いたちに「さあ、水を汲んで給仕長のところに持って行きなさい」と言われました。*これは（そしてこれが重要ですが）*「さあ、水源である井戸に戻り、井戸から（水がめからではなく）さらに水を汲み、その水を給仕長のところに持って行きなさい」という意味です。

*そこで召使いたちは井戸に戻り、さらに水を汲み、井戸から直接汲んで給仕長に渡しました。給仕長はワインになったその水を味見しましたが、それが井戸から出た水だとは*知らず、良いワインだと宣言しました。そして、宴会の終わりまで一番良いワインを取っておいてくれた花婿を褒めました。*一番良いワインの出所を知っていたのは、召使いたちとイエス、そして弟子たちだけでした。*

*イエスは、客たちがワインの在庫が尽きたことに気づく前に、奇跡的に良いワインを彼らに提供することで、花婿の名誉を守りました。しかし*同時に、イエスは弟子たちに、ご自身がどのような方であり、なぜ地上に来られたのかをより深く*理解させました。しかし、彼らは神の永遠の計画を知るどころか、ましてや理解するどころではありませんでした。彼らの理解の鍵は、井戸、つまり水の源にあります。*私たちにとって、命と意味のある人生の源は、宗教や宗教儀式ではなく、神なのです。

*ユダヤ教（そして他の多くの宗教）は、たとえ道徳観の欠如や神との個人的な関係の欠如に関わらず、宗教上の律法や儀式に従い、善行を行うことが神への道であると考える傾向があります。*カナの奇跡を通して、イエスは弟子たちに、真の悔い改め、赦し、再生、そして喜びを見出すためには、万物の源である神に直接、そして個人的に近づく必要があると教えました。

> 別の機会に、イエスは群衆にこう諭されました。「新しいぶどう酒を古い皮袋に入れる人はいません。新しいぶどう酒は古い皮袋を破ってしまうからです。そうすれば、新しいぶどう酒は失われ、古い皮袋はだめになってしまいます。(新しいぶどう酒は新しい皮袋に入れなければなりません。皮袋は伸びます。)」
>
> (ルカによる福音書 5:37-38 NASB)

*イエスは新しいぶどう酒に関する物理的な真理を用いて、新しい命に関する霊的な真理を例証しました。*宗教と神との個人的な関係は異なる概念であり、相容れないものだとイエスは言っていました。*宗教は、神があなたのために用意しておられる可能性を封じ込めることはできません。カナの物語は、次のように宣言して終わります。*

> イエスがガリラヤのカナで行われたこの最初のしるし[奇跡]は、イエスの栄光を現し、弟子たちはイエスを信じた。
>
> (ヨハネ2:11)

質問

1. カナの婚礼で、マリアはどんな問題をイエスに伝えましたか。
2. 宗教とその律法、儀式、善行の強調は、どうして神を知ることと神を喜ばせることの妨げになるのでしょうか。
3. この物語において、*源泉に戻るとはどういう*意味でしょうか?

4. イエスのこの最初の「しるし」(奇跡)は弟子たちにどのような影響を与えたでしょうか。

ミニエピローグ

ヨハネはイエスの奇跡を「しるし」と呼んでいます。しるしはそれ自体ではなく、何か他のものを指し示します。

　結婚披露宴にいたほとんどの人々は、奇跡が起こったことさえ知りませんでした。この奇跡はイエスの弟子たちにとってのしるしでした。それはイエスを指し示し、イエスがメシア、神に油を注がれた方であるという彼らの信仰を強固なものにしました。彼らはまだ、イエスが神の御子、つまり神が人となった方であることを知りませんでした。イエスご自身が私たちの罪の贖いとなられたのです。彼らには学ぶべきことがたくさんありました。私たちも同様です。

ストーリー21

イエスのたとえ話の抜粋

イエスは人々に霊的な教訓を理解させるために、実話に基づいた簡潔な物語を語りました。このような物語はたとえ話と呼ばれます。ここでは、そうした物語のいくつかを見ていきましょう。たとえ話は通常、一つの真理だけを伝えます。

1. 土のたとえ話(マタイ13:1-9; マルコ4:1以下;ルカ8:4以下)

イエスはガリラヤ湖畔で教えを説くために座られました。群衆がイエスの周りに集まり、その数が増えすぎたため、イエスは岸から近くの漁船へと移動されました。漁船のおかげで、イエスは群衆から少し離れたところに立つことができました。

*(おそらく小麦か大麦)*を植えるために畑へ出かけた農夫のたとえ話を語りました。石が多すぎて畑を耕すには適さなかったので、農夫は耕されていない畑を歩き回り、手で種を畑全体に均等にまきました。

*手で種を均等にまき散らしたところ、種の一部は*固く締まった歩道に落ち、鳥がやって来てそれを食べました。*種の*

一部は、土よりも岩の多い岩だらけの土に落ちました。岩だらけの土の中の種は芽を出し成長しましたが、土は浅く、太陽が熱くなると若い根は乾き、植物は枯れてしまいました。*種の一部は*雑草やイバラの中に落ち、それらはより早く成長して植物を窒息させました。*しかし、種の大部分は*良い土に落ち、植物は豊かな実りを結びました。あるものは百倍、あるものは六十倍、あるものは三十倍もの実りがありました。

イエスは群衆に言いました。「聞く耳のある者は聞きなさい。」

イエスは滅多にたとえ話を説明されませんでした。しかし、何らかの理由で、*このたとえ話を弟子たちに説明する必要性を感じたのです。*しかしまず、この物語が何を教えているのか、少し考えてみてください。

イエスは、耕されていない畑に種をまく土のたとえ話を説明しました。（マタイ13:18-23、マルコ4:13-20、ルカ8:11-15）種をまく人はイエスとその弟子たちです。*種は神の言葉（福音、御国の御言葉など）です。土は人々の心です。種は畑全体に蒔かれます。*

ある種は、よく人が通る道の固い土の上に落ちました。そこには何も育たないのです。心の硬い人は福音を聞いても受け入れません。すると悪魔（サタン）が、彼らがそれ以上深く考える前に、すぐに種を奪い取ろうとします。

種は、御言葉を聞いてすぐに受け入れるが、心に根付かない人々を表しています。困難が訪れると、彼らは落ちてしまいます。

*ある種は*雑草が生えた土に落ちました。それは、御言葉を受け入れるものの、生活やお金などに対する心配が御言葉を窒息させ、そのような人は実を結ばなくなる人々を表しています。

*ほとんどの種は*良い土に落ち、御言葉を心に受け入れ、キリストにおける喜びに*満ちた新しい人生を送る人々を表しています。*

たとえ話は通常、霊的な真理を 1 つだけ教えます。このたとえ話にもそれが当てはまります。イエスに従う人々は、神がどのように祝福してくださったかを他の人々に伝えます。中には興味を示さず、主を拒絶する人もいますが、神とその真理に心を開く人もいます。そのような人々はイエスを受け入れ、神が自分たちの人生をどのように祝福してくださったかを他の人々に伝えることで、実り豊かな人生を送るようになります。このように、信者たちは、誰が受け取るか事前に知ることなく、喜びをもってすべての人々に福音を伝えようと努めるのです。

弟子たちは尋ねました。「なぜたとえ話で教えるのですか?」

彼は答えました。「神は、あなたが信仰すれば神の国の奥義を理解できるように定めておられます。不信者にはそれらの奥義を理解することはできません。」

今後の物語で、それらの謎のいくつかが明らかになるでしょう。

2. 金持ちとラザロのたとえ話(ルカ16:19-31)

このたとえ話は、物語の中で唯一、人物の名前が出てくるたとえ話です。毎日贅沢な暮らしを送っている金持ちがいました。ラザロという貧しい乞食もいました。彼の体は腫れ物で覆われていました。ラザロは毎日、金持ちの家の門の前に横たわり、金持ちの食卓から食べ物の切れ端をもらえることを願っていました。犬たちが彼の腫れ物を舐めましたが、ラザロには何も食べられませんでした。

ラザロは死に、天使によってアブラハムと共に天に召されました。その後、金持ちも亡くなり、埋葬されました。金持ちはハデス（地獄）で激しい苦しみに苦しみました。彼は目を上げ、ラザロがアブラハムと共にいるのを見て、叫びました。「父なるアブラハムよ、私をあわれんでください。私はこの炎の中で苦しんでいます。ラザロを私のところに送ってください。彼が指を水に浸し、私の舌を冷やさせてください。」

アブラハムは答えました。「申し訳ない、我が子よ。思い出しなさい。あなたはかつて楽な生活を送っていたのに、神と、あなたの家の門の貧しい物乞いの必要を無視していた。ラザロは私の子の一人でありながら、大変な苦労をし、ひどく苦しんだ。今、全てが変わってしまった。あなたは苦しみ、ラザロは慰められている。しかも、私たちの間には大きな溝がある。私たちはあなたのところに行くことも、あなたも私たちのところに来ることもできない。」

すると金持ちは言いました。「もしそうなら、どうかラザロを私の父の家に送り返してください。私には五人の兄弟がいますが、彼らも私と同じように不信者です。彼らがこんな苦しみの場に陥らないように、どうか警告してください。」

アブラハムは言いました。「あなたの兄弟たちは神の言葉を聞いています。モーセと預言者たちはすでに彼らに警告していました。」

その男は叫びました。「いいえ、父アブラハムよ、彼らは私と同じで、モーセや預言者の言葉に耳を傾けません。もし死者の中から誰かが彼らのところに来れば、彼らは耳を傾けるでしょう。」

アブラハムは答えました。「もし彼らがモーセと預言者に耳を傾けないなら、死からよみがえられた方（イエス）にも耳を傾けないはずです（ルカ16:31）」

それは悲しい話です。*私たちは自分は善良だ、あるいは少なくとも十分に善良だと考える傾向があります。罪は私た*

*ちを欺き、自分たちは十分に善良だと信じ込ませます。*神は預言者イザヤを通してこう語られました。

> 私たちは皆汚れており、善行さえも汚れた布切れのようだ。
> （イザヤ書64章6節、著者による改稿）

神の言葉に耳を傾けないとき、私たちはあの金持ちのように神の恵みを拒否し、希望もなく「審判の日」を迎えることになります。

3. ぶどう園の労働者のたとえ話（マタイ20:1-16）

天の御国は、ぶどう園の主人のようなものです。彼は午前6時頃、ぶどうの収穫のために日雇い労働者を雇うために出かけました。彼は手に入る労働者全員を、1日1デナリオンの標準賃金で雇い、ぶどう園に送りました。そして、午前9時（午後3時）に市場に戻り、他の人々が何もせずに立ち尽くしているのを見ました。

「私のぶどう園へ行きなさい」と彼は言った。「正当な報酬を支払おう。」

男たちは午前遅くに日雇いの仕事を得ることができて嬉しかった。

店主は午後6時（正午）に市場に戻り、他の人々が何もせずに立ち尽くしているのを見ました。

「私のぶどう園に行きなさい」と彼は言った。「正当な報酬を支払おう。」

男たちは昼間の仕事に就けて嬉しかった。

店主は、まだ人手が足りないため、作物が完全に収穫できないのではないかと心配し、午後3時に再び市場に戻り、同じことを繰り返しました。そして、店主は午後5時頃になってようやく市場に戻り、他の人たちもそこに立っているのを見つけました。

彼は彼らに尋ねました。「なぜ一日中何もせずに突っ立っていたのですか？」

彼らは「誰も雇ってくれなかったからです」と答えました。

彼は彼らに言いました。「私のぶどう園に行きなさい。そうすれば、正当な賃金を支払います。」

彼らはお金が必要だったので、その日の遅い時間でも仕事に行きました。

*当時、労働者は日の出から日没まで働き、一日の終わりに賃金を受け取っていました。*夕方になると、ぶどう園の主人は監督にこう言いました。「労働者たちを呼びなさい。最後の組から最初の組まで、賃金を支払いなさい。」

午後5時、午後3時、正午、午前9時に雇われた人々は、それぞれ1デナリオン、つまり一日分の給料を受け取ると、大変感謝しました。午前6時に雇われた人々もようやく給料を受け取りに来たとき、1デナリオンが支払われました。

彼らはぶどう園の主人に不平を言いました。「中にはたった1時間しか働いていない人もいるのに、あなた方は彼らに、炎天下で一日中働いている私たちと同じ給料を払っている。これは不公平だ。」

ぶどう園の主人は答えました。「あなたの分を取って行きなさい。もし私が最後の者たちにあなたと同じ賃金を支払うことに決めたとしても、あなたは騙されたわけではありません。私はあなたに、あなたが同意した通り、正当な賃金を支払いました。*他の者たちにも、食べなければならない家族がいます。私が彼らに惜しみなく与えることに決めたとしても、それは私の勝手です。*私が他の人に惜しみなく与えているからといって、あなたは妬んでいるのですか。最後の者は最初になり、最初の者は最後になるのです。」

質問

1. このたとえ話についてどう思いますか?
2. 労働者についてどう思いますか?
3. ぶどう園の主人についてどう思いますか?物語は「天国は…のようなものです」で始まりました。
4. ぶどう園の所有者は誰を表していますか。
5. このたとえ話の主な教えは何だと思いますか。

4. 高価な真珠(マタイ13:45-46)

> 天の御国は、良質の真珠を探し求めていた真珠商人のようです。彼は今まで見たことのない真珠を見つけました。それは並外れた大きさと品質の真珠でした。高価だったので、彼は持ち物をすべて売り払い、その並外れた、唯一無二の、非常に高価な真珠を買うための資金を集めました。

あなたが持っているものすべてよりも価値のあるものを思いつきますか?それを手に入れるためにすべてを手放すほど価値のあるものはありますか?このたとえ話の最初の4つの言葉(「神の王国」)は、あなたにとってそれほど価値があるでしょうか?

5. 善きサマリア人(ルカ10:30-37)

導入

ある宗教学者がイエスを試そうとして尋ねました。「先生、永遠の命を受け継ぐには、何をすればよいのでしょうか。」

イエスは彼に尋ねました。「律法（モーセの書）には何と書いてあるか。あなたはモーセの律法が何と言っているか分かっているか。」

「その通りです」と彼は答えました。「心を尽くし、魂を尽くし、思いを尽くして、あなたの神である主を愛しなさい」（申命記6:5、欽定訳）そして「隣人をあなた自身のように愛しなさい」（レビ記19:18、欽定訳）

イエスは彼を肯定してこう言われました。「あなたは正しく答えました。そのようにしなさい。そうすればあなたは生きるでしょう。」

しかし、律法学者は自分の正当性を証明しようとして、「わたしの隣人とはだれですか」と尋ねました。

イエスは譬えで答えられました。「あるユダヤ人がエルサレムからエリコへ下って行く途中、強盗団に待ち伏せされました。彼らは彼を殴り、金品を奪い、半殺しにして道に置き去りにしました。」

寂しい道でしたが、偶然、ユダヤ人の祭司が彼に出会いました。この同胞がひどく助けを必要としていることは明らかでしたが、祭司は考え事をしていて、このかわいそうな男を助ける時間などないと感じました。そこで祭司はロバを道の反対側へ走らせ、傷ついた男を置き去りにしました。

同じように、レビ人（ユダヤ教の祭司部族の宗教指導者）が重傷を負った男に出会いました。彼もまた、関わらないようにしました。彼もまた道を渡り、男のそばを通り過ぎました。すると、出張中のサマリア人が、傷ついたユダヤ人男に出会いました。サマリア人は混血で、半分はユダヤ人で、ユダヤ人から軽蔑されていました。しかし、サマリア人は男の窮状に気づき、同情しました。彼は立ち止まり、傷口を洗い、ぶどう酒と油を注ぎ、包帯をしました。

そう言うと、サマリア人は負傷者を自分の荷馬車に乗せ、ロバをエリコへと連れて行きました。宿屋の部屋代を払い、負傷者の手当てをしました。翌朝、サマリア人は宿屋の主人に2デナリオン（2日分の賃金）を渡し、「彼を手当てしてください。それ以上の費用がかかったら、戻ってから支払います」と言いました。

たとえ話を終えると、イエスは律法学者にこう言われました。「あなたに尋ねます。この三人のうち、強盗に襲われた人の隣人となったのはだれだと思いますか。」

律法学者は答えました。「慈悲深い人です。」

イエスは答えました。「行って同じようにしなさい。」

6. 愚かな金持ち（ルカ12:13-21）

群衆の中の一人の男が言いました。「先生、父が私たちに残した財産を分けるように私の兄弟に伝えてください。」

イエスは答えて言われた。「だれがわたしに、あなたがたを裁く権利や、あなたがたの間で財産を分ける権利を与えたのか。」イエスは続けて群衆に言われた。「気をつけなさい。*あらゆる貪欲から身を守りなさい。人の本当の命は、どんなに富んでいても、その所有物によって決まるのではないからです。*

*それからイエスは、ある金持ちのたとえ話をされました。*ある金持ちは、いつも豊作の肥沃な農地を持っていました。彼は心の中で、「*作物を全部保管するのに十分な貯蔵場所がない。納屋を取り壊して、穀物やその他の物資をすべて保管できるもっと大きな納屋を建てなければならない。そうすれば、必要なものはすべて手に入る*」と考え始めました。*何年も。ゆっくりして、食べて、飲んで、楽しむことができます。*

しかし神は彼に言いました。「愚かな人よ、あなたは今夜死ぬでしょう。そして、あなたが蓄えたこれらの物は誰が手に入れるのでしょうか。」

イエスはこう結論しました。「自分のために富を積んでも、神に対して富んでいない人たちはこのようになる。」

イエスは弟子たちにこう言われました。「だから、あなたたちに言う。*自分の命のことで、何を食べようか、何を着ようかと心配するな。*鳥のことを考えてみなさい。鳥は作物を植えたり、納屋を建てたりはしない。しかし、神は鳥にたくさんの食物を与えてくださる。道端の野の花のことを考えてみなさい。鳥は自分で働いたり、自分で着物を作ったりはしない。神は彼らに必要なものを与えてくださる。ソロモン王でさえ、あの花ほど美しく着飾ってはいなかった。」

> 未信者はそうしたことを心配しますが、天の父はあなたの必要を知り、必ず満たしてくださいます。神の国を求めなさい。そうすれば、神はあなたがたに必要なものをすべて満たしてくださいます（私たちの欲求を満たすものではありません）。あなたがたの宝がどこにあっても、どんなものであっても（地上のものであろうと天のものであろうと）、そこにあなたがたの心も宿るのです。
>
> （ルカ12:34、著者による改稿）

7. ぶどう園の農夫たち（マルコ12:1-12、著者による書き直し）

導入

イエスはエルサレムの神殿に入り、人々が神の家を汚しているのを目にしました。巡礼者たちは罪の償いなどのために犠牲を捧げるために全国からやって来ましたが、彼らは騙されていました。彼らは犠牲に捧げる動物を自分で持ち込むことができず、神殿の商人から法外な値段で羊や山羊や鳥を買わなければなりませんでした。彼らは通常のお金を寄付することさえできず、不公平な為替レートで神殿の特別なお金に両替しなければなりませんでした。

さらに、こうしたあらゆる商売のために指定された場所は、神殿の敷地内で「神を畏れる者」（主なる神を崇拝する非ユダヤ教徒）が立ち入り、礼拝できる唯一の場所でした。異邦人の崇拝者たちがそこで目にしたのは、騒々しく悪臭を放つ市場と不当な価格設定で、礼拝をほとんど不可能にしていました。宗教指導者たちはそれを容認し、*おそらくそこから利益を得ていたのでしょう。*

イエスは羊と山羊を追い出しました。金の皿はひっくり返しましたが、鳥かごは開けませんでした。こうして商人たちは誰も損をしませんでしたが、異邦人の土地は礼拝のために清められました（マルコ11:15-17）。イエスは彼らに教え始めました。「聖書には、神はこう言っています。『わたしの家は、すべての民の祈りの家と呼ばれる』（イザヤ書56:7、欽定訳）しかし、あなたたちはそれを強盗の巣にした』（エレミヤ書7:11、欽定訳）

イエスが神殿の中を歩いておられたとき（マルコ11:27-33）、一群の宗教指導者（祭司、律法学者、長老）が、神殿を清めたイエスに詰め寄りました。彼らは、イエスが誰の権威によってそれをなさったのかを尋ねました。

イエスは言われた。「わたしはあなたに質問をする。もしあなたがわたしの質問に答えるなら、わたしはこれらのことを行う権威を明らかに示そう。」

イエスは尋ねました。「洗礼者ヨハネの洗礼は*神の権威によるものであったか、そうでなかったか?*

宗教指導者たちは互いに話し合いました。「もし私たちが、ヨハネの洗礼が*神からのものだと言うなら、イエスはなぜ私たちがヨハネの教えに従わなかったのかと*問うでしょう。しかし、もし私たちが、ヨハネの洗礼が*神からのものではない*

*と言うなら、人々は私たちに対して暴動を起こすでしょう。*なぜなら、彼らはヨハネが本当に神の預言者だったと信じているからです。」そこで彼らはイエスに答えました。「私たちは知りません。」

イエスはこう答えました。「あなたは私の質問に答えなかったから、私は神殿を清める権威を明かさない。」

それからイエスは彼らにもう一つのたとえ話を語りました（マルコ12:1-12、著者による改稿）。*おそらくこれはイエスのたとえ話の中で最も重要なもので、ユダヤ人の宗教指導者たちがなぜイエスを憎んだのかを理解する鍵となります。*

ある*男が新しいぶどう園を造り*、柵で囲みました。そして穴を掘り、ぶどう搾り場の下にぶどうの果汁を溜める桶を作りました。また、見張り塔も建てました。すべてが順調に進んだ後、彼はぶどう園を小作農たちに貸し出し、長い旅に出ました。

*収穫期になると、主人は収穫の分け前を受け取るために、ぶどう園の主人に僕を遣わしました。しかし、彼らは僕を*殴り、何も持たせずに追い返しました。主人はもう一人の僕を遣わしましたが、彼らは彼を辱め、棍棒で頭を殴りました。さらにもう一人の僕を遣わしましたが、彼らは彼を殺しました。

この繰り返しは続き、多くの人がぶどう園に送られました。ある者は殴られ、ある者は殺されました。*主人はもう一人、愛する息子を送りました。「きっと尊敬されるだろう。」*しかし、ぶどう園の農夫たちは互いに言いました。「この子が跡継ぎだ。彼を殺せば、相続財産は我々のものになる!」*彼らは息子を殺し、ぶどう園の外の穴に投げ捨てました。*

さて、ぶどう園の主人はどうするでしょうか。*彼は来て、ぶどう園の農夫たちを滅ぼし、ぶどう園を他人に貸し出すでしょう。イエスは*「あなたたちはこの聖書を読んだことがないのか」と尋ね、詩篇118篇22節から23節を引用しました。

建築者たちが使うことを拒否した石を、神は隅の親石としました。
(著者による書き直し)

ユダヤ人の宗教指導者たちは、イエスがこのたとえ話を自分たちに不利なものとして語ったことを理解しました。彼らは激怒し、イエスを捕らえようとしましたが、民衆を恐れて立ち去りました。*この重要なたとえ話は何を意味しているのでしょうか?それは神からの預言です。神は世界における霊的な指導権をイスラエルから新しいイスラエル(教会)へと移そうとしていました。新しいイスラエルにはイエスに従うユダヤ人も含まれますが、基本的にはあらゆる国の異邦人信者で構成されることになります。*神はアブラハムに、「彼によって地のすべての民族が祝福される」と約束しました(創世記12:3)。*イスラエルが悔い改めてイエスを主と認めるまで、異邦人が霊的な指導者となり、諸国民をキリストへと導くことになります。これは、後の31話でより明確に示されるでしょう。*

質問

この物語のぶどう園の所有者は誰でしょうか。このたとえ話は何について語っているのでしょうか。もしこれらの質問に答えられないなら、神に祈って、理解できるように助けを求めてください。

8.　大切なものを失うことに関する三つのたとえ話　(ルカ15:1-32)

大切なものを失くしたことがありますか?お金、クレジットカード、運転免許証などが入っていた札入れやハンドバッグ、あるいは結婚指輪をなくしたことがあるかもしれません。著者

*にとって、それは亡くなる直前の母親からの最後の手紙でした。失くしたものを見つけたいという切実な思いが込められています。もし見つからなければ、胃がムカムカします。*ルカによる福音書15章(著者による加筆)には、イエスが迷子になることについて語る三つのたとえ話があります。「迷い羊」「失われた銀貨」「失われた息子」です。

はじめに

ある日、多くの徴税人や社会から追放された人々がイエスの教えを聞きに来ました。パリサイ人やモーセ律法の教師たちは、いつもイエスの欠点を指摘しようとしていました。しかし、イエスの足元に座っている追放者たちを見ると、彼らはぶつぶつ言い始めました。「イエスは追放された者たちを歓迎し、一緒に食事をさえするのだ!」イエスは、これらの宗教指導者たちに三つの簡単な物語を話しました。

8.1 迷い羊

もし*あなたの友達*が100匹の羊を飼っていて、そのうちの一匹がいなくなったとしたら、どうするでしょうか?残りの99匹を牧草地に残し、いなくなった一匹の羊を見つけるまで探し続けるでしょう。見つけたら、きっと喜び勇んで、その羊を抱き上げ、肩に担いで家に帰るでしょう。家に着くと、友達や近所の人たちにこう呼びかけるでしょう。「一緒にお祝いしましょう。いなくなった羊を見つけたんです。」

イエスはこう付け加えられました。「同じように、*悔い改める一人の罪人については、悔い改める必要のない九十九人の正しい人についてよりも大きな喜びが天にあるであろう。*

8.2 失われたコイン

「*もしあなたの妻*が銀貨を10枚持っていて、そのうちの1枚をなくしたら、どうするでしょうか？ランタンに火を灯し、家中を掃き、あらゆる物の中や下、後ろまで注意深く探し、見つけるでしょう。見つけたら、彼女は喜び、友人や近所の人たちを呼んで一緒にお祝いするでしょう。」

彼女の失くしたコインが見つかりました。イエスは続けて、*「同じように、天の御使いたちも、悔い改める一人の罪人のために喜ぶのです。」と言われました。*

8.3 失われた息子（愛する父）

二人の息子を持つ男がいました。末っ子は父親に言いました。「お父さん、お父さんが死ぬまで待つのは嫌だ。今すぐ財産の分け前をください。」そこで父親は財産を二人の息子に分けました。末っ子は買い手が見つかるとすぐに自分の財産を売り、全財産を持って家を出て行きました。

彼は故郷を遠く離れ、放蕩な暮らしで金を浪費した。全財産を使い果たした後、深刻な干ばつが起こった。食料は不足し、高騰し、彼には金が残らなかった。彼が無一文になると、友人たちは彼を見捨てた。ようやく豚の世話をする仕事に就いたが *（ユダヤ人にとって最悪の仕事だった）*、給料はあまりにも低く、十分な食料を買うことができず、豚の餌箱から出た残飯を食べることを考えた。

彼はようやく正気に戻り、父の雇い人たちが自分よりもずっと恵まれていることに気づき、こう心に誓いました。「家に帰って父に謝ろう。『私はあなたの息子としてふさわしくありません。どうか私を雇い人の一人として受け入れてください』と許しを請おう。」

彼は仕事を切り上げて家路につきました。家までまだ半マイル（約800メートル）*ほどのところまで来た時、毎日息子の帰りを待っていた父親*が、彼が帰ってくるのを見つけました。喜びが胸を躍らせ、思いやりが彼の脚に力を与え、道を駆け上がり、わがままな息子を抱きしめ、キスをしました。

「お父さん」と息子は言った。「私は主なる神とあなたに対して罪を犯しました。私はあなたの息子である資格がありません…」

父親は彼の言葉を遮り、道に沿ってついてきた二人の召使いの一人に言いました。「急いで家へ行き、クローゼットにある一番良い着物と指輪、そして靴を持って来なさい。」もう一人の召使いには言いました。「肥えた子牛を連れてきて屠殺し、ごちそうを用意しなさい。祝うつもりだ。」

兄が畑から帰ってくると、音楽と踊りの音が聞こえ、肉を焼く匂いもしました。兄は召使いの一人に尋ねました。「何が起こっているのですか？」

「ああ、お父さんがパーティーを開いてくれているのね。弟さんは無事に帰ってきたわよ。」

兄は怒り狂い、ひどく嫉妬しました。家に入ることを拒みました。父親が出て来て、家に入って祝うように懇願しましたが、兄は嫉妬深い未熟な子供のように振る舞いました。「私は長年あなたに仕えてきましたが、友人たちと祝うための子ヤギ一頭さえくださらなかったのです。今、あなたの財産を娼婦たちと食い尽くした、あなたの取るに足らない息子が家に帰ってきたのに、あなたは彼のために肥えた子牛を屠ったのです。」

父親は言った。「息子よ、お前はいつも私と共にいた。私のものはすべてお前のもの。死んだも同然だったお前の弟を、私たちは喜び祝わなければならない。彼は今、生き返ったのだ。彼は失われていたが、見つかったのだ」（著者による改稿）

質問

1. このたとえ話の父親は誰を表していますか?
2. 二人の息子のうちどちらがあなたを最も代表しますか?
3. このたとえ話は、あなたにとってどんなメッセージを伝えているでしょうか。
4. 神が何かについてあなたの注意を求めているかどうかを尋ねるために祈ることを検討してみませんか?

9. 許し(マタイ18:21-35、著者による書き直し)

ペテロは人を許すことについて疑問を抱いていました。イエスに尋ねました。「*私に対して罪を犯す兄弟(実の兄弟に限らず)を、何度許すべきでしょうか?(つまり、私を食い物にしたり、裏切ったり、盗んだりする兄弟を)*七回まで許すべきでしょうか? *(七回ならかなり寛大だと思いますが)*?」

イエスの答えはペテロに衝撃を与えた。「いいえ、七回までではなく、七十回七回まで *(無制限の赦し)* 」。*イエスの答えは私たちも衝撃を受けるかもしれないが、もし私たちが神に罪の赦しを求めるならば、7回で十分でしょうか。いいえ。私たちの多くにとって、70回7回では十分ではないでしょう。*

*たとえ相手が許されるに値しないとしても、許すことを拒むなら、私たちは自分を傷つけるのではなく、自分を傷つけることになります。*神の言葉はこう警告しています。

> *神が私たちに恵みを与えてくださったように、*
> *他の人にも恵みを与えなさい。*さもなければ、
> 苦い根が私たちの心に芽生え、多くの苦しみを
> 引き起こすことになるでしょう。

（ヘブライ人への手紙 12:15、著者による改稿）

苦々しさは私たちを恨み深い不幸な人間に変え、もはや一緒にいても楽しい人間ではなくなります。

イエスはペテロにたとえ話を続けました。 「天の御国は、ある王が家臣たちと帳尻を合わせようとした時の話です。家臣の一人が、莫大な一万タラント *（その家の15年分の賃金）の借金を抱えていることに気づいたのです。その額を返済することは到底不可能だった*ので、王は家臣と家族を売ることにしました。*少なくとも損失の一部を取り戻すことができたのです。*

しかし、その僕（しもべ）は地面にひれ伏し、慈悲を乞いました。「どうか私を待ってください。いつか必ずすべて返済します。」*それは僕にとって守ることのできない約束でした。*しかし、主人は彼に同情し、借金を全額免除し、仕事に戻るように言いました。

赦された僕は出かけて行き、百デナリオン *（労働者の百日分の給料に相当）の借金をしている仲間の僕に出会いました。*赦された僕はその男をつかみ、首を絞め始め、借金を全額すぐに返済するよう要求しました。友人もまた憐れみを乞い、忍耐を懇願しましたが、赦された僕は全く同情しませんでした。彼は借金を返済するまで、彼を債務者監獄に投げ込みました。

王は、赦された僕の行いを知ると、こう言いました。「お前は悪い僕だ。お前が私に懇願したので、私はお前の多額の負債を赦したのだ。お前は仲間の僕に慈悲をかけるべきだったのに、それを拒んだ。それゆえ、今、お前の負債一万タラントを全額返済するよう要求する。お前は牢獄行きだ。全額返済するまでは、釈放しない。」

イエスはこのたとえ話を締めくくりました。 「もしあなたがたも、心の中で兄弟を赦すことを拒むなら、同じことがあなたにも起こるでしょう。」父がそれを見届けてくださるでしょう。（マタイ18:35、著者による改稿）

ストーリー22

一日の仕事（マルコ4:35-5:43
、著者による書き直し）

ある日、イエスは使徒たちに「ガリラヤ湖の向こう岸へ渡ろう」と言われました。

　　そこで彼らは舟に乗り込み、群衆を後に残して出航しました。イエスは*静かな水面を揺れる舟の穏やかな動きに乗じて*昼寝をされました。*大きな湖を半分ほど渡ったところで、猛烈な嵐が吹き荒れました。*波は大きくなり、舟の側面を砕き始め、舟は浸水し始めました。

　　イエスは船尾（船尾）*のクッションの上で眠っていました。そこは船の中で最も波の穏や*かな場所でした。船が水浸しになり始めると、弟子たちは、中には漁師で嵐に慣れている者もいたので、水没を心配しました。彼らはイエスを揺り起こし、嵐の中でも叫びました。「先生！沈みそうです！」

　　イエスは立ち上がり、*ゆっくりと体を伸ばし*、風と海に向かって優しく「静まれ、静まれ」と語りかけました。すると風はすぐに応え、風は静まり、大きな波も静まり、すべてが静まり、船は進み続けました。

イエスは弟子たちに尋ねました。「なぜ恐れたのか。あなたがたの信仰はどこにあるか。」

二人はイエスに驚き、また恐れて、互いに尋ねました。「風や波を操ると、それが従うとは、いったいイエスとはいったい何者なのだろうか。」

*彼らはついに海の東側、ガダラ人の地、今日のゴラン高原に近い場所に到着しました。*イエスが船から降りると、悪霊に取り憑かれた男が彼を出迎えました。彼は墓場に住んでいました。誰も彼を制御できませんでした。たとえ鎖で縛られても、彼はそれを断ち切ることができました。彼は超人的な力を持っており、誰も彼を制圧することができませんでした。彼は昼も夜も叫び、鋭い石で自分の体を傷つけていました。

男は遠くからイエスを見つけると、駆け寄り、*その力の強さを認めてひれ伏しました。男の中の悪霊たち*は叫びました。「いと高き神の子イエスよ、私たちに何の用事があるというのですか？*どうか私たちを苦しめないでください!*」

イエスは尋ねました。「あなたの名前は何ですか？」

彼は答えました。*「私は軍団だ。我々は多数だ。」*

レギオンはイエスに、自分たちを追い出さないでと懇願し始めましたが、イエスは悪霊たちに「彼から出て行け」と命じました。

近くの丘には二千匹の豚の大群が草を食んでいました。悪霊たちはイエスに、自分たちを豚の中に送り込んでくれるよう懇願しました。

「さあ行きなさい」とイエスは言った。

悪霊たちは男から出て豚の中に入りました。悪霊たちが豚の中に入った時、豚の群れは皆丘を駆け下りて海に落ち、溺れてしまいました。

牧者たちは逃げ出し、何が起こったのかを主人たちに報告しました。多くの人々が様子を見に来ました。彼らはイエスのもとにやって来て、悪霊に取り憑かれていた男が今や静かに座り、服を着て、正気を取り戻しているのを見て驚きました。人々の恐れは、かつて悪霊に取り憑かれていた男の力から、彼を鎮め、従わせた方の力へと移りました。地元の人々はイエスに、この地から立ち去るように懇願しました。*彼らは恐れ、光よりも闇の方が心地よかったのです。*

私たちは周囲の暗闇にどのように反応するでしょうか?暗闇を払いのけるために、私たちの役割は何でしょうか?この簡単な実験を試してみてください。夜になったら、家中の電気を全て消し、小さな誕生日用のろうそく(あるいはマッチ)に火を灯し、高く掲げてください。こんなに小さな光が、暗い部屋をこれほど明るく照らすなんて、驚きませんか?この実験を通して、私たちは自分のろうそく(私たちの能力とキリストへのささやかな証し)を恥じてはならないと確信するはずです。しかし、私たちはイエスについて証しするように命じられています。イエスが私たちのために、そして私たちの中で何をしてくださったかを人々に伝えることができます。人々を回心させ、御自身に引き寄せるのは、私たちではなく、主(聖霊を通して)なのです。(ヨハネ6:44-45)

イエスが船に戻ろうとしていたとき、癒された男がイエスのもとに来て謙虚に願いました。「主よ、どうか私をあなたと一緒に行かせてください。」

イエスは丁寧な口調で、*「いいえ、家に帰って友人たちに、主があなたに示した憐れみと、主があなたにしてくださった大きなわざを話してください」(マルコ5:18-20 欽定訳)と言われました。*男はイエスの教えに従い、家路につき、デカポリス(十の都市地域)の人々にイエスがしてくださったことを*伝えました。皆、驚きました。*

イエスがガリラヤ湖の西岸に戻られると、群衆がイエスの周りに集まりました。イエスは湖畔に留まり、教え続けておられました。すると、*会堂の役員の一人 ヤイロが*来て、自分の家へ行って、死にそうな幼い娘を癒して下さるようイエスに懇願しました。イエスは急いでヤイロと共に立ち去られましたが、群衆も彼らと共にイエスに押し寄せました。

出血に苦しんでいた女性が、群衆の中をゆっくりとイエスのもとへ押し寄せ始めました。彼女はイエスのことを聞き、「*もしもイエスの衣に触れることができたら*」*と考えていました。「治ります。」*彼女は医者を何人も訪ねて全財産を使い果たしましたが、誰も助けることができませんでした。お金を使い果たしたにもかかわらず、病状は悪化の一途を辿りました。出血によって汚れた状態となり、会堂で礼拝することも、友人の家を訪問することさえできませんでした。

彼女はイエスの背後から近づき、手を伸ばしてイエスの衣の裾に触れました。すると、すぐに出血が止まり、体の治癒を感じました。イエスは、自分から力が出て行くのを感じ、振り返って尋ねました。「わたしの衣に触れたのは誰か？」

弟子たちは事態を軽く見てこう言いました。「私たちは群衆の中にいて、大勢の人が押し寄せています。なぜ『だれが私に触ったのか』と聞くのですか。」

その女性は怖くなり、イエスの前にひざまずいて自分の話を語りました。

彼は言った、

> 娘よ、あなたの信仰があなたを救ったのです。
> 安心して行きなさい。あなたの苦しみは癒されますように。
>
> （マルコ5:34）

イエスがまだ話しておられるうちに、*ヤイロの家から使者が来て、「あなたの娘は亡くなりました。*イエス様にはもう何もできません」と言いました。

イエスはそれを聞いて、ヤイロに言いました。*「恐れることはない。あなたが私のところに来た時と同じように、私を信頼しなさい。」*イエスはペテロ、ヤコブ、ヨハネを連れて家の中に入るまで、弟子たちにそこで待つように言いました。

家は騒然としていた。人々は泣き叫び、大声で泣き叫んでいた。　*（これはよくあることだった。人々は死を前にプロの泣き叫ぶ人を雇うのだ。）*

イエスは言いました。「なぜ騒ぎ立てて泣くのか。子供は死んではいない。ただ眠っているだけだ。」

泣き叫ぶプロの人々はイエスをあざ笑ったが、イエスは皆に家から出て行くように言われた。辺りが静まると、イエスは両親と弟子たちを連れて、子供の遺体の置いてある部屋に入った。イエスは子供の手を取り、「タリタ・クム」（少女よ、起きなさい）と言われた。すると、12歳の少女はすぐに起き上がり、歩き始めた。

両親と三人の弟子たちは驚きました。イエスは、自分がしたことは誰にも言わないようにと厳重に命じました。そして両親に、「彼女に食べ物を与えなさい」と言われました。

ミニエピローグ

イエスは奇跡を行った後、しばしば人々に「他の人に言うな」と言われました。*イエスの癒しは愛の行為であり、宣伝ではありませんでした。イエスは、人類を罪の結果から救うという使命から人々の注意をそらすことを望まなかったのです。*

ストーリー23

ヨハネによる福音書における「しるし」と「わたしはある」の小話

導入

イエスはご自身をどのように表現されましたか？　イエスはご自身を何者だとおっしゃっていますか？*イエスは「我あり」（古代コイネー、共通ギリシャ語では「エゴ・エイミ」）で始まる言葉を数多く残されました。これは「我、我あり」と訳すことができます。*イエスの「我あり」の言葉をいくつか見ていく前に、燃える柴のところで神がモーセにご自身の個人名、あるいは記念名を啓示された場面を振り返ってみましょう。神は*「わたしの名は我あり」と言われました*

（出エジプト記 3:14 NASB）。

「我あり」の意味を覚えていますか?神はモーセにこう言われました。「我の名はヤハウェ(我あり)」。「我あり」とは、永遠なる存在、始まりも終わりもなく、唯一にして自給自足の存在である。「ヤハウェ」(古代ヘブライ語)と「エゴ・エイミ」(古代ギリシャ語)はどちらも「我あり」という基本的な意味を持っています。

燃える柴(出エジプト記3:1-17)のところで、神は御自身の名を「わたしはある」と明らかにされました。イエスはまた、

イエスはご自身を描写し、ご自身が神であると主張するために、「わたしは在る」という表現を用いました。そして、ご自身の特質を明らかにするために、例(「わたしは命のパンである」など)を挙げました。イエスの「わたしは在る」という表現はどれも、限定冠詞「the」を用いることで、その限定性を強調しています。「わたしは唯一の存在である」とも言えるでしょう。ヨハネの福音書の中で、イエスはご自身が主張するとおりの存在であることを示す証拠として、「しるし」(奇跡)と「わたしは在る」という表現を何度も組み合わせています。最初の二つの例は、この組み合わせです。

1. わたしは命のパンです(ヨハネ6:35、48)

ヨハネによる福音書第6章の冒頭で、イエスと弟子たちはガリラヤ湖の東岸にいました。大勢の人々がイエスに従い、湖の北端を歩き回りました。彼らはイエスの教えを聞きたかったのです。その日の午後、人々は疲れと空腹に襲われました。イエスは*憐れみの心から*、小さな大麦パン5個と小さな魚のフライ2匹という少年の昼食で5000人の人々に食事を与えました。皆が食べて満腹になった後、残った食べ物は最初の量を超えていました。(ヨハネによる福音書 6:1-13)

人々は、イエスがほとんど何もないところから皆に食べ物を与えたという奇跡のしるしを見て、暴徒たちを率いてイエスを王にしようとしました。イエスは弟子たちを船に乗せて送り出し、人々を避けるために山へ登りました。翌日、群衆はイエスを探してカペナウムに戻りました。イエスを見つけると、イエスは、彼らがイエスを探しているのは、前日に彼らの腹を満たしたからだと告げ、朽ちる食べ物に頼るのではなく、永遠の命に至る食べ物を求めるようにと諭しました。天の父が遣わした人の子を信じるなら、永遠の命に至る食べ物を与えてくださるのです。

*「よろしい!」と彼らは叫んだ。「しるしを見せてください!*モーセは私たちの先祖が荒野にいた時、天からマナを与えました。あなたは私たちに何をしてくれるのですか?」

イエスはこう答えました。「モーセが天からのパンを与えたのではない。わたしの父が天からの真のパンを与えるのである。神のパンとは、天から降りてきて世に命を与える者である。」(言い換えれば、「*わたし*自身が天からのパンである」)。

人々は言い返しました。「私たちは飢えないために、昨日あなたがくれたようなパンが欲しいのです。」

イエスは言われました。「わたしは命のパンです。わたしのもとに来る者はもはや飢えることがなく、わたしを信じる者はもはや渇くことがありません。」イエスは、意味のある人生を求める人々の飢えと渇きを満たすことができます。しかし、群衆はただ物理的な食物の施しだけを求めていました。

宗教指導者たちに導かれて、人々はイエスがご自身について語った言葉を疑った。「イエスは天から降って来たパンだと言っていますが、それは真実ではありません。私たちはイエスの両親を知っています。」

イエスは答えた。

> わたしを遣わした父が引き寄せてくださらなければ、だれもわたしのところに来ることはできません。わたし自身が終りの日にその人をよみがえらせます。
>
> （ヨハネ6:44）

> 預言者にはこう記されています。「彼らは神によって教えられるであろう。」
>
> （イザヤ書54:13、エレミヤ書31:34、ヨハネ書16:12-15）

それは人類が罪に奴隷化されているからです。私たちは自分の努力で神を知ることはできませんが、心と精神を開いて神に耳を傾けるすべての人に神はご自身を明らかにされます。

イエスは続けて言われた。「終わりの日に、私は神に耳を傾け、神に従う者を皆復活させる。父から聞いて学んだ者は皆（*例外なく*）私のところに来る（ヨハネ6:45）。神から出た者以外、父を見た者はいない。その者は父を見たのだ。信じる者は永遠の命を得る。私は命のパンである（私は命を支える）。あなたたちの先祖は荒野でマナを食べて死んだ。*私は生きたパンである。*

2. わたしは世の光です（ヨハネ8:12）

> わたしは世の光です。わたしに従う者は皆、闇ではなく光の中で生きるでしょう。

イエスは初期の宣教活動において、エルサレムがあったユダヤで数週間から数ヶ月を過ごしました。*その間*、イエスは神殿を清めました（商人や両替商を神殿から追い出しました）。*ま*

*た、十字架に架けられる数日前にも、二度目の神殿清めを行いました。*これはマタイによる福音書 21:12-17、マルコによる福音書 11:15-18、ルカによる福音書 19:45-48に記録されています。

多くの学者は、イエスが神殿を清めたのは一度だけだと考えています。彼らは、ヨハネがその出来事を他の3人の福音書記者よりも早い時期に記したと主張しています。筆者は学者ではありませんが、イエスが神殿を二度清めたという考えを支持しています。パリサイ人が最初からイエスに反対していた理由の一つは、まさにこれだと考えています。ヨハネは神殿の清めを二度繰り返したくなかったのかもしれません。すでに他の人々がそれを行っていたからです。筆者は、その点について自分が間違っている可能性を認識していますが、そうではないと考えています。

*ヨハネ福音書だけが、ユダヤにおけるイエスの初期の宣教活動(共観福音書では扱われていない)を明らかにしています。*これには、神殿の最初の清め(ヨハネ2章)、イエスとニコデモの会話(ヨハネ3章)、そしてイエスがユダヤからガリラヤへ戻る途中の井戸端会議でのイエスとサマリア人の女性の物語(ヨハネ4章)が含まれます。*他の3つの福音書にはこれらの物語は含まれていません。*

三つの共観福音書は、概ね同様の内容を扱っており、主にイエスのガリラヤにおける宣教活動に関するものです。四人の福音書記者のいずれも、イエスの出来事や教えを全て網羅しているわけではありません。それぞれの記者は、神の霊に導かれ、それぞれ異なる理由と視点から証言をしました。

マタイによる福音書(西暦67年頃)は特にユダヤ人のために書かれ、マルコ(ヨハネ・マルコ)は特にローマ人のために書かれた最初の福音書(西暦60〜65年頃)、ルカによる福音書(西暦68年頃)、そしてヨハネによる福音書(西暦90

～95年頃）は、イエスの行いよりもイエスがどのような方であるかを明らかにするために書かれました。四つの福音書は、イエスの真の証しを次のように示しています。(1)　イエスがどのような方であるか、(2) 説教、教え、癒しというイエスの働き、そして (3) 失われた人類を救うというイエスの使命。

イエスは仮庵の祭り（仮庵の祭り）のためにガリラヤから再びエルサレムへ戻りました（ヨハネ7章）。祭りの期間中であったため、宗教指導者たちはイエスを殺そうとしましたが、イエスは昼間、神殿の内外で公然と教えを説きました。イエスは夜になる前にエルサレムを抜け出しました。群衆に守られていたため、昼間は安全でした。宗教指導者たちは、イエスを支持する人々が多すぎたため、人々の前でイエスを捕らえることを恐れました。

宗教指導者たちは数日間、イエスの教えについて議論を交わしました。彼らはイエスに驚きながらも、信じようとしませんでした。「この人は教育も受けていないのに、どうしてこれほど博学になったのか？」と互いに問いかけました。

イエスは彼らが何を考えているかを知っていて、こう言いました。「わたしの教えはわたし自身の教えではありません。わたしを遣わした父の教えです。神の御心を行おうと努める者は、わたしの教えが神から出たものであることを知っています。」（ヨハネ7:16-17、著者による書き直し）

彼らは、イエスが安息日（土曜日、礼拝のみの日）に人々を癒したことでモーセの律法を破ったと非難しました。イエスはこう答えました。「それは奇妙だ。あなたはモーセの律法を擁護しながら、モーセの律法を守っていない。あなたは安息日に人々に割礼を施しながら、安息日に人を癒したという理由で私を殺そうとしているのだ」（ヨハネ7:19-23、著者による改稿）。

民衆は宗教指導者たちがイエスを憎んでいることを知っており、イエスがパリサイ人の前で公然と人々に教えを説くことができたことに驚いていました。ある者は「イエスは預言者エリヤだ」と言い、またある者は「彼はキリストだ」と言いました。さらにある者は「彼はガリラヤ出身で、キリストはダビデの町ベツレヘムから来るのだから、キリストであるはずがない」と言いました。彼らはイエスがベツレヘムで生まれたことを知りませんでした。人々はイエスが誰なのかについて意見が分かれていました。

ユダヤ教の祭りでは、ハヌカの8日間の祭りの間、7本または9本の燭台が付いた燭台であるメノーラーが家々や神殿の周囲に灯されました。*イエスの教えに従って、イエスはメノーラーを指して*こう言われたのかもしれません。

> わたしは世の光である。もしあなたがわたしに従うなら、わたしはあなたに命の光を与え、それによってこの世の闇から逃れよう。
>
> （ヨハネ8:12、著者による改稿）

また、ヨハネ1:4-5、9-10、ヨハネ第一1:5と7、ヨハネ第一2:8も読んでください。

パリサイ人たちはイエスに言いました。「あなたは自分のことを自慢しているから、あなたの証言は真実ではありません。」

イエスは答えました。「そうです。わたしは自分自身について証しをしているのです。しかし、わたしを遣わした父もわたしについて証しをしておられるのです。」

議論はヨハネ8章まで続きました。

> ユダヤ人の指導者たちはアブラハムを連れ出し、イエスはこう言いました。「*アブラハムが存在する前から、わたしは*存在していた。」
>
> （ヨハネ8:58、著者による改稿）

パリサイ人たちが石を投げつけるために石を拾っている間に、イエスは一日を終えて立ち去りました。ヨハネは、イエスが生まれつき目の見えない人に目を開けさせたという「しるし」(奇跡) (ヨハネ9:1-41)と「わたしは世の光である」(ヨハネ8:12)を結びつけました。イエスと弟子たちがエルサレムを歩いていると、生まれつき目の見えない人に出会いました。

弟子たちはイエスに尋ねました。「先生、この人が生まれつき目が見えなくなったのは、だれが罪を犯したからですか。この人ですか、それとも両親ですか。(だれのせいですか)?」

*すべての人は罪人であり、一般的な罪だけでなく、各人の個人的な罪によって損なわれた世界に生きています。*イエスは答えました。「それはその人やその両親のせいではありません。神がご自身の栄光を現すための計画によるのです。」

私たちはイエスの答えを受け止めることができるでしょうか?「*それは不公平だ。神がそのようなことをするなら、神は善良ではない*」*と言う人*もいるでしょう。私たちが創造主を裁くとは、一体何事でしょうか?神だけがすべてを知っています。*イエスがその男の盲目を治したとき、人々は神を賛美しました。その男自身もイエスを救い主として受け入れたことで、永遠に救われました。かつて盲目だった男がイエスについて証言したことで、多くの人々が救われるでしょう。*それは良いことです。

良いことはしばしば悪い取引から生まれます。*ヨセフを思い出してください。神は彼が奴隷として売られることをお許しになり、その後、ヨセフを用いて彼の民を救われました*(創世記50:20)。ヨブとイエスの殺害についても同じことが言えます。私たちは過去と現在を見ますが、どちらも理解することは稀です。神は過去の永遠、現在、そして未来の永遠を見ており、それらすべてを理解しています。*神は私たちの現在だけでなく、永遠のためにも計画を立てておられます。*

パリサイ人たちは、安息日に盲人が癒されたという話を聞いて、その件を調べ始めました。彼らは、文化の問題であれ宗教の問題であれ、過去を守ろうとする宗教的反動主義者でした。彼らと律法学者たちはイエスの強力な敵対者でした。パリサイ人たちは、生まれつき盲目でイエスに癒された男を追い詰めました。*彼らはあまりにも追い詰めたため、彼をイエスのもとへ追いやったのです。*

盲人は真理を見ることができ、赦されました。一方、パリサイ人(宗教指導者)は目は見えても真理が見えず、罪の中で死ぬことになりました。悲劇です。世の光が地上に来られたにもかかわらず、ほとんどのパリサイ人が彼を拒絶したのです。

3と4:「わたしはある」が2回繰り返される:羊の門と良い羊飼い(ヨハネ10:7-18)

イエスは、自分自身と自分の性格を説明するために、二つの畜産の例を挙げました。

*まず、「わたしは羊の真の門である」。その門は羊飼いが入るためのものであり、羊が入るためのものではありませんでした。羊の門は羊を羊の囲いの中に安全に閉じ込め、*盗賊の侵入を防ぎました。イエスは言われました。「偽りの羊飼いが大勢いました。彼らは盗賊でした。しかし、わたしの羊は偽りの羊飼いに従いませんでした。」羊の門は真の羊飼いが入り、羊の名前を呼ぶためのものでした。羊は羊飼いを知り、従います。*イエスは、ご自身が羊の門であるだけでなく、神の霊的な囲いへの門でもあると言っておられました。*イエスは言われました。「わたしを通って入る者は救われ、羊のために良い草を見つけることができるであろう。」

第二に、「良い羊飼いは羊のために命を捨てる」。*ダビデは十代の頃、父の羊の羊飼いでした。羊の群れの世話をし、時にはライオンやクマから羊を守るために自らの命を危険にさらすこともありました。*

*ダビデはイスラエルの王になる前、羊飼い、音楽家、詩人でもありました。最もよく知られている詩篇である詩篇 23 篇はダビデによって書かれました。彼は主(ヤハウェ/私はある)*が自分の羊飼いであることを証ししました。主はダビデの食料や危険からの保護という必要を満たし、彼を*神の計画へと導いてくださいました。*神は敵の前で彼に平安を与え、死の陰の谷をくぐり抜けさせられました。神の豊かさは溢れ、神の恵みは永遠に神とともに住むことを約束しました。イエスは、よい羊飼いである自分が主権を持ち、すべてを支配していると証ししています。イエスは私たちの主であり、救い主です。羊のために命を危険にさらすだけでなく、*羊(自分に従う者)のために命を捨てられます。*昔の祭司たちのように人々の罪のために犠牲を捧げることはしませんでした。*イエスは私たちの罪のための犠牲なのです。罪のない、汚れのない神の子羊であるイエスは、*罪深い私たちのために身代わりとなって死んでくださいました。*イエスは私たちの罪の償いであり、*私たちが赦されるために捧げられました。イエスは死からよみがえり、それによって罪と死を克服されました。*イエスは信じる者に新たな命と、神との永遠の交わりを与えてくださいます。*

聖書は、「罪の中に生きる者は皆、罪の奴隷です」(ヨハネによる福音書 8:34)、「すべての人は、神が私たちに対して立てられた目的を達成できずに、罪を犯しました」(ローマ人への手紙 3:23)と明らかにしています。イエスは贖い主です。イエスは私たちを罪の奴隷状態から贖うために代価を払ってくださいました。罪の奴隷状態からの私たちの贖いの代価は、罪のないイエスの死です。

> 神は、罪がなく完全なイエスを、私たちの代わりに罪とされました。それは、私たちがイエスによって義とされるためです（*私たち自身の義ではありません*）。
>
> （コリントの信徒への手紙二 5:21）

イエスは私たちの罪を自ら引き受け、神が私たちを赦し、私たちと新たな永遠の関係を築くことができるようにしてくださいました。神は信じる者を、復活したイエスの姿に再創造してくださいます（ローマ人への手紙8章29節）。

、*別の群れから来た他の羊*がいることを明らかにされました（ヨハネ10:16）。*しかし、イエスは二つの群れを一つにまとめ、一つの群れにされます。イエスは彼らの羊飼いです*（著者による改稿）。

*イエスが最初に言及した群れは、信仰を持つユダヤ人でした。もう一つの群れは、本書の著者や読者のほとんどのような、信仰を持つ異邦人（非ユダヤ人）で構成されます。*これが神の永遠の計画のもう一つの鍵です。*私たち（神の羊）のために命を捧げる善き羊飼いはただ一人です。偉大な「我あり」なるイエスこそ、その方の御名です。*

5. わたしは復活であり、命である（ヨハネ11:25）

*エルサレムから約3キロ離れたベタニア村に、イエスは3人の親しい友人がいました。イエスと弟子たちは、ラザロとその姉妹であるマリアとマルタ*の家に時々滞在しました。過越の祭りの週が近づくと、ラザロは病気になりました。姉妹たちは使者を遣わし、イエスを探し出して、ラザロが死にかけているので早く来てくださるよう頼みました。

イエスはメッセージを受け取ると、弟子たちに、ラザロの病気は*死に至るものではなく、神の子であるイエスがそれ*

*によって栄光を受けるためであると言い*ました。イエスはラザロとその姉妹たちと親しく、深く愛していましたが、弟子たちに「ユダヤへ帰ろう」と言うまで数日も待たれました。

彼らはためらいながら、イエスにこう言いました。「ユダヤに行くのは危険です。エルサレムの宗教指導者たちがあなたを殺したがっているからです。」

イエスは言いました。「わたしたちの友ラザロは眠っているので、彼に会いたい。」

*ラザロが眠っているのなら、きっと良くなっているのだろうと*彼らは考えました。そこでイエスははっきりとこう言われました。「ラザロは死んだ。あなたがたのために、わたしはそこにいなかった。あなたがたが信じるためだ。さあ、ベタニアに行きましょう。」

ディディモと呼ばれるトマスは、「私たちも彼と共に行き、彼と共に死のうではありませんか」と言いました。*トマスはしばしば疑い深いトマスと呼ばれますが、ここでは彼が必要とあらばイエスと共に死ぬ覚悟があることがわかります。*

イエスと弟子たちがベタニアに着いたとき、ラザロは墓に入ってから4日が経っていました。*当時は、死後すぐに埋葬されることがよくありました(これは今でも世界の多くの地域で行われています)。*宗教指導者を含む多くの参列者が、埋葬後も数日経ってからマルタとマリアを慰めるために訪れました(これも今でも世界の多くの地域で行われています)。

マルタはイエスが来られると聞いて、迎えに出ました。マルタは、*自分の兄弟が死ぬ前にイエスが来られなかったことに失望しました。 彼女はイエスと二人きりになって、*「主よ、もしあなたがここにいたら、ラザロはまだ生きていたでしょう」と言いました。

イエスは *すぐに答えました。*「ラザロは復活するでしょう。」

マルタは答えました。「私は彼が復活の日に再びよみがえることを知っています。」

イエスは答えました。「*わたしには死を生き返らせる力がある。*わたしを信じる者は、死んでも生きる。また、生きていてわたしを信じる者は、決して死なない。マルタ、あなたはこれを信じますか。」

彼女は*力強く*答えました。「はい、主よ、あなたは神の子、キリスト（メシア）なので信じます。」

なんと信仰の証なのでしょう。*兄を失った絶望の淵から語られた信仰です。　マルタはまた、イエスが到着したにもかかわらず、病気の弟を癒すには遅すぎたと、傷つき失望しながらも語りました。*マルタは失望と傷つきを経験しましたが、苦々しさや怒りを感じることはありませんでした。イエスへの信頼は揺るぎませんでした。

イエスが、マリアとマルタの「ラザロは病気です、早く来てください」という嘆願に、わざと答えを遅らせたことを忘れてはなりません。*イエスは三兄弟姉妹に親しかっただけでなく、彼らが神に栄光を帰すために死の苦しみに耐えることを知り、信頼していました（ヨハネ11:4）*　。これは、生まれつき目の見えない男が「神の御業がその人に現れるため」にそうした状況に陥った*（ヨハネ9:3）のと似ています。*

これらは、神が隠れて働かれる二つの例に過ぎません。これは、苦しむ人々だけでなく、苦しむ人々の中で神の働きを目撃する多くの人々をも、神ご自身のもとに導くためにどれほど尽力されるかを示しています（ヨハネ11:45）。神は、信仰と従順をもって神に応答するすべての人に、赦しと永遠の命という恵みを与えてくださいます（信仰と従順はコインの表裏一体です）。これは私たち（筆者と読者の両方）に、創造主について何を明らかにしているでしょうか。これは私たちの信仰を揺るがすのでしょうか、それとも深めるのでしょうか。さあ、物語に戻りましょう。

イエスと短い会話を交わした後、マルタはマリアを探しに家に戻りました。彼女はマリアに「主がここにいらっしゃって、あなたを呼んでおられます」とささやきました。マリアは急いでイエスに会いに行きました。イエスは少し道の先で待っていました。*宗教指導者を含む何人かがマリアの後を追い、悲しみに暮れる女性を守る役割を示しました。*

イエスの所に着くと、マリアはイエスの足元にひれ伏し、姉と同じように悲しげ*だが非難するような口調ではない声でこう言いました。*「主よ、あなたがここにいたら、ラザロは死ななかったでしょう。」

イエスは、友人マリアと彼女と共に泣いている人々を見て、感極まって震え上がりました。そしてマリアに尋ねました。「彼をどこに葬ったのですか?」

「来て見てください」と彼女は言った。

埋葬地へ向かう途中、マルタも彼らに加わった。墓を見た*イエスは*、涙を流し、その人間らしさを露わにした。傍観者の中には、ラザロへのイエスの愛に感銘を受けた者もいたが、「もし本当にラザロを愛していたら、もっと早く来て癒してあげられたはずだ」と嘲笑する者もいた。

イエスは群衆を無視し、墓へと近づきました。墓は大きな石で閉ざされた小さな洞窟でした。目を見開き、両手を高く上げて天を仰ぎました(*ユダヤ教の祈りの姿勢です*)。

> 父よ、私の願いを聞いてくださり感謝します。あなたはいつもそうしてくださっていますが、私がこれを公にお願いするのは、人々が聞いて、あなたが私を遣わされたことを信じるようになるためです。
>
> (ヨハネ11:41-42、著者による改稿)

すると*イエスは「ラザロよ、墓から出なさい」と叫んで皆を驚かせ*、権威をもって彼らに「石をどけ、墓を開けなさい」と言われた。

マルタは少しイライラした声でささやきました。「主よ、もう四日が経ちました。墓には死臭が漂っているでしょう。」

イエスは*優しく答えました。*「マルタ、私があなたに信じなさいと言ったことを忘れないで。そうすれば、あなたは神の栄光を見るでしょう。」

マーサはすぐにうなずき、男たちは墓を開けました。

群衆は静まり返った。墓の入り口に、疑わしげな視線が注がれていた。数秒が何分にも感じられた。突然、死人が生き返り、墓石に巻かれたまま洞窟から出てきた。

「包帯を解け!」とイエスは言った。

*驚いた群衆は突然、ざわめき声で騒ぎ始めました。*多くの人がイエスを信じ、主として従うことを決意しました。しかし、見ただけでは信じられないという人もおり、そのうちの何人かは急いでエルサレムに戻り、イエスが死人に命を与えられたことをパリサイ人に報告しました。

*知らせを聞いた*祭司長とパリサイ人たちは、議会(サンヘドリン)の緊急会議を招集しました。*彼らは恐怖の声をあげながら*、「私たちはどうしたらいいのでしょうか。このイエスは多くの奇跡を行っています。今、人々を墓から蘇らせているのです。このまま放っておけば、皆がイエスを信じるようになります。そうなればローマ軍は動揺し、私たちの町に侵入して破壊するでしょう。」と尋ねました。

大祭司カヤパは議会を*叱責して言った。「あなたたちは何もわかっていない。一人の人間(イエス)のせいで我々の国がローマ人に滅ぼされるより、一人の人間(イエス)が死ぬ方がましだということを、あなたたちは考えたことがないのか?*

　聖書は、カヤパが自らの意志でそう言ったのではないと記しています。神は彼に、イエスが国民のために、つまりユダヤ民族だけでなく、すべての国々を一つに、神の子らに集めるために死ぬと預言する力を与えました。議会は、今がイエスを排除する好機だと同意し、イエスを殺害しようと共謀しました。こうしてイエスは、「わたしは復活であり、命である」（ヨハネ11:25）と宣言した後、ラザロを死から蘇らせることで、その真理の「しるし」を示しました。これは*イエスの最も劇的な行為でした*（ヨハネ11:40-53、筆者による改稿）。

6. わたしはまことのぶどうの木である（ヨハネ15:1）

> わたしはまことのぶどうの木であり、わたしの父はぶどうの番人である。父は、実を結ばなくなった枝（信者）を刈り込み、実を結び続けている枝を刈り込み、すべてのぶどうの木がさらに多くの実を結ぶようにする。

あなた方は、私が教えた教えによって、すでに刈り込まれている。あなた方は私に繋がっていなければならない。そうすれば、私もあなた方に繋がっている。枝がブドウの木に繋がっていなければ、それ自体では実を結ぶことができないように、人は私に繋がっていなければ、霊的な実を結ぶことはできない。私はブドウの木である。あなた方（信者たち）は、*私が実を結ばせる枝である。*私と繋がったままで、私もその人と繋がっている人は、豊かに実を結ぶだろう。しかし、私との繋がりから切り離されたあなた方は、何もすることができない。

> わたしはぶどうの木、あなたがたはその枝です。人がわたしにつながっており、わたしもその人につながっているなら、多くの実を結びます。

しかし、わたしを離れては、あなたがたは何一つすることができません。

（ヨハネ15:5）

わたしに結ばれた枝で実を結ばないものは、すべて父が刈り込み（刈り込み）ます。

（ヨハネ15:2）

これは信者が救いを失うという意味ではありません。これは救いではなく、実を結ぶことを意味します。

私たちの自我は、5節の後半に不快感を覚える傾向があります。多くの人は、自分自身では霊的なことは何もできないと言われるのを嫌がります。どれほど自分が霊的だと思っていても、私たちの自我は罪深い性質に支配されているのです。「私なしでは、あなたは霊的なことは何もできない」というのはイエスの言葉であり、著者の言葉ではありません。

さらに素晴らしいことに、この世界の創造主であり維持者であるイエスは、ご自身の意志で何もなさらず、父なる神に服従することを明らかにされました。私たちの多くが考えるべき、自我の問題に関するよく知られた格言があります。「乗り越えなさい!」

*功績*の原則に従って生きながら、頭では*恩寵*の原則を信じてしまうという、微妙な傾向があります。こうした傾向を認識すること自体が、*霊的成熟への第一歩です。*

（ナット・トレーシー博士、インドネシア・バプテスト宣教団への手紙、1972年頃）

イエスのこの「わたしはある」という言葉は、ブドウの木が信者の地上での人生においていかに中心的な役割を果

たしているかを示しています。その良い影響と悪い影響はどちらも驚くべきものです。良い影響：イエスにとどまるすべての信者は、多くの霊的な実を結びます。これには「*御霊の実、*すなわち愛、喜び、平和、寛容、親切、善意、誠実、柔和、自制」（ガラテヤ人への手紙5章22-23節）*が含まれます。また、神に栄光を帰すあらゆる善行も含まれます。否定的な結果: イエスに留まり続けることを怠るすべての信者は、霊的な実を結ぶことができず、代わりに「肉の行い（生まれながらの人間、罪深い性質）*である不道徳、汚れ、好色、偶像礼拝、魔術、敵意*（敵意）*、争い、嫉妬、怒り、口論、分裂、分派、ねたみ、酩酊、酒宴、およびこれに類する事柄」を生み出すように誘惑されます（ガラテヤ人への手紙 5:19-21 NASB）。

*イエスに従わない信者の生き方と、平均的な不信者の生き方の間には、ほとんど違いがないようです。*使徒パウロはコリント人への第一の手紙2章と3章で同様のことを述べています。まず、パウロは*「生まれながらの人」について説明しています。（不信者で、自分のエゴに突き動かされている）*「神の霊の教えを受け入れることができない。それは彼にとって愚かなものだからである」（コリント人への第一の手紙 2:14）。イエスはこう言われました。「不信者は神の言葉を聞くことも理解することもできない。なぜなら、不信者は神から出た者ではなく、神の言葉は彼らには愚かに聞こえるからである」（ヨハネによる福音書　8:47）。*第二に、*パウロは*「霊的な人」（イエスにとどまり、自分のエゴではなく神の霊に導かれる信者）について述べています。*「霊的な人であり、すべてのものを見分けることができる人」（ヨハネ8:47）です。イエスは「神から出た者は、神の言葉を聞いて悟ります」と言われました。*第三に、*パウロは*「肉の信者」（エゴに導かれた肉の信者）*を未熟な信者（霊的な幼児）と呼んでいます。長年イエスを信じてきたにもかかわらず、彼らはまだ未熟な霊的な幼児であり、霊的な幼児のために用意された離乳食を与えなければなりません。

なぜなら、彼らはまだ「肉の」者であり、離乳食しか食べられず、キリストにある霊的な大人のための霊的な食物を食べることができないからです（コリントの信徒への手紙一3:1-3）。

パウロは「肉的な信者」の例を次のように挙げています。「私は、霊的な人々に対して話すときのようにはあなたたちに話すことができず、肉的な人々（聖霊ではなく自我に駆り立てられた人々）として、キリストにあって幼子*（霊的に未熟な信者）として話すことができません*でした。あなたたちはまだ霊的な食物を消化できないので、私はあなたたちに霊的なミルクを飲ませなければなりませんでした。

「あなた方は依然として霊的に未熟です。なぜなら、あなた方は依然として自分のエゴに思考と行動を左右させているからです。あなた方の霊的な未熟さを示す*多くの例の一つは*、あなた方（複数）の間の嫉妬と争いです。あなた方が互いに言い争う時、ある者は『私はパウロに従う』と言い、別の者は『私はアポロに従う』などと言うのは、あなた方が主ではなく、肉（あなた方のエゴ）に動かされている証拠です。あなた方は単なる人間のように（信者というより不信者のように）行動しています。」（コリントの信徒への手紙一　3:5、著者による改稿）

使徒パウロは信者たちに「私たちは自由へと召されている*（『してはいけない』という律法へと召されているのではない）」と思い出させている。しかし*、自由を肉（世俗的な罪深い性質）に生きる機会に変えてはなりません。むしろ、愛を通して互いに仕え合いなさい。*神の霊によって生きなさい。そうすれば*、*罪深い性質*の欲望に陥ることはないでしょう。」（ガラテヤ人への手紙5章13-16節、著者による改稿）

最後に、イエスはこう言われました。「私はぶどうの木。あなたはその枝です。*ぶどうの木である私は、あなたの命と霊的な実を結ぶ力の源です。*自分一人で人生や生産性を築こうとしないでください。それはうまくいきません。」

7、8、9「三重の私は在る」私は道であり、真理であり、命である。

イエスはこう言われました。「わたし*こそ唯一の道であり*、唯一の真理であり、唯一の命の源である。わたしを通してでなければ、だれも父のみもとに行くことはできない。」(ヨハネ14:6) イエスの「わたしはある」という発言はどれも排他的ですが、この発言は世俗文化(ポストモダンの哲学者、左派と右派の急進的な変革を求める団体、「目的は常に手段を正当化する」と信じる人々など) から、より多くの不安と誤りを引き起こしているように思われます。

懐疑主義に固執し、信仰や道徳的伝統を拒絶する人々にとって、排他的な主張は通用しません。彼らは、全ては相対的であり、絶対的なものなど存在しないと信じることを選びます。彼らは「絶対的なものなど存在しない」ということが絶対的な主張であることを認識していないようです。

イエスは人類が堕落した種族であるという文脈で語ります。「すべての人が罪を犯しました。」すべての人とは、私たち全員を意味します。罪は人類と創造主との関係を破壊し、真理とは何かという私たちの理解を歪め、命は単なる物質的なものだと私たちを欺きます。

イエスは「わたしだけが道である」と語られました。これは、*人々を神との生き生きとした永続的な関係へと導く唯一の道です。*「わたしだけが真理である」*とは、神、人類、そして神の人類に対する永遠の計画に関する唯一の絶対的な真理です。*「わたしだけが命である」とは、今、*すべての信者にとって、そして永遠に神と共に生きるすべての信者にとって、肉体的、精神的、そして永遠の命の唯一の源です。*

10.　ヨハネには、時々気づかれない10番目の「わたしは在る」という言葉があります。

神殿の敷地内でパリサイ人たちと話しているとき、イエスは非常に排他的にこう言いました。

> あなたがたは、わたしが彼であると信じ、わたしに従わない限り、天国への希望もなく、罪のうちに死ぬであろう。
>
> （ヨハネ8:24、著者による改稿）

> 人の子を十字架に釘付けにしたとき、あなたは「*わたしが彼である*」*ということに気づき始めるでしょう。*
>
> （ヨハネ8:28、著者による改稿）

> またマタイ26:64、マルコ13:6、ルカ22:70も参照。
> さらにイエスはこう言いました。

> 人の子を高く掲げるとき*（差し迫った十字架刑を指して）*　、あなたたちは*「わたしがそれである」ことを知るでしょう。*わたしは自分の意志で何もしません。わたしは父が教えられたとおりにこれらのことを話します。わたしを遣わした方はわたしと共におられます。わたしは常に父の御心にかなうことを行っているので、父はわたしを独りにしておられません。
>
> （ヨハネ8:28-29 NASB）

*パリサイ人*にこれらのことを話すと、多くの*傍観者が*イエスを信じるようになりました（ヨハネ8:30）。

2日後、イエスは宗教警察に逮捕され、ユダヤ教の宗教評議会（サンヘドリン）で裁判にかけられました。裁判は大祭司カヤパが主導しました。マタイはこう記しています。「大祭

司はイエスに言った。『生ける神にかけて命じる。あなたは神の子キリストなのかどうか、私たちに答えさせよ。』」

*イエスはこう言いました。「あなた自身がそう言ったのです(「私が彼である」という意味、*著者強調)。しかし、私はあなた方に言います。あなた方は、これから後、人の子が力ある方の右に座り、天の雲に乗って来るのを見るでしょう。」

大祭司は激怒し、衣を引き裂いてこう言いました。「イエスは冒涜した!これ以上、証人など必要だろうか?さあ、あなたたち*(全議会)*は冒涜の言葉を聞いた。どう思うか?」

彼らは答えた。「彼は死刑に値します!」それから彼らはイエスの顔につばきをかけ、拳でイエスを殴り、またある者はイエスを平手打ちして言った。「キリストよ、預言してください。あなたを殴ったのはだれですか。」 (マタイによる福音書26:63-68)

*注:井戸端の女*が救い主の到来について語ったとき、イエスは*「あなたと話している私がそれです」*(ヨハネ4:26)*と自己紹介されました。彼女はそれを信じ、他の人々にも信じてもらうために伝えました*(物語24、イエスの教えの小話)。

著者は、イエスのこの10番目の「我あり」という言葉が、最初の9つの「我あり」と「同じ」であると同時に「異なる」とも捉えています。この最後の「我あり」の言葉で最も重要な点は、サンヘドリンが、イエスが「人の子」、「キリスト」、「神の子」であると主張したことを、イエスが神(神)であると主張したと解釈したことを明らかにしている点です。イエスは神であると主張したために十字架につけられました。イエスの十字架刑は、悔い改めない人類の罪の本質が、神を完全に拒絶し、神を崇拝するのではなく、神の概念そのものを破壊しようとすることにあることを明らかにしています。

1世紀の信者たちは、現代の私たちが直面しているものと似たような邪悪な力や不敬虔な考えに直面しましたが、互いへの愛と敬虔な生活を通して、多くの人々をキリストへと

導くことができました。今日の信者たちは、1世紀のキリスト教徒の兄弟姉妹から多くを学ぶことができます。

*信者は、神とその信奉者を疎外しようとする者たちから常に挑戦を受けます。「不信仰な世界観」は常に信者と教会（キリストの体）に対して霊的な戦いを仕掛けます。信者は地上で生きている間に敵に屈服しない限り、永遠に霊的な戦いに巻き込まれることになります。屈服は信者にとって何の助けにもなりません。私たちは忘れてはなりません。*霊的な戦いにおける勝利は神のものであり、*私たちのものではないのです。（サムエル記上 17:47）*

*私たちの敵は、私たちに反対する人々ではありません。*私たちの敵は第一に罪と死、つまり罪の結果であり、第二にサタンです。*私たちの霊的な戦いは、殺したり滅ぼしたりすることではなく、1世紀の教会のように、大衆を救い主のもとに導くことです。イエスは人々を解放し、真の命を与えることができる唯一の方です。*霊的な戦いにおける私たちの武器は愛と祈りです。私たちの力と防御は、聖書と内在する神の霊にあります。

> 愛する者たちよ。すべての霊を信じてはいけません。むしろ、霊が神から出たものかどうかを見分けなさい。多くの偽預言者が世に出ているからです。それによって神の霊を見分けるのです。すなわち、*イエス・キリストが肉体をとって来られたことを告白する霊はすべて神から出たものです。*
>
> （ヨハネ第一 4:1-6 NASB）

> *しかし、イエスを告白しない霊はすべて神から出たものではありません。それは反キリストの霊です。*あなた方は、来ると聞いていましたが、

すでに世に現れています。あなた方は神から出た者であり、彼らに打ち勝ったのです。なぜなら、*あなた方の内におられる方は、自我の世界にいる者よりも偉大だからです。*

（1-2節）

彼らは*自我の*世界から来ています。ですから、自我の世界から来たように話し、自我の世界は彼らの言うことに耳を傾けます。私たちは神から来ています。神を知る者は私たちの言うことに耳を傾けます。神から来ていない者は私たちの言うことに耳を傾けません。これによって、私たちは真理の霊と誤りの霊を見分けることができるのです。

（3-4節）

私たちは神を敬い、敵対する人々を友に変えようと努めます。

（5-6節）

ストーリー24

イエスの教えの例

導入

*何を含めるか（そして簡潔にするために何を省くか）を決めるのは、大変な作業です。著者は四福音書すべてを愛読していますが、ヨハネによる福音書が特にお気に入りです。*このセクションでは、共観福音書（類似福音書）（マタイ、マルコ、ルカ）から多くの抜粋に加え、ヨハネによる福音書にのみ収録されている独立した物語も取り上げます。

イエスの三重の働き、すなわち説教、教え、あらゆる病気の治癒、そして死者の蘇生といった働きの様々な側面を見てきました。イエスの力に加え、その働きは人々、特に貧しい人々や虐げられた人々への深い思いやりを示しました。ルカによる福音書は、イエスが女性を敬い、気遣っておられたことを明らかにしています。イエスは神について、そして神が人類に何を望んでおられるかについて教えることを愛しておられました。

しかし、イエスが地上に来られた*主な理由は*、教え、説教し、癒すためではありませんでした。イエスはこう言われました。

> *わたしは、失われた者を捜して救うために来たのです。*
>
> （ルカ19:10）

1. 山上の垂訓（マタイ5:1–7:29）

これは記録に残るイエスの説教の中で最も長いものです。マ*タイがイエスの教えを複数まとめてまとめたものかもしれないと考える人もいます。宗教はしばしば非常に律法主義的になり、規則への服従を強制しますが、神は自発的な心からの愛と神への従順を求めておられます。*この説教で、イエスは心からの服従と律法主義の違いを教えています。*さらに、イエスは神に真に従う者の心と新しい人格を描いています。聖書で説教全文をお読みください。ただし、ここでは八福*（マタイによる福音書　5:1-12）と、イエスが最初に教えられた祈り（マタイによる福音書 6:5-15）についてのみ取り上げます。

祝福の言葉（マタイによる福音書 5:1-12）

イエスは、ご自分に従う大勢の群衆に心を動かされました。*ある日、イエスは草の茂った丘の頂上まで歩いて行き、日向ぼっこをされました。すると、周りの草の上に座り、丘を下りてくる大勢の人々の顔が見えました。皆が落ち着くまで、イエスは近くに座っている人々、特に子供たちと世間話をされました。それからイエスは立ち上がり、声を張り上げ、群衆に教え始めました。*

誰もが幸せになりたいと思っていますが、幸せは状況の変化とともに現れたり消えたりします。「祝福された人生」とは、実際には喜びに満ちた人生です。喜びに満ちた人生は神がすべての人に与えてくださる祝福であると言えるかもしれませんが、すべての人がそれを受け入れるわけではありません。喜びは幸福とは異なります。喜びは状況に関わらず不変です。イエスは群衆にこう言われました。「喜びに満ちた人々の話をしましょう。」

以下の 9 つの祝福は NASB からの引用であり、著者による解釈です。

（1）　「心の貧しい人は幸いです、天の国はその人たちのものだからです。」（マタイ5:3）

心の貧しい人は喜びにあふれた人です。皆さんも、傲慢にも傲慢にもならず、真に自分を尊ぶ謙虚な人をご存知でしょう。彼らは神の前で謙虚です。神に何か借りがあるとは思っていません。自分の力で神に栄光を帰すことはできないと悟り、神に頼り、神に感謝しています。

イエスは謙遜の模範であり、すべての信者はこの特質を持つべきです。神は心の貧しい人々に喜びを与え、彼らは地上にいながら主の再臨を待ちながら、天の御国の祝福を享受し始めることができるのです。

（2）　「悲しむ人たちは幸いである、その人たちは慰められるからである」（マタイ5:4）

悲しむ人は喜びにあふれた人です。これは驚きでしょうか？イエスは泣き虫、特にいつも不当な扱いを受けていると不平を言う人のことを言っていたのではありません。イエスは、人々を愛し、神を知らず、したがって神との関係を持たな

い人々のことを思って心を痛める人のことを言っていたのです。

イエスは他者のために悲しむ模範です。悲しむ人は他者のために祈り、神は彼らの無私の祈りに応えてくださいます。神はそのように悲しむ人に喜びを与え、また他者のために悲しむ人を慰めてくださいます。

（3）　「柔和な人たちは幸いである、彼らは地を受け継ぐであろう」（マタイ5:5 NASB）

柔和な人は喜びに満ちた人です。イエスは、他人に踏みつけられる弱い人のことを言っていたのではありません。真に柔和な人は、強くありながらも忍耐強い人です。力強い馬も、手綱を頭にかけ、口にくつわを着ければ、子供でも制御できます。神は信者をくつわを着けて制御するわけではありません。神は私たちに9つの霊的な賜物を与えてくださいます（ガラテヤ5:22-23）。自制心はその霊的な賜物の一つです。神の霊は、私たちがくつわなしでも自分自身を制御して柔和になれるように助けてくださいます。イエスは柔和さの最高の模範です。

（4）　「義に飢え渇く人々は幸いである、その人たちは満たされるからである。」（マタイ 5：6 NASB）

義に飢え渇く者は喜びにあふれた人です。詩篇作者はこう書いています。

鹿が水を渇望するように、私の魂はあなたを渇望します。神よ。

（詩篇 42:1 NASB）

あなたの神である主を求めよ。心を尽くし、魂を尽くして主を求めるならば、あなたは主を見つけるであろう。

（申命記 4:29 NASB）

義は神から来るものであり、私たち自身の内から来るものではありません。私たちが神を求め、神の御心に従うとき、神は私たちの心と思いを変え、私たちの自我よりも神の御心を求めるようにしてくださるのです。イエスは私たちの中で、そして私たちを通してご自身を栄光に輝かせてくださいます。私たちを神の義で満たし、私たちの魂に喜びが溢れます。

（5）「憐れみ深い人たちは幸いです、その人たちは憐れみを受けるからです」（マタイ5:7 NASB）

他者に慈悲を示す人は喜びにあふれた人です。慈悲とは、困っている人、被害者、そして犯罪者でさえも、他者への助けへと変わる思いやりです。神は慈悲深いお方です。そうでなければ、私たちは皆、罪の中で死んでしまうでしょう。神を愛すれば愛するほど、神のようになりたいと思うようになります。神が私たちを変えてくださるほど、私たちは神の絶え間ない慈悲を実感し、喜びも大きくなります。

*（6）「心の清い人々は幸いです。彼らは神を見るからです」（マタイ5:8*NASB*）*

心の清い人は喜びに満ちた人です。心の清いには二つの意味があります。それは、心の奥底まで道徳的に清いこと（偽善者ではないこと）です。また、心の清いとは、一途で、自己に分裂がなく、常に誠実で、決して欺瞞をしないことを意味

します。心の清い人は、神に対しても、自分自身に対しても、そして他人に対しても正直です。心の清い人は、日々神が働いておられることを認識し、永遠に神と共にいるでしょう。

（7）　「平和を実現する人たちは幸いです。彼らは神の子どもと呼ばれるでしょう。」（マタイ5:9 NASB）

平和を築く人は喜びに満ちた人です。戦争がないことが必ずしも平和をもたらすわけではありません。平和どころか、多くの人は不安、怒り、葛藤、恐れ、不確実性などに満たされがちです。真の平和とは状況ではなく、人格であり、主なる神こそがその御名なのです。

平和は神の御性質の一部であり、したがって、すべての新生した信者に潜在する特質です。平和はまた、すべての信者に与えられた御霊の実（ガラテヤ5:22-23）の中にも含まれており、神の子とも呼ばれています。私たち信者は、御霊の実、すなわち愛、喜び、平和、寛容、親切、善意、誠実、柔和、自制を示すことによってのみ、信者として認められます。平和の民として、信者は平和の君であるイエスを通して、それを必要とする人々に平和をもたらします。

（8）「義のために迫害されてきた人たちは幸いです。天の国はその人たちのものだからです。」（マタイ5:10 NASB）

キリストのために迫害された人々は喜びにあふれた人々です。これは間違っているように聞こえるかもしれませんが、イエスは殴打され十字架にかけられた後、死を迎える前に、ご自身を殴打し殺した者たちを赦しました（ルカ23:34）。こう記されています。

> イエスは、御自身の前に置かれた喜びのゆえに、恥辱をものともせずに十字架を耐え忍び、神の御座の右に着座されました。
>
> (ヘブル人への手紙 12:2 NASB)

最初のキリスト教の殉教者であるステファノは、イエスと同様、イエスについて証言したために石打ちで殺された者たちを許しました

(使徒行伝 7:59-60)。

他にもたくさんあります。迫害を受けたペテロはこう言いました。

> このことにおいて、あなた方は大いに喜びなさい。たとえしばらくの間、さまざまな試練によって苦しむ必要があったとしても、それは、あなた方の信仰が火で試されても証明され、イエス・キリストの現われのときに、称賛と栄光と誉れとに至るためです。
>
> (ペテロ第一 1:6-7 NASB)

> イエスはこう言われました。「奴隷は主人より偉くはない。もし彼らがわたしを迫害したなら、あなたたちも迫害するだろう。」
>
> (ヨハネ15:20、マタイ10:24-25 NASB)

*(9)「わたしのゆえに人々があなたたちを侮辱し、迫害し、あなたたちに対してあらゆる悪口を言うとき、あなたたちは幸いです。」(マタイ11章*NASB*)*

「喜びなさい。喜びなさい。それは地上での人生の意味を保ち、天において大きな報いをもたらすのです。あなたたちより前の預言者たちも同じように迫害されたのですから。」*この最後の祝福の言葉は、その上にあるものと似ています。イエスは新約聖書における迫害と旧約聖書における迫害を結びつけているように思われます。おそらくイエスは、迫害がほとんどすべての信者に対する神の永遠の計画において重要な役割を果たすことを私たちに知ってほしいと願っているのでしょう。*

(10)祈りと模範的な祈り(主の祈りとも呼ばれる)

> イエスはこう言われました。「人々に見られるために、人前で善行(貧しい人を助けるなど)をしてはいけません。*それでは天の父から何の恩恵も得られません。人知れず善行をしなさい。そうすれば*神はあなたの行いを見て、報いを与えてくださいます。」
>
> (マタイ伝6章1-4節、著者による改稿)

> 祈るときは、自分の部屋に入り、戸を閉めて天の父に語りかけ、父が*あなたに何を語りかけたいのか耳を傾けなさい。*祈るときは、不信者のように無駄な言葉や繰り返しを繰り返さないでください。率直に祈りなさい。天の父はあなたが何を必要としているのか、すでにご存じです。」
>
> (マタイによる福音書 6:5-8、著者による改稿)

たとえば、何を祈るかではなく、どのように祈るかは次のとおりです。

天の父よ、

*あなたの御名が、私たちの心と唇、そして日々の生活の中で、常に尊ばれ、聖なるものとなりますように。*あなたの御国*と主権が　御計画が*天において成就されるように、地上においても、特にあなたの民において成就されますように。*私たちの身分や収入に関わらず、日々の些細な必要を含め、あらゆることにおいてあなたに頼ることができるよう、私たちを*助けてください。私たちの体、心、魂に日々の栄養と健康を与えてください。私たちが他人に対する過ちや罪を赦し、また、私たちも他人の私たちに対する過ちや罪を赦せるように導いてください。*また、罪への誘惑から遠く離れ、サタンの誘惑の罠から私たちを救い出してください。*

注：神は私たちを強くし、成功させるために*試練を与えます。神は決して私たちを罪や失敗に誘惑しません。サタンは私たちを弱らせ、罪や失敗を犯させようと誘惑します。真の「主の祈り」はヨハネによる福音書17章です。*

国と力と栄光は永遠にあなたのものなのです。
アーメン（主よ、そうありますように）。

*この文は初期の写本には見当たらないので、イエスが言ったのではないかもしれない（?）が、これは間違いではなく、良い教えである。（マタイ伝6:9-13、著者による書き直し）。*マタイは「模範的な祈り」の後に、イエスのもう一つの教えを記している。

> あなたが他人の過ちや罪を赦すなら、天の父もあなたを赦してくださいます。しかし、あなたが他人を赦さないなら、天の父もあなたを赦してくださらないでしょう。
>
> （マタイ6:14-15、著者による改稿）

2. イエスは故郷で拒絶されました（ルカ4:16–31）

洗礼と誘惑の後、おそらく弟子たち全員を選ぶ前、イエスは故郷のナザレに戻りました。イエスはユダヤ教の敬虔さ、畏敬の念に倣い、会堂で礼拝に出席しました。*カペナウムからイエスの知らせが届きました。*そこで会堂長はイエスを前に呼び、イザヤの預言が手書きで記された巻物を手渡しました。

*イエスが何を読むべきか指示されたのか、それとも自ら選んだのかは分かりません。*イエスは巻物を広げ始めました*（当時は製本された本はありませんでした）*。これは印刷機が発明される14世紀前、そして聖書が章と節に分けられる15世紀前のことでした。

読みたい箇所を見つけると、イエスは立ち上がって読み始めました。

> 主[ヤハウェ]の霊がわたしの上にあります。主はわたしに油を注ぎ、貧しい人々に福音[良い知らせ]を宣べ伝えるようにされました。主はわたしを遣わして、捕らわれ人の解放を、盲人の視力回復を、虐げられている人を解放し、主の恵みの年を告げ知らせさせられました。
>
> （ルカ4:18-19 NASB、イザヤ61:1-2より）

イザヤは、イエス誕生の600年前、バビロニア人に捕囚されたイスラエルの民への励ましの言葉を書き記しまし

*た。これらの節にはメシア的な意味合いがありました。*イエスは読み終えると、巻物を巻き上げて指導者に返し、*指導者はそれを収納棚に戻しました。*そしてイエスは着席されました。*聖書朗読を求められると、イエスは解釈の言葉も述べるように求められました。会堂の説教者は聖書を読む時は立ち上がり、教える時は座りました。*

が「この聖書の言葉は、今日、あなたたちが聞いたときに実現しました」*と話し始めると、すべての目がイエスに釘付けになりました。*

イエスが話していると、人々は驚いて、互いにささやき合いました。「この人はヨセフの子ではないか。このような教え方をどこで学んだのだろう。」

*イエスはイスラエルと諸国民に「福音」を宣べ伝えるために油を注がれました。諸国民とは、*異邦人、*つまりヘブライ人以外の国々のことです。神はイスラエルを諸国民に神を紹介するために選びましたが、イスラエル人は自分たちを神の寵愛を受ける者、*神の国民としか考えませんでした（おそらく今日のアメリカ人のようなものです）。神を敬う異邦人の中には神殿で礼拝することを許されたものの、ヘブライ人の礼拝者とは隔離されていました。ヘブライ人は異邦人に福音を宣べ伝え、彼らを神のもとに導く努力をほとんどしませんでした（これも今日の私たちに当てはまります）。神はイスラエルだけでなく（アメリカだけでなく）、すべての国々を愛しておられます。

イエスは、神が異邦人に対して抱いている関心を示す二つの例を挙げました。

*「エリヤの時代には、イスラエルには多くの未亡人がいましたが、神は邪悪なアハブ王からエリヤを隠すために、彼女たちを一人も用いませんでした。神はエリヤをフェニキ*アのシドンにあるザレパテの未亡人のもとに遣わし、保護を求められました。神はまた、エリヤを通してその未亡人を祝福

されました。」(列王記上　17:9-24)そして*「エリシャの時代には、イスラエルには多くのらい病人がいましたが、神は彼らを癒されませんでした。神はエリシャを通してシリア人ナアマンを癒されました。」*（列王記下　5:1-14)。*私たちはこの二つの物語を、第16話「預言者」で学びました。*

> *これらの例は聖書からの引用ですが、*会堂の人々は神が異邦人(非ユダヤ人)を気遣っていることを聞いて激怒しました。*彼らは立ち上がり、イエスを町の外に連れ出しました。彼らはイエスの腕をつかみ、町の丘の頂上まで連れて行きました。彼らはイエスを崖から突き落として殺そうとしましたが、*イエスは腕を振りほどき、*彼らを睨みつけ、*群衆の中を通り抜けて去っていきました。
>
> (ルカ4:28-30)

ミニエピローグ

マタイによる福音書13章54-58節とマルコによる福音書6章1-6節にも、イエスのナザレ訪問が記録されています。多くの解釈者は、これら二つの物語をナザレへの二度目の訪問と解釈しています。著者はナザレへの訪問が二度ではなく一度だけだったと考えますが、実際にはそうではありません。そして、ルカによる福音書が異邦人に対する神の目的を扱っているため、ルカによる福音書を採用しました。詩篇は、聖書の他のどの書よりも、神の異邦人(非ユダヤ人)への関心について多くを明らかにしています(例えば、詩篇18章49節、46章10節、57章9節、67章1-7節、72章11節と17節、86章9節、96章3節、102章15節、117章1-2節)。

3. 金持ちの若い役人（マタイ19:16-26）
ある若者がイエスのもとに来て尋ねました。「先生、永遠の命を得るためには、どんな良いことをすればよいでしょうか。」

イエスは質問で答えました。「なぜ私に何が善であるかを尋ねるのですか。*神だけが*善です。永遠の命を得たいのであれば、戒めを守りなさい。」

「どの戒律ですか？」と彼は尋ねた。

そこでイエスは、いくつかの戒めを挙げました。「殺してはならない。姦淫してはならない。盗んではならない。偽証してはならない。父と母を敬いなさい。隣人を自分のように愛しなさい。」

若者は答えました。*「私はそれらすべてを保管しています。まだ何が足りないのですか？」*

その若者が永遠の命を持っていないと告白したからといって、すべての戒めを完璧に守っているという*その傲慢な主張を否定しませんでした。その代わりに、イエスはその若者の問題点を指摘しました。*

> *完全になりたいなら、持ち物をすべて売り払い、貧しい人々に施しなさい。そうすれば、あなたの宝は地上ではなく天に置かれるでしょう。*（あなたの宝のあるところに、あなたの心もあるでしょう。）
>
> （マタイ6:21 NASB、著者による改稿）

「貧しい人々にお金を与えた後は、*あなたはもはや富に縛られることがなくなり、*私に従って来ることができるようになります。」

*若者はそれを聞いて悲しみながら立ち去りましたが、多くの財産を持っていたため、依然として途方に暮れていました。*富*が彼の心を支配し、神は決して誰にも、何にも劣るこ*

*とはありません。*アブラハムの物語を思い出してください。彼は時に神を第一に考え、時に自分の意志を第一に考えました。神はアブラハムに息子イサクを神に捧げるように命じ、アブラハムを「従うか、黙るか」の立場に置きました。アブラハムは神に従い、イサクの心臓に短剣を突き刺そうとしたその時、神はそれを止めました。

> 神はアブラハムに言いました。「私がすでに知っていたことを、あなたも今知った。私はあなたにとって何よりも、誰よりも、あなたの息子イサクよりも大切なのだ。」

*イエスは弟子たちに富の問題についてこう説明しました。「金持ちが天国に入るのは難しい。*実際、金持ちが天国に入るよりは、ラクダが針の穴を通る方が簡単だ。」

弟子たちはこれを聞いて驚いて、イエスに尋ねました。「では、だれが救われるのでしょうか。」

イエスは答えました。「人間にはそれは不可能だが、神には何でもできる。」

> *弟子たちは（他の多くの人々と同じように）生まれつき目の見えない人は罪のせいで目が見えなかったと間違って考えていたのと同じように、金持ちの人たちも神が善良な行いに対して報いを与えたから金持ちなのだと間違って考えていたのです。*

4. イエスとニコデモ（ヨハネ3:1-21）

ある夜、ユダヤ人のパリサイ人ニコデモがイエスのもとにやって来て、権力のあるユダヤ議会サンヘドリンの一員として話をしました。ニコデモは典型的なパリサイ人ではありませんでした。イエスに敬意を払い、「ラビ」（先生）と呼びかけたからです。彼はイエスが神から来られたことも認めていました。ニコデモはイエスについて、イエスが行った「しるし」（奇跡）に基づいて推測しました。

イエスはニコデモになぜ来たのか尋ねるのではなく、むしろ唐突に大胆な言葉で本題を切り出しました。「ニコデモよ、*あなたは基本的な真理を理解する必要があります。*あなたは新しく生まれなければなりません。そうでなければ、神の国を見ることは決してできません。」

ニコデモはその率直な言葉に驚いた。しばらく考えをまとめ、それから答えた。「先生、分かりません。一人の人間が、ましてや私のような大人が、どうして生まれ変わることができるのでしょうか？」*母親の胎内に戻って生まれ変わるなんて、到底無理だ。一体何を見逃しているのだろう?*

イエスは答えました。「人は水（自然の誕生）と霊（新しい霊的な誕生）によって生まれなければ、神の国に入ることはできません。」

ニコデモは唖然としましたが、イエスは続けて言われました。「肉から生まれたものは*肉（自我に駆られた罪人、生まれながらの人間）*であり、霊から生まれたものは霊（赦された、新しい霊的生命、聖霊に駆り立てられた）です。私が言ったことに驚いてはいけません。あなたは新しく生まれなければなりません*（神による新しい霊的創造物）*。」

「どうしてこんなことが起こるんだ？」と彼は尋ねた。

イエスはこう答えました。「あなたはイスラエルの宗教教師でありながら、こんな基本的なことも理解していないのか。私は（神から）見聞きしたことを証言しているのに、あなたたちは私を信じない。私が地上のことを話してもあなたたちが信じないのに、天上のことを話してもどうして信じるだろうか。天から下ってきた人の子のほかには、だれも天に上った者はいない。」

「ニコデモよ、モーセが木の棒に青銅の蛇を掲げた理由を覚えているか（民数記21:1-9）。民は毒蛇に噛まれて死んでいた。神は彼らに、*神への従順さを示すためにあの青銅の蛇を見るように言われた。 彼らは死ななかった。毒蛇に噛まれた後、神が彼らに死を免れる唯一の方法だったのだ。」*

*ニコデモの心に聖書の情景が浮かんだ時、*イエスはこう言われました。*「同じように、人の子（永遠の神の言葉であり、人となったイエス自身）は、木の十字架（私たちの罪を償うための彼の死）に上げられなければなりません。そうして、彼を信じる者（彼を主として受け入れ、従う者）は永遠の命を得るのです。それが、神が人類に永遠の死を回避し、代わりに神と共に永遠の命（神の命）を得るための唯一の道なのです。*ですから、神は御子を世に遣わされたのは、世を裁くためではなく、御子を通して世（罪深い人類）が救われるためなのです。」

*イエスはこう説明しました。「人間の理解をほとんど超えることですが、*神は罪深い人類を深く愛し、独り子を与えてくださいました。それによって、独り子（神の救い主）を信じる者は皆、罪を赦され、永遠の死ではなく、神による永遠の命が与えられるのです。」（ヨハネ3:16 KJV）

イエスは続けて言われた。「*人類は皆罪人であり、*すでに神によって裁かれていますが、神は慈悲深いのです。もし私たちが神の善良さと主権を認め、神に従い、赦しと再生を願うなら、神はそうしてくださるでしょう。その裁きとは、光（永遠の真理）が世に来たのに、人々はその行いが悪いので、光よりも闇（反真理）を愛したということです。」（ヨハネ3:1-21、著者による書き直し）

ニコデモはイエスに命を委ねることなく去っていきましたが、イエスについてもっと知りたいと思っていました。後にニコデモはイエスに信仰を置きました。また、十字架刑の後、イエスの遺体を埋葬する準備を手伝い、埋葬にも協力しました（ヨハネ19:39-41、著者による改稿）。

5. ヤコブの井戸の女（ヨハネ4:3-42）

イエスはユダ州を離れ、ガリラヤ州に戻りました。ユダヤ人の通常の移動経路は、サマリア州を通らないようにヨルダン川の東側へ渡ることでした。 *（サマリア州は通常、アメリカ合衆国の郡に相当しますが、地域によっては小さな州に相当します。）*イエスはサマリア人に対して偏見を持たなかったので、弟子たちと共にサマリアを歩きました。彼らは正午前にシカルの町の外に到着し、約2000年前にヤコブが掘った古代の井戸に立ち寄りました。イエスは昼食の食材を買いに弟子たちを町へ行かせ、その間にご自身は座って休まれました。

サマリアの女が井戸に水を汲みに来ました。イエスはすぐに、その女が女たちの中で疎外された存在だと分かりました。女たちは朝早く井戸へ行き、洗濯をし、入浴し、飲み水や料理用の水を家に持ち帰ります。*午後遅くに、彼女たちや娘が水を汲みに戻ってきますが、正午は暑すぎて、水を汲んで家に持ち帰るには長旅は無理でした。*

*通常、見知らぬ男性が女性に話しかけたりはしませんし、女性も男性に話しかけたりもしません。*しかし、イエスは喉が渇いていたので、「水を飲ませてください」と言いました。

その女性は *チップを持っていた* 「あなたはユダヤ人な*のに*、私はサマリア人の女です。どうして私に水を飲ませてほしいと頼めるのですか？」*不寛容は特定の民族に限ったことではありません。*

イエスは答えました。「もしあなたが神の賜物を知っており、また、だれが水を飲ませてくれるかを求めているのか知っていたなら、あなたはその人に求めるはずです。そうすれば、その人はあなたに生ける水を与えたでしょう。」

女は言いました。「あなたは水を汲む手段がないから、私に水を飲ませてほしいと頼んだのです。ロープもバケツもないのに、一体どこからあなたの言う生ける水を手に入れたのですか。*この井戸は私たちの先祖ヤコブが与えてくださった*ものです。あなたは彼よりも偉大だと言うのですか。」

イエスは答えられました。「この井戸から水を飲むと、また渇くのに気づいたか。しかし、わたしが与える水を飲む者は決して渇くことがない。*わたしが与える水は、永遠の命に至る水がわき出る井戸となる。*

> *「その水をください。」と彼女は言った。「そうすれば、喉が渇くことも、ここに水を汲みに来る必要もありません。」*
>
> (ヨハネ4:13-16 NASB)

イエスはこう言われました。「わたしは水を飲ませてほしいと*頼んだのですが、これがわたしたちの間の話し合いになってしまいました。それはよくありません。*家に帰って、あなたの夫を連れてきてください。それから話し合いを続けましょう。」

彼女は答えました。「私には夫がいません。」

「あなたがそうではないことは分かっています」とイエスは言った。「あなたには五人の夫がいましたが、今一緒にいる男性とは結婚していないのです。」

女性は窮地に陥り、会話の焦点を自分から逸らしたかったので、*宗教的な質問をした。*「あなたは、私たちの祖先がこの山(ゲリジム山)で崇拝していた預言者だと私は思いますが、あなた方ユダヤ人はエルサレムこそが真の崇拝の地だと言っています。どちらが正しいのですか?」

> イエスは答えました。「*礼拝場所は重要ではありません。重要なのは、どのように礼拝するか*です。真の礼拝者は、天の父を霊と真理をもって礼拝します。それが神が私たちに求めていることです。神は霊的な存在であり、礼拝者は霊と真理をもって神を礼拝しなければなりません。*私たちの霊は、神の霊を誠実に礼拝するのです。そうでなければ、人々はただ形式的に礼拝するだけになり、それは礼拝しているふりをしているに過ぎません。*」
>
> （ヨハネ4:21-24、著者による改稿）

突然、その女性は考えが変わりました。「*私は救世主*（キリストと呼ばれる方）が来られることを知っています。*主が来られるとき、私たちにすべてを教えてくれるでしょう。*

イエスは*丁寧に、単純に、簡潔に答えました。「私がそれです。」*

ちょうどその時、イエスの弟子たちが昼食を持って戻ってきました。女性は弟子たちに水を汲ませるためにバケツを残し、シカルに戻って隣人たちに言いました。「私の*善も悪もすべて知っている方に会いに来てください*。この方は、私たちが待ち望んでいるキリストなのかもしれません。」

井戸に戻ると、弟子たちはイエスが見知らぬ女と話しているのを見て驚きましたが、何も尋ねませんでした。女が去った後、弟子たちはイエスに何か食べるように勧めましたが、イエスはこう言われました。「わたしには、あなたがたの知らない食べ物がある。わたしの食べ物とは、わたしを遣わした方の御心を行い、その御業を成し遂げることである。」

読者の中には、イエスがもう空腹ではなくなった理由を理解する人もいるでしょう。

イエスはこう言われました。「あなた方は*小麦の*収穫まであと4ヶ月だと言っている。しかし、わたしは言う。目を開けなさい！畑はもう収穫の準備ができている。*人々はもう信じる準備ができているのだ。*」（ヨハネ4:35、著者による改稿）

一方、スカルでは、あの女の驚くべき証言によって、多くの人がイエスを信じました。スカルの人々はイエスを数日滞在するよう招きました。イエスは二日間彼らのもとに滞在し、さらに多くの人が信じて言いました。「私たちはイエスを見聞きしました。そして今、彼がキリストだと分かりました。」

人々は心を開いてイエスに近づくと信じるが、心を閉じて近づくとイエスを受け入れることはない。

6. 姦淫の女（ヨハネ8:1-11）

*イエスはエルサレムの神殿が見えるオリーブ山で夜を過ごしました。*翌朝早く、イエスは神殿に戻りました。人々が集まって教えを聞きました。律法学者やパリサイ人の中には、イエスの教えを邪魔する者もいました。

彼らは女性を連れ、イエスとイエスが教えを説いておられた人々の間に、*彼女を無礼にも地面に押し倒しました。著者は、律法学者とパリサイ人が女性を連れて来た時、イエスの話を聞いていた人々は散っていったと推測しています。*

「先生」と彼らは大声で言った。「*私たちはこの女を姦淫の現場で捕まえました。*律法では、そのような女は石打ちにするよう命じられています。*どう思われますか？* 」彼らはイエスを試し、告発の根拠を探していた。イエスは*彼らを無視し*、身をかがめて指で砂に何かを書き始めた。

彼らはイエスに問い続けたので、イエスは立ち上がって言われた。「*あなたたちのうち、罪を犯さなかった者は誰か。*その者がまず彼女に石を投げなさい。」

　イエスは再び身をかがめて、砂に書き続けました。律法学者やパリサイ人たちはイエスの言葉を聞いて*罪悪感を覚え*、年長の指導者たちから順に、ゆっくりと立ち去り始めました。

　やがてイエスは、まだ中庭の中央に座っていた女と二人きりになった。イエスは女に近づき、静かに尋ねた。「婦人よ、あなたを告発した人たちはどこにいるのですか。あなたを罪に定める者はいなかったのですか。」

　彼女は答えました。「主よ、誰もいません。」

　イエスは答えました。*「わたしもそうしません。あなたは行ってもよいが、今後はもう罪を犯してはなりません（悔い改めなさい／従いなさい）」*

ミニエピローグ

イエスはその女性に、自分も彼女を罪に定めないと告げました。*これは姦淫を容認したという意味ではありません。もちろんそうではありませんが、イエスはかつて「神は御子を世に遣わし、世の民を救うためである」（ヨハネ3:17）と言われました。裁きは後に来ます（マタイ25:31-46参照）。*

　、イエスを出し抜こうとする策略の*駒としてその女性を利用した。彼らはイエスを告訴しようとしたが、イエスはそれを出し抜いた。　代わりに彼らに頼るべきだ。*タンゴは二人で踊るものだと、ほとんどの人が理解している。女性が姦淫の現場で捕まったのだから、一緒に関わっていた男性はどこにいたのだろうか？それは女性を犠牲にした罠だった。現代にも「目的は手段を正当化する」という悪辣な格言がある。しかし、真実に満たないものはすべて罪である。

7. 家族、神が創設した最初の制度（創世記2章）

神は地球上の最初の人間であるアダムとエバ*(男と女)を創造し*、結婚によって結びつけました。二人は家族となり、神はそれを良しとされました。神は二人に子供を産むように命じ、家族は拡大しました。孫が生まれると、家族はさらに拡大します(創世記1章-4章)。

家族は地球上で最も重要な単位です。*家族がどうあるかによって、国家や教会もどうあるかが決まります。私たちの国は、家族にとって危険な時代を生きています。家族の時間は長年にわたり失われてきました。父親の労働時間は長くなり、父親の個人的な好みが家族と過ごす時間をさらに奪っています。多くの母親は外で仕事をし、疲れ果てて帰宅しても、料理や掃除などをしています。*

家族が揃って食卓を囲むことはますます稀になってきています。そのため、食卓を囲んで活発な家族の会話が交わされることも、ほとんど、あるいは全くなくなっています。日常的な食卓での会話は、親と子ども、そして若者の間に良好な親睦を育みます。家族間の会話は、メンタリングやゲームなど、より親密な時間へと繋がります。

第二次世界大戦前と戦中、ナチス政府は若者と親の間に亀裂を生じさせ、家族を破壊しようとしました。彼らはドイツの若者をナチス社会主義に傾倒させ、より保守的な親の影響力を弱めました。今日、アメリカでも同様の試みが見られます。

もちろん、家族が崩壊する理由は他にもたくさんあります。利己主義、自制心の欠如、アルコール、麻薬、乱交、ギャンブル、週末の絶え間ない外出などです。これらは私たちを自分自身のエゴの欲望に引き寄せながら、神と教会に対する家族の関心を徐々に破壊していきます。

*使徒パウロは*エペソ人への手紙5章20節から6章4節で、良好な家族関係について語っています。「私たちの主イエス・キリストの御名によって、神の祝福に感謝しなさい。」*感謝*

*の気持ちは、良い家族を育む肥料のようなものであり、他者への感謝の気持ちを育みます。*また、神が最高の供給者であり、最高の力を与えてくださる方であることを思い出させてくれます。子どもたちは、両親から心からの感謝の気持ちを学ぶ必要があります。

パウロは続けて、*私たちは皆、「神を畏れ敬い、畏れ敬い*ながら、互いに仕え合う」必要があると述べています*（エペソ人への手紙 5:21 欽定訳）。互いに仕えることは、良い家族を築き、また良い個人になるための鍵です。互いに仕えること（これは男女を問わず、すべての大人、そして子供にも当てはまります）は、パウロが次に女性に向けて述べた言葉の辛辣さを和らげます。*

> 妻たちよ、主に従うように、夫に従いなさい。
> （エペソ人への手紙 5:22 KJV）

*パウロは奴隷制を示唆しているわけではありません。創世記3章16節（調べてみてください）で神がされたように、彼はまず妻に語りかけます。*罪が人類の一部となった後、神は夫を一家の長とされました。イエスが教会の長でもあるように。*妻はしばしば夫よりも賢く、思慮深く、夫よりもよく働くことが多いとはいえ、これは神の妻への計画の一部です。*

そしてパウロは、創世記3章17-19節で神が夫たちに語りかけたように、夫たちに語りかけます*（調べてみてください。1節ではなく3節です）。夫の妻への従順さについて:*

> 夫たちよ、キリストが教会を愛し、教会のために
> ご自身をささげられたように、*妻を愛しなさい。*
> *（エペソ人への手紙 5:25 KJV）*

このように、妻は夫に従い、夫は妻を自分よりも優先します。*夫は自分の体を愛するように妻を愛すべきです。「妻を愛する者は自分自身を愛している。」*

*キリストとその教会は偉大な神秘であり、夫と妻が神の御心と導きのもとに互いに服従する敬虔な結婚もまた神秘です。神の計画は私たちの自我の欲求に反します。神の計画は、家族全体を祝福し、神に栄光を帰す霊的な結婚を生み出します。それは、*不和、利己心、破綻ではなく、恵み、喜び、一致の中で成長する結婚です。 *「夫はそれぞれ、自分の妻を自分のように愛しなさい。妻は夫を敬うようにしなさい。」*（エペソ人への手紙 5:32-33 NASB）妻は夫を「愛する」ように命じられているのではなく、「夫の立場*を敬う」ように命じられています。もう一つの神秘があります。男性の皆さん、私たちは妻への献身的な愛を通して、妻の愛と尊敬を勝ち取らなければなりません。もし妻が夫の導きを敬わず、従わないなら、それは夫の責任かもしれません。男性の皆さん、妻に対する夫の義務をもう一度読み直しましょう。*

> 夫は妻に従うべきであり、妻も夫に従うべきです（「キリストを畏れて互いに仕え合いなさい」）。
> （エペソ人への手紙 5:21）

> 夫は、キリストが教会を愛し、そのために御自身をささげられたように、妻を愛すべきです。
> （エペソ5:2）

> そして

> 自分を愛するように妻を愛しなさい。
> （エペソ5:33）

パウロは子どもたちとその両親にもこう語りかけました。

> *子供たちよ、主にあって両親に従いなさい。これは正しいことだからです。*あなたの父と母を敬いなさい。これは約束を伴う戒めです。そうすれば、主があなたに与える土地で、あなたの命は長く続くでしょう。
>
> （出エジプト記 20:12、申命記 5:12 NASB）

> 父親たちよ、子供たちを怒らせてはいけません。むしろ、主の戒めと教えによって彼らを育てなさい。
>
> （エペソ人への手紙 6:4）

「*男性の皆さん*、子供たちを怒らせることなく、主の戒めと教えの中で成長させなさい。」*これは大きな課題です。その難題を乗り越える秘訣は、私たち父親が、神に成長の過程を委ねることです。私たちは子どもの上司ではなく、愛情深い親、模範となる存在、そして子どもを守る守護者となるべきです。敬虔な家庭は喜びに満ちた家庭であり、神の計画に従わない家庭にとって証しとなり、模範となるのです。*

パウロはコリントの教会からの不道徳に関する質問に答えました。

> あなたの体は不道徳のためにあるのではなく、主の栄光のためにあるのです。*姦淫やその他の性的罪を含む不道徳は、今日多くの信者にとって深刻な問題であり、多くの離婚につながっています。薬物、アルコール、ポルノは、信者を*

不道徳に陥らせるためにしばしば利用されます。

（コリント人への第一の手紙 6:13, 15, 18-20）

*「互いに愛し合いなさい」はすべての信者に対する主の戒めですが、*私たちは結婚前も結婚後も性欲を掻き立てる「エロス愛」（官能的な愛）ではなく、「アガペー愛」（神の愛）を持つべきです。私たちは不道徳から逃れるべきです。

8. 聖霊とは誰ですか。そしてその役割は何ですか。

*ヨハネによる福音書14章から16章には、聖書の他のどの箇所よりも、信者の日常生活における聖霊の役割について多くの教えが記されています。これらの教えはすべてイエスご自身から出たものであり、聖霊の真実ではあるものの、それほど重要ではない教えに陥らないように私たちを助けてくれます。*イエスが聖霊について明確に教えられたのは、弟子たちに、ご自身が彼ら／私たちのために場所を用意するために去ることを告げる文脈の中ででした。イエスは、信者のために再び戻ってくることを彼らに保証されました。

> イエスはこう言われました。「わたしは父にお願いする。すると父は、別の助け主（同じ種類の別の助け主）をあなたたちにお与えになる。その助け主は、わたしたちの傍らに召されて、わたしたちを助け、慰める者となり、いつまでもあなたたち／わたしたちと共にいるであろう。わたしが言っているのは、神の霊、真理の霊のことである。」
>
> （ヨハネ14:16-17 NASB）

この世*（自然的/罪深い/自我に突き動かされた人類）は*真理の霊を拒絶します。なぜなら真理の霊を見ることも*触れることもできないからです。*

「信じる者は、主が私たちと共にいて、私たちの内に住んでおられるので、主を知っています。」イエスは続けて言われた。「わたしは去るとあなたたちに言ったのに、あなたたちはわたしがどこへ行くのか尋ねなかった。あなたたちはそのことで腹を立てている。しかし、わたしが去ることはあなたたちにとって益となる。わたしが去らなければ、助け主は来ないからだ。もしわたしが去れば、わたしは助け主をあなたたちのところに遣わす。」

(ヨハネ16:5-7 NASB)

イエスが去ることがなぜ弟子たち（私たちも含む）にとって有利になるのでしょうか。*神の言葉（霊）は人にもなり（霊と体）、その名はイエス（イェシュア）となりました。イエスは私たちと同じように体を持っていました。同時に二つの場所に存在することはできませんでした。聖霊は体を持たない霊であり、同時にどこにでも存在することができます。使徒たちはほぼ三年間、二十四時間イエスと共にいました。まもなく各使徒は主から奉仕の割り当てを受けることになります。聖霊は同時に、異なる場所にいても各使徒と共にいることができるのです。これは使徒たちだけでなく、あらゆる場所のすべての信者に当てはまります。また、あなたや私のような今日の信者、そして未来の信者にも当てはまります。*

イエスは続けて言われた。「わたしは、まだあなたがたと一緒にいる間に、これらのことを話

しました。*聖霊*は助け主です。父はわたしの名によって聖霊を遣わされます。聖霊は、*神の言葉に基づいてあなたがたの知る必要のあることを教え、わたしがすでに教えたすべてのことを思い起こさせてくれるでしょう。*わたしがあなたがたに平安を与えるので、あなたがたは心を騒がせたり、恐れたりしてはなりません。」

(ヨハネ14:26-27 NASB)

*神の霊が来るとき、神は人々に三つの基本的な真理、すなわち罪、義、そして裁きについて悟らせます。*神は、人々がわたし[イエス]を信じていないために、罪について悟らせます。また、わたし[イエス]が父のもとに行くために、義について悟らせます[義人だけが神の前にいられる]。さらに、この世の支配者であるサタンが裁かれたために、裁きについて悟らせます*[監禁を待っている]*。

(ヨハネ16:8-11 NASB)

使徒ペテロはイエスがこれらの言葉を語ったときそこにいました。ペテロはこう書いています。

聖書の預言は、どれも個人の解釈の問題ではありません。なぜなら、預言は人間の意志によってなされたものではなく、聖霊に動かされた人々が神からのことを語ったものだからです。

(ペテロの手紙二 1:20-21 NASB)

ペテロはまた、*「信者がイエスに従うように聖霊が聖化して働く」ことについても書いています*

（ペテロ第一 1:2 NASB）。

パウロはこう書いている。

聖書はすべて神の霊感によるもので、教えと戒めと矯正と義の訓練とのために有益です。それは、神の人があらゆる良い働きのために十分に整えられた者となるためです。

（テモテへの手紙二 3:16-17 NASB）

イエスは続けて言われた。「あなたたちに言うべきことはまだたくさんあるが、今は理解できない。真理の御霊が来ると、*あなたたちを真理に導いてくれるだろう。*御霊があなたたちに告げることはすべて*父から出たものであり、御霊はわたしの栄光を現す。*なぜなら、御霊はわたしのものを取って、あなたたちにそれを明らかにしてくれるからだ。」

（ヨハネ16:12-15、著者による改稿）

9. 許されない罪

赦されない罪とは何か、あるいはどのような罪が赦されないのかについては、様々な憶測が飛び交っています。多くの人は、自殺は赦されない罪だと考えています。なぜなら、自殺した後では悔い改めたり赦しを求めたりする機会がないからです。しかし、聖書に答えがあるなら、私たちは注意深く耳を傾

け、憶測に惑わされるべきではありません。イエスはこう言われました。

> *わたしと共にいない者はわたしに敵対する者*であり、わたしと共に集めない者は散らす者である。どんな罪も冒涜も(神へのののしり)も*赦される。しかし、聖霊へのののしりは赦されない。*人の子(イエス)に逆らう者は赦される。しかし、聖霊へのののしりは、この世でも来世でも*赦されない。*
>
> *(マタイによる福音書 12:30-32 欽定訳)*

*なぜそれが赦されない罪なのでしょうか?*聖霊は、神の言葉(真理)と御心を私たちの心と心に解き明かす方だからです。*もし私たちが聖霊の証しを拒否し、それを真理ではなく偽りであると信じ、反神的な偽りを絶対的な真理と見なすなら、私たちは真理を非真理、非真理を真理と見なすため、神の手の届かない存在となってしまいます。*

*多くの人が真理と偽りを理解しようと努めながらも、このパターンに近づいてきました。しかし、神の真理を拒絶し、固執してしまうと、それは許されないものとなります。不可知論者や無神論者を自称する人の中には、まだ固執しておらず、神の霊に導かれる可能性もあるかもしれませんが、彼らは危険にさらされています。*信者は他者を裁いてはなりません。私たちは常に謙虚で愛に満ちた模範であり、生きた証人であり続けなければなりません。

10.「わたしは誰でしょう?」とイエスの死の預言(マタイ16:13以降、マルコ8:27以降、ルカ9:18以降)

「私は誰なのか？」という問いは、物語22で学んだ「私はある」という主張とは異なります。イエスと弟子たちがヘルモン山（現在のシリア）の麓で修行をしていたとき、*イエスは弟子たちに尋ねました。「人々は人の子をだれだと言っているか？」*（マタイ16:13）*人の子とは、イエスがご自身を暗示する最もお気に入りの表現でした。これはダニエル書7:13-14に由来しており、イエスはご自身を81回「人の子」と呼んでいます。*

答えは様々でした。「あなたはバプテスマのヨハネの復活です」と言う人もいれば、「あなたはエリヤの復活です」と言う人もいました。さらに、「あなたはエレミヤです」とか「他の預言者の一人です」と言う人もいました。*当時、イエスを好んでいた多くの人々は、イエスが誰なのか、何をしようとしていたのかを理解していませんでした。そのため、彼らは「彼は普通の人とは違う。もしかしたら有名な預言者の一人が復活したのかもしれない」と言っていました。これらの答えは真実ではありませんでしたが、この時点では、イエスは一般の人々からのそのような反応を受け入れることができました。*

*さらに重要なのは、弟子たちが2年近くイエスに従ってきたにもかかわらず、イエスが誰で、どんな方なのかを知っていたかどうかです。彼らはイエスを誰だと言うでしょうか。*そこでイエスは彼らに同じ質問をしました。「あなたたちはわたしを誰だと言うのですか？」

> いつものように、ペテロは誰よりも先に答えを口にした。*「あなたはキリスト、生ける神の子です。」*
>
> （マタイ16:16以下、欽定訳）

> イエスは答えました。「ペトロよ、あなたは祝福されている。しかし、わたしが誰であるかという真理は、あなたの理解から出たものではない。

> 天の父があなたにそれを明らかにされたのだ。わたしはさらに言う。『あなたはペトロ[男性名詞*『ペトロス』=石]であり、この岩[女性名詞『ペトラ』=岩、崖、または岩棚]の上にわたしの教会[女性名詞『エクレシア』=召集された民または集会]*を建てる。地獄の門もそれに打ち勝つことはできない。』」
>
> (マタイ16:17-18、著者による改稿)

専門の翻訳者でさえ、マタイによる福音書16章17-18節の意味について意見が一致していません。著者(専門の翻訳者ではありません)の理解では、イエスは「わたしはわたしの教会を建てる」とペテロではなく、「わたしが誰であるかについての父の啓示」の上に言われたのだとしています。主は今もなお、イエスが誰であるかという神の啓示の上に教会を建てています。その啓示は、ペテロのような真の信者に聖霊を通して聖書の中で啓示されています。教会は地獄の門を攻撃し続けます(教会が地獄の門を攻撃するわけではありません)。地獄は時として教会を傷つけるかもしれませんが、教会に打ち勝つことはできません(マタイによる福音書16章13-20節)。マタイによる福音書16章19節にある「神の国の鍵」は、*聖書にある神の言葉です。*

親しい弟子たちがキリストへの信仰を表明した後、イエスは彼らに*(今のところは)*自分がキリストであることを誰にも告げてはならないと告げました。それからイエスは弟子たちに、エルサレムへ行き、宗教指導者たちから多くの苦しみを受けなければならないことを明らかにしました。そして、最終的には殺されますが、三日目に復活します。

> ペテロはイエスを脇に連れて行き、叱責し始めました。「主よ、そんなことは決してあってはなり

> ません。そんなことは決してあなたには起こりません。」イエスはペテロの方を向いて言われました。「サタンよ、引き下がれ!あなたは今、神の御心と*永遠の計画*に反抗して語っており、わたしの妨げとなっている。」
>
> (マタイ伝 16:21-23)

私たちホモ・サピエンスが、自分たちが何をしているのか全くわからないまま、いかに素早く神を喜ばせたり悪魔を喜ばせたりすることができるかは驚くべきことです。

*イエスは再びご自身の死について語られました。*弟子たちがガリラヤに戻ったとき、イエスはこう言われました。

> 人の子は人々に引き渡され、殺されるであろう。しかし三日後に復活する。
>
> (マタイ17:22-23、著者による改稿)

弟子たちは深く悲しみました。

死と復活の三度目の預言(マタイ20:17-19)

イエスはエルサレムへ向かう際、弟子たちにこう言われました。「わたしたちはエルサレムへ行きます。人の子は宗教指導者たちに捕らえられ、死刑を宣告されます。ローマ人たちに十字架に釘付けにされる前に、嘲笑され、殴打されます。しかし、神は三日後に彼を復活させます。」*ルカはさらにこう記しています。「弟子たちはこれらのことを全く理解しませんでした。」*神は、イエスが十字架につけられ、死に、埋葬され、そして復活する意味を使徒たちから隠されました。そのため、弟子たちはイエスの言葉を理解することができませんでした(ルカ18:34)。

弟子たちは賢明な人々でしたが、神の永遠の計画(イエスが死を通して私たちの罪を償う)の詳細は理解していませんでした。復活後、イエスは彼らの心を開き、聖書を理解できるようにされました。(ルカ24:45)

> *わたしに従いたいと思う者は*、自分を捨て、日々自分の十字架を負って、わたしに従いなさい。自分の命を救おうとする者はそれを失いますが、わたしのために自分の自我、つまり肉体の命を捨てる者は、*神*と共に*永遠*の命を得ます。自分を否定するとは、日々利己的な自己意志を拒絶することです。自分の十字架を負うとは、日々利己的な自己意志に死に、日々神の御心のために生きることです。たとえ全世界を手に入れても、神と共に永遠の命を失ったら、何の得があるでしょうか。
>
> (ルカによる福音書 9:23-25、著者による改稿)

11. 最も偉大なのはだれですか。(マルコ10:35-45)

ゼベダイの子ヤコブとヨハネはひそかにイエスのもとに来て、お願い事をしました。

「わたしに何をしてほしいのか?」と彼は尋ねました。

彼らは答えました。「あなたが栄光に輝かれるとき、どうか私たちをあなたの右と左に座らせてください。」彼らは、私たちの多くと同様に、霊的な事柄に関してさえ、利己的で野心的でした。

イエスはきっぱりと言いました。「あなたたちは、何を求めているのかわかっていない。わたしが飲む杯を飲むことができるのか、わたしが受けるバプテスマを受けることができるのか。」

彼らは費用を知らずに、「できます」と軽々しく答えた。

イエスはこう言いました。「あなたたちは私が飲まなければならない杯を飲み、私が受ける洗礼と同じ洗礼を受ける*（イエスの苦しみを分かち合う）が、私の右か左に座ることは私が決めることではなく、用意されている人たちに与えられるのだ。*

それを聞いた他の十人の弟子たちは、何が起こっているのかに気づき、ヤコブとヨハネに怒りを覚えました。彼らは皆、自分のためにその名誉ある地位を欲しがっていたのです。イエスは彼らに隣に座るように言い、こう言われました。「あなた方もご存じのとおり、不信者たちは権力を振りかざし、民の上に権力をふるいます。

「あなた方のような信者の間では、そうであってはなりません。あなた方の中で第一の者になりたい者は、すべての人に仕える者になりなさい。人の子（イエス）は仕えられるためではなく、仕えるため、また多くの人のための身代金として、ご自分の命を与えるために来たのです。」（イエスはマルコによる福音書10章35-45節で、ご自身の使命を明らかにしました。）「仕えること」、つまり自発的に他者に仕えることを学ぶことは、受け入れがたいことです。イエスは弟子たちに、他人を支配するのではなく、他者に仕えることについて何度も語りました。

ある時、弟子たちがイエスに尋ねました。「天国で一番偉いのは誰ですか？」

> イエスは群衆の中から一人の子供を呼び、弟子たちの前に立たせて言われた。「よく聞きなさい。変わらないで子供*のようにならなければ、*決して天の御国に入れません。天の御国で一番偉いのは、へりくだってこの子供のようになる人です。わたしの名のゆえに子供を受け入

れる人は、わたしを受け入れるのです。しかし、もしこれらの幼子の一人でもつまずかせる者がいるなら、その人は重い石臼を首にかけられて海の深みに沈められた方がましです。」
（マタイによる福音書 18:1-6 NASB）

弟子たちが、自分たちの中で誰が一番偉いのかと再び議論した後、イエスは弟子たちに最後のしもべとしての生き方について口頭で教えました。この出来事で最も悲しいのは、イエスが二つのことをした直後に起こったことです。一つは、*弟子たちがあまりにも傲慢だったため、イエスが彼らの足を洗ったこと。もう一つは、神の子羊（動物ではない）であるイエスが、間もなく私たちの罪の償いのために十字架につけられることから、ユダヤ人の過越祭に代わる*「主の晩餐」を制定したばかりだったことです。

*私たちは首を振り、なぜイエスは自分たちを選んだのかと自問します。そして鏡を見て、突然静かになります。　良かったのは、弟子たちが　利己的な態度はすぐに変わるだろう。*イエスは彼らにこう諭した。*「王は民の恩人という称号を主張するが、民に対して全権を握っている。*そんな風であってはならない。あなたたちの中で最も偉い者は、最も若い者のように謙虚になり、指導者は仕える者のようになるべきだ。」

*イエスはこう言われました。「わたしはあなたがたの中で仕える者です。*あなたがたはわたしのあらゆる試練の間、わたしの傍らに立ってきました。父がわたしに王国を与えてくださったように、わたしもあなたがたにわたしの王国でわたしの食卓に着いて飲食することをお許しします。あなたがた（使徒たち）は王座に座り、イスラエルの十二部族を裁くのです。」（ルカによる福音書 22:24-30）

12. 真の霊的指導者は奉仕する指導者です。

イエスは群衆と弟子たちにこう言われました。「律法学者やパリサイ人は、モーセの律法を解釈する宗教指導者です。彼らの言うことは守りなさい。しかし、彼らの行いは守りません。*彼らは説教することを決して行いません。*彼らは人々の背に重い宗教的重荷を負わせますが、自らはその重荷を担いません。*彼らのすることはすべて見せかけであり、注目を集めるためです。」*

彼らは宴会で一番良い席を好み、会堂でも指定席を好みます。どこへ行っても敬意を持って迎えられることを好みます。彼らのようになってはなりません。*指導者を権威ある名で持ち上げてはいけません。あなた方は皆兄弟なのですから。あなた方の中で一番偉い者は、あなた方に仕える者でなければなりません。自分を偉くする者は低くされ、自分を低くする者は偉くされるのです。(マタイによる福音書 23:1-12)使徒たちはこのことを理解していたでしょうか?確かに!*

ペテロは正しく理解していました。彼は長老たち(牧師の別名)にこう書きました。「あなた方の中で神の羊の群れ*を牧し(牧師)*、*監督し*(監督、牧師の別名)、強制されてではなく、神の御心に従って自発的に監督しなさい。金持ちになるために、*あるいは偉い人になるために指導者になってはなりません。*熱意をもって民に仕え、あなたの担当する人々に対して威張ってはいけません。群れの模範となりなさい(奉仕する指導者)。そうすれば、*大牧者(イエス)が*再臨されるとき、あなた方はしぼむことのない栄光の冠を受けるでしょう。」

若い皆さん、年長者の導きに従いなさい。皆、互いに謙遜を身に着けなさい。神は高ぶる者を憎み、へりくだる者に恵みを与えられます。ですから、神の*力強い御手の下にへりくだりなさい。そうすれば、神は時宜にかなって、あなたたちを高く上げてくださるでしょう。*」(ペトロの手紙一 5:2-6)

パウロは正しくこう書きました。
私がしているのを見て、あなたも同じようにしてください。私は*イエスの模範に従います。*
（コリント人への第一の手紙 11:1）

多くの証人の前で私が教えるのを聞いたなら、その教えを他の忠実な男女に託しなさい。そうすれば、彼らもまた他の忠実な人々に教えることができるでしょう。
（テモテへの手紙二 2:2）

それはパリサイ人がしたことと正反対です。
エペソ人への手紙第4章でパウロはこう書いています。

「牧師の役割は、聖徒たち（すべての信者）を牧会の働きに備えることです。」牧会は、牧師を含む *すべての信者*の召命です。*牧師* 奉仕 *するリーダーには*、聖徒たち（すべての信者）を奉仕のために「整える」という*特別な召命があります。牧師は信者たちを整え*、「（牧師だけでなく）*会員たちがキリストの体を建て上げることができるように」します。これは単なる数字のゲームでしょうか？*いいえ！聖徒たちが奉仕し、キリストの体を建て上げるとき、*そこには数だけでなく成熟も含まれます。*「ついには、*わたしたちすべて*が、信仰の一致と神の子を知る知識の一致

に達し、成熟した人となり、キリストの満ち満ちた身たけにまで至るのです。」

（エペソ人への手紙 4:11-13）

*そしてどうなるでしょうか？「上記の結果として、教会員は*もはや子供のようにはなれません（あらゆる新しい教義、計画、あるいは考え方の変化に翻弄される）。霊的に成熟した教会員は、愛をもって真理を語ることができるようになります。彼らは、私たちの頭であるキリストのあらゆる側面において成長し始めます。キリストの体である教会のよりよい発展のために共に働くとき、神の御心と計画は聖霊を通して私たちの内に働きかけます。聖霊は私たち個人と集団の内に働きかけ、キリストの体である教会に霊的な成長と成熟をもたらし、愛のうちに教会を建て上げます。」

（エペソ人への手紙 4:14-16、著者による改稿）

他の使徒たちもついに理解し、神の計画のために命を捧げました。これらの聖句は、個々の信者と、すべての信者（キリストの体）が共に地上でキリストの似姿へと成長していくことを暗示しています。これは、神が私たちに対して立てられた永遠の計画への大きな一歩です。

13. 裁き（マタイ16:24-27、マタイ24、コリント第一3:10-1、コリント第二5:10）

イエスは弟子たちにこう言われました。「わたしに従うことを選ぶ者は、自分を否定し *（自分のエゴの意志を拒否し）* 、自分の十字架を背負い *（エゴの意志に死に）* 、わたしに従わなければならない*(たとえキリストのために苦しみを受けることになっても、神の意志を選ぶ)。*エゴの人生を維持しようとする者は、最終的に命を失うだろう。わたし(イエス)のためにエゴの人生を捨てる者は、永遠の命を見いだし、それを経験するだろう。」

イエスと弟子たちが神殿を出て、*オリーブ山へ向かって夜を過ごすために丘を登り始めたのは、夕方遅くのことだった。弟子たちは振り返り、神殿の美しさをイエスに示したが、イエスは宗教指導者たちが犯した悪行について彼らに思い起こさせた(マタイ伝23章)。*イエスはこう言われた。*「彼らの悪行と、イエスに敵対する者たちのゆえに、神殿は完全に破壊されるであろう。」*

オリーブ山に着くと、弟子がイエスのもとに来て尋ねました。「神殿はいつ破壊されるのですか。あなたの再臨と世の終わりの時と前兆は何ですか。」*マタイ伝24章は、エルサレムの陥落と主の再臨と審判が混在しているため、やや理解しにくいです。*

イエスは神殿破壊の時期については言及しませんでしたが、エルサレムがイエスを拒絶したことに対する罰について言及しました。それは西暦70年に実際に起こりました。高慢なヘブライ人がローマに反乱を起こし、強大なローマ軍がエルサレムと神殿を破壊したのです。

ローマ軍の包囲が始まったとき、*イエスはこう言われました。*「ユダヤにいる者は山へ逃げなさい。屋根の上にいる者は、*家の中の物を取りに降りで*行ってはならない。畑で働いている者は、家に帰ってはならない。」イエスはさらにこう言われました。「特に妊婦や授乳中の母親にとってはつらいでし

ょう。また、ローマ軍の包囲が冬や安息日に始まらないように祈るようにとも言われました。」(マタイ伝 24:15-20)

*世の終わりについて:*イエスは日付を明言せず、こう言いました。

> 誰にも惑わされてはいけません。*多くのペテン師がキリストを名乗り、騙されやすい人々を惑わすでしょう。世界中で戦争が勃発し、食糧不足も深刻化するでしょう。地震、嵐、洪水といった自然災害がほぼ絶え間なく起こるでしょう。しかし、これらは世界の終わりが近いことを示すものではありません。それらは、これから起こるさらなる悪の産みの苦しみに過ぎません。*
>
> (マタイによる福音書 24:4-8
> 、著者による改稿)

> 不信仰な世界は、あなたたちをひどく苦しめ、苦しめ始めるでしょう。彼らは信者を殺すでしょう。あなたたち(アメリカ人でさえ)は、わたしに従うがゆえに、すべての国々(アメリカ合衆国を含む)から憎まれるでしょう。その時、多くの偽信者が主から離れ、家族や友人を、神を恐れない邪悪な政府、あるいは神を恐れない邪悪な世界政府に引き渡すでしょう。
>
> (マタイ24:9-10、著者による改稿)

イエスは再臨がいつ起こるかは言わなかったが(使徒行伝 1:6-7 参照)、*再臨を早める可能性のあることについては語ったようである。*

この御国の福音は、すべての民への証しとして、全世界に宣べ伝えられるであろう。それから終わりが来る。

（マタイによる福音書 24:14 欽定訳、使徒行伝 1:8、マタイによる福音書 28:18-20も参照）

*イエスが私たちのために再臨される時に備えてください。*警戒を怠らないでください。主がいつ来られるかは、神以外には誰も知りません。もし家の主人が、泥棒が夜何時に来るか知っていたら、泥棒が家に入らないように備えていたでしょう。同じように、私たちもイエスの再臨に備えていなければなりません。

（マタイによる福音書 24:42-44
、著者による改稿）

イエスが栄光のうちに再臨されるしるしは、私たちが、イエスが天の雲に乗って、力と大いなる栄光をもって来られるのを見る時です。

（マタイ伝 24:30-31 NASB）

イエスの再臨についての最も明確な言葉は、マタイによる福音書25章31-46節にあります（著者による書き直し）。

人の子が栄光のうちに天使たちを伴って来られる時、彼は栄光の王座に座り、すべての国々がその前に集められます。そして主は、羊飼いが羊と山羊を分けるように、それぞれの国の人々を分けられます。*羊を右に、山羊を左に置かれます。*

*すべての国々が裁かれた後、王[イエス]は右にいる民にこう言うでしょう。「父に祝福された人たちよ、さあ、来なさい。あなたたちは私に信頼を寄せ、私に従いました。それゆえ、あなたたちは天地創造の時から用意されていた御国を受け継ぐのです。*私が空腹だったとき、あなたたちは私に食べ物を与え、私が渇いていたとき、あなたたちは私に水を飲ませてくれました。私が旅人であったとき、あなたたちは私を家に迎え入れてくれました。私が裸だったとき、あなたたちは私に着せてくれました。私が病気だったとき、あなたたちは私を見舞いに来てくれました。私が牢獄にいたとき、あなたたちは私を訪ねてくれました。

義人は衝撃を受け、謙虚にこう答えるでしょう。「主よ、私たちはあなたをそのような困窮状態にお見舞いしたことはなく、ましてやあなたの必要を満たしたことなどありません。」王であるイエスは微笑み、すぐにこう答えました。「あなたがこれらの(霊的な)兄弟の一人、たとえ最も小さい者であっても、その必要を満たしてくださったのは、私にしてくださったことなのです。」神はあなたを自己中心的な罪人から、キリストのような神の子(偽善の反対)へと変えてくださいました。

その時、王[イエス]は左にいる民に言うでしょう。「わたしから離れ去れ。あなたたちは神ではなく自分自身に頼ったので呪われている。わたしの代わりに悪魔とその使いたちに従ったので、

彼らのために用意された永遠の火に入りなさい。わたしは飢え、渇き、旅人であり、着るものもなく、病気で、牢獄にいたのに、あなたたちはわたしの必要を無視した。」

すると、不義なる者たち(自我のために生き、神を拒絶した者たち)は衝撃を受け、怒りを込めてこう答えました。「私たちはあなたをそのような困窮状態におかれたことは一度もありませんし、あなたの必要を満たすことを拒んだこともありません。」イエスは悲しげにこう答えました。「あなた方は貧しい人々の必要を無視し、利己的な生活を送っていました。あなたが他者を助けた時は、傲慢にも自分に注目を集めるためでした。」

イエスは最後にこう言いました。「不信心者は悪魔と共に永遠の罰を受ける[それは神の選択ではなく、彼ら自身の選択による]。神を愛する人は、イエスが自分たちの罪のために十字架にかけられ、復活したことを信じ、イエスを自分の主であり救い主として受け入れ、神を信じて従うので、神と共に永遠の命に入る。」

著者は神の裁きについてもう一つ重要なエピソードを付け加えています。イエスは黙示録22章12節で、*信者に対する第二の裁きを啓示しました。*

見よ、私はすぐに来る。私の報いは私と共にあり、各々の働きに応じて信者に与えるためである。
(欽定訳)

パウロはコリント人への第一の手紙3章10節から15節で第二の審判について説明しています。

> 神の恵みによって、私はキリストという土台を据えました。*信じる者は皆*、キリストという土台の上に注意深く建てなければなりません。なぜなら、他の土台は神に受け入れられないからです。
> （コリント人への第一の手紙 3:10-11、著者による改稿）

> 私たちはそれぞれ、金、銀、宝石、レンガ、木、わらなど、建築に使う材料を選びます（*三匹の子豚の物語に似ていますが、全く異なります*）。すべての*信者はキリストの裁きの座*の前に立ち、それぞれの行いに応じて報いを受けます。私たちは善であれ悪であれ、自分の行いに応じて裁かれるのです。
> （コリントの信徒への手紙二 5:10 NASB）

> *信者一人ひとりの働きは*、*火によって試される*ので、明らかになります。その火は、信者一人ひとりの働きの質を明らかにします。もし、その働きが火の試練に耐えるなら、その人は天で報いを受けます。しかし、もし信者の働きが焼き尽くされるなら、*その人は*損失を被ります*（報いはありません）*。しかし、*火の中をくぐり抜けるようにして救われます。*
> （コリント人への第一の手紙 3:12-15 NASB）

信者の中には報酬を得る者もいれば、得ない者もいる。

ストーリー25

イエスの変容（マタイ17:1-13、マルコ9:2以降、ルカ9:28以降）

変容の物語は、変容の数週間または数か月後に始まる歴史のクライマックスの始まりです。

導入

*十二使徒は通常、イエスと共にいました。一部の学者は、イエスが彼らを4人ずつ3つのグループに分け、特別な訓練を受けさせ、グループごとに派遣したと考えています。*ペテロ、ヤコブ、ヨハネはこれらのグループのリーダー、あるいは少なくとも十二使徒の側近であったようです。*マタイによる福音書 10章5-10節で、イエスは使徒たちの初期の奉仕活動の概要を述べています。*

ある時、イエスはペテロ、ヤコブ、ヨハネを連れて高い山で夜を過ごし、残りの9人を下に残しました。タボル山は、変容が起こったと伝統的に考えられてきました。しかし、標高

はわずか580メートルで、それほど高い山ではありません。また、タボル山はガリラヤ南部にあり、ペテロがイエスへの信仰を告白した時にイエスと弟子たちがいた場所からは遠く離れています。

現在のシリアとレバノンの国境にあるヘルモン山は、ペテロがイエスへの信仰を告白した場所に近いため、この山である可能性があります。しかし、標高9,232フィート(約2,800メートル)と、夜を過ごすには寒い場所でしょう。3つ目の可能性は、標高1,000フィート(約1,100メートル)のメロン山です。これはガリラヤ北部に位置し、ペテロがイエスへの信仰を告白した場所のほぼ近くにあります。聖書ではこの山に名前が付けられていないので、私たちも名前をつけない方が良いかもしれません。

話

夜、イエスが祈っておられると、変容が起こりました([1]　姿の変化、[2]　高められた、栄光に輝くという意味です)。三人の使徒は火のそばで眠っていましたが、目を覚ますと、栄光に包まれたイエスの姿が見えました。イエスの顔は太陽のように輝き、衣は真っ白に輝き、その栄光は暗闇を照らしていました。すると突然、モーセとエリヤが現れ、イエスと話し始めました。

ペテロはイエスに、私たちがここにいてこれを見るのは良いことだと言い、イエスとモーセとエリヤのために三つの記念の小屋を建てて欲しいと願いました。ペテロが話していると、輝く雲が彼らの上を通り過ぎ、雲の中から神の声が聞こえました。「これはわたしの愛する子、わたしは彼を心に留めている。彼があなたに言うことを聞きなさい。」

三人の使徒は神の声を聞いて恐れ、地面にひれ伏しました。イエスは彼らのところへ行き、彼らに触れて、「起きなさい。恐れることはない」と言われました。彼らが立ち上がると、モーセとエリヤはすでに去っており、三人はイエスと共に山に残されました。

翌朝、彼らが山を下りているとき、イエスは三人にこう言いました。「昨夜見聞きしたことを、*だれにも*、*使徒仲間にも話してはならない*。人の子が死人の中から復活するまで待ちなさい。その時になって初めて、あなたたちが見聞きしたことを告げることができる。」

イエスは使徒たち全員に、ご自身の死と復活について語り始めましたが、彼らはイエスの言っていることを理解できませんでした。それは神によって隠されていたからです（ルカ18:34）。彼らは昨晩見聞きしたことを思い出し、イエスに尋ねました。「なぜ律法学者たちは、メシアよりもまずエリヤが来なければならないと言うのですか。エリヤは昨晩戻って来ましたが、あなたはすでに先にここにおられました。」

イエスは答えられました。「エリヤが来ると、すべてのこと*（悔い改め、真の礼拝、正義）が回復されます*。しかし、エリヤはすでに来ていました。しかし、律法学者や他の宗教指導者たちは彼を認めませんでした。彼らは彼の教えを無視し、悔い改めて変わることを拒みました。彼らはヘロデがエリヤを投獄することに反対しませんでした。」

イエスは続けて言われた。「人の子もまた、宗教指導者たちの手によって苦しめられるであろう。」その時、三人はイエスがヘロデ・アンティパスによって斬首された洗礼者ヨハネのことを語っていたことに気づいた。ヨハネは約束されたエリヤ*（エリヤのような者）だったのだ*。

質問

1. なぜペテロ、ジェームズ、ヨハネを内輪と呼ぶ人がいるのでしょうか？

2. 父なる神はなぜ、イエスの変容の時にモーセとエリヤをイエスのもとに遣わしたのでしょうか。
3. イエスの変容は、あなた個人にとって何か意味がありますか？

ミニエピローグ

ペテロ、ヤコブ、ヨハネはイエスに従い、イエスが死からよみがえるまで、山で起こったことを誰にも告げませんでした。ペテロはこの出来事についてペテロの手紙二　1章16-21節（特に18節）で語っています。その後、黙示録 1章13-16節で、ヨハネは山上でイエスが変容した際に、ペテロとヤコブが見たものと似た幻を見ました。

ストーリー26

先週

導入

この物語が始まる約1週間前、イエスは友人ラザロを死後4日経ってから蘇らせました。*そのことについては、第23話「しるしと『わたしは』」の「わたしは復活であり、命である」というセクションで取り上げました。*

イエスがラザロを死から蘇らせた後、ユダヤのサンヘドリン（最高評議会）はイエスを早急に処刑すべきだと決定しました。その陰謀を察知したイエスは、毎日エルサレムに入りましたが、夕方前には出発しました。イエスがそうすることができたのは、イエスが民衆に人気があり、過越祭が近づいていたため、人々が日中に出入りする時間帯にイエスを逮捕することを宗教指導者たちが恐れていたからです。

1.　過越祭の1週間前の土曜日の夕方、ベタニアのマリアがイエスに油を注いだ（ヨハネ12:1-11）

過越祭の一週間前の土曜日の夕方、イエスと使徒たちは、イエスによって死から蘇らされたラザロとその姉妹であるマルタとマリアの住むベタニアへ、早めの夕食に向かいました。当時の慣習に従い、二人の婦人は準備を整え、ラザロが客たちと食事をしている間に夕食を配りました。食事の後、マリアは高価なナルドの香油一斤を取り、イエスの足に塗りました。イエスの足は到着時に洗われたはずです。そしてマリアは自分の髪でイエスの足を拭いました。家全体が香油の香りで満たされました。

イエスを裏切ろうかと考えていた弟子のユダは、そのナルドが300デナリオンの価値があったことに不満を漏らした。それを売って、その金で300人の貧しい人々にその日の食料を買うことができたはずだ。

ヨハネは、ユダは貧しい人々のことを本当に気にかけていなかったと付け加えました。彼は彼らの会計係であり、しばしば彼らの宝物を盗む泥棒でした（ヨハネ12:6）。イエスはユダの方を向いて言いました。「マリアを放っておいてください。彼女は私に油を注いで埋葬するように言ったのです。あなたがそんなに貧しい人々のことを気にかけているなら、彼らの必要を満たす機会はいくらでもあるでしょう。しかし、私はいつもあなたたちと共にいるわけではありません。」

*ユダヤ人の指導者たちは、イエスがラザロの家にいることを知りました。どうやら好奇心が勝ってしまったようです。*彼らはイエスを自分の目で、そして死からよみがえったラザロを実際に見たいと思ったのです。

新約聖書で「ユダヤ人」と言及されるとき、それは通常、ユダヤ教の宗教指導者を指し、一般のユダヤ人を指してはいません。ラザロは生きていて、もはや死んでいなかったため、多くのユダヤ教の祭司が信者となり、指導者たちは激怒しました。

2. 聖枝祭(マタイ21:1-11、マルコ11:1以降、ルカ19:29以降)

翌朝、再びエルサレムへ向かう途中、彼らはオリーブ山のベトパゲに近づきました。目の前の渓谷の向こうにエルサレムの町が見えてきました。イエスは二人の弟子に村へ行くように言われました。

村に入ると、そこにロバが子ロバと繋がれているのが見えるでしょう。それを解いて、わたしのところに連れて来なさい。もし誰かがあなたに尋ねるなら、『主がそれを必要としているのです。主はすぐに同意されるでしょう』と言いなさい。」

これは預言者たちが語ったことを成就するために起こったのです(イザヤ書62:11、ゼカリヤ書9:9)。

> シオンの娘に告げよ。見よ、あなたの王があなたのところに来る。優しく、ろば、すなわち荷役動物の子ろばに乗って。

弟子たちはイエスの言われたとおりに進み出て、衣をロバにかけました。イエスはロバに乗り、馬に乗り始めました。道は過ぎ越しの祭りのためにエルサレムへ向かう巡礼者たちで混雑し始めていました。すると突然、イエスと弟子たちは、エルサレムへと向かう緩やかな流れのように、群衆の中にいたのです。

人々はイエスを認め、道に着物や外套を広げ始めました。また、木の枝を切って道に敷く者もいました。イエスに従う群衆は、崇拝を込めて「ダビデの子にホサナ(ああ、救いよ)。主の御名によって来られる方に祝福あれ。いと高きところにホサナ!」と叫びました。

パレードがついにエルサレムに入ると、群衆は興奮に包まれました。「これは誰だ!」と叫びました。

騒がしい群衆に向かって答えが叫び返された。「それはガリラヤのナザレの預言者、イエスです。彼は救世主だと言っている人もいます。」

3. 神殿の二度目の清め（マタイ21:12）

イエスは月曜日の朝、神殿の異邦人エリアに入り、人々が神の家を汚しているのを目にしました。こうして、異邦人（非ユダヤ人）の礼拝者が礼拝のために入ることができる唯一の場所は、犠牲に捧げる羊や鳥を売ったり、普通のお金を神殿のお金に両替したりするための場所でもありました。こうして、異邦人専用の礼拝エリアは、礼拝にふさわしくない、騒々しく、悪臭を放ち、汚い場所と化しました。

イエスはこう言われました。「聖書にこう書いてある。『わたしの名によって呼ばれるこの家は、強盗の巣窟となっている。』」（エレミヤ書 7:11 欽定訳）それからイエスは羊売りの者たちを追い出し、金箱をひっくり返されましたが、鳥は放されませんでした。こうして商人たちは誰も実際には何も失いませんでした。商人たちは皆、礼拝のためにその場所を片付けるため、その場所から立ち去りました。

4. 「イエスの時が来た」というしるし（ヨハネ12:20-28）

イエスの宣教活動の間中、神はイエスが危険から逃れられるようにしておられました（つまり、人々はイエスを捕らえようとしていましたが、「その時がまだ来ていなかったので」、誰もイエスに手をかけることができませんでした[ヨハネ7:30]）。

過越祭の時期にエルサレムへ礼拝に訪れた人々の中には、ギリシャ人（異邦人）もいました。彼らはフィリポに近づき、「先生、イエス様に会いたいのです」と言いました。これはイエスにとって、御自分の時が来たことを示すしるしとなりました。イエスはイスラエル全土に御自分のメッセージを宣べ伝え、人々を癒すためにイスラエル国外へも何度か短い旅をされました。

遠くからギリシャ人がイエスを探しにやって来たことは、イエスの知識がイスラエルをはるかに越えて広まり始めていたことを示しています。*弟子たちは間もなく、イエスの肉体的な存在なしに、神の霊を通しての霊的な存在によって福音を宣べ伝え続けることができるようになるでしょう。*

イエスは使徒たちにこう言われました。「人の子が栄光を受ける時が来た。*一粒の麦は地に落ちて死ななければ、一粒のままである。しかし、死ねば多くの実を結ぶ。*」　*神は死を通して救うのであって、死から救うのではない。自分の利己的な自我の命を*愛する者は命を失うが、この世における自分の利己的な自我の命を憎む者は、神のような命と、天国における神と共にある永遠の命を見出すであろう。

イエスは言いました、

> わたしに仕える者は、わたしに従って来なさい。わたしがいる所には、わたしに仕える者もいるであろう。わたしに仕える者を父は敬うであろう。(ヨハネ12:26 欽定訳)

5. だれの権威に基づいて?(マルコ11:27-28)

翌日(火曜日)、イエスは再び神殿に戻られました。すると、祭司、律法学者、長老といった宗教指導者たちが、前日に神殿を清めたことについてイエスを問い詰めました。彼らはイエスに尋ねました。「あなたは誰の権威で、あの商人たちを神殿から追い出したのですか?」

イエスはこう答えました。「一つ質問します。もし答えて下さるなら、私が何の権威によって神殿を清めたのかをお話ししましょう。私があなたに尋ねるのは、『洗礼者ヨハネの洗礼は天からのものだったのか、それとも人からのものだったのか』ということです。」

宗教指導者たちは互いに話し合いました。「もし私たちがヨハネの洗礼が天からのものだと言うなら、なぜヨハネを信じなかったのかと問われるでしょう。しかし、もし私たちがヨハネの洗礼が人からのものだと言うなら、民衆は私たちに対して暴動を起こすでしょう。」

彼らは「私たちは知りません」と言うことにしたので、イエスはこう答えました。「あなたがたが私に答えなかったから、私もあなたがたに答えません。」

それからイエスは、ぶどう園の農夫のたとえ話を語りました（物語22、イエスのたとえ話のサンプル7番、またはマルコ12:1-12参照）。宗教指導者たちは、イエスがこのたとえ話を自分たちに不利なものとして語っていることに気づき、イエスを捕らえようとしましたが、群衆を恐れました（マルコ12:12）。

6. 水曜日

イエスは再び律法学者やパリサイ人と、世の終わりの復活やキリストの再臨を含む将来起こる事柄について議論しました（ルカ20章と21章）。

十二使徒の一人、イスカリオテのユダは、イエスを引き渡すために祭司長たちのところへ行きました。祭司長たち（二人）は非常に喜び、ユダに金銭を約束し、逮捕の日時と場所をユダと調整することに同意しました。

7. 木曜日の朝

イエスはペテロとヨハネを遣わし、その晩にご自身と十二使徒のために無酵母パンの祭り（過越の食事）のための部屋を用意させました（ルカによる福音書 22:1-13）。イエスはこう指示されました。「町に入ると、水差しを持った男に出会うでしょう（男の人は水差しを持っていくことは通常ありませんでした）。その男について行き、彼が入ってくる家に入りなさい。家の主にこう言いなさい。『先生が弟子たちと過越の食事をする客間について尋ねています』。先生は広い客間を案内してくれるでしょう。そこで過越の食事の準備をしなさい。」

その日の午後、夕方の予定が決まった後、サタンはユダの中に入り込んだ。ユダは祭司長たちのもとに戻り、その晩イエスを捕らえるのに最適な時間と場所を告げていた。計画は合意に達し、大喜びの祭司長たちはユダに銀貨30枚を支払った。

8. 木曜日の夕方：まず過越の食事、次に聖餐が制定される（マタイ26:20-35）

序文（出エジプト記12:1-13:16参照）

ユダヤ教の過越祭は、エジプトにいたヘブライ人の奴隷解放とヘブライ国家の建国を記念するものです。旧約聖書の中で最も記憶に残る出来事です。ヘブライ人の家々は、神への信仰と従順さを示すため、犠牲の子羊の血を戸口の柱とレンズ豆に塗ったため、神が彼らの家を通り過ぎたことを記念しています。同じ夜、信仰深いヘブライ人が本来の過越祭の食事（セーデル）を食べている間、神はエジプトのすべての家を訪れ、彼らの長男の命を奪いました。

ヘブライ人たちは過ぎ越しの食事をしながら、夜通し起きていました。着替えてエジプトを去る準備を整えていたのです。同時に、エジプトのすべての家族が、死んだ息子たちの姿で目を覚ましました。エジプトに夜が明けると、ヘブライ人の奴隷たちは解放され、エジプトを去るよう命じられました。これは、神がエジプトのヘブライ人の奴隷たちを解放したことを記念するものです。

話

12人の使徒は、焼いた子羊、無酵母パン/平らなパン（マッツァ）、苦いハーブ、赤ワイン（苦いハーブは奴隷の苦しみを思い出させるものでした）からなる過越の食事を食べるために集まっていました。

イエスは食事を始める代わりに、座っていた場所から立ち上がり、上着を脱ぎ、腰にタオルを巻き、たらいに水を満たし、弟子たち一人一人の足を（ユダも含めて）洗い、タオルで彼らの足を拭かれました。

客の足を洗うことは、最も身分の低い家事使用人の義務でしたが、その必要を満たす家事使用人はいませんでした。弟子たちも謙虚になって仲間の足を洗うことはできたはずですが、誰もそうしませんでした。彼らの足を洗った後、イエスは食卓に戻り、こう言われました。「わたしは、苦しみを受ける前に、あなたがたと共に過越の食事をしたいと願っていました。神の国で過越の食事が成就するまでは、二度と過越の食事をしません。」

教訓となる瞬間：弟子たちは誰一人として謙虚になろうとしませんでした。それどころか、それぞれが自分は他の人より優れていると考えていました（私たちもそうだったでしょう）。彼らはしばしば、自分たちの中で誰が一番偉いのかと口論していました（ルカによる福音書　22:24）。イエスは、既に弟子たちに教えたことを実践したのです。一番偉くなりたいと思う者は、すべての人に仕える者でなければなりません。使徒たちは皆、他人の足を洗うことは自分の尊厳に反すると考えて

いました。他人に仕えることは、自分を卑しい者と見なすことになると考えていたのです。

しかし、*人の価値と尊厳は人自身にあるのではなく、すべての人に価値と尊厳を与えるのは神です。*ですから、神の御子、すべての者の主、救い主、王の王であるイエスは、人々の足を洗うことを恥じることも、恥ずかしがることもありませんでした。弟子たちがその夜、イエスが示してくださったことは、すぐに彼らの頭と心に刻み込まれることになるでしょう。

主の晩餐

イエスは過越の食事をした後、その食事から無酵母パンと赤ワインという二つの要素を取り、主の晩餐（イエスを記念し、思い出す儀式）を制定しました。それ以降、この晩餐はイエスに従うすべての人にとって過越の食事に取って代わるものとなりました。

*過越祭は、エジプトにいたヘブライ人の奴隷解放とヘブライ国家の樹立を記念するものであり、旧約聖書における主要な出来事です。主の晩餐は、罪の奴隷状態からの解放と、悔い改め、信仰し、*新約聖書における主要な出来事（イエスの死と復活）に従うすべての人々への永遠の命（神の命）の賜物を記念するものです。

イエスは種を入れないパンを取り、それを裂いて弟子たちに渡し、*「取って食べなさい。これはあなたがたの罪のために捧げられたわたしの体です」*と言われました。それから杯を取り、感謝の祈りを唱えてから弟子たちに与え、「みな、これを飲みなさい。これは、*多くの人のために流される、罪の赦しのための新しい契約のわたしの血です*」と言われました。

*なぜ新しい契約が結ばれたのでしょうか?*それは、古い契約が破られたからです。神はイスラエルへの約束を守ら

れましたが、イスラエルは神への約束を守りませんでした。旧約聖書の預言者エレミヤは、神のメッセージを伝えました。

> 「見よ、ある日々が来る」と主（ヤハウェ）は言われる。「わたしはイスラエルの家とユダの家と*新しい契約を結ぶ。*これらの日々の後、わたしが結ぶ契約とはこれである」と主（ヤハウェ）は言われる。*「わたしはわたしの律法を彼らの心に置き、彼らの心に書きつける。*わたしは彼らの神*（エロヒム）となり、彼らはわたしの民となる。」*
>
> （エレミヤ書 31:31–34）

ヘブル人への手紙はエレミヤ書にある神の言葉を引用していますが、さらにこう付け加えています。「神が『新しい契約』と言われた時、神は最初の契約を廃止されたのです」（ヘブル人への手紙 8:10-12）。

> キリストは、やぎや子牛の血ではなく、ご自身の血によって、ただ一度聖所に入り、私たちのために永遠の贖いを成し遂げてくださいました。
>
> （ヘブル人への手紙 9:12）

「律法（古い契約）は、来るべき良いものの影にすぎません。雄牛ややぎの血は、罪を除き去ることができません。」（ヘブル人への手紙10:1、4　）*「しかしキリストは、罪のために一つの永遠の供え物をささげた後、神の右の座に着き、*その時から、敵が御自分の足台とされるまで待っておられます。キリストは、*御自身を一つの供え物としてささげることによって、聖化される人々を永遠に全うなさったのです。」*（ヘブル人への手紙10:12-14）

聖化は義認(罪の赦し)の後に起こります。聖化とは、信者が神と共に永遠に生きる(神に似た者となる)ために備える過程です。聖霊は私たちの聖化において非常に力強く働いています。

当時、弟子たちは主の晩餐が象徴するものの意義を理解することも、その重要性を認識することもできませんでした。その理解と認識は、イエスの十字架刑、復活、昇天、そしてペンテコステ(過越祭の50日後)における聖霊降臨の後で初めて実現しました。

旧約聖書では、動物の血の犠牲は赦しと救いを得ることはできなかったが、その代わりに、信仰において、来るべき救い主への希望を指し示していた。 新しい契約において、信者は、ご自身を捧げ、私たちの赦しと救いを成し遂げてくださった救い主を指し示す様々な犠牲を捧げます。 (1)「あなたがたのからだを、神に受け入れられる、生きた、聖なる供え物としてささげなさい。これこそ、あなたがたの霊的な礼拝です。」(ローマ人への手紙 12:1) (2)「私たちはキリストにあって、賛美の供え物、すなわち、御名をほめたたえる唇の実を神にささげます。神への賛美の真価は、善を行う喜びと、困っている人と分かち合う喜びです。神はそのような心からの供え物を喜ばれます。」(ヘブル人への手紙 13:15-16)

イエスは弟子たちに言いました。

> 今夜、あなたたちは皆、わたしを見捨てるだろう。その約500年前に、「羊飼いを倒せば、羊は散らされる」と預言されていた。
>
> (ゼカリヤ書13章7節)

いつものように、ペテロが最初に言いました。「他の人は離れていくかもしれませんが、私は決してあなたを見捨てません。」

イエスはすぐに答えられました。「ペテロ、あなたは自分自身を知らないのです。今夜、鶏が二度鳴く前に、あなたは三度私を知らないと言うでしょう。」

「そんなわけない」とペテロは言った。「あなたを否定するくらいなら、あなたと共に死にます！」

他の弟子たちも「私たちもです」と答えました。

イエスは使徒たちの間で認められた指導者であるペテロに、公然と、あるいは個人的にこう告げた。

> サタンはペテロを麦のようにふるいにかけることを願い出て、それを許されました。しかし、私はあなたのために祈りました。あなたの信仰がなくならないように。そして、あなたが立ち直った後、あなたは兄弟使徒たちを力づけるでしょう。
>
> （ルカ22:31-32）

サタンがペテロを試す許可を求めたという記述は珍しいものですが、他に類を見ないものではありません。サタンはヨブを試す許可を神から二度得ました（ヨブ記1:12、2:6）。神はサタンの邪悪な計画を私たちの益と神の栄光に変えてくださいます。

9. 木曜日の夜、イエスの大祭司としての祈りとそれに続くゲッセマネの園での苦悩（マタイ26章とヨハネ17章）

イエスは弟子たちのために、そして将来イエスに従う者たち（私たちも含む）のために執り成しの祈りを捧げました。*イエスが主の晩餐に使われた部屋で祈っていたのか、それともそことゲッセマネの園の間のどこかで祈っていたのかは定かでは*

*ありません。*この祈りはヨハネによる福音書17章1-26節に記録されています。

イエスの祈りの短縮版：

父よ、私の時が来ました[私が地上に来た理由]。あなたの子である私に栄光を与えてください。そうすれば、私はあなたに栄光を帰すことができます。あなたは私に全人類を支配する権威を与え、あなたが私に引き寄せたすべての人々に赦しと永遠の命[神の命]を与えてくださいました。永遠の命とは、唯一のまことの神であるあなた[永遠であり主権者である]を知ることと、あなたが彼らを罪から贖うために遣わされた私、キリスト・イエスを知ることです。

(ヨハネ17:3)

ここでの「知る」*という言葉は、親密な*（非性的な）*関係を意味します。*

父なる神よ、あなたが私に遣わされた御業を成し遂げたことを嬉しく思います。*（明日、私が罪のいけにえとなる時に、それは終わります。）天に帰ってあなたと共にいる日が待ち遠しいです。そうすれば、私たちが地球を創造する前、そして私が人間になる前のように、すべてが元通りになります。*（ヨハネ17:4-5、著者による書き直し。ナット・トレーシー博士が1959年にハワード・ペイン大学で行った未発表の講義に類似）

わたしは、わたしに従う者たちにあなたのメッセージを伝えました。*世*（神を持たない人類）は

> 信者を憎みます。なぜなら、信者はもはや世のものではないからです *(人間の哲学ではなく、あなたに従うからです)* 。あなたがわたしを世(神を持たない人類)に遣わされたように、わたしも信者を世 *(神を持たない人類)に遣わしました。* 父なるあなたがわたしの中におられ、わたしがあなたの中におられるように、信者たちが皆愛において一つになりますように。彼らがわたしたちの中にいるように。そうすれば、世 *(神を持たない人類)は* あなたがわたしを遣わされたことを信じ、*あなたを知ることが* *できるでしょう。*
>
> (ヨハネ17:14-16、著者による改稿)

再び *「知る」は親密な* (セックスレスの) *関係を意味します。*

祈りの後、イエスと11人の弟子たち(ユダはもはや彼らと共にいなかった)はエルサレムを去り、町の東にあるキデロンの谷へと下り、キデロン川を渡った。この川は冬の嵐と春の雨の時を除けば、通常は乾いていた。谷を離れると、彼らは丘を登り、オリーブ山のすぐ下にあるゲッセマネの園(酒搾り場)へと向かった。彼らは恐らく、前と同じように、おそらくその地域にいくつかある洞窟の1つで夜を過ごすつもりだったのだろう。しかし、それは叶わなかった。

10. 木曜日の夜、ゲッセマネの園で

到着すると、イエスは弟子たちに「誘惑に陥らないように祈りなさい」と言われました。ペテロ、ヤコブ、ヨハネを石を投げれば届く距離まで連れて行き、悲しみと苦悩に襲われ始めました。*祈りの中で喜びに満ちていたイエスと、* 今、*悲しみと苦悩*

に襲われているイエスの間には、一体何が起こったのでしょうか。

イエスは三人にこう言いました。「*私の霊は悲しみのあまり死んでしまいそうです。ここに留まって、私と共に目を覚ましていなさい。* 」イエスは彼らの向こうへ行き、ひれ伏して祈りました。「父よ、もしできることなら、どうかこの杯を私から過ぎ去らせてください。しかし、私の思いは過ぎ去らせないでください。あなたの御心(服従)が行われますように。」

イエスは三人のところに戻り、彼らが眠っているのを見つけました。イエスはペテロを起こして、「あなたたちは私と一緒に一時間も目を覚まして*(祈って)いられないのですか*」と尋ねました。

イエスは再び祈りを捧げるために立ち去られました。イエスは激しい苦痛に襲われ、額の汗が血と混じり*(血管外漏出)* 、地面に滴り落ちました(ルカ22:44)。*イエスが不安を感じていたのは、明日十字架刑で殺されることを知っていたからだと多くの人が考えています。また、罪のないイエスが明日全世界の罪を負うという事実から不安を感じていたと考える人もいます。*

これらの考えは多くの人には理にかなっているように思えるかもしれませんが、イエスの宣教活動を見ると、理にかなっていません。イエスは危険な生活を送りましたが、それを悲しむことはありませんでした。2年近くもの間、ユダヤの宗教指導者たちはイエスを殺そうとしましたが、イエスはひるむことはありませんでした。イエスは何度も自分が死刑に処されると告げられましたが、決してひるむことはありませんでした。人類の罪のために死ぬことは、世界が創造される前から計画されていました。イエスは、それがこの世に来た理由であると認めていました(ヨハネ18:37)。では、なぜ苦しみ、なぜ救いを求めたのでしょうか。

祈りの中で、イエスは天の父に「わたしは、この世を創造する前の状態に戻れるよう、あなたのもとへ帰ってあなたと共にいる準備ができています」(ヨハネ17:4-5)と告げ*ました。著者は、イエスの大祭司としての祈りの後、イエスが思い出し始めたと考えています。*人間が創造される*前に*、神格(父なる神、言葉なる神、聖霊なる神)は人類を創造し、私たちが罪を犯した後で人類を救う計画を持っていた。

この計画には、言葉である神が人となり、イエスが人の救い主となることが含まれていました。この計画は、神格(父、言葉、聖霊)によって承認されました。言葉が人(イエス)となったとき、イエスは永遠の記憶を含め、自らを空っぽにしました*(ケノーシス)*。

しかし、主の永遠の記憶は、長い年月をかけてゆっくりと(ペローシス的に)戻ってきました。最後に戻ってきた記憶は、神の言葉が人となり、御父との平等を永遠に犠牲にされたという記憶であると私は考えています(ピリピ人への手紙2:4)。

イエスは依然として神でありながら、同時に人間でもあります。著者は、人間としてのイエスがゲッセマネで直面したのは理解であり、それがイエスに大きな苦悩をもたらしたと考えています。人間としてのイエスは、自身に対する強力な霊的な戦いに苦しんでいたのです。

*一時的に*当惑したイエスは、「父よ、もしできることなら、この杯を私から取り去ってください」と祈りました。

サタンはそこにいて、弱点、ノックアウトパンチを放つ隙を見つけたと思った。まるで「マニラのスリラー」のようだった。サタンは精一杯のパンチを繰り出したが、イエスはサタンの戦術を予測し、猛烈なパンチをはじき飛ばした。

イエスはサタンの腹部にジャブを連打し、さらに顎にノックアウトパンチを叩き込んだ。サタンはキャンバスに倒れ込み、カウントダウンを喫した。

軽薄な表現をお許しください。しかし、その夜、歴史上最も深刻な霊的戦いが繰り広げられていました。神の永遠の計画と私たちの永遠の救いが危険にさらされていたかもしれません。最終的に、イエスは人類が創造される前に合意していたものを改めて選択するのです（これはハワード・ペイン大学のナット・トレーシー博士の未発表講義からのもう一つの記憶です）。

「そうだ」と父は言った。「あなたはもうすぐ私と共にいるだろうが、以前のようにはならない。あなたは永遠に人類と繋がっている。以前のようには決してならないだろう。」

「はい、父なる神よ、私は知っています。そして、それはもう危機ではありません。私の永遠の記憶は完全に戻ってきました。私はニコデモに、あなたが人類を救うために御子をお与えになった（貸し与えたのではなく）と告げました」（ヨハネ3:16）。*あなたはパウロを通してこう言われました。*「神は唯一であり、神と人との間の仲介者も唯一、すなわち人であるキリスト・イエスです」（テモテへの第一の手紙2:5）。*私は私たちの永遠の計画を完全に覚えており、今も全力で取り組んでいます。*

ミニエピローグ

神（言葉）もまた人となり、後戻りすることはありませんでした。私たちに対する神の永遠の計画は、まだ明らかではありませんが、ますます明らかになってきています。私たちは、それが想像以上に神にとって大きな犠牲を伴うものであったことを理解し始めています。神の私たちに対する計画には、神格の永遠の貧困化も含まれることを理解し始めていますが、それは私たちの理解を超えるものかもしれません。私たちは、そのような愛、つまり神の愛を理解し始めたばかりです。読者の中には、神がすべての人間を深く愛し、イエスが父なる神

と聖霊との平等性を永遠に放棄し（ピリピ人への手紙2章6-8節）、永遠の苦しみのしもべとしての役割を受け入れた（イザヤ書53章1-12節）、神の永遠の神の愛（アガペー）を受け入れるすべての人々を贖い、変える（コリント人への手紙二3章18節）ほどに、神がすべての人間を愛しておられるとは、想像もしていなかったかもしれません。もしこれが神の私たちへの愛であるならば、私たちの神への愛はどのようなものであるべきでしょうか。私たちは、シェマにおいて、神への愛がどのようなものであるべきかについて、初めて明確な理解を得ました。申命記6章4-6節をもう一度読んでください。シェマーについて祈る必要があるでしょうか。

ストーリー27

世界史の頂点

イエスの逮捕、裁判、そして十字架刑(ヨハネ18章と19章)

三度祈った後、イエスはペテロ、ヤコブ、ヨハネのもとに戻り、「さあ、行きましょう。私の時が近づきました。私は罪人たちの手に引き渡されようとしています」と言いました。イエスが話している間、ユダがたいまつ、剣、棍棒を持った大勢の群衆と共に現れました。

彼らはイエスを逮捕するために来た。ユダはイエスに近づいたが、*イエスは 最初に口を開いたのはユダだった。「友よ、あなたがしなければならないと思うことをしなさい。」*それは真摯な同情と悲しみを込めて発せられた、優しい叱責だった。ユダは罪悪感を隠そうと目をそらし、それから素早くイエスの頬にキスをし、立ち去ると、リンチの群衆の中に紛れ込んだ。ユダは自分が何をしているのか分かっていた。金を受け取っていたのだ。そして、このキスは祭司長への予め用意された合図だった。そのキスは「これがお前が狙っている男だ。連れて行け!」と告げていた。

再び、イエスは群衆に最初に話しかけました。「あなたたちは誰を捜しているのか？」と群衆に尋ねました。

彼らは「ナザレのイエスです」と答えました。

「わたしがそれだ」とイエスは言いました。

イエスの近くにいた人々は、イエスの穏やかで自信に満ちた態度に驚いて後ずさりしました。イエスはもう一度尋ねました。「誰を捜しているのか？」

彼らは答えました。「私たちはナザレ人イエスを探しているのです。」

イエスは言いました。「私があなたたちに言ったように、私があなたたちを探している者だ。他の者たちを行かせなさい！」イエスは、まだ標的になっていなかった弟子たちを守りました。

彼らがイエスを捕らえると、ペテロは素早く反応しました。彼は短剣を取り出し、祭司長の僕マルコスの右の耳を切り落としました。*ペテロは後にイエスを知っていたことを否定しましたが、園でイエスを弁護したことから、彼が以前イエスと共に死ぬと言ったのは単なる虚勢ではなかったことが明らかになりました。*イエスはすぐにペテロに剣を納めるように言い、切り離された耳を素早く拾い上げて元に戻し、傷を癒されました（ルカ22:50-51）。

イエスは、祭司長が自分を捕えるために遣わした者たちにこう言いました。「あなたたちは、まるで強盗を捕らえるように、剣や棒で私を捕らえるために来たのか。私は今週毎日神殿にいたが、あなたたちのうち、民衆の前で私に手を出す勇気のある者は一人もいなかった。しかし、時と闇の力が、私を殺そうとするあなたたちの邪悪な陰謀の卑怯さを覆い隠しているのだ。」

彼らは何も答えなかったが、イエスは再び語り始めた。「もし私が天の父に訴えるなら、父はあなたたちに対して、天使の軍団（六千人）を私の指揮下に置かれるだろう。」*しかし、*

もし私がそうするなら、私が来た目的は無に帰し、聖書は成就しないだろう。*私は喜んで天の父の永遠の計画に従う。*

　　人々がイエスを縛って連れ去ろうとした時、弟子たちはイエスのもとを離れて逃げ去りました。一人の若者がイエスと弟子たちをゲッセマネの園までこっそりと追いかけていました。家が静かになったので、彼はベッドから出てきたようです。彼は「何も着ておらず」、亜麻布に身を包んでいました。彼らは彼を捕らえましたが、彼は亜麻布をはぎ取って裸のまま逃げました（マルコ14:51-52）。*これは下着姿だったという意味かもしれませんし、裸だったという意味かもしれません。ペテロは追われていないと分かると、走るのをやめ、イエスがどこへ*連れて行かれるのか見守っていました。彼らがイエスを連れ去っていく時、ペテロは遠くからついて行きました。

カンガルー裁判（ルカ22:54-71）

イエスはまず、西暦6年から15年まで祭司長を務めていたアンナスの家に連れて行かれました。彼は依然として陰で権力を振るっていました。ヨハネは、裁判の予審がアンナスの家で行われたことを記している唯一の福音書記者です。アンナスはまた、その年、実際には西暦18年から36年まで祭司長を務めていたカヤパの義父でもありました（ヨハネ18:13）。ヨハネは、ラザロがイエスによって死から蘇った後、一人の人（イエス）が民の代わりに死ぬのは良いことだと言ったのもカヤパであったことを私たちに思い出させています（ヨハネ11:50）。*このことは、イエスの裁判が仕組まれたものであり、結末は既に決まっていたことを私たちに警告しています。*

　　アンナスはイエスに弟子たちと教えについて質問しました。アンナスの質問は不要でした。ここ数日、イエスが神殿で教えたことの詳細を証言できる証人が数多くいたからです。イエスは厳しく答えました。「わたしは会堂でもここエルサレムでも公然と話しました。今週は毎日神殿で教えました。あなたの部下たちと議論しました。秘密に話したことは何もありませんでした。なぜわたしに質問するのですか。わたしの話を聞いた人たちに尋ねなさい。彼らはわたしが何を言ったか知っています。」

イエスのそばに立っていた役人たちの一人がイエスの顔を殴りながら、「祭司長に対して、そんな言い方をするのか」と言った。

イエスはこう答えました。「私が真実を語っていないのなら、私が間違っていることを証明しなさい。しかし、私が真実を語っているのに、なぜ私を打つのですか?」

*彼らの進路が決裂したため、アンナスはイエスを鎖(手錠)に繋いだまま大祭司カヤパのもとへ送りました。*ペテロは遠くから彼らの後を追いました。大祭司を知っていたもう一人の弟子がペテロに同行してカヤパの家に行き、イエスと共に家の中に入りました(ヨハネ18:15)。この弟子とはおそらくヨハネでしょう。彼は福音書の中で自分の名前を一度も口にしていません。

多くの宗教指導者が集まり、サンヘドリン(最高評議会)が裁判のために集まるのを待っていました。その間、証人が次々と証言しましたが、イエスに対する告発は誰一人として一貫していませんでした。イエスは一晩中水を与えられず、多くの人々から尋問され、偽証に耐え、目隠しをされたまま顔を平手打ちされ、「誰があなたを殴ったのですか?」と尋ねられるなど、暴行と嘲笑に耐えました。

*その間、ペテロは他の者たちと共に外にいて、中庭の中央の炭火で暖まっていました。そこでペテロはイエスを三度否認しました。*まず、召使いの一人が「この人はイエスと一緒にいました」と言いました。その言葉に驚いたペテロは、すぐに「私はその人を知りません!」と否定しました。すると別の

人が「あなたも彼らの一人ですか」と言いましたが、ペテロは「違います!」と答えました。

夜明け前、手錠をかけられたままのイエスは、サンヘドリンの議場へと連れて行かれた。イエスと共にカヤパの中庭を通り抜けると、別の男がペテロに言った。「あなたはイエスの友人に違いない。ガリラヤ訛りだ。」

ペテロは「そんな男は知らない!」と呪いの言葉を吐き始めました。するとすぐに鶏が鳴きました。

> イエスとペテロの目が一瞬合った。その時、ペテロはイエスがその晩早くに言った言葉を思い出した。「鶏が鳴く前に、あなたは三度私を知らないと言うだろう。」ペテロは中庭を出て、激しく泣いた。
>
> (ルカによる福音書 22:59-62)

議会の部屋に入ると、何人かがイエスに質問をしましたが、イエスは答えませんでした。イエスはただ黙ってそこに立っていました。ついにカヤパが進み出てイエスに質問しました。「あなたは告発者たちに答えていません。あの人たちは皆、あなたに不利な証言をしたのですが、それはどういうことですか?」イエスは大祭司に答えませんでした。イエスは多くの点で不当に告発されていました。*イエスは十字架につけられることを知っていましたが、正しい理由(すなわち、私たちの罪を償うために来られた、神の化身であると主張したという理由)で十字架につけられることを望んだのです。*

イエスは辛抱強く適切な質問を待ち、カヤパはまさにそれを尋ねようとしていました。「あなたはキリスト(油注がれた者/メシア)、祝福された者(神の子)の子ですか?」

イエスはこう言われました。「わたしがそうである。あなた方は『人の子が力ある方の右に座り、天の雲に乗って来るのを』見るであろう」（マルコ14:61、ダニエル7:13）。

カヤパは激怒し、衣を引き裂いてサンヘドリンに言った。「彼は神を名乗り、冒涜した！これ以上の証拠は要らない。彼は死刑に値する！」すると、彼らは皆、イエスの顔に唾を吐きかけ、拳で殴りつけた。いよいよイエスをピラトのもとへ連れて行く時が来た。

ユダヤ法では冒涜は死刑に処せられるとされていたが、ローマ統治下ではサンヘドリンは死刑を執行することができなかった。有罪判決を受けた犯罪者を処刑できるのはローマだけだった。ローマ人はユダヤ教を容認していたものの、ローマの利益が絡まない限り、宗教的な議論には寛容ではなかった。

そのため、サンヘドリンはイエスをピラトに引き渡す際に、罪状を変更する必要がありました。彼らは死刑を望みました。モーセの書には「木にかけられた者は皆、神の呪いを受けている」（申命記 21:23、NIV）と記されていたため、ローマにイエスを十字架刑に処することを望みました。

13. イスカリオテのユダの悔恨（マタイ27:1-5）

議会（サンヘドリン）はイエスに死刑を宣告し、イエスを縛ってローマ総督ピラトに引き渡し、十字架につけさせました。

イエスを裏切ったイスカリオテのユダは後悔し、銀貨30枚をユダヤ教の祭司長や長老たちに返して、「私は罪のない人を裏切って罪を犯しました」と言いました。

宗教指導者たちはただくすくす笑ってこう尋ねた。「それが私たちとどう関係があるんだ？それはあなた方の問題であって、私たちの問題ではない。」

ユダは神殿の中に銀貨を投げ捨てて立ち去り、首を吊りました。

> おそらくユダは正しい絞首縄の作り方を知らなかったのでしょう。自殺には成功したものの、結び目が緩み、ユダの腫れ上がった体は絞首刑にされた木の下の岩に落ち、裂けてしまいました。
>
> (使徒行伝 1:18)

*ユダは善意の人だったと擁護する人*もいますが、イエスは「わたしはあなたたち(使徒たち)を十二人選んだが、そのうちの一人は悪魔だ」(ヨハネによる福音書 6:70)と言われました。ヨハネはユダを盗人と呼びました(ヨハネによる福音書 12:6)。イエスは「あなたたち(複数形)に言っておく。あなたたちのうちの一人がわたしを裏切るだろう。人の子(イエス)を裏切る者は災いである。その者は生まれてこなかった方がよかった。」と言われました。

イエスを裏切ろうとしていたユダは言いました。「先生、まさか私のことではないですよね?」

イエスは答えました。「あなた自身がそう言ったのです。」

マタイによる福音書27章3節には、ユダがイエスを裏切った後、後悔の念を抱いたと記されています。*後悔とは、罪を悔いること、あるいは罪悪感に苦しむことを意味しますが、悔い改めを意味するものではありません(ユダは「血の代金」を祭司長たちに返しましたが)*。ユダは神の赦しを求めず、*自ら命を絶つことで罪悪感から逃れようとしました。*

イエスのローマ裁判(マタイ27:11-32;マルコ15:1-21;ルカ23:1-25;ヨハネ18:28-19:16)

サンヘドリンは縛られたイエスをユダヤのローマ総督ピラトのもとへ護送した。

「なぜこの男を私のところに連れてきたのか?」とピラトは尋ねた。

「彼は我が国を欺いた罪を犯しました。彼は、国民はローマに税金を払う必要はないなどと言っているのです。また、彼は自らを王であると主張しており、それがローマにとって脅威となっています。」

ピラトはイエスに尋ねました。「あなたはユダヤ人の王ですか?」

イエスはただ「おっしゃる通りです」とだけおっしゃいました。

祭司長たちや長老たちはイエスに対してさらに非難の声をあげた。

ピラトはイエスに尋ねました。「彼らがあなたをどれほど多くの罪で訴えているか、聞こえますか。」しかしイエスは答えませんでした。

ピラトはイエスがガリラヤ出身であることを知り、過越祭でエルサレムにいたヘロデ王のもとにイエスを送り届ければ、この事態を回避できると考えました。ヘロデ・アンティパスは洗礼者ヨハネを殺した張本人で、幼子イエスを殺そうとしたヘロデ大王の三人の息子の一人でした。

ヘロデはイエスに会えて大変喜びました。イエスのことをいろいろ聞いていたからで、奇跡を起こしてくれることを期待していたのです。祭司長と律法学者たちは、イエスをヘロデのもとへ護送するローマ兵の後をついて行きました。彼らはヘロデにイエスについて様々な非難を浴びせました。ヘロデは長々とイエスを尋問しましたが、イエスは何も答えませんでした。ヘロデとその兵士たちはイエスを嘲笑し、軽蔑した後、冗談半分で王様の衣を着せてピラトのもとへ送り返しました。

ピラトはイエスが戻ってきたことに不満を抱き、イエスを釈放することでこの宗教劇に終止符を打とうと決意しました。ピラトは祭司長と手下たちを呼び、*「私はイエスという人物を取り調べたが、何の罪も見いだせなかった。ヘロデも同様だ。彼はイエスを処刑する理由は見いだせないと言って、私のところに送り返した。だから私はイエスを罰し、その後釈放しよう」と言いました。*

過越祭の期間中、総督は民衆のために囚人を釈放するのが慣例でした。祭司長は民衆を煽動し、イエスに反対するよう仕向け、ピラトにイエスの代わりにバラバという犯罪者を釈放するよう要請させました。ピラトはイエスを釈放したかったのですが、民衆はバラバを釈放するよう圧力をかけました。

「イエスをどうしたらいいでしょうか？」と彼は尋ねました。

「彼を十字架につけろ！彼を十字架につけろ！」彼らは叫んだ。

ピラトは、イエスを十字架につけなければ民衆が暴動を起こすのではないかと恐れていました。暴動は総督の職を失うことにつながりかねなかったため、*自分が正しいと知っていることを行うことで*職を失うよりも、*暴徒の思うがままにすることに決めました。*こうしてピラトはイエスを鞭打ち、十字架刑に処することを命じました。

鞭打ちは恐ろしい殴打であり、*最悪の鞭打ちでした。三本以上の革紐に金属片や骨片が埋め込まれ、肩から腰まで背中を裂きます。究極の苦痛と屈辱を与えることが目的でした。*

鞭打ちの後、ローマ兵たちはイエスを嘲笑しました。彼らはイエスの服を脱がせ、緋色の衣を着せ、頭に茨の冠をかぶせ、葦の杖を手に持たせ、ひざまずいて嘲り、「ユダヤ人の王、万歳！」と言いました。そして、イエスに唾を吐きかけ、葦を取り上げ、それでイエスの頭を殴り始めました。イエスを嘲笑した後、衣は脱がされ、元の衣が再び着せられました。その後、彼らはイエスを連れ去り、十字架につけられるはずの十字架を背負わせました。

道中、*イエスは鞭打たれ、出血し、水分も不足していたため、まだ衰弱し、十字架の重みに耐えかねて倒れてしまいました。*キレネ（現在のリビア）出身のシモンという男が、残りの道程を十字架を担うために召集されました（ルカ23:26）。*シモンはアレクサンダーとルポスの父で、二人は後にローマに住む信者になったと考えられています（ローマ16:13）。*

*ゴルゴタ（ヘブライ語で頭蓋骨の場所を意味する）と*呼ばれる町の外の場所に到着しました。*「カルバリー」はラテン語の「calva」（頭蓋骨）に由来します。*イエスを十字架につける前に、人々は痛みを和らげる麻薬として没薬を混ぜたワインをイエスに飲ませようとしましたが（マルコ15:2）、イエスはそれを拒否しました。

十字架上の最初の3時間（午前9時から正午まで）

兵士たちは午前9時にイエスを木の十字架に釘付けにし、十字架刑に処しました。二人の犯罪人もイエスと共に十字架につけられました。イエスは両側に一人ずつ、真ん中に立てられました（ヨハネ19:18）。イエスは大声で祈りました。

> 父よ、彼らをお赦しください。彼らは何をしているのか、自分でも分かっていないのです。
>
> （ルカ23:34）

ピラトはイエスの頭の上にヘブライ語、ラテン語、ギリシャ語で「ナザレ人イエス、ユダヤ人の王」という碑文を掲げさせた。

*十字架刑は、苦痛と死に加え、生きたまま裸で、皆の目の前で吊るされ、数時間から数日後にようやく死ぬという、究極の屈辱を与えました。ローマ兵は、ダビデ王が千年前に預言したように(詩篇　22:18)、イエスの衣服をめぐってくじ(サイコロのようなもの)を引きました。ダビデは、十字架刑が発明される数百年前にも、このことに*ついて記しています(詩篇22篇)。

群衆が周囲に立ち、その一部始終を見守っていました。宗教指導者の中には、イエスを嘲笑して「彼は他人を救った。自分自身を救うがよい。もし彼が神に選ばれた者なら、十字架から降りてみよ」と言った者もいました。

兵士たちはイエスに酸いぶどう酒を差し出し、「あなたがユダヤ人の王なら、自分を救ってみろ」と言って嘲笑しました。

イエスと共に十字架につけられた犯罪者の一人がイエスを嘲笑して言った。「あなたはキリストだと主張している。あなた自身と我々を救ってください。」

しかし、その犯罪者の友人は彼を叱責しました。「神を畏れないのか?我々は十字架刑に値するが、イエスは何も悪いことをしていない。」それから彼はイエスの方を向いて言いました。「イエス様、あなたの御国にお戻りになるときには、どうか私のことを思い出してください。」

イエスは答えました。「約束します。今日あなたは私とともに楽園にいるでしょう。」

イエスの十字架のそばには、4人の女性が立っていました。イエスの母、母の姉妹(おそらくヤコブとヨハネの母サロメ)、クレオパの妻マリア、そしてマグダラのマリアです。イエスは、母と愛する弟子(使徒ヨハネ)が近くに立っているのを見て、母に「婦人よ、ごらんなさい。あなたの息子です。」ヨハネに「ごらんなさい。あなたの母です。」と言いました。その瞬間から、ヨハネはマリアをまるで自分の母であるかのように自分の家に迎え入れました。

正午から午後3時までの3時間の暗闇

正午、全地は暗闇に包まれた。*神はただ光を消し、太陽の光を遮った。全人類の罪の重荷を背負った御子イエスの極度の苦しみを人々が見過ごすことがないようにするためだ。*イエスの苦しみは、十字架刑の苦痛そのものをはるかに超えるものだった。

> 神は、罪を犯さなかったイエスを全人類の罪の担い手とされました。それは、罪人である私たちが、救い主イエスを通して神の義となれるためです。
>
> （コリント人への手紙第二 5:21）

　　真昼の暗闇の中、*私とあなたの罪を背負う重圧に、イエスはまるで一人ぼっちになったかのようでした。*イエスは天の父に叫びました。「わが神よ、わが神よ、なぜ私を見捨てたのですか？*今こそあなたが必要な時です！　父よ、あなたはどこにいらっしゃるのですか？*

　　イエスは天の父に見捨てられたように感じましたが、実際には見捨てられてはいませんでした。

> 神はキリストにおいて、世をご自身と和解させ、彼らの罪を彼らに負わせませんでした。
>
> （コリント人への手紙第二 5:19）

> わたしたちはみな羊のように迷い、それぞれ自分の道に向かって歩んでいます。しかし主（ヤハ

> ウェ）は、わたしたちすべての咎を御自分に負わせられました。
>
> （イザヤ書 53:6）

これらすべての後、イエスは、*神の恵みの賜物を受け入れるすべての人々のために贖罪を成し遂げ、聖書の教えを成就したことを知り、*「わたしは渇く」（ヨハネ19:28）と言われました。そこには酸いぶどう酒の壺があり、兵士がスポンジを酢に浸し、棒に刺してイエスに差し出しました。酢を受け取ると、イエスは「成し遂げられた」と言い、大声で「父よ、わたしの霊をみ手にゆだねます」（ルカ23:46）と叫びました。イエスは頭を垂れ、御霊を明け渡されました*（これは意図的な行為です）*。イエスは*死に至るまで、すべてを支配しておられました*（ヨハネ19:30）。私たちは、信者と未信者が入り混じった群衆にイエスが語った言葉を思い起こします。

> わたしは命を捨てる。それは、再び命を得るためである。だれもわたしから命を奪い取ったのではない。わたしが自ら命を捨てるのだ。わたしは命を捨てる権威も、再び命を得る権威も持っている。
>
> （ヨハネ10:17-18）

イエスが亡くなった瞬間、神殿の至聖所と聖所を隔てていた垂れ幕が*神ご自身によって上から下まで二つに裂け、大祭司だけでなくすべての人々がイエスに近づくことができました。*多くの墓が開き、多くの信者が生き返りました。

イエスの遺体の準備と埋葬

イエスは金曜日に十字架にかけられましたが、午後6時、土曜日、つまり安息日に変わりました。安息日には遺体を十字架につけたままにしておくことはできませんでした。その安息日は毎年の過越祭でもあったため、ユダヤの宗教指導者たちは兵士たちに十字架刑に処せられた者の処刑を早めるよう命じました。兵士たちは二人の犯罪者の足を折りました*(足で踏ん張ることができず、呼吸ができず窒息死するからです)*。

兵士たちがイエスの足を折ろうと近づいたとき、イエスがすでに死んでいたことが分かりました。彼らは足を折ることはしませんでしたが、兵士の一人がイエスのわき腹に槍を突き刺しました。すると血と水が流れ出ました。これは、聖書の言葉が成就するためでした。

> 彼の体の骨は一つも折られることはない。
>
> (詩篇 34:20)

また別の聖書にはこうあります。

> 彼らは、自分たちが突き刺したわたしを見つめ、ひとり子を失った者のために嘆くように、わたしのために嘆く。
>
> (ゼカリヤ書 12:10)

サンヘドリンの一員であったアリマタヤのヨセフは、ピラトのもとへ行き、イエスの遺体を運び出して埋葬する許可状を求めました。ヨセフは善良な人で、神の国を待ち望んでいました。彼はイエスをひそかに信じていました。それは、同胞の宗教指導者たちを恐れていたからです。以前、夜中にイエスのもとに来たことのあるニコデモは、没薬とアロエの混合物を買いに行きました。それから二人はイエスの遺体を十字架から降ろし、ユダヤ人の埋葬の習慣に従って、香料を塗った亜麻布で包みました。

十字架刑の場所の近くには庭がありました。ヨセフはその時、自分の埋葬のためにすでに新しい使われていない墓を購入していました。墓は岩に掘られていました。彼らはイエスのぐったりとした遺体を墓まで運び、慎重に中に横たえ、午後6時の締め切り直前に墓の入り口に大きな石を転がしました。

ジョセフは言いました。「ありがとう、ニック。君の助けがなければ、墓の入り口を閉めるためにあの重い石を転がすことなど、すべてをすることはできなかっただろう。」

ニコデモは微笑んで言いました。「私たちがイエスの信者であることをようやく認めることができてよかったです。」

それぞれがそれぞれの家へ出発した。

イエスの復活と出現

導入

> 時が満ちると、神は御子を遣わされました。御子は女から生まれ、律法の下に生まれました。それは、律法の下にある者たちを贖い、私たちが神の子とされるためでした。あなたがたが神の子であるゆえに、神は御子の霊を私たちの心に遣わし、「アッバル、父よ」と呼びかけさせてくださいました。
>
> (ガラテヤ人への手紙 4:4-5)

イエスは金曜日の午前9時に木の十字架に釘付けにされ、同日午後3時過ぎに死亡が宣告されました。イエスが息を引き取った時、神ご自身が神殿の幕を上から下まで引き裂かれました。その幕は至聖所と聖所を隔てていました。幕を二つに引き裂くことで、*神はイエスの完全な犠牲によって、もはや祭司を介する必要はなく、イエスを信じる信仰によって、私たち一人ひとりが神に直接近づくことができると宣言されました。*

> あなたがたは、今や選ばれた種族、王なる祭司、聖なる国民、神の所有物となった民です。それは、あなたがたを暗闇から驚くべき光の中に招き入れてくださった方のすばらしさを宣べ伝えるためなのです。
>
> （ペテロ第一 2:9）

マグダラのマリア、ヤコブの母マリア、そしてサロメは、ヨセフとニコデモがイエスの遺体を埋葬の準備をする様子を遠くから見守っていました。彼女たちもまた、人々がイエスを埋葬した場所を見るために、遠くから後を追っていました。*マグダラのマリアは、人々がこんなに短い時間で遺体をきちんと準備できたとは想像もできませんでした。*彼女はもう一人のマリアに言いました。「明日の夕方、安息日が過ぎたら（午後6時）、香料を買いに行き、日曜日の朝早く墓に戻って、主の遺体に聖油を塗りましょう」（マルコ16:1）。

安息日の土曜日に、祭司長たちとパリサイ人たちは宗教上の律法を破ってピラトのもとへ行きました。

「先生」と彼らは言った。「私たちは、メシアを名乗った欺瞞者イエスが、『三日後に復活する』と言われたことを覚えています。弟子たちが遺体を盗み、イエスが死から復活したと主張するのではないかと心配しています。ですから、究極の詐欺を防ぐために、墓に警備員を配置していただくようお願いいたします」（マタイによる福音書 27:62以下）。

「よろしい」とピラトは言った。「神殿には衛兵がいます。墓の安全は確認済みです。私の印章も押してください。」

日曜日の早朝、夜明け前、神の御使いが天から降りてきて、墓の前から石を転がしました。*それはイエスを外に出すためではなく、イエスが復活されたことを人々に見せるためでした。*御使いの顔は稲妻のように輝き、衣は雪のように白く輝いていました。番兵たちは御使いを見て恐怖に震え、死んだようになってしまいました。その後、彼らは立ち上がり、急いで町へ行き、祭司長たちにこの出来事を報告しました。

祭司長たちはその報告を聞いて、番兵たちに「イエスの弟子たちが夜中に来て、私たちが眠っている間にイエスの遺体を盗み出した」と人々に告げるように命じました（マタイ伝 28:11-15）。

最初に知らされたのは女性たちだった

その後、同じ日曜日の夜明け後、マグダラのマリアを含む数人の女性が墓に向かって歩いてきました。彼女たちはイエスの遺体に塗るための香料を持っていました。そして突然、墓の入り口から石を転がすことができないことに気づきました。

すると、まばゆいばかりの衣をまとった二人の天使が彼女たちの前に現れました。女たちは恐れおののき、地に顔を伏せましたが、天使たちは言いました。*「なぜ、生きておられる方を死人の中に捜しているのですか。*十字架につけられたイエスを捜していることは、わたしたちは知っています。イエスは、ここにはおられません。なぜ驚くのですか。イエスは、約束どおり、死人の中からよみがえられたのです。」

復活を知らされた弟子たち

最初、女たちは見聞きしたことを誰にも話すのを恐れていましたが、使徒たちが滞在している場所へ急いで行って伝えることにしました。しかし、女たちは復活の知らせを信じようとしませんでした。復活の知らせはナンセンスに思えたからです。しかし、ペトロとヨハネは一行から離れ、イエスが埋葬された場所へと走りました。ヨハネはペトロよりも若く、足も速かったです。彼は最初に空の墓に到着しましたが、開いた扉の前で立ち止まり、中に入りませんでした。ペトロが到着し、急いで中に入りました。ヨハネも彼に続きました。二人は亜麻布が重なり合っているのを見つけましたが、遺体はありませんでした。ヨハネはイエスが復活したことを最初に信じた人でした。

イエスの初登場

マグダラのマリアはペテロとヨハネが一行から去っていくのを見て、ずっとゆっくりと後を追った。墓に着いた時には、ペテロとヨハネは既に去っていた。マグダラのマリアは復活の意味をまだ理解できず、開いた墓の前に立ち、泣き崩れた。泣きながら墓の中を覗くと、そこには二人の天使が立っていた。

彼らは尋ねました。「メアリー、なぜ泣いているのですか?」

彼女は答えました。「彼らは私の主を連れて行ってしまいました。そして、どこに連れて行かれたのか私には分からないのです。」

マリアは振り返り、涙目で誰かが立っているのに気づきました。おそらく管理人だろうと思いました。するとイエスは尋ねました。「婦人よ、なぜ泣いているのですか。誰を探しているのですか。」

「旦那様」と彼女は叫んだ。「もし遺体を持ち去ったのなら、どこへ連れて行ったのか教えてください」

イエスは彼女の名前を「マリア」と呼びました。

彼女はすぐにイエスの足元にひれ伏し、「先生!あなたです。生きておられます!」と叫びました。同時に、彼女はイエスの足元にしがみついて礼拝しました。

*「マリアよ」とイエスは言われた。「私にしがみつくのをやめなさい。あなたはもう私の存在に頼ってはならない。*私は去って父のもとへ昇らなければならない。しかし、あなたと他の者たちを一人にしておくつもりはない。」それからイエスは姿を消し、マリアは弟子たちのところへ急いで戻り、「イエスは生きておられる!私は彼を見ました。約束通り、復活されたのです」と言った。こうして、復活した主を最初に見たのは女性だった。

エマオへの道の出現(ルカ24:13-35)

マリアが一行のもとに戻る前に、一行の中から二人の信者がエルサレムから約11キロ離れたエマオ村へ帰るために出発しました。二人は歩きながら、この出来事について語り合いました。イエスが近づいてきましたが、二人はイエスだとは気づきませんでした。

彼は尋ねました。「私があなたと一緒に道に行く前に、何を話していたのですか?」

男たちの一人、クレオパは答えました。「エルサレムに来ながら、ここ数日そこで何が起こったのか知らないのはあなただけですか。」

「何のことですか?」とイエスは尋ねました。

「イエスに関することです」とクレオパは答えた。「イエスは預言者で、偉大な業を成し遂げ、希望のメッセージを説きました。私たちも多くの人も、イエスが約束のメシアであり、イスラエルを救う方だと期待していましたが、祭司長や宗教指導者たちがローマ人を説得してイエスを十字架につけさせたのです。」

もう一人の男はすぐにこう付け加えた。「今日、何人かの女性たちに驚かされました。彼女たちはイエスの墓に行ったのですが、墓は開いていて、遺体はそこにありませんでした。天使がイエスは生きていると告げたと彼女たちは言っていました。私たちと一緒にいた二人の男性も墓に行ってみましたが、女性たちの言った通り、空っぽでした。しかし、イエスは見えませんでした。」

するとイエスは言いました。*「ああ、愚かで心の遅い人たちよ、預言者たちが語ったすべてのことを信じないのです。キリストはこれらの苦しみを受けて栄光に入る必要があったのではないでしょうか。」*そこでイエスは、モーセから始め、次に他の預言者たちに、聖書の中でご自身について教えられていることを説明しました。

エマオに近づくと、彼らはイエスに懇願しました。「主よ、どうか立ち止まって、私たちと一緒に食事をしてください。旅を続ける前に休んでください。」

イエスは同意し、食事の時間になると、パンを取り、祝福して裂き、彼らに与えました。すると、すぐに彼らの目が開け、イエスだと分かりました。それから、イエスは彼らの前から姿を消されました。

彼らは興奮して叫びました。「道中、イエスが聖書を説明してくださったとき、私たちの心は燃えていました！」

「そうです！今すぐ私たちはエルサレムへ急いで戻り、使徒たちと他の人々にこう伝えなければなりません。『イエスは復活されました！生きておられます！私たちはイエスにお会いし、お話をしました。』」

彼らがその知らせを持ってエルサレムに到着すると、そのグループは「はい、知っています。イエスはペテロにも現れました」と言いました。

使徒たちへの最初の階上の部屋への出現

復活祭の同じ日曜日の夜、11人の使徒のうち10人が鍵のかかった部屋に集まっていました。彼らはイエスのように逮捕され、殺されるのではないかと恐れていました。突然、イエスが彼らの真ん中に立ちました。彼らの恐怖を鎮めた後、イエスは手に釘跡を見せました。彼らは皆、イエスが再び共にいることを信じ、喜びました。しかし、トマスは彼らと共にいませんでした。彼らがイエスを見たと聞いたトマスは、嘲笑して言いました。「私は、その手の穴とわき腹に指を入れてみなければ、決して信じません」(ヨハネによる福音書 20:19-25)。

2度目の上階への登場

一週間後、トマスを含むすべての使徒たちが集まり、イエスが再び彼らのところに来られました。イエスはトマスの目を見つめて言われました。「トマスよ、わたしを信じなさい。わたしの手を見なさい。手を伸ばして、わたしの手の穴とわき腹に指を入れなさい。」しかし、トマスは釘の傷に触れる必要はありませんでした。彼はひれ伏して、「イエスよ、あなたはわたしの主、わたしの神です」と宣言しました。イエスはトマスに問いかけられました。「あなたはわたしを見たので信じている。わたしを見ないで信じる人は幸いである」(ヨハネによる福音書 20:26-29)。

イエスは弟子たちを、ご自身の死と復活、そして父のもとへ旅立つことに備えておられました。しかし、弟子たちは霊的な障害を抱えており、イエスがなぜ突然現れ、なぜ突然消え去ったのか理解できませんでした。イエスはどのようにして堅固な壁を通り抜けることができたのでしょうか。なぜ以前のように彼らと共にいてくれないのか理解できませんでした。彼らはマグダラのマリアのように、以前のようにイエスにしがみつきたいと思い、離れることができませんでした。

イエスは彼らに言われました。「あなたたちはわたしを見て、わたしに触れたのに、わたしが霊であるかのようです。霊には体がありません。なぜまだ不安なのですか。なぜまだ疑いが心を満たすのですか。わたしは幽霊ではありません。肉と骨があります。わたしは食べることができます。ここに何かわたしが食べられるものはありますか。」彼らはイエスに焼いた魚を与え、イエスがそれを食べるのを見守りました（ルカによる福音書 24:36-43）。

イエスが死者を蘇らせたとき、やもめの息子（ルカ7:12-15）、ヤイロの娘（ルカ8:49-56）、そしてイエスの友ラザロ（ヨハネ11:43-44）の体は死ぬ前と同じでした。彼らはまだ完全に肉体を持っていましたが、肉体の限界がありました。彼らの体は依然として一時的なものであり、いつか再び死ぬことになるのです。

*イエスの復活の体は、死の前の体と似ていましたが、同時に明らかに異なっていました。それは栄光に輝く体でした（変容の時の体のように。物語25参照）。それは肉体のような制限がなく、永遠の体でした。*信者は　いつの日かイエスのような復活の体を持つことになります。

> 私たちは皆、最後のラッパの音とともに、一瞬のうちに、瞬く間に、変えられます。ラッパが鳴り響き、キリストにあって死んだ人々は、死に服さない体で復活し、私たちも変えられるのです。私たちの朽ちる体は、決して死なない体に変えられなければなりません。
>
> （コリント人への第一の手紙 15:51-54。テサロニケ人への第一の手紙 4:13-18、コリント人への第一の手紙 15:35-49も参照）

実際、信者だけでなくすべての人が復活します。イエスはこう言われました。

> このことを不思議に思うな。墓の中にいるすべての人が、神の声を聞いて出て来る時が来る。善行を行った者は、命の復活に、悪行を行った者は、裁きの復活に出て来る。
> （ヨハネ5:28-29）

> イエスの金持ちとラザロのたとえ話はその状況を描写しています
> （ルカ16:19-21）。

イエスは弟子たちに、「十字架に架けられる前に、モーセの律法と預言者たちと詩篇に記されているわたしについてすべてをあなたたちに話しました。これらのことはすべて成就するはずでした。そして今、成就しました」と諭しました。そして、聖書を理解できるように弟子たちの心を開き、こう言われました。

キリストは必ず死に、三日目に復活すると書いてあります。今、罪の赦しを得るための悔い改めが、異邦人を含むすべての国々に宣べ伝えられなければなりません。（ルカ24:44-47）

40日間にわたって、イエスは多くの人々に現れました。

1コリント15:3-8で、使徒パウロは、イエスの復活後にイエスが現れた人々の一部を挙げています。イエスはケパ（ペテロ）、12使徒、一度に500人以上の信者、ヤコブ（イエスの異父兄弟の一人）、ダマスコへの道中のパウロに現れました（使徒行伝9:3-8）。

ヨハネによる福音書21章には、ガリラヤ湖で漁師である7人の弟子たちにイエスが現れたことが記されています。ペテロは、イエスの磔刑から始まる数週間にわたる出来事をまだ整理しようとしていました。彼はまだ「これからどうする」モードにありました。

ある晩、ペテロは両手を上げて言いました。「漁に行きます。誰か一緒に行きませんか？」　ペテロの申し出を受けたのは6人。その中には、トマス、ナタナエル、ヤコブ、ヨハネの4人の使徒と、イエスの弟子である他の2人が含まれていました。童謡にあるように、「彼らは夜通し漁をしたが、魚は取れなかった」のです。

夜明けに、イエスは岸辺に現れましたが、遠すぎて誰だか分かりませんでした。イエスは両手をカップ状にして、水面越しに叫びました。「子どもたちよ、何か魚はとれたか？」

彼らは「いや」と叫び返した。

イエスは叫ばれました。「舟の右舷に網を投げなさい。そうすれば、魚がとれるだろう。」

彼らは右側に網を投げましたが、魚の数が多すぎて、網を引き上げることができなかったのです。

すぐに、ヨハネはペテロに「主だ」と*ささやきました。*

2年前にも同じようなことがありました（ルカによる福音書 5:4-11参照）。下着姿で作業していたペテロは、何も言わずに急いで上着を羽織り、水に飛び込み、岸まで*100ヤード泳ぎました*。他の弟子たちは、魚の入った網を引きずりながら、舟でやって来ました。

彼らが到着すると、ペテロは網を岸まで引き上げるのを手伝いました。彼らは150匹の大きな魚を数えました。イエスは彼らに呼びかけました。「朝食はもうすぐできあがります。魚を少し捌いて、みんなにおかわりしましょう。」数分後、イエスは言われました。「魚とパンの準備ができました。捌いた魚を火にくべて、さあ食べましょう。」

朝食後、彼らは皆、互いに話し合った。イエスは、三度イエスを否認したシモン・ペテロに尋ねられた。「ヨハネの子シモンよ、あなたはこれらのもの*（舟、網、魚）以上に私を愛するか*。あなたは、愛する人を自分よりも優先させる神の愛（アガペー）をもって私を愛するか。」

ペテロは謙虚になって答えました。「はい、主よ。私があなたを*愛していることはあなたがご存じです*。私はあなたを兄弟のように愛しています。」

イエスはこう答えました。「それなら、わたしの小羊を飼いなさい。」

イエスは二度目に尋ねました。「ヨハネの子シモン、あなたは愛する人を自分よりも優先させる神の愛をもって私を愛していますか（アガペー）」。

ペテロは再び答えた。「はい、主よ。私があなたを兄弟のように愛していること（『フィレオ』）は、あなたがご存じです。」

イエスはこう答えました。「わたしの羊を飼いなさい。」

それからイエスはペテロに三度目に尋ねました。「ヨハネの子シモン、あなたは少なくとも私を兄弟のように愛している（フィレオ）と確信しているか？」

ペテロは、今度はイエスがこう尋ねたので悲しんだ。「あなたはまだ、神が私を自分よりも優先させて愛してくださったように、私を愛する（アガペー）ことができないのだから、本当に兄弟のように私を愛している（フィレオ）のか？」

ペテロは答えました。「はい、主よ、あなたがすでにご存知のとおり、私はあなたを兄弟のように愛しています（ phileo ）」。

イエスは優しく愛情深い微笑みでペテロに答えました。「あなたは以前よりも謙虚なペテロです。あなたは今、自分自身にも私に対しても正直です。今はあなたのささやかな兄弟愛（フィレオ）を私は受け入れます。それが神の愛（アガペー）へと成長し、あなたは私と他の人を自分よりも優先するようになることを私は知っています。だからペテロ、私の羊を飼いなさい。」

他の弟子たちは静かに座っていた。イエスがペテロだけでなく自分たちにも話しかけていることをはっきりと分かっ

ていたからだ。ペテロは公然とイエスを否認していた。彼らも公然とイエスを否認しなかったものの、恐れからイエスを見捨てていた。*イエスは弟子たちの輪をじっと見つめ、一人一人に少し立ち止まると、それぞれがイエスへの願いを理解した。*

イエスは再びペテロの方を向いてこう言われました。「よく聞きなさい。あなたは若い頃は自分で計画を立て、好きなところへ行きました。しかし年を取ると、あなたは手を伸ばし、他人があなたの行動を決め、行きたくないところへ連れて行ってしまうでしょう。」イエスは、ペテロがどのような死を遂げることによって神に栄光を帰すのかを示しておられました。

ペテロの目をじっと見つめ、「わたしに従い続けなさい」 *(能動態の命令)と言われました。私たちもイエスが私たちの目を見つめているのを目にはしませんが、心はイエスの「わたしに従い続けなさい」という命令を感じ取っています。*

19.「世界史の頂点」の結末

イエスは弟子たちの前で、ヨハネによる福音書には記録されていない他の多くのしるしを行われたが、これらのことが書かれたのは、イエスがキリストであり、神の子であることをあなたたちが信じるため(信じるとは、イエスへの信仰と従順の両方を含む)、また信じて、イエスの名によって永遠の命(神の命)を得るためである」(ヨハネ20:30-31)。

質問

1. 「世界史の頂点」という長い物語を読んでいる間、神の霊はあなたの心と心に語りかけてきましたか。このことについて祈り、ノートを用意して、神があなたに語りかけているように思えることを簡単に書き留めてください。
2. 書き記した内容を誰と共有すべきでしょうか。そのことについて祈り, 神があなたに語りかけておられると思われることを, 配偶者, 親しい友人, あるいは神があなたの心に留めておられる未信者の人と共有しましょう。
3. 自分の考えを他の人と共有すべきでしょうか?そのことについて祈り、神があなたの考えに導いてくださるすべての人と分かち合いましょう。
4. あなたの街や町に、イエス・キリストの信者ではない友人がいますか?彼らの名前は何ですか?ノートに彼らの名前を書き、神の御霊が彼らの心を育んでくださるように祈り始めることを決意してください。また、彼ら一人ひとりに手を差し伸べる方法を示してくださるよう聖霊に祈り求めてください。これはイエス・キリストに従う私たち全員にとって大切なことです。

もう一つの心躍る証しの機会は、主があなたの証しのために用意してくださった人々のもとへ導いてくださるように祈ることです。もしかしたら、それはあなたが知っている人たちかもしれませんし、まだ会ったことのない人たちかもしれません。偶然の出会いもあるかもしれません。あなたは/私は本当に神の導きに従う準備ができているでしょうか?これもまた、イエスに従うことの意味の一部です。

覚えておいてください。証しとは、*イエス様があなたの中で、そしてあなたのために何をしてくださったかを、他の人々(信者も未信者も)*に伝えることです。クリスチャンの友人たちに証しをする練習をしてみましょう。それはクリスチャンの友人たちを祝福し、あなたが未信者に証しする自信を育む助けとなります。*聖霊は、イエス様についてのあなたの証しを通して、未信者たち*に罪、義、そして裁きについて悟らせてくださいます（ヨハネ16:7-11）。これは、それらの未信者が自動的に信者になるという意味ではありません。神は彼らに選択の自由を与えておられます。たとえ彼らがイエス様のもとに来なかったとしても、あなたは失敗したわけではありません。彼らは福音を聞いたのです。彼らは後からイエス様のもとに来るかもしれません。

ストーリー28

昇天とペンテコステ

さて、使徒行伝（使徒言行録）に入ります。これは西暦70年から75年頃に書かれたものです。著者は福音記者ルカです。彼は以前にルカによる福音書を著しており、医師でもありました。ルカは使徒ヨハネと同様に、自分の著作の中で自分の名前を記していません（ヨハネの唯一の例外は黙示録です）。

序文（使徒言行録 1:1-8）

イエスが死から復活してから40日目に、イエスは弟子たちに神の国について語りました。そして、エルサレムを離れることなく、父なる神が約束されたものを待ちなさいと告げました。イエスはこう言われました。「バプテスマのヨハネは水でバプテスマを授けたと言いましたが、あなたたち（複数形）はあと数日で聖霊（神の霊）によってバプテスマを受けるでしょう。」

弟子たちはイエスに尋ね始めました。「主よ、イスラエルの王国を早く復興されますか？」

　　イエスは彼らに言われた。「父が御自身の権威によって定められた時と時代を知るのは、あなたたちの役目ではない。しかし、聖霊があなたたち（複数）に降ると、あなたたちは力を受ける。そして、エルサレム、ユダヤ全土、サマリア、そして地の果てに至るまで、わたしの証人となる。福音が広がっているからだ。」

　　イエスはまた、弟子たちにこう諭しました。「父なる神は、天と地におけるすべての権威をわたしに与えておられます。あなたがたは、生活の中で、すべての国民（文字通り「パンタ・タ・エトネー（コイネーギリシャ語）」、すべての部族、文化、民族）を弟子としなさい。彼らに父と子と聖霊の御名によって洗礼を授け、わたしがあなたがたに命じたすべてのことを守るように（行いに従わせるように）教えなさい。」イエスはまた、「わたしは（聖霊を通して）世の終わりまで、いつもあなたがたと共にいる」（マタイ伝28:18-20）と約束されました。

イエスは天に昇られる（使徒行伝1:9-11）

そう言った後、イエスは空中に舞い上がり始めました。*まるで目に見えず、音も出ないヘリコプターに乗っているかのようでした。人々が見守る中、イエスはどんどん高く舞い上がり、ついに雲を突き抜けて見えなくなりました。*

　　弟子たちは、イエスが消えた空をじっと見つめ続けていた。すると突然、白い衣を着た二人の人（天使）が彼らのそばに立っていた。彼らは弟子たちに尋ねた。「ガリラヤの人たちよ、なぜ口を開けて空を見上げているのですか。あなたがたを離れて天に上げられたこのイエスは、あなたがたが天に上って行かれるのを見ていたのと同じ姿で、また来られるのです。」

二階の部屋(使徒行伝1:12-26)

イエスが昇天された後、弟子たちはエルサレムに戻り、イエスとしばしば集まっていた「屋上の間」へ行きました。その時、ペテロ、ヨハネ、ヤコブ、アンデレ、フィリポ、トマス、バルトロマイ、マタイ、アルファイの子ヤコブ、熱心党のシモン、そしてヤコブの子ユダの11人の使徒が皆、その「屋上の間」に滞在していました。

イエスの昇天後、9日間、11人の弟子とイエスに従った女性たち、イエスの母マリア、そしてイエスの兄弟たち(ヤコブ、ヨセ、ユダ、シモン[マルコ6:3])を含む約120人の信者たちが、階上の部屋に集まりました。彼らは皆、心を一つにして、イエスが約束された将来の出来事のために祈り続けました。

ペテロは、イエスを敵に引き渡した後、自殺したイスカリオテのユダについて、一行に語りました。ペテロは、ダビデ王が預言し、「ユダの職務は別の者に任せよ」(詩篇109:8)と記していたことを指摘しました。彼らは、イエスの洗礼から死、復活、そして昇天まで従ったマティアを選びました。こうして、使徒の数は再び12人になりました。

ペンテコステの日(使徒行伝 2:1-41)

ペンテコステの日が来ると、彼らは皆、それまでの9日間と同じように、一緒に待ち、祈りを捧げていました。しかし、彼らは知らず知らずのうちに、待ち望んでいた時間は終わっていました。突然、激しい突風のような大きな音が天から起こり、彼らが座っていた部屋全体に響き渡りました。そして、火のような舌(炎)が部屋中に広がり、そこにいたすべての人の上にとどまりました。そして、彼らは皆聖霊(神の霊)に満たされ、聖霊が彼らに語らせる力(他の言語を習得することなく話す能力)に従って、他の人々の言語(グロッサ)を話し始めました。

*世界の主要都市には、世界中から人々が集まる傾向があります。*当時、エルサレムには世界中から敬虔なユダヤ人が住み、メシアの到来を待ち望んでいました。他の国から来たユダヤ人は、それぞれの土地の言語を話していました。また、多くのユダヤ人がペンテコステ（一日限りの祭り／初穂祭）を祝うためにエルサレムを訪れました。ペンテコステは、過越祭（無酵母パンの祭り、七日間）の50日後に祝われました。

二階の部屋にいる信者たちが聞いた大きな音は、町中に響き渡りました。町中から多くの人々が外へ駆け出し、音のした場所へと向かいました。二階の部屋の近くには、たちまち大勢の群衆が集まりました。聖霊は信者たちを導き、外へ出て群衆の中に入り、復活した主イエスの証しをしました。

群衆は驚き、当惑しました。彼らは自分たちの母国語で福音が宣べ伝えられるのを聞いていたのです。「ガリラヤの素朴な人々が、どうして私たちの母国語（方言）を皆話せるのでしょうか。パルティア人、メディア人、エラム人、メソポタミア、ユダヤ、カパドキア、ポントス、アジア、フリギア、パンフィリア、エジプト、キレネ周辺のリビア地方の住民、ローマから来た人々、ユダヤ人も改宗者も、クレタ人もアラブ人も、皆、神の偉大な業について語るのを聞いているのです。」

彼らの当惑は困惑へと変わり、「これはどういう意味ですか？」と尋ねました。しかし、懐疑的な人々の中には、「彼らは甘いぶどう酒に酔っている」と信者たちを嘲笑する者もいました。ペテロは大勢の群衆に語りかけることができました。聖霊がすべての人に彼の声を聞かせたからです（拡声器は使っていませんでした）。そして、それぞれの母国語でこう言いました。「ユダヤの人々、そしてエルサレムに住むすべての人々、そしてペンテコステのためにここに来ている人々も含めて、私の言葉を聞いてください。」

「まだ午前9時なので、一部の人が考えているように、これらの男たちは酔っているのではない。預言者ヨエルはこう預言した。神（エロヒム）はこう言われる。『終わりの日に、わたしはすべての人にわたしの霊を注ぐ。すると、あなたたちの息子、娘は預言し、あなたたちの若者は幻を見、あなたたちの老人は夢を見る。また、わたしの奴隷である男にも女にも、わたしはわたしの霊を注ぐ。彼らは主の日が来る前に預言する。…主（ヤハウェ）の名を呼ぶ者は皆救われる。』」（ヨエル書2:28-32）

イスラエルの皆さん、神がナザレ人イエスを通して奇跡としるしを行われたことはご存じのとおりです。皆さんの多くはそれを直接知っていますが、イエスの言行録を聞いた人もいます。また、皆さんの宗教指導者たちは、異教徒のローマ人によってイエスを十字架に釘付けにしました。実際、それは神の定められた計画と予知によるものでした。

「私たちユダヤ人は、神の言葉を無視し、自分たちの虚しい欲望のために神の言葉を歪曲してきました。例えば、私たちは待ち望まれていたメシアを、私たちの命令に従い、ローマ人をイスラエルから追い出し、イスラエル王国を栄光の時代に戻すダビデのような軍事王に仕立て上げようとしてきました。」

ダビデ王もまた預言者であり、神が（ソロモンとその子孫以外の）ダビデの子孫の一人を神の王座に就けると誓われたことを知っていました。ダビデはまた、キリストの復活を予見し、「神はメシアを死者の所に捨て置かず、メシアの肉体は朽ち果てることもない」と語りました（詩篇16:8-11）。

神はイエスを死からよみがえらせました。だからこそ、私たちはあなたたちにイエスのことを証ししているのです。ですから、イエスは今や神の右に上げられたので、約束どおり神の霊を遣わされました。今日、あなたたちが見聞きしたことは、その結果です。ダビデは天に昇ったわけではありませんが、ダビデはこう書いています。『主（ヤハウェ）は私の主（王）に仰せられた。「わたしの敵をあなたの足台とするまでは、わたしの右に座していなさい。」』（詩篇 110:1）

「それゆえ」とペテロは言いました。「イスラエルの全家は、あなたがたが十字架につけたこのイエスを、神が主またメシアとして立てたことを、よく知っていなさい。」聖霊はイエスが言われたとおり、彼らの罪を悟らせました（ヨハネ16:8）。人々は心を刺され、「イエスが主であるのなら、私たちは何をすべきでしょうか？」と尋ね始めました。

ペテロは彼らに言いました。「不信仰の罪を悔い改め、イエスの名によって洗礼を受けることによって、イエスへの信仰を示しなさい。悔い改めてイエスを主として受け入れ、神に従うなら、神はあなたの罪を赦し、聖霊をあなたの心に注ぎ、それによってあなたを霊的に新しくしてくださいます。これが、あなた方とあなたの子供たち、そして信仰と従順をもって神を呼び求めるすべての人に対する神の約束です。」

イエスの約束通り、聖霊は人々を神の真理へと導きました（ヨハネ16:13）。そして、その日、約3,000人の人々がイエスを救い主として受け入れ、洗礼を受けました。*ペンテコステのこの日に、教会（神の家族）が誕生したのです。*

ミニエピローグ

主に従い、あらゆる国や民族を弟子としたいと願うなら、私たち全員、特に英語を話すアングロサクソン系アメリカ人は、すべての人が同じではないことを理解することが重要です。人々は様々な言語、文化、思考様式などを持っています。これらの要素は、国内であろうと他の国であろうと、福音を伝える上で不可欠です。そうでなければ、福音は私たちが伝道しようとする人々にとって異質なものと捉えられてしまうでしょう。私たちの中には、上記のことを理解しやすくするために、パンケーキとワッフルという簡単な例え話を使う人もいます。

多くの人が、伝道と弟子訓練は難しくない、パンケーキにバターとシロップを塗るようなものだと言います。ラジオ、テレビ、インターネット、印刷物、戸別訪問など、福音を広めるだけでいいのです。福音を広めさえすれば、人々は信じ、弟子として成長します。それはある程度真実であり、それは行われてきました。そして、それは何百万もの人々と無数の教会の建物によって証明されています。

問題は、他の文化圏の人々を含め、まだ信じていない人々についてはどうなのかということです。私たちはパンケーキにバターを塗り、シロップをかけ、ワッフルを焼くよりも早く食べることができます。しかし、ワッフルはパンケーキとは全く異なります。ワッフルは小さな四角形がたくさんあり、深く窪んでいるため、バターとシロップを塗るのが難しくなります。私たちと同じ文化圏の人々はパンケーキのような形をしており、伝道しやすいのですが、アメリカは世界の他の国々と同様に、様々な言語、文化、信条、世界観などを持っています。そのため、私たちの状況はパンケーキよりもワッフルのような形をしており、伝道し、新しい教会を設立するのがより困難になっています。

言語、文化、思考パターン、世界観、人間関係などは、パンケーキ好きの人にとっても重要ですが、必ずしも必須ではありません。しかし、ワッフル好きの人にとっては、これらの要素は不可欠です。パンケーキには門番がほとんどいません。バターを塗り、真ん中にシロップを注ぐだけで、パンケーキ全体に均等に広がります。

しかし、ワッフルの小さな四角一つ一つは、隣の四角からバターとシロップを遠ざける門番のような存在です。ワッフルの四角一つ一つにシロップをかけたいなら、意図的に一つ一つにシロップを入れなければなりません。もちろん、このパンケーキとワッフルの例えは、すべての人にシロップを届けるという問題を過度に単純化していますが、覚えておくべき貴重な概念です。

世界には多くの人々（複数）が存在します。しかし、世界とほとんどの国々には、様々な民族集団が存在し、つまり複数の複数が存在します。福音を分かち合い、受け入れることに関しては、世界のほとんどの人々（今日のアメリカ合衆国の多くの人々も含む）はパンケーキよりもワッフルに近いと言えるでしょう。しかし、このワッフル効果は伝道活動への挑戦であるだけでなく、教育、経済、人種関係、そして一般的な平等にも影響を与えています。キリストの信者は、これらすべての問題について懸念を抱いています。

ストーリー29

迫害と急速な成長（使徒行伝3:1-28:31）

ペンテコステの後、信者たちは使徒たちの教え、互いの交わり、聖餐、そして祈りに絶えず身を捧げました。彼らは神への畏敬の念と愛をもって生き、また、人類のために神が払われた犠牲に感謝していました。福音が世界中に広まり始めた頃、神は使徒たちに多くのしるしと奇跡を行う力を与えました。

　　初期の信者たちはしばしば集まり、互いに持ち物を分かち合いました。困っている信者たちと分かち合うために、自分の持ち物を売ることさえありました。そして、神の恵みを絶えず賛美していました。初期の信者たちが全身全霊で神を愛していたことは明らかです（申命記6章4-6節）。彼らはまた、自分自身を愛し、尊重したように、互いを愛し、尊重し合っていました（レビ記19章18節）。

　　彼らは神の愛（アガペー）をもって互いに愛し合い、愛する人を自分よりも優先しました。*賛美歌にあるように、「私た*

ちの愛(アガペー)によって、彼らは私たちがクリスチャンであることを知るでしょう」。つまり、神の愛です。信仰のない隣人にとっても、信仰を持つ隣人が人生を変え、互いに愛し合っていることは明らかでした。

信者同士の愛が偽りではなく真実であることを理解するにつれ、未信者たちはイエスに従う者たちのようになりたいと思うようになりました。信者たちが隣人から好意を得るにつれ、神の霊はますます多くの未信者をイエスに従うように導きました。

> このように、主は人々が救われるにつれて、日々人々を教会(神の民)に加えておられました。
> (使徒行伝 2:47)

注記

1950年代半ば、筆者が高校を卒業した頃、国民の大多数は神を信じていると主張していました。だからといって、彼ら全員がイエス・キリストの真の信者だったわけではありません。全く逆です。それでも、教会は社会にとってプラスの要素とみなされていました。教会に通うことは「ビジネスに良い」とさえ考えられていましたが、教会とキリスト教に対する肯定的な見方は薄れ始めました。今日では、多くの人がキリスト教徒と教会を社会全体からマイナス、あるいは危険な要素とさえ考えています。なぜこのような状況になったのでしょうか?その背景には、2つの可能性が考えられます。

まず、信者を自称する私たち自身も、問題の一因となっている可能性があります。*私たちの多くは、神よりも宗教を信じています(古代ヘブライ人のように)。多くのいわゆるクリスチャンにとって、教会に定期的に通い、ある程度の頻度で寄付をすること、そして一般的に善良な人間であることは、信仰の*

*最も重要な要素となっているようです。*神との生き生きとした従順な関係を持たなくても、また、自分自身を愛するように他者を愛さなくても、私たちは信仰を持つことができます。*不信者は、そのような見せかけを見抜いています。*

第二に、神を信じる人はますます少なくなっています。あるいは、たとえ神を信じるとしても、神に支配されることを望まないのです。*これもまた、私たちの責任の一つかもしれません。しかし、無神論は拡大し、その勢力はますます強まっています。彼らは、特に学生たちに対して、聖書の信憑性を失わせようと躍起になっています。*

西暦1世紀のエルサレムへ戻る

当時、イエスの弟子たちは自らを忠実なユダヤ人とみなし、イエスをキリスト、約束の救世主と認めていました。彼らはユダヤ教の神殿や会堂で礼拝を続けましたが、家庭でも共に礼拝を捧げました。当時はまだ「クリスチャン」という言葉は存在せず、教会堂もありませんでした。教会の原語(エクレシア)は「召された民」を意味し、建物や宗教団体を指すものではありません。「召された民」とは、イエスを主として従うことを選んだ人々のことです。彼らは神に召され、自己中心的だったこれまでの生き方を捨て、自己をないがしろにすることなく、神と他者のために生きるという新しい生き方を受け入れました。

*多くの人が教会といえば宗教的な建物や宗教団体を指すと考えていますが、今日でも同じことが言えます。*真のキリスト教は宗教ではなく、真の生ける全能の神との個人的な関係です。それは、私たちに対する神の愛と恵み、そして私たちが神と神の私たちに対する目的に愛と従順を示すことから始まります。神の計画は、悔い改めた罪人が信者となり、復活したイエスの生きた姿に生まれ変わることです。*真の信仰と*

*は、神への従順と、神とその民（私たちはまだ誰も完璧ではありません）との関係を深めることです。*この時点で、私たちは神が私たちに対して抱いている永遠の目的を知り、理解し始めているのです。

、神の計画には信者に対する神の完全な献身が含まれていることを*理解していないようです。第一に、私たちが神と神の永遠の計画に反抗しているにもかかわらず私たちを愛することによって。第二に、私たちの罪の償いとして神の子を与え、神との愛ある関係を回復することによって。第三に、神の聖霊をすべての信者の心に送って（他のことの中でも）、聖化の働きを完了することによって（信者が天国で神と永遠に暮らせるように霊的に備えること）。第四に、神と共に有意義で活動的な永遠を過ごすように計画し準備することによって。そして第五に、さらに次のことがあります。*

> 目がまだ見ず、耳がまだ聞かず、人の心に思い浮かんだことのないことが、すべて神を愛する者のために神が備えておられると書いてある。
> （コリント人への第一の手紙 2:9 NASB; イザヤ書 64:4、65:17より）

ペテロとヨハネが神殿を訪問する（使徒行伝3:1-10）

*ユダヤ人の間では、夕方と新しい日は今日の午後6時に始まりました。「九時」とは、今日の午後3時、つまり午前6時に9時間を加えた時間を意味します。*ある日、ペテロとヨハネは九時（今日の午後3時）の祈りの時間のために神殿へ行きました。その少し前に、生まれつき足の不自由な男が友人たちに神殿へ運ばれてきました。彼は毎日午後、「美しい門」と呼ばれる門で物乞いをしていました。

足の不自由な男は、ペテロとヨハネが神殿に入ろうとしているのを見て、施し（貧しい人々へのお金）を乞い始めました。*足の不自由な人には仕事がなく、物乞いは彼らにとって生きていくための手段でした。多くの人は物乞いの目をまともに見ようとしません。*しかし、ペテロとヨハネは彼の目を見つめ、「私たちを見てください！」と言いました。陰気な男は、*彼らに*お金を期待して*微笑み始めました。*

ペテロは物乞いに言いました。「お金は持っていませんが、もっと良いものがあります。イエスの御名によって、立ち上がって歩きなさい！」ペテロは彼の右手を取り、立ち上がるのを手伝いました。すると、彼の足と足首はたちまち強くなりました。彼は跳び上がるとまっすぐに立ち上がり、歩き始めました。ペテロとヨハネと共に神殿に入り、喜びに踊りながら神を賛美しました。信者たちは彼が神を賛美するのを聞きました。彼がいつも美の門で物乞いをしているあの物乞いだと分かると、彼らは彼が歩けるようになったことに驚きました。

ペテロとヨハネは説教を始めました。

> あなた方[複数]は*悔い改めなければならないあなたの罪を赦すために。*神はイエスを死からよみがえらせ、あなたを祝福するために遣わされました。それは、あなたを悪の道から引き戻し、キリスト・イエスを通して新しい命を与えるためです。
>
> （使徒行伝 3:11-26、著者による改稿）

ペテロとヨハネの逮捕（使徒行伝4:1-4）

彼らが民衆に説教していると、祭司たちが神殿守衛長とサドカイ派の者たちを伴って彼らのところにやって来ました。彼らはペテロとヨハネがイエスについて、しかもイエスが死から復活したと人々に教えていることに憤慨していました。サドカイ派は復活を信じていませんでした*（パリサイ派は信じていましたが、パリサイ派の者は誰もいませんでした）。*そこで彼らはペテロとヨハネ、そして癒された物乞いを捕らえ、翌日まで牢に入れました。すでに夕方（午後6時過ぎ）だったからです。

ペンテコステの日に、3000人がキリストに導かれ、日ごとに信じる人が増えていきました。ペテロとヨハネが神殿で説教した後、さらに多くの人が信仰に目覚めました。こうして、新たに信者となった男性は約5000人になりました。当時は女性は数えられていませんでしたが、*多くの女性も信者になったと推定されています。当時、イエスの信者はほぼ全員がヘブライ人（ユダヤ人）でした。*

ペテロの第三の説教（使徒行伝4:5-12）

翌日、大祭司カヤパを含むユダヤの宗教指導者たちが集まりました。彼らはペテロとヨハネ、そして物乞いを牢獄から連れ出し、尋問を始めました。「この足の不自由な物乞いを癒すために、どんな力を使ったのですか？」

ペテロは聖霊に満たされて答えました。「私たちユダヤ人の指導者、長老の皆さん、ヨハネと私は、このかつて足の不自由な人を癒した罪で裁判にかけられているようです。あなた方はその癒しの証人ではないので、どのようにして彼が癒されたのか知りたいようですね。私は、この人がナザレ人イエス・キリストの御名と権威によって健康になったことを喜んでお伝えします。

あなたたちはイエスを十字架につけて追い払おうとしましたが、失敗しました。なぜなら神はイエスを死から蘇らせたからです。イエスは詩篇118篇22節に出てくる石です。

あなたが拒絶した石は、礎石となる。イエスは救い主であり、あなたを救う唯一の道です。

脅されて解放される（使徒行伝4:13-22）

ユダヤ人の指導者たちは、ペテロとヨハネの自信と勇気を見て驚嘆しました。二人はイエスと共にいた無学な漁師でした。癒された男が彼らと共に立っていたため、取り乱した指導者たちは二人を脅し、二度とイエスについて語ったり教えたりしないように命じることしかできませんでした。ペテロとヨハネは立ち上がり、彼らに言いました。「私たちは単純な人間ですから、判断はあなた方にお任せします。神は私たちが神に従うのではなく、あなた方に従うことを期待されているのですか？*しかし、私たちに何が起ころうとも、イエスから見聞きしたことを分かち合うことをやめられません。*」

ペテロとヨハネの友人たちへの報告（使徒行伝4:23-31）

解放された後、彼らは仲間のもとへ行き、ユダヤ人の指導者たちとの経験を報告しました。仲間たちは神の働きを聞いて*勇気づけられ、声を上げて賛美しました。*「主よ、*あなたは*万物を創造されました。宗教指導者たちがあなたの民に対して行った脅迫もすべてご存じです。どうか、私たちが確信と勇気をもってあなたの御言葉を語れるようにしてください。主イエスの御名によって、癒しとしるしと不思議を続けてください。」彼らが祈った後、彼らが集まった家は揺れ動き、一同は聖霊に満たされ、大胆に福音を語り始めました（使徒行伝 4:1-31、著者による改稿）。

当時、エルサレムには奇妙な同盟関係がありました。イスラエル人とローマ人、パリサイ人とサドカイ人、ポンテオ・ピラトとヘロデといった、互いに憎み合う者たちが結束

し、イエスに敵対したのです。それは彼らの邪悪な選択でしたが、神は神であり、彼らの邪悪な行為を用いて、多くの人々を救うという御計画と目的を成し遂げられました。

信者たちは持っていたものを分かち合いました（使徒行伝4:32-37）

イエスを信じ従った人々は、心と魂において一つに結ばれていました。誰も自分の所有物を自分だけのものだと主張する利己的な人はいませんでした。むしろ、所有物は共有財産とみなされていました。ペンテコステの後、新しい信者たちは多くの時間を共に過ごし、互いに分かち合いました。彼らの交わりと分かち合いはますます深まりました。彼らの中には多くの財産所有者が家や土地を売却し、その売却益を使徒たちに託して、困っている人々に分配しました。彼らの中には多くの貧しい人々がいましたが、彼らの必要は満たされ、彼らの間には階級意識は全く見られなかったようです（使徒行伝4:32-35、筆者による改稿）。

そのような生活様式は神から命じられたものではなく、彼らの間の愛と交わりから生まれた自発的な結果でした。それはまた、多くの人々の大きな必要を満たしました。今日、キリスト教徒も非キリスト教徒も共に多くの慈善活動を行っていますが、1世紀の信者たちほどの規模で行われていることは稀です。現代の私たちは所有意識が強く、そのため慈善活動は溢れ出るものから行う傾向があり、所有物や所持品のすべてを捧げることは、ほとんど、あるいは全くありません。

財産を売却し、その収益を使徒たちに分配するために渡した信者の一人に、レビ人（ユダヤ教の祭司部族）のヨセフがいました。彼はキプロス島（ギリシャ領）で生まれました。使徒たちはヨセフに「バルナバ（励ましの子）」というあだ名をつけました（使徒行伝4:36-37）。

アナニアとサッピラ(使徒行伝5:1-16)

キリスト教徒の夫婦もまた、ある土地を売却しました。彼らは売却益の一部を自分のものにし、残りの収益を貧しい信者たちに分配するために使徒たちに渡しました。彼らは売却益のすべてを使徒たちに渡したと主張しました。使徒ペテロは神からの洞察を得て、アナニアに、なぜサタンが聖霊に対する偽りで彼の心を満たすのを許したのかと尋ねました。それはアナニアの所有物であり、彼が好きなように使うことができました。彼がそれを売却した後、お金は彼のものとなり、彼が好きなように使うことができました。問題は、なぜ彼は自分の寛大さについて人々を欺こうとしたのか、でした。ペテロはアナニアに、人々にではなく神に嘘をついたのだと言いました。アナニアはすぐに亡くなり、このことを聞いたすべての人に大きな恐怖が広がりました。

若者たちはアナニアの遺体を布で包み、埋葬しました。サッピラは夫に何が起こったのか知らずにペテロのもとへ行きました。

彼は彼女に尋ねました。「あなたはその土地をこれこれの値段で売ったのですか?」

彼女は「はい、その値段でした」と答えました。

ペテロは彼女に尋ねました。「なぜあなたとアナニアは聖霊を試すことに同意したのですか。あなたの夫を埋葬した若者たちが、今度はあなたにも同じことをするでしょう。」

サッピラもすぐに亡くなり、若者たちは彼女を運び出し、夫の隣に埋葬しました。アナニアとサッピラの癌のような罪がエルサレム教会から取り除かれると、神の力が再び現れました。多くの男女がイエスを信じ、信者に加わり始めました。

神は今日、教会においてこのような厳しい懲罰の例を用いられることは稀のようです。しかし、私たち信者は警戒を

怠ってはなりません。神の教会における罪と世俗性、特に霊的な偽善は決して見過ごされることはありません。*いずれにせよ、罰は下されるのです。*

会衆内における敬虔な規律の欠如は、今日多くの教会が弱体化している理由の一つかもしれません。また、教会が未信者から真剣に受け止められない理由も説明できるかもしれません。しかし、注意が必要です。会衆内における、そして会衆による規律の目的は、霊的な回復であり、罰を与えるためではありません。規律は、*更新を求める愛に満ちた方法でのみ用いられるべきです*(マタイ18:15-18参照)。

今日、神はしばしば私たちと諸国を、私たち自身の堕落、情熱、そして堕落に引き渡すことで罰を与えます。そしてそれは、私たち自身の罪に対する罰となります。*神の敵であるサタンは、イエスを罪に誘惑しようとして失敗し*、今もなお私*たちを神から引き離そうとしています。神の霊は私たちに抵抗する力を与えてくれますが、サタンの誘惑に陥らないよう、私たちは霊の導きに従うことを決意しなければなりません。*

使徒たちの投獄と解放(使徒行伝5:17-42)

大祭司とサドカイ派の仲間たちは使徒たちをねたみ、彼らを牢獄に入れました。しかし、夜の間に神は天使を遣わして牢獄の門を開き、使徒たちを神殿へ遣わしてイエスの証人となりました。翌朝、大祭司は議会(サンヘドリン)を召集し、使徒たちを彼らの前に連れ出すよう命じました。

しかし、牢獄の中で使徒たちを見つけることができませんでした。ついに誰かが大祭司のもとへ来て、あの男たちが神殿でイエスの教えを説いていると報告しました。役人たちが遣わされ、使徒たちを連れ戻すために遣わされましたが、暴力は用いませんでした。使徒たちが到着すると、大祭司は言いました。「私たちはあなたたちに、イエスの教えを説くことを禁じたのに、あなたたちはエルサレムにイエスの教えを広めている。」

ペテロと他の人々は、人に従うよりも神に従うべきだと説明しました。また、大祭司に、イエスを十字架刑に処したことを思い起こさせました。しかし、アブラハムの神はイエスを死から蘇らせました。神はまた、イスラエルに悔い改めと罪の赦しを与えるために、イエスを御自身の右に上げられました。「私たちはこれらのことの証人であり、また、神に従うすべての人に神から与えられた聖霊も証人です。」

宗教指導者たちはペテロの言葉に心を痛め、使徒たちを全員殺そうとしました。しかし、パリサイ人でモーセの律法の尊敬される教師ガマリエルは、使徒たちを一時的に部屋から出させるよう求めました。使徒たちが連れ出されると、ガマリエルは議会に警告しました。彼は、メシアだと偽って主張した者たちが死んだ後、信奉者たちが散り散りになったことを指摘しました。ですから、イエスに従う者たちを放っておいてあげてください。イエスは十字架につけられました。もしイエスがペテン師なら、彼の運動は他の偽メシアの信奉者たちのように打ち倒されるでしょう。しかし、*「もしイエスの運動が神からのものであれば、あなたたちはそれを止めることはできないでしょう。それどころか、神と戦うことになるかもしれません」と警告しました。*

評議会はガマリエルの助言に従いました。使徒たちは再び部屋に戻され、一人一人が鞭で激しく打たれました。彼らは再びイエスの教えをやめるよう命じられ、その後解放されました。使徒たちは*怯むことなく、イエスのために苦しむにふさわしい者と認められたことを喜びました。*彼らは神殿や家庭で毎日イエスの教えを説き続けました。*信者の数は日ごとに増えていきました(使徒行伝 5:17-42、著者による改稿)。*

信者たちの間の問題（使徒行伝6:1-7）

信者たちの間で深刻な問題が発生しました。ヘレニズム時代のギリシャ語を話すユダヤ人たちは、貧しい未亡人たちが日々の食糧配給から見過ごされていると訴えました。使徒たちは、この問題の解決策を見つけるため、信者たちによる大規模な集会を招集しました。そして、すべての貧しい未亡人を平等に扱うことが決定されました。

使徒たちは同意しましたが、同時に助けが必要だとも言いました。「もし使徒たちが食料を配給したら、神の言葉を教え、宣べ伝える時間がなくなります。信者の会衆であるあなた方に、聖霊に満たされた評判の良い七人の男性を選んで、この任務を担わせてください。」使徒たちの提案は会衆に受け入れられ、ステファノ、フィリポ、プロコロ、ニカノル、ティモン、パルメナス、そしてアンティオキア出身の改宗者ニコラスが選ばれました（彼らは皆、ギリシャ風の名前を持ち、知恵と聖霊に満ちていました）。

使徒たちは祈り、7人の弟子たちに手を置いて、ヘレニズム時代のユダヤ人の未亡人たちへの奉仕を委任しました。会衆の前で手を置くことは、新しい霊的指導者の就任式の一部です（民数記　27:18-20）。*多くの人は7人を最初の執事と呼んでいます。彼らは管理者ではなく、執事（ディアコノス＝仕える、奉仕する）という言葉の真の意味において、機能する執事でした。*

ヘレニズム時代の未亡人への食事提供における単なる公平さを超えた亀裂があったと考える人もいます。異なる文化や言語集団間の、小規模ながらも拡大し続ける衝突だったのかもしれません。もしそうであれば、未亡人のための和解は、亀裂全体を橋渡しすることができたようです。

今日、異なる文化や言語などを持つ信者の間で分裂が生じることがあります。使徒たちとエルサレムの会衆の行動

は、問題の規模に関わらず、公正かつ迅速な問題解決への努力が教会全体にとって有益であることを示しています。私たちは問題を拡大するのではなく、問題を解決する者でなければなりません。

問題が解決した後、神の言葉は以前よりも急速に広まり、教会にはさらに多くの新しい信者が加わりました。また、多くの一般のユダヤ教司祭(上流階級の反イエス派司祭ではない)も信仰に服従するようになりました。

カングー裁判、違法な裁判(使徒行伝6:8-7:60)

神は七人の弟子の一人、ステファノを用いて、民衆の間で多くの奇跡としるしを行われました。彼はまた、聡明な知性と力強い弁論術の持ち主でした。ヘレニズム系ユダヤ人の中にはステファノに反論する者もいましたが、彼の知恵に抗うことができませんでした。彼らはステファノが神を冒涜する(不敬な)言葉を口にしたと言い、ステファノについて嘘をつく者もいました。彼らは民衆、反イエス派の長老たち、律法学者たちを扇動し、ステファノを議会に引きずり出しました。

偽証者の中には、ステファノが神殿に反対する発言を繰り返していたと主張する者もいました。また、イエスが神殿を破壊し、ユダヤの慣習を変えるだろうとステファノが言ったと主張する者もいました。議会の議員たちは、ステファノが勇気と自信、そして冷静さを保っていたことに驚きました。彼は神の霊に支配され、魅力的な存在でした。

ステファノの弁明(使徒行伝7:1-53)

大祭司は尋ねました。「これらの証人たちがあなたに対して訴えていることは真実ですか?」

　　ステファノは弁明としてこう答えました。「栄光の神は、父アブラハムがまだメソポタミアにいたころに現れました。」ステファノはアブラハムからダビデに至るまでのイスラエルの霊的歴史を語り続けました。そして、イスラエルの人生における神の介入、すなわち救済へと導く介入について語りました。

　　ステファノはまた、聖書を通して、多くのユダヤの霊的指導者が信仰の形ばかり見せかけて神に従うことを拒否したことを明かしました。彼らは肉体的には割礼を受けていましたが、心と耳（聴覚）は割礼を受けていなかったのです。彼らは預言者たちを迫害し、義なる者（メシア）の到来について語った者たちを殺しました。「それからイスラエルの義なる者（イエス）が来たのに、あなたたちは彼を殺した。あなたたちの先祖たちが彼より前の預言者たちを殺したのと同じだ。」

　　宗教指導者たちはステファノの言葉に*心を痛め、激怒しました。聖霊はステファノに新たな試練を与えました。イエスの裁判が不公平だったように、ステファノの裁判も不公平だったのです。*ステファノは天を仰ぎ、神の栄光と、イエスが神の右に立ち、彼を迎え入れる準備をしているのを見ました。ステファノは天を指差して言いました。「天が開けて、人の子が神の右に立っておられるのが見えます。」

ステファノは石打ちで処刑される（使徒行伝7:54-60）

ステファノの話を聞くと、人々は*火山のように噴火しました。*彼らは（ステファノがイエスについて証言したことを否定し）耳を塞ぎ、ステファノを町から追い出し、石打ちで殺そうとしました。人々はステファノに向かって大きな石を投げつけ始めました。ステファノに不利な証言をしていた者たちも処刑に加わる必要があったため、彼らは上着を脱ぎ、石打ちのリングサイド席に座っていたサウロ（サウロス＝望ましい）という名の若いパリサイ人の足元に置きました。

サウロは実際に石を投げたわけではありませんでしたが、ステファノを死刑にすることに全面的に賛成していました。石を投げつけられたステファノは、「主イエスよ、私の霊をお受けください！」と叫びました。*体、頭、顔に重傷が次々と刻まれ、ステファノは衰弱し始めました。*ステファノはよろめきながらひざまずき、「主よ、この罪を彼らに負わせないでください」と再び叫びました。そう言うと、彼は地面に倒れ、息を引き取りました。ステファノはキリストのために殉教した最初の人物です。*キリストのために殉教する人が、信仰の初期よりも今日の方がはるかに多いという事実を知れば、多くの人が驚くことでしょう。*

エルサレムにおける信者の迫害（使徒行伝8:1-3）

ステファノが石打ちの刑に処された日、エルサレムの信者の集会（エクレシア）に対する激しい迫害が始まりました。*ペンテコステの日にイエスの弟子となったギリシャ語を話すヘレニズム系ユダヤ人たちは*命からがら逃げ出し、ユダヤとサマリア全土に散らばりました。しかし、使徒たちはエルサレムの信者の集会と共にエルサレムに留まりました。

*サウロはステファノ殺害によって過激化しました。*彼はステファノを石打ちにした者たちの外套を握っていました。そして、信者たちを男女問わず家から引きずり出し、牢獄に連行し始めました。*サウロの変化には二つの理由が考えられます。*第一に、*ステファノの血が流されるのを見て、まるで血に飢えたかのようだったこと。*第二に、*ステファノを通して見聞きしたことに心を痛めていたこと。*

サウロは、十字架上でイエスが、自分を十字架につけた者たちを赦してくださいと神に祈ったという話を聞いてい

ました。サウロはその話を信じませんでしたが、ステファノが殺害されるのを目の当たりにし、ステファノが自分を殺した者たちを赦してくださいと神に祈るのを聞いて、サウロは脅威を感じました。迫害者のために祈ることができる人がいるでしょうか。サウロは、イエスとステファノには自分にないものがあることに気づき始めました。彼らは平穏な生活を送っており、自分たちのことよりも迫害者たちのことを気にかけていました。サウロには自分にない真理があるのでしょうか。サウロはそれが気になり、ますます熱狂的になり、今や自分の信仰を脅かしていた、憎むべきイエスの弟子たちを根絶しようとしました。

サマリアのフィリポ(使徒行伝8:4-24)

散らされた信者たちは、神の言葉を宣べ伝えて回った。ステファノは力強い説教者であり、弁護者であり、信者たちの集会を擁護する者であった。フィリポは伝道者であった。彼はサマリアに逃れ、憎まれていたサマリア人たちにキリスト、メシアを宣べ伝え始めた。彼は群衆を集め、神はフィリポの説教の力を認め、奇跡を起こさせた。多くの人々から汚れた霊が追い出され、麻痺や足の不自由な人々が癒された。町々は喜びに満ち、多くの男女が信じて洗礼を受けた。

エルサレムの使徒たちは、ピリポがサマリアで成功を収めたと聞くと、状況を見極めるためにペテロとヨハネを派遣しました。二人はサマリアに行き、新しい信者たちが聖霊を受けられるように祈りました。なぜなら、神の霊がサマリアの信者たちにまだ降っていなかったからです。使徒たちが彼らに手を置き始めると、彼らは神の霊に満たされ、状況は一変しました。それはサマリア人のペンテコステのようでした。ピリポと仲間たちは、サマリアの町々でイエスの証しと福音の宣教を続けました。その後、エルサレムに戻る途中、彼らは道中の村々で福音を宣べ伝えました。

エチオピア人がイエスを受け入れる（使徒行伝8:25-40）

主の天使がフィリポに語りかけ、「エルサレムとガザの間の砂漠の道、南へ行きなさい」と告げました。天使の指示に従うと、フィリポはエチオピア人の宦官に出会いました。彼はエチオピア *（おそらくヌビア、現在の北スーダン）女王の廷臣*でした。彼は女王の財宝を管理しており、礼拝のためにエルサレムへ旅をしていました。ユダヤ人は彼のような異邦人を「神を畏れる者」と呼んでいました。彼は馬車（馬車）で帰路につき、預言者イザヤの書物を読んでいました。*エルサレム滞在中、彼は高価な写本の聖書を購入したようです。それは現在イザヤ書と呼ばれています。*

聖霊はフィリポにこう告げました。「あの戦車に追いついて、エチオピア人に証言しなさい。」

フィリポは走って馬車に追いついた。フィリポは彼がイザヤ書（ヘブライ語）を読んでいるのを聞き、「読んでいる内容が分かりますか」と尋ねた。彼は「誰かが導いてくれなければ、どうして分かるでしょうか」と答えた。

彼はフィリポを馬車に誘った。彼が読んでいた聖書の一節は

> 羊のように、彼は屠殺されるために連れ去られ、辱められ、正義を奪われ、彼の命は地上から取り去られた。
>
> （イザヤ書 53:7-8）

宦官は尋ねました。「教えてください、預言者は誰について語っているのですか？」

フィリポはその聖句から始め、イエスを宣べ伝えた。彼らが歩いて行くと、

道に沿って進むと、彼らはオアシスに着いた。

宦官は言いました。「ご覧ください。ここに水の池があります。私に洗礼を授けてくださいませんか。」

フィリップは言いました。「あなたが心から主の恵みを信じるなら、私はあなたに洗礼を授けましょう。」

宦官は答えました。「私はイエスが神の子であると信じています。」

宦官は御者に馬車を止めるよう命じました。彼とフィリポは水の中に降り、フィリポは彼に洗礼を授けました。二人が水から上がると、主の霊がフィリポを連れ去りました。宦官はもはや彼を見ませんでしたが、喜びに浸り続けました。一方、フィリポは現在のガザの北の海岸沿いにあるアゾト（アシュドド）にいました。そこからフィリポは海岸沿いを北上し、沿岸の町々すべてで福音を宣べ伝え、アゾトから北へ80キロほどのカイサリアにある自宅に着きました。

サウロの改心（使徒行伝9:1-31）

前述のように、ステファノの殺害後に迫害が始まったとき、多くのユダヤ人信者（使徒たちを除く）が命からがら逃げました。中にはエルサレムの北320キロに位置するダマスカス（現在のシリア）まで逃げた者もいました。サウロは大祭司のもとへ行き、ダマスカスへ行き、イエスの弟子たちを捕らえて縛り、エルサレムへ連れ戻すための権限を与えられました。

サウロがダマスコに近づいたとき、天からの明るい光に目がくらみました。そして地面に倒れると、天から「サウロよ、なぜ私を迫害するのか」という声が聞こえました。

サウルは尋ねました。「主よ、あなたはどなたですか？」

その声はこう答えました。「私はあなたが迫害しているイエスです。*私の民を迫害するなら、私を迫害することになります。*立ち上がって町に行きなさい。そうすれば、何をすべきか告げられます。」

サウルと旅をしていた男たちは言葉を失いました。声は聞こえましたが、誰も見えませんでした。サウルは目を開けて地面から起き上がりましたが、何も見えませんでした。男の一人が彼の手を引いてダマスカスまで連れて行きました。サウルはそこで3日間、独りで部屋に閉じこもっていました。それでもまだ目が見えず、3日間何も食べず、何も飲みませんでした。サウルは神の導きを求めて断食しました。

サウロはイエスが自分に話しかけていることに困惑していました。「どうしてそんなことが？ イエスは死んだ。*私はイエスをインチキ医者だと思っていた*のに、ステファノはイエスが死から蘇り、自分の人生を変えたと言っていた。」サウロはステファノが自分を殺そうとしている者たちのために祈るのを見ていました。ステファノは神に彼らを赦してくださいとさえ祈りました。他の人々もサウロに、イエスが十字架の上で同じ祈りを捧げているのを聞いたと伝えました。イエスもまた、自分を殺そうとしている者たちを赦してくださいと神に祈りました。そして今、イエスはサウロにこう語りかけました。「サウロよ、なぜ私を迫害するのか。」

一方、イエスはダマスコの弟子の一人、アナニアにこう語りかけました。「まっすぐな道へ行き、タルソ出身のサウロという人を尋ねなさい。彼はユダの家に滞在しています。サウロは、あなたが来て彼に手を置いて、彼の視力を取り戻させてくださるという幻を見て、祈っているのです。」

アナニアは恐れて言いました。「主よ、私はあの男についてひどいことを聞きました。彼はエルサレムであなたに従う者たちに多くの害を及ぼしました。彼はあなたに従う者たちを皆捕らえて投獄する権限を持ってここに来ました。」

主は答えられました。「私は知っている。私の言うとおりにしなさい。*私は彼を、異邦人だけでなく、王たちやイスラエルの子らにも私のメッセージを伝える者として選んだ。彼は私の名のために大いに苦しまなければならないことを、私は彼に示そう。*

アナニアはすぐに従いました。サウロの滞在場所を見つけ、彼に手を置いて言いました。「兄弟サウロよ、道であなたに現れた主イエスは、あなたが再び目が見えるように、そして御霊に満たされるように、私を遣わされたのです。」サウロは目が見えるようになり、*イエスの弟子として洗礼を受けたいと願いました。*

食事を終えると、サウロは力を取り戻し、ダマスコで弟子たちと共に幾日も過ごしました。その間、サウロは町中の会堂で説教し、イエスが死から蘇り、神の子であることを宣べ伝えました。サウロの話を聞いたヘブライ人、信者も未信者も、彼の説教の力に驚きました。ダマスコの人々は困惑し、互いに尋ねました。「エルサレムでイエスの弟子たちを迫害したあのサウロではないか。イエスの弟子たちを滅ぼすためにここに来たのに、今や彼自身が彼らの一人になっているとは！一体*何が起こったのか？*

サウロは自分の行動を弁明する暇もありませんでした。彼はキリストを宣べ伝え続け、ますます大胆に証言を続けました。イエスを約束されたメシア、キリストであると宣言しました。幾日も経ち、ユダヤ人たちは（「ユダヤ人」とはユダヤ民族全体ではなく、宗教指導者たちを指します）サウロを殺そうと共謀しましたが、サウロは彼らの陰謀を知りました。ユダヤ人の宗教指導者たちは、サウロが逃げようとしたら捕まえようと、昼夜を問わず城門を監視していましたが、サウロの新しい友人たちは夜、城壁から彼を降ろし、彼は逃げることができました（使徒行伝9章25節）。

サウロの3年間の神学教育（ガラテヤ1:17-18）

パウロ自身もこう言っています。「ダマスコから脱出した後、彼はエルサレムに戻らず、神は彼を3年間、遠くアラビアに連れて行きました。」*聖霊はパウロに旧約聖書から約束されたメシアについて直接教え、サウロにもイエスの生涯と教えを教えました。*

*その時までに、パウロはイエスについて、イエスと共に3年間を過ごした使徒たちと同じくらいよく知っていました。*聖霊による砂漠の神学校での教育を受けた後、サウロはエルサレムに戻りました。彼はイエスの神学者として訓練を受けただけでなく、*イエスのために異邦人への宣教師としても訓練を受けていました。*後に彼は、宣教旅行中に設立した教会（ローマ人への手紙、ガラテヤ人への手紙、エペソ人への手紙、コロサイ人への手紙、ピリピ人への手紙、コリント人への第一および第二の手紙、テサロニケ人への第一および第二の手紙）に聖霊に導かれた手紙を書き、それらの教会の問題に対処し、質問に答えました。テモテへの第一および第二の手紙とテトスへの手紙は、パウロの2人の同伴者に宛てて書かれ、彼らを指導し、励ましました。ピレモンへの手紙は、友人への指示を記した個人的な手紙です。

毎年、ルカとヨハネの福音書、そして使徒行伝とローマ人への手紙をこの順番で読むことは、すべての信者にとって、心を満たし、目を見開かせる新約聖書の年間読書課題です。もちろん、定期的に聖書全体を読むことも重要です。

サウロはエルサレムに戻った（使徒行伝9:26）

アラビアで3年間過ごした後、サウロはエルサレムに戻り、イエスに従うユダヤ人たちと親しくなろうとしましたが、彼らはそれが自分たちを捕らえ、逮捕しようとする陰謀ではないかと恐れました。しかし、バルナバ(使徒行伝4章36節でサウロの励まし役として登場します)はサウロを使徒たちのところへ連れて行き、ダマスコへの道でイエスに出会った時の話を語りました。使徒たちはサウロと親しくなり、サウロは福音宣教においてますます力強くなっていきました。彼はギリシャ語を話すヘレニズムのユダヤ人たちと論争し、彼らはサウロを殺害しようと企てました。その陰謀が発覚すると、信者たちはサウロをカイサリアへ連れて行き、故郷のタルソへ送りました。その間、信者たちの会衆は平和を保ち、信者の数も増えていきました。

ペテロの宣教活動の続き(使徒行伝9:32-11:18)

ペテロはイスラエルの様々な地域を頻繁に旅しました。エルサレムの北西約30キロにあるリダで、8年間も麻痺に悩まされていたアイネアス(称賛に値する)という名の男性の家に立ち寄りました。ペテロは言いました。「アイネアスよ、イエス・キリストは癒してくださいます。起き上がって床を整えなさい。」彼はすぐに起き上がりました。リダの人々は彼が歩いているのを見て、多くの人がイエスに身を委ねました。

リダの北西10マイルの海岸沿いにあるヨッパに、タビタ(ドルコス)という名のイエスの弟子がいました。彼女は常に親切で慈善的な行いをしていましたが、病気になり亡くなりました。ペテロが近くの町にいると知ると、人々は二人の男をペテロのもとに遣わし、急いでヨッパへ来るように頼みました。ペテロは男たちと共にヨッパへ行き、死んだ女性に「タビタよ、起きなさい」と呼びかけました。彼女は生き返りました。この出来事はヨッパ中に広まり、多くの人が主を信じました。ペテロはシモンという皮なめし職人と共に、しばらくそこに滞在しました。

コルネリウスの幻(使徒行伝10:1-8)

イタリア大隊のローマ百人隊長コルネリウスは、ヨッパの北35マイル、地中海沿岸のカイサリアに住んでいました。コルネリウスは敬虔な人物で、家族同様神を畏れていました。貧しいユダヤ人に慈善的な贈り物を頻繁に与え、また祈りの人でもありました。

ある日、神の天使がコルネリウスに現れて、コルネリウスは尋ねました。「主よ、何を望んでおられるのですか?」

天使は答えました。「神は、あなたがたの祈りと、神の民に対する慈善行為をご存知です。ヨッパの皮なめし職人シモンの家に人を送ってください。シモンの家にペテロという人が滞在しています。ペテロをあなたの家に招きなさい。」

コルネリウスはすぐに二人の召使いと敬虔な兵士をペテロを探しに派遣しました。

ペテロの幻(使徒行伝10:9-23)

コルネリオの部下たちは翌日ヨッパに到着した。正午、ペテロはシモンの家の屋根の上にいた。空腹でうとうとした時、ペテロは大きな布が降りてくるのを見た。その布の中には、四つ足の動物、這うもの、鳥など、あらゆる生き物がいた。そして、「ペテロよ、起きなさい。いけにえを捧げてから食べなさい」という声が聞こえた。

ペテロは*衝撃を受けました*。「主よ、とんでもない。私は汚れた動物や不浄な動物を食べたことはありません。」

声が二度聞こえた。「神が清めたものを、もはや汚れたものと見てはならない。」これが三度繰り返され、それから布は再び天に上げられた。ペテロは困惑し、この幻の意味を理解しようとした。

その時、門をノックする音がしました。コルネリオがペテロを探しに遣わした男たちがシモンの家に到着したのです。彼らは異邦人でした。ヘブライ人にとって異邦人は汚れた存在とされていました。敬虔なユダヤ人は異邦人と食事をすることはおろか、異邦人の家に入ることさえしませんでした。ペテロを探しに来た男たちは、神の天使に命じられた用事で来ていました。彼らはペテロを異邦人であるコルネリオの家に招くために来ていたのです。

やっとあの幻の意味が分かった、とペテロは思った。神は私に、すべての食べ物は清く、食べられると教えてくれた。これでベーコンも食べられる！神はまた、異邦人がもはや汚れた者とみなされないことも明らかにした。私たちユダヤ人は彼らの家を訪ねることができ、彼らもユダヤ人の家を訪れることができる。そして、一緒に座って食事をすることもできるのだ。

こうして神はペテロを異邦人の訪問者を迎えるための備えをし、彼らはシモンの家に招かれて食事と睡眠を共にしました。翌朝、ペテロと他の数人の信者は三人の男たちと共にコルネリオの家に戻りました。コルネリオは親戚や親しい友人たちと共に、神からのメッセージを聞くのを待っていました。

異邦人は福音を受け取る（使徒行伝10:24-48）

ペテロが家に入ると、コルネリオは敬意を表して頭を下げました。ペテロは神の天使に推薦されていたからです。ペテロはすぐに身をかがめ、コルネリオの手を取り、「お立ちください。私もあなたと同じ人間です」と言いました。コルネリオはペテロを広い奥の部屋へと案内しました。そこには大勢の人々がペテロの到着を待っていました。コルネリオは率直にこう言いました。「ユダヤ人が外国人と交わることは禁じられているユダヤの律法を、皆さんはご存じでしょう。しかし、昨日、神は私に、いかなる人をも神聖でない者、汚れた者と呼んではならないと示されました。それで、私はあなたに会いに来ました。なぜ私を招いたのですか？」

コルネリウスは言いました。「四日前、私が祈っていた時、突然、輝く衣をまとった天使が私の前に現れ、『神はあなたの祈りを聞き、ユダヤ人へのあなたの慈善行為を目にしました。ペテロを呼びなさい』と言いました。そして、ペテロはあなたの滞在場所を教えてくれました。あなたが来られたので、私たちは主からの、そして主についてのお告げを聞きたいのです。」

ペテロは言いました。「今、*私は神が偏見を持たないことを知りました。神はすべての国の人々を歓迎されます。* 」ペテロは続けて、イエスの福音と、イエスが私たち皆のためにしてくださったことについて簡潔に語りました。「イエスは聖書に預言されていた救い主であり、イエスを信じ従う者は皆、罪の赦しと永遠の命を受けます。」

ペテロが説教を終える前に、福音のメッセージを聞いていた異邦人たちの上に聖霊が降臨しました。ペテロと共に来たユダヤ人の信者たちは、聖霊の賜物が異邦人にも与えられたことに驚きました。聖霊は、ユダヤ人やサマリア人の信者にされたように、異邦人の信者たちにも異言を語り、神を賛美する力を与えました。

ペテロは言いました。「あなたが悔い改めてイエスを救い主として受け入れたことは明らかです。神の霊の賜物を受けたからです。誰もあなたたちの洗礼を拒むことはできません。」　異邦人の新しい信者たちの洗礼の後、コルネリオはペテロに、キリストにおける成長についてさらに教えるために、もう数日滞在するよう頼みました。ペテロは留まりましたが、彼のユダヤ人信者の友人たちはヨッパの実家に戻りました。*この出来事は「異邦人のペンテコステ」*と呼ぶことができます。

ペテロはエルサレム教会に報告する(使徒行伝11:1–18)

異邦人が聖霊を受け、洗礼を受けたという予期せぬ知らせは、ペテロがエルサレムに戻る前に既に急速に広まりました。人々の反応は様々でした。ユダヤ人信者の中には、異邦人は*イエスを信じて洗礼を受ける前に、ユダヤ人になる(割礼を受け、ユダヤの律法に従って生活する)必要があると考える者*もいました(使徒行伝　11:1-3)。ルカは反対者たちを「割礼を受けた者たち」と呼びました。彼らはペテロが「割礼を受けていない異邦人」のもとへ行き、彼らと食事をしたことに異議を唱えました。後に彼らは使徒パウロに反対したため、ユダヤ主義者と呼ばれるようになりました(使徒行伝 15:1-2)。

ペテロは、神がすべての人々を愛しておられることを悟らせてくれた幻を通して、神がどのようにして彼を異邦人のもとへ導いたかを語りました。神は、何世紀も前にアブラハムに告げられたように(創世記12:3)、すべての国々の人々を救う計画をお持ちです。ペテロの理解は正しかったことが証明されました。神の霊がユダヤ人の信者たちと同じように、異邦人の信者たちにも降臨されたからです。

ペテロの話を聞いたユダヤ人信者のほとんどは神を賛美し、「神は異邦人が悔い改めて永遠の命を得ることをお許しになった」(使徒行伝 11:18)と言いました。ペテロはユダヤ人にとって最も力強く、最もよく知られた使徒であり続けました。彼は新約聖書のペテロの手紙一と二を執筆し、マルコによる福音書の主要な人材であったと考えられます。

シリアのアンティオキアにおける異邦人教会の誕生（使徒言行録11:19-30）

ステパノの殉教（使徒行伝7:59-60）の後、エルサレムの教会に対する激しい迫害が始まりました（使徒行伝8:1-3）。多くの信者は安全を求めて散らばっていきました。ステパノの殉教後の迫害のため、キプロス島、フェニキア、シリア領アンティオキアまで逃れた信者もいました。後ほど、もう一つのアンティオキアについて学びます。エルサレムから移住してきた信者のほとんどは、アンティオキアの地元のユダヤ人にのみ伝道していましたが、エルサレムから来た信者の中には、アンティオキアのギリシャ人にも伝道し始めた者もいました。ギリシャ人に福音を宣べ伝えることで、多くの新しいイエスの信者が生まれました。

アンティオキアに異邦人教会が設立され、急速に成長しているという知らせは、アンティオキアから南に約 320 キロ離れたエルサレムの教会（集会）にも届きました。バルナバは、アンティオキアにおける異邦人教会の成長を調査するために派遣されました。アンティオキアに到着し、状況を直接見たバルナバは、自分の任務が一人では手に負えないことを悟りました。彼はサウロのことを思い出し、サウロを捜すためにアンティオキアから北西に 86 キロ離れたタルソ（現在のトルコ）まで歩きました。サウロは喜んでバルナバに同行し、シリアのアンティオキアに戻りました。二人は、イエスの生涯と教えを、大勢の新しい異邦人信者に教えました。新しい信者を教えることに加えて、バルナバとサウロはキリストへの完全な従順さを体現しました。こうして、これらの新しい信者たちは、アンティオキアの他の人々に福音を伝えました。アンティオキアでイエスに新しく従った人々は、クリスチャンと呼ばれる最初の人々でした。

　アガボとエルサレムからの数人の預言者がアンティオキアを訪れました。アガボは神の霊に導かれ、ローマ帝国全土に飢饉が起こると予言しました。*（この飢饉はクラウディウス帝の治世中に起こりました。ユダヤの歴史家ヨセフスは、西暦45年から47年にかけてパレスチナで飢饉が起こったと記しています。）*

> *アンティオキアの異邦人会衆は、ユダにいるユダヤ人クリスチャンの兄弟たちを救うために寄付を送ることを決定しました。*彼らはそれぞれ、自分の持てる分に応じて寄付しました。バルナバとサウロによって信者たちに寄付が届けられた後、彼らはアンティオキアに戻る際にヨハネ・マルコを連れて行きました
>
> （使徒行伝 12:25）。

ペテロは投獄され、解放される（使徒行伝12:1-20）

その頃、ユダヤのヘロデ・アグリッパ王はエルサレム教会の指導者たちを虐待するために逮捕しました。彼は使徒ヨハネの兄弟である使徒ヤコブを剣で殺させました。ユダヤ人の指導者たちがそれを喜ぶのを見て、ペテロ*も殺すつもりで逮捕しました。*

　ところが、ちょうど過越祭の最中だったので、ヘロデはペテロを牢に入れ、過越祭が終わるまで厳重に監視させました。教会は彼のために熱心に祈りました。ヘロデがペテロを裁き、*殺害する前夜*、使徒ペテロは牢獄の中で二人の兵士の間に鎖でつながれて眠りました。牢獄の外には番兵も配置されていました。主の使いが現れてペテロを起こしましたが、番兵は起こせませんでした。ペテロの鎖が外れ、ペテロは履物と外套を身につけ、帯を締めました。それから彼は天使の後

について牢獄の中を通り抜けました。どの門も自動的に開きました。彼らは牢獄の中庭を通り抜け、正門が彼らには開きました。通りに出ると天使は姿を消しました。ペテロは夢を見ているのだと思いましたが、主がヘロデから彼を救い出すために使いを遣わしたのだと悟りました。

ペトロは、ヨハネ・マルコの母マリアの家へ歩いて行きました。そこには多くの人が集まってペトロのために祈っていました。ペトロがドアをノックすると、召使いのローダが応対に行きました。しかし、ペトロの声に気づいたローダは、あまりにも興奮してドアを開けることができませんでした。しかし、喜び勇んで走り出し、他の者たちに知らせました。

彼らは彼女にこう言いました。「お嬢さん、あなたは気が狂っているよ!ピーターのはずがない。」

ペテロはドアをノックし続けました。ついに彼らはドアを開け、そこにペテロが立っているのを見て驚きました。ペテロは、イエスが牢獄から脱出した話をしている間、静かにするように合図しました。そして、イエスの異父兄弟ヤコブや他の信者たちに伝えるように頼みました。それからペテロは安全な場所へと去っていきました。*私たちは時々、初期の信者たちのように祈ります。そして、神が祈りに答えてくださるとき、私たちは信じることができなくなってしまうのでしょうか。*

それからペテロは安全な場所へ出発しました。朝になると、牢獄は大混乱に陥りました。ペテロはどこにいるのでしょう?どうやって逃げ出したのでしょう?ヘロデは激怒し、ペテロの逃亡を許した番兵たちを処刑しました。

ヘロデ・アンティパスの死(使徒行伝12:20-24)

ティルスとシドンの人々に激怒していました。彼らは王の侍従の好意を得て、ヘロデの前に出て和平を願い出ました。食料を王に頼っていたため、和平は必要不可欠でした。ヘロデは王衣をまとって彼らに会い、演説を行いました。人々は「彼は神の声で話している」と叫び、王を喜ばせました。王は彼らの賛辞に感激しましたが、彼が神の栄光を主張したため、主の天使がすぐに彼を病で襲いました。ヘロデは悲惨な死を遂げました。

ペテロ、パウロ、その他の使徒たちは何を説教しましたか。「使徒言行録の説教は、福音に関する彼らの説明が基本的な信条となったことを示している。すなわち、(1)神はイエスの死と復活を通して私たちの救いのために働いている。(2)復活後、イエスは神の右に座する王座に就いた主として正当な地位に就いた。(3)イエスはすべての追随者に御霊を注いだ。(4)悔い改め、福音を受け入れ、イエスを主と宣言する者は救われる。(5)イエスの追随者は真のイスラエル、神の民である。(6)イエスは追随者のために再び来られ、世界を裁かれる。(7)神の救いの計画全体（イエスの物語）は預言者たちによって預言されていた」（すなわち、イザヤ書7章14節の処女から生まれたこと、イザヤ書53章3-5節の苦難のしもべが私たちの罪を負ったこと、詩篇22章1、7-8、16b、そして18、それぞれがイエスの磔刑などを言葉で表現しています。

「使徒たちは確かにそれ以上のことを説きましたが、この 7 つの要点は彼らの基本的な信念を要約したものです」（著者の牧師であるハワード・バトソン博士の日曜夕方の説教に関する著者の記憶から、全著作権所有、バトソン博士の許可を得てここに引用）。

ストーリー30

福音は諸国に広まる

パウロの最初の宣教旅行、西暦46-48年
（使徒行伝13:1-14:28）

アンティオキア教会の指導者たちは、主の導きを求めて、断食と祈りを続け、奉仕を続けました。聖霊は彼らの心と思いに語りかけ、「バルナバとサウロを、わたしが召した働きのために聖別しなさい」と言われました。*アンティオキアの異邦人教会は、この機会に応え、神に選ばれた者たち（油注がれ、任命された者たち）に手を置き、宣教師として遣わしました。*

　　パウロは、エルサレム教会の主要な指導者であったイエスの異父兄弟ヤコブ、ケパ（ペトロ）、そしてヨハネが、自分たちが割礼を受けた者（ユダヤ人）に召されたように、パウロとバルナバも割礼を受けていない者（異邦人）に福音を伝えるよう召されていることに同意したと述べています。彼らはパウロとバルナバに交わりの手を差し伸べました。彼らの唯一の願いは、貧しい人々のことを覚えていてほしいということでした。パウロとバルナバは既にそうしたいと願っていました（2:7-10）。

バルナバとサウロは、彼らの助手であるヨハネ・マルコと共に、キプロス島のサラミスへ航海に出ました。バルナバはキプロス出身でした。*神が宣教師たちを最初にそこへ導かれたのは、おそらくそのためでしょう（使徒行伝　13:4以下）*。到着後、バルナバとサウロはユダヤ人の会堂で神の言葉を宣べ伝え始めました。キプロス島の住民のほとんどはギリシャ人でしたが、ユダヤ人も多くいました。彼らは島中を巡り、パフォスまで伝道しました。そこでローマ総督セルギウス・パウロは神の言葉を聞き、イエスの弟子となりました。

それからサウロとその仲間　（バルナバとヨハネ・マルコ）はキプロス島を離れ、パンフィリア（トルコ南東部）のペルガへ船で向かいました。*そこで 4 つの変化がありました。*最初、バルナバが宣教師チームのリーダーでしたが、今度はサウロがリーダーになりました。2 *番目に、異邦人への伝道を容易にするため*、サウロのユダヤ人としての名前はパウロ (ローマ名) に変更されました。3 番目に、パウロの主な関心はユダヤ人から異邦人に移りましたが、各都市ではパウロはまずユダヤ人のもとへ向かいました。その後数週間で、パウロは会堂から追い出され、ユダヤ人の中からイエスの新しい信者を連れて、その地の異邦人に伝道する機会がパウロに与えられました。4　番目に、ペルガでヨハネ・マルコはチームを離れ、エルサレムに帰りました。その間に、パウロとバルナバはペルガの北約 120 km にある*ピシデアのアンティオキアへ向かいました。*

ピシデアのアンティオキアの会堂でのパウロの説教（使徒言行録13:16以下）

彼らの派遣教会があったシリアのアンティオキアと、ピシデアのアンティオキアを混同しないでください。安息日（土曜日）には、彼らは会堂で礼拝に出席しました。律法と預言者の朗読の後、会堂の役員たちはパウロに、アブラハムからイスラエルの王ダビデ（神の心にかなう人）までのユダヤ人の歴史を簡単に振り返ることを許可しました。パウロは、神がダビデの子孫から救い主を遣わすと約束されたことを彼らに思い出させました。パウロはこう言いました。「私は、救い主が来られたことをあなた方に伝えるために来ました。」

それからパウロは、イエスの生涯と教えについて語り、イエスが十字架につけられたが、神が墓から復活させ、復活したイエスが40日間にわたって500人以上の人々に目撃されたこと、そしてイエスが天に昇り、今や神の右の座に着いていることを伝えました。最後にパウロはこう述べています。

> さて、あなたたちは良い知らせを聞いた。イエスを通して、信じるすべての者の罪は赦される。イエスを通して、信じる者はモーセの律法では不十分だったものから解放される。
> （使徒行伝 13:38、著者による改稿）

パウロは異邦人に向かう（使徒行伝13:44-52）

パウロとバルナバが礼拝を終えて会堂を出ようとした時、人々は彼らに次の安息日にも戻ってきてイエスの教えをもっと伝えてほしいと頼みました。パウロとバルナバの噂は広まり、次の安息日にはユダヤ人のほとんどが主の言葉を聞きに来ました。しかし、ユダヤ人の宗教指導者たちは群衆を見て嫉妬し、使徒たちに反論しました。パウロとバルナバは宗教指導者たちに大胆に語りかけました。

> 神の言葉をまずあなたたちに伝える必要がありました。しかし、あなたたちがそれを拒んだので、私たちは異邦人のところへ向かいます。主は私たちにこう言われました。「わたしはあなたを諸国民の光とし、救いが地の果てにまで及ぶようにする。」
>
> （使徒言行録 13:47、イザヤ書 49:6 欽定訳）

ユダヤの会堂で礼拝していた異邦人たちはこれを聞いて喜び、神の言葉を賛美しました。多くの異邦人が信じ、神の言葉はその地域全体に広まりました。しかし、ユダヤの指導者たちは一部の粗暴なユダヤ人を扇動し、パウロとバルナバに対する迫害を扇動しました。そのため、彼らはその地域を去らざるを得なくなりました。使徒たちはピシデアのアンティオキアから南西約110キロのイコニオムへ向かいました。

受け入れと反対（使徒行伝14:1-28）

イコニオムでは、パウロとバルナバがユダヤ人の会堂でキリストを宣べ伝え、多くのユダヤ人とギリシャ人が信仰を持ちました。しかし、ピシデアのアンティオキアと同様に、不信仰なユダヤ人指導者たちは人々を扇動して使徒たちに反対させました。それでも彼らはイコニオムに長く留まることができました。彼らは大胆に語り続け、神に頼り、しるしと不思議を行ないました。やがて町は使徒たちをめぐって分裂し、彼らに危害を加えようとする試みもいくつかありました。彼らはリカオニア、リストラ、デルベなどの町々、そしてその周辺地域へと移動し、福音を宣べ伝え続けました。

リストラでは、パウロとバルナバが生まれつき足の不自由な男を癒したため、地元の人々は彼らを崇拝しようとしました。人々はパウロとバルナバをギリシャ神話のゼウスとヘルメスだと考えていましたが、宣教師たちは言いました。「いいえ！私たちはあなた方と同じ人間です。私たちは良い知らせを伝えるために来たのです。あなた方が愚かな信仰を捨て、天地を創造した生ける神を受け入れることができるように。」

ピシデアのアンティオキアとイコニオムのユダヤ人の宗教指導者たちは、群衆を使徒たちに敵対させました。*彼らはリストラでパウロを石打ちにし、死んだと勘違いして町の外に引きずり出しました。*イエスの弟子たちはパウロを取り囲み、彼がようやく立ち上がると、皆で町に戻りました（使徒行伝 14:19-20）。コリントの教会への第二の手紙の中で、パウロはイエスの新しい弟子たちに、キリストに属さない偽使徒がいると警告しました。彼らは、サタンが光の天使に変装するように、正義の僕に変装した悪の僕です。神は彼ら全員を、それぞれの悪行に応じて裁かれるでしょう（コリントの信徒への手紙二 11:13-15、筆者による改稿）。

パウロは、自分を苦しめるために肉体にとげ（サタンの使者、未知の病）を与えられたと言いました。パウロは神にそのとげを取り除いてくださるよう三度祈りましたが、主はパウロにこう言われました。

> いいえ、とげは残る。あなたはわたしの恵みに頼らなければならない。わたしの恵みはあなたが必要とする以上のものだ。わたしの力はあなたの弱さの中で完全に発揮されるからだ。
>
> （コリント人への手紙二 12:7-10。ピリピ人への手紙 4:11-13も参照）

*その後、パウロのとげに対する態度は変わりました。彼は*キリストのために、弱さ、迫害、侮辱、苦悩、そしてその他の困難に耐えながらも、満足感を覚えました。そしてこう言うことができました。

> 私はキリストのゆえに弱さに甘んじます。なぜなら、私が弱い時、神は私の力となってくださるからです。私は神に完全に頼ります。
>
> （コリント人への手紙二 12:9-10、著者による改稿）

あなたも私も、私たちが行うすべてのこと、私たちが苦しむすべてのことにおいて、神に頼ることができますように。

翌日（使徒行伝 14:20-23）、パウロとバルナバはルステラの東約80キロにあるデルベへ行きました。そこで福音を宣べ伝え、多くの人がイエスの弟子になりました。そこから、彼らは伝道した町々を逆順に巡る計画を立てました。デルベから、パウロが石打ちにされたルステラ、イコニオム、そしてピシデアのアンティオキアへと戻りました。これらの都市で使徒たちは、各教会が*各会衆の中から牧師を選任し*、霊的指導者として任命するのを助けました。

ペルガで伝道した後、彼らは南下してアタリアと大海（地中海）へ向かいました。そこからシリアのアンティオキア行きの船に乗り込み、到着すると、*派遣元であるアンティオキアの会衆に詳細な報告を行いました。会衆は、神が異邦人のために信仰の門を大きく開かれたことを聞き、喜びに満たされました（使徒言行録14:25-28）。*

パウロの最初の宣教旅行の終わり

パウロとバルナバはアンティオキアに数ヶ月滞在しました。*注：ヘブライ人（ユダヤ人）は12部族から成り、一つの民族集団を形成していました。他の民族集団は異邦人（非ユダヤ人）ですが、アラブ人の部族はユダヤ人の従兄弟とみなされている可能性があります。アラブ人はイシュマエルを通してアブラハムの血統を受け継いでいますが、アラブ人はユダヤ人では*

*なく、彼らの間に真の平和は存在しません。本書の読者のほとんどは、著者と同様に、異邦人の民族集団の子孫であると思われます。神はすべての人々を愛しておられます。 キリストはユダヤ人、アラブ人、異邦人、すべての人々のために亡くなりました。*キリストにおいて、すべての信者は永遠の神の民となります。

エルサレム会議(使徒行伝15:1-12)

ユダから何人かの男たちがシリアのアンティオキアに行き、割礼を受け、モーセのユダヤの慣習に従わなければ救われないと会衆に教え始めました。パウロとバルナバはエルサレムを訪れた人々と議論しました。そこで会衆(アンティオキアの異邦人教会員)は、使徒と長老(牧師)がこの問題の解決を助けることができるよう、議論をエルサレムに持ち込むことを決定しました。

*(現在のレバノン)とサマリア*を徒歩で通り、エルサレムを目指しました。旅の途中、彼らは道中で多くの異邦人が改宗したことを人々に伝えました。それは道中の信者たちに大きな喜びをもたらしました。エルサレムに到着すると、アンティオキアの代表団は使徒や長老(牧師)を含むユダヤ人信者たちから温かく迎えられました。アンティオキアの代表団は、神が彼らを通して、そして彼らの中で成し遂げられたすべてのことを報告しました。

エルサレムのパリサイ派の一部のメンバーは信者となり、ユダヤ主義者と呼ばれました。彼らは異邦人の信者に割礼を施し、モーセの律法を守るよう指導する必要があると主張しました。*これは、ユダヤ人のプライドが、すべての国々を救い、神を礼拝するという神の永遠の計画に取って代わった例です。*アメリカ人のプライドも同様の罪を犯しかねませ

ん。個人的なプライドもまた、(故意にせよ無意識にせよ)神の永遠の計画に反して利用される可能性があります。

*会議での討論は行き詰まっていたため、*ペテロは立ち上がり、神がカイサリアの異邦人の間で行ったことを説明しました。

> 異邦人は福音を聞いた後、イエスを信じ、従いました。神は異邦人の信者たちの心を知り、ユダヤ人の信者たちと同じように聖霊を与えることで、彼らの悔い改めとキリストへの信仰を証明されました。ユダヤ人がイエスに従うとき、神はユダヤ人と異邦人を区別しません。

ペテロはグループにこう諭しました。「私たちは、ユダヤ人の信者は主イエスの恵みによって救われると信じています。異邦人の信者もまた、主イエスの恵みによって救われます。」*こうしてペテロは議論を逆転させました。*ユダヤ人の信者は、非ユダヤ人の信者と同様に、宗教的な行いではなく、恵みによって救われるのです。*善行は行いによって救いをもたらすわけではありませんが、恵みによる救いは善行によってもたらされます*(エペソ人への手紙 2章8-10節参照)。

救いのために割礼とモーセの律法の遵守が必要なら、なぜイエスは地上に来て私たちの罪のために死んだのでしょうか。モーセの律法は救いをもたらすことはできません。むしろ、それは私たちの罪と救い主の必要性を指摘するものです。救い主はイエスだけです(ローマ3:19-26)。

ペテロが議論を終わらせたように見えた。その後、パウロとバルナバが話すことを許された。バルナバ(エルサレムではパウロよりもよく知られていた)とパウロが、神が異邦人の間で行われたしるしと不思議について語ると、*群衆は静まり返った。*

ジェームズの解決策(使徒行伝15:13-35)

話し合いが全て終わった後、ヤコブ(イエスの異父兄弟であり、エルサレム会衆の指導者)は、話し合った内容をまとめ、問題の解決策を提案しました。ヤコブは言いました。*「私の意見を聞いてください。シメオン・ペテロは、神が異邦人を御名のために民として迎え入れられたことを説明しました。これは預言者アモスの言葉と一致しています。*これらのことの後、主はこう宣言されました。

> わたしは戻って来て、倒れたダビデの幕屋を再建する。わたしは廃墟を再建し、それを回復する。それは、残りの人々が主を求め、わたしの名によって呼ばれるすべての異邦人が主を求めるためである。
>
> (アモス書 9:11-12、著者による改稿)

ジェームズはこう結論した。

> ですから、神に立ち返ろうとしている異邦人を、これ以上煩わせるべきではないと私は判断します。*彼らに手紙を書き、偶像に汚れたもの、淫乱、絞め殺したもの、血を食べることを避けるように勧めましょう。*
>
> (使徒行伝 15:19-20 NASB)

ユダ(あだ名はバルサバ)とシラスはパウロとバルナバに同行し、アンティオキアの会衆にそのすべてを説明する手紙を届けるために選ばれました。

シリアのアンティオキアでこの手紙が朗読され、解説されると、*異邦人の信者たちからなる異邦人会衆は、イエス*

*に従うためにユダヤ人になる必要はないと説くこの励ましの手紙に歓喜しました。*アンティオキアで数日間を過ごした後、ユダはエルサレムに戻りましたが、シラスは留まり、パウロとバルナバが神の言葉を教えるのを手伝うことを選びました。なぜなら、多くの人がイエスの弟子になっていたからです。

イエスの異父兄弟であり、エルサレムの会衆の指導者であった*ヤコブは、西暦51年頃に新約聖書のヤコブの手紙を著しました。彼はイエスの教えに基づき、社会的な人間関係や信仰のその他の実践的な側面について記しました。イエスのもう一人の異父兄弟であり、ヤコブの同母兄弟であったユダは*、西暦70年頃にユダの手紙を著しました。彼は教会における偽教師たちに対して警告するためにユダの手紙を書きました。

パウロの第二回宣教旅行、西暦49-52年(使徒行伝15:36-18:23)

しばらくして、パウロはバルナバにこう言いました。「私たちは福音を宣べ伝えたすべての町で、新しい信者たちのところへ戻らなければなりません。彼らのイエスへの霊的な忠実さと霊的な成長を確実にしなければなりません」(著者による改稿)。

バルナバは言いました。「私たちはヨハネ・マークにもう一度チャンスを与えなければなりません。」

パウロは、マルコが最初の宣教旅行の途中で彼らを見捨てたので、彼を連れて行く必要はないと主張しました。

*マルコに関する意見の相違が深刻だったた*め、彼らは別れることに決めました(解決策)。バルナバはマルコを連れてキプロス島へ航海し、最初の旅の出発点となりました。パウロはシラス(シルワノ)を連れて、シリアとキリキア(現在のトルコ南部)を経由して陸路で渡ることになりました。

パウロとシラスは、パウロの故郷タルソスを通過し、デルベ、ルステラ、イコニオム、そしてピシデアのアンティオキアの4つの都市へと旅を続けました。これらの都市では、パウロとバルナバが最初の宣教旅行中に多くの福音を伝え、新しい教会を設立していました。パウロとシラスは各都市に多くの日々を滞在し、教会とその指導者たちを強め、新しい信者を増やしました。

リストラで彼らは、ユダヤ人の母親の息子で信者となったテモテに会います。テモテも信者であり、ユダヤ文化の中で育てられましたが、父親がギリシア人（異邦人）であったため割礼を受けていませんでした。テモテはリストラとイコニオムの教会員から非常に推薦されていました。パウロはテモテを宣教師チームに迎えたいと思い、奇妙に思える決断をします。パウロはテモテに割礼を受けるように求め、テモテは同意しました。これは奇妙でした。なぜなら、以前、シリアのアンティオキアとエルサレムで、パウロは救いに割礼は必要ではないと主張していたからです。彼はその意見を変えていませんでした。テモテの割礼は純粋に文化的な必要性によるものであり、宗教的な必要性によるものではありませんでした。割礼を受けていないユダヤ人がパウロのチームに加わることは、ユダヤ人社会に歓迎されないでしょう。そのため、パウロはテモテに割礼を受けるように求めました。

ピシデアのアンティオキアから、パウロは北へ向かい、ビテニアで福音を宣べ伝えようとしました。しかし、イエスの御霊はそれを許さず、彼らを西へと導きました。（*旧約聖書の物語は、神がご自身の時に従って働くことを私たち皆に教えています。明らかに、それはビテニアにとっての時ではありませんでした。*後に神はペテロをその地域に遣わしました。ペテロの手紙一は、ペテロがその地域のユダヤ教徒の改宗者たちに送った手紙の続きです。）パウロの宣教団はついにエーゲ海東岸の港町トロアスに到着しました。彼らはアジアの果てに到達したのです。主よ、これからどうされますか？

パウロの第二回宣教旅行中、トロアスでルカがパウロの宣教団の一員であったことが分かります。*ルカがいつ宣教団に加わったかは不明です。彼はおそらくシリア領アンティオキア出身のギリシャ系ユダヤ人で、ピシディアのアンティオキアかトロアスでパウロの宣教団の4人目のメンバーになったと考えられます。*

マケドニアの男が「海を渡って、ここに来て私たちを助けてください」と懇願する*幻を見ました。マケドニアは、アレクサンドロス大王の父であるマケドニアのフィリッポスにちなんで名付けられました。*ルカは、この旅団が神が彼らに福音を宣べ伝えるよう召命を与えたことに同意したことを記しています。「私たちは船に乗り、マケドニア地方の主要都市であり、ローマの植民地であったフィリピへ向かった。」

ヨーロッパで最初の改宗者（使徒行伝16:1421）

フィリピには会堂がありませんでした。新しい会堂を建てるには、30歳以上の男性が最低10人必要だったからです。当時、そこに住むユダヤ人男性は10人にも満たなかったのです。安息日に、パウロとその一行は町の外、近くの川辺へ行きました。彼らはそこに「祈りの場所」があることを期待していました。

川辺で、彼らは集まっていた女性たちと座り、話をしました。その中の一人、リディアは高価な織物を扱う裕福な商人でした。彼女はコルネリウス（使徒行伝10章）のように、神を畏れる人（神を崇拝する異邦人）でした。主はリディアの心を開き、恵みの福音に耳を傾けるよう促しました。キリストへの信仰に基づき、彼女と家族は信者の洗礼を求めました。リディアはヨーロッパで初めてイエスの弟子となりました。彼女はまた、パウロとその仲間たちに、フィリピにある彼女の大きな家を拠点にするよう招きました。

ある日、パウロと一行が祈りの場へ向かっていたとき、占いの霊にとりつかれた奴隷の女が道中で彼らに出会いました。彼女は占いをして主人たちに大金を儲けさせていました。彼女はパウロと一行の後をついて歩き、「この人たちはいと高き神のしもべです。救いの道を告げるために来たのです」と叫びました。彼女は毎日一行の後をついて歩き、彼らが誰で、なぜ来たのかを叫び続けました。*聞こえは良いかもしれませんが、実際には福音を聞く前に人々を追い払っていたのです。*

ついにパウロは女奴隷の霊に向き直り、「イエスの御名によって命じる。女から出て行け」と語りかけました。悪霊はパウロの命令に従い、すぐに女奴隷から去りました。女奴隷の所有者たちは、彼女を通して利益を得続けられるという望みが消えたことを悟りました。パウロとシラスは捕らえられ、長官たちのところに連れて行かれ、「これらのユダヤ人たちは、ローマの法律に反する慣習を押し付けることで、私たちの町に混乱をもたらしています」と訴えました。

パウロとシラスが投獄される(使徒行伝16:22-30)

地元の群衆もパウロとシラスに反対したので、長官たちは二人の衣を引き裂き、棒で打つよう命じました。打った後、彼らは二人を牢に入れ、看守に厳重に監視するよう命じました。看守は二人を厳重な牢に入れ、足かせをはめました。

真夜中頃、パウロとシラスは他の囚人たちが耳を傾ける中、祈りを捧げ、神への賛美歌を歌っていました。すると突然、地震が牢獄の土台を揺るがしました。すべての扉が勢いよく開き、全員の鎖が外れました。看守は目を覚ましました。牢獄の扉が開いているのを見て、囚人たちが全員逃げ出したのだと思いました。もし囚人たちが逃げ出したら、自分も代わりに牢に入れられることになるでしょう。そこで看守は剣を抜いて自殺しようとしましたが、パウロは「私たちは皆まだここにいます。自害しないでください」と叫びました。看守はランプを取り、囚人たちの頭を数えました。彼は、一人たりとも逃げ出そうとしなかったことに驚きました。

　　パウロとシラスを牢の外に連れ出すと、看守は震えながら二人の足元にひれ伏し、「先生方、救われるためには何をすればよいのでしょうか」と尋ねました。

　　答えは明白でした。「主イエスを信じなさい。そうすれば、あなたも救われます。*あなたの家族も同様です。*

　　パウロとシラスは看守とその家族全員に福音を説明しました。

　　福音を聞いた後、彼はすぐにパウロとシラスを連れて、家の裏にある浴場で二人の傷を洗いました。そこで彼らは皆、洗礼を受けました（彼と彼の家族全員が福音を聞いて、皆が信じ、皆が洗礼を受けたのです）。そのため、これは信者の洗礼と*呼ばれています。*　洗礼の後、看守はパウロとシラスを家に招き入れ、食事を与えました。看守自身も家の者も皆信じたので、大いに喜びました。

　　パウロとシラスは、その日の早朝、牢に入れられる前に棒で殴打されていました。背中は血だらけでしたが、傷は無視され、夕食も与えられませんでした。しかし、看守は救われた後、別人のように変わりました。二人の傷の手当てをし、自分の家から持ってきた食事を与えたのです*。真の救いは*、*常に人格の変化を伴います。*

　　翌日、長官たちは警官たちを遣わして、「パウロとシラスを釈放せよ」と命じた。

　　看守はパウロにそのことを報告し、「あなたは安心して去ってよい」と言いました。しかしパウロは言いました。「私たちはローマ市民なのに、裁判もせずに公衆の面前で殴打され、牢獄に入れられ、今やまるで全てが順調であるかのように密かに私たちを送還しようとしているのです。長官と警官たちに、牢獄から釈放する前にここに来て謝罪するように伝えてください。」*パウロはローマ人による暴行が繰り返されることを望んでいませんでした。*

警察はこれらの言葉を長官たちに報告しました。長官たちは、彼らがローマ市民を虐待したことに恐怖を覚えました。彼らは牢獄に行き、パウロとシラスに出て来るよう訴え、彼らに迷惑をかけずに町から出て行くよう懇願しました。ルカは、彼らが牢獄を出てリディアの家に行き、フィリピの小さな会衆を励ましたことを書き記しています。その後、*彼らは*ユダヤ人の会堂があったテサロニケ（フィリピの南東約96キロ）まで歩いて行きました。*注：ルカが著者である使徒行伝において、ルカの「私たち」と「彼ら」は、ルカがパウロと一緒にいるのか、そうでないのかを示すコードです。つまり、このコードはルカがどこにいたかを示しています。例えば、「私たち」（使徒行伝16章11-12節）。「そこで、トロアスから船出してサモトラケへ、それからネアポリスを経てフィリピへ」は、ルカがパウロたちと一緒に船出したことを意味します。しかし、ルカは「アンフィポリスとアポロニアを旅して」テサロニケに着いたと書いています。「彼ら」（パウロ、シラス、テモテ）はテサロニケに行きましたが、ルカは一人でフィリピに留まりました。*

実際、ルカは教会の成長と成熟を助けるためにフィリピに6年間留まりました。ルカを一人にしたのは、パウロが神の助けによって状況に対処できるというルカの能力を信頼していたことを示しています。ルカは、パウロが第三回宣教旅行でフィリピに戻るまでそこに留まりました。

テサロニケのパウロ、シラス、テモテ（使徒行伝17:1-9）

パウロは習慣通り、三つの安息日の間会堂に通い、イエスについて教えました。「聖書は、キリストは必ず死に、そして復活しなければならないと教えています。私があなた方に宣べ伝えているこのイエスこそ、キリスト（メシア）なのです。」ユダヤ人の中には、パウロとシラス、そして多くの敬虔なギリシャ人や多くの女性指導者たちと共に、説得されて同行した者もいました。

　　会堂の指導者たちはパウロをねたみ、市場の悪党たちを雇って暴徒を組織し、町を騒乱させました。彼らはパウロとシラスを連れ出そうとヤソンの家を襲撃しましたが、二人は見つからず、ヤソンと他の信者たちを町の役人たちの前に引きずり出し、訴えました。「ヤソンとその仲間たちは、町に好ましくない者を迎え入れました。この好ましくない者たちは、皇帝の布告に反抗し、イエスという名の別の王がいると主張しています。彼らは*世を混乱させ、今また同じことをするためにここに来ているのです。*」会堂の指導者たちは群衆を煽動し、町の役人たちはヤソンに不利な判決を下しました。ヤソンと他の人々は保釈金を支払った後、釈放されました。

パウロと一行はベレアへ向かった（使徒行伝17:10-15）

テサロニケの新しい信者たちは危険を察知し、パウロとシラスをその夜すぐに送り出しました。彼らはテサロニケの西約65キロにあるベレアへ向かいました。到着すると、いつものようにユダヤ教の会堂に入りました。ベレアの指導者たちはテサロニケの指導者たちよりも高貴な人々でした。彼らは福音を熱心に受け入れ、パウロの教えが神の言葉に忠実であることを確認するために毎日聖書を調べました。多くのユダヤ人と、男女を問わず多くのギリシャの有力者たちがイエスを受け入れました。

テサロニケのユダヤ人指導者たちは、ベレアで福音が宣べ伝えられていることを知ると、そこへ赴き、事態を煽動し、群衆を煽動し始めました。*信者たちは事態の重大さを理解し、目立たないシラスとテモテをベレアに残し、目立たないパウロを町から追い出しました。*新信者の何人かはパウロをアテネ（ベレアの南約290キロ）まで案内しました。案内人たちはパウロからの伝言を携えてベレアに戻り、シラスとテモテにすぐさま合流するよう伝えました。

アテネのパウロ（使徒行伝17章）

アテネで待っている間、パウロは街を見渡し、人々についてできる限りのことを学びました。*不快な*神殿と多くの偶像で満ちた街に、彼は憤慨しました。彼は毎日ユダヤ教の会堂に通い、ユダヤ人や敬虔な異邦人と論じました。また、*下町の市場のあるギリシア人と、またアクロポリス（街の上部）*ではエピクロス派（感覚を好む）やストア派（感情に左右されない）の哲学者たちと毎日語り合いました。パウロの中には、パウロがくだらないおしゃべりをする人だと考える者もいれば、イエスとその復活を宣べ伝えるので、奇妙な神々を唱えているようだと考える者もいました。

アテネの人々は新しい話を聞くのが好きだったので、パウロは群衆に語る機会を与えられました。パウロはまず、街中に神社や偶像がたくさんあることから、彼らが非常に信心深いことを知っていると語りました。「知られざる神」に捧げられた祭壇さえ見たことがあると。パウロは、彼らが無知のうちに崇拝している「知られざる神」について伝えるために来たと語りました。*これは私たちにとって良い模範であり、鋭い洞察力です。人々に福音を伝えるとき、まず彼らがイエスについて知っていることから始め、それからイエスと神の恵みについて彼らが知らないことへと導くべきです。*

パウロは、世界とその中にあるすべてのものを創造した神について語り始めました。神は天地の主です。手で造られた神殿に住まわれることも、私たちから何かを必要とするかのように人の手で仕えられることもありません。私たちに命と必要なものすべてを与えてくださるのは神なのです。

神は世界を創造した後、*一人の男と一人の女を創造されました*。この最初の人々から、地球上に住むすべての人々、そしてすべての民族が生まれました。神の計画は、私たち全員が神を知ることです。私たちが心を尽くして神を求めるなら、神はご自身を私たちに知らせてくださいます。

私たちは気づいていないかもしれませんが、神の中で生き、動き、存在しています。あなた方の詩人の中にも、「私たちは神の子である」と詠った人がいます。私たちは神の子である以上、神の本質を金や銀や石、あるいは人間の技や思考によって刻まれたものと同じだと考えるべきではありません。私たちを創造した神は、世界中のすべての人類が罪を悔い改めなければならないと宣言されました。

神は、ご自身が任命した一人の人を通して、義によって世界を裁く時を定められました。そして、その方（イエス）を死から蘇らせることで、すべての人にその証拠を示されました。パウロがイエスの復活について語ったとき、ある者は冷笑し、またある者は別の機会に話を聞くと言いました。しかし、パウロに同調して信じる者もいました。その中には、ディオニュシオとダマリスという女性、そして他の者たちもいました（使徒行伝 17:16-34、著者による改稿）。

コリントのパウロ（使徒行伝18:1-17）

パウロはアテネを離れ、コリントへ向かいました。そこで、アクラとプリキラというユダヤ人の夫婦に出会いました。彼らはイエスの弟子で、クラウディウス帝が全ユダヤ人をローマから追放した後、イタリアから移住してきました。彼らはテント作りで生計を立てていました。パウロもかつてテント作りをしていたため、彼らはパウロを自分たちの家に招き、一緒に仕事をするよう誘いました。*こうして神は、パウロが一時的に自活できる道を備え、毎週土曜日（安息日）にユダヤ人とギリシャ人の敬虔な人々に福音を宣べ伝え、イエスの弟子になるよう説得する道を与えてくださいました。*

やがて、*シラスとテモテはコリントに到着し、ピリピの教会からパウロに金銭の贈り物を届けました。*その贈り物のおかげで、パウロは天幕作りをやめ、イエスについての神の福音を宣べ伝えるためにフルタイムで働くことができました。会堂の人々が抵抗し始めたとき、パウロは異邦人のところへ向かい、敬虔な異邦人ユストの家に移りました。会堂長のクリスポとその家族は、他の多くのコリントの人々と共に信者となり、洗礼を受けました。

*パウロは明らかに何らかのストレスを抱えていたよう*で、ある夜、主が幻の中でパウロにこう語りかけました。「もう恐れることはない。イエスについて語り続けなさい。黙ってはならない。あなたを攻撃する者はいないだろう。コリントにはわたしの民が大勢いるからだ。」こうしてパウロはそこに定住し、18ヶ月間神の言葉を教え続けました。

フィリピの教会からの金銭の贈り物を届けただけでなく、*テサロニケの信者の中にはイエスの再臨について誤解している人もいたと伝えました。*彼らはイエスが地上に戻ってきて生きている信者たちを連れて行くことは知っていましたが、死んだ信者たちは除外されるだろうと考えていました。パウロは彼らに手紙を書き、その誤解を正しました（*テサロニケ人への第一の手紙*）。

彼の手紙は、*主が再臨される際に*、*キリストにあって死んだ者たちを主と共に連れて来られ*、*彼らの体がまず復活すると説明しました。*読者の理解を深めるため、数年後、パウロは信者が死ぬとき、*「体を離れることは、主と共にいることです」*（コリントの信徒への手紙二 5:8）と説明しています。そして、まだ生きている信者たちは、彼らと共に雲の中に引き上げられ、空中で主と会うのです。

コリント人への第一の手紙15章51節でパウロはある神秘について*言及しています。*

> 信じる者は皆、眠りにつく（死ぬ）のではなく、皆、変えられます。信じる者は皆、永遠に主と共にいるのです。
>
> （テサロニケ第一 4:13-18）

西暦51年、テモテはパウロの手紙をテサロニケの教会に届けました。

数か月後、パウロはテサロニケ人への第二の手紙を書きました。パウロの最初の手紙を誤解し、イエスの再臨がすぐに来ると推測した人々がいたためです。彼らは働きをやめ、ただ座って待つだけで、友人たちの重荷になっていました。パウロは、キリストの再臨は差し迫っているものの、すぐには来ないことを説明しました。すべての人は、家族を養い、困っている人々を助けるための資金を確保するために、働き続けなければなりません（テサロニケ人への第二の手紙 3:7-13）。テモテもこの手紙を届けました。

一方、*コリントのユダヤ教指導者たちは、ユダヤの律法に反して神を崇拝するよう人々に説き伏せたとして、パウロを裁きを求めました。*彼らはパウロをアカイア（現在のギリシャの大部分を占めるローマの属州）のローマ総督ガリオの前に連れて行きました。パウロは弁明しようとしましたが、ガリオはそれを遮り、ユダヤ教指導者たちに直接こう言いました。「もしあなたの告発が犯罪に関係するものであれば、私があなたの言うことに耳を傾けるのは当然です。しかし、あなたがたがユダヤ教の宗教的な事柄について私にパウロを裁くことを期待するなら、*それは本末転倒です。*」

神が、パウロを何らかの方法で排除しようと企む過激な不信仰の宗教指導者たちから守るために、不信仰な政府高官を用いられたことに、あなたは驚きますか?一方、神は過激な不信仰の宗教指導者たちを用いてポンテオ・ピラトを説得し、イエスを十字架につけさせ、それによって信者たちの救いを成し遂げられました。神は畏敬の念を抱かせる方であり、しばしば私たちを驚かせてくださいます。

何世紀も前、ヨセフは兄たちに奴隷として売られましたが、ヨセフは彼らを許しました。数年後、*ヨセフは兄たちにこう言いました。*

> *あなたは私に対して悪意を持っていた、しかし神は*、多くのユダヤ人とエジプト人の命を守るために、それを善とされました。
>
> (創世記 50:20)

使徒パウロはこう書いています。

> 神を愛する人々、神のご計画に従って自我の世界から召された人々のために、神はすべてのことを働かせて益としてくださいます。
>
> (ローマ人への手紙 8:28)

パウロは「神はすべてのことを引き起こす」とは言っていません。「神はすべてのこと*(善であれ悪であれ)を善のために働かせる(つまり、神は私たちの苦しみ、病気、貧困などを利用して私たちに善をもたらすことができる)*」と言っているのです。ローマ人への手紙第8章29節は、私たちにとって善とは健康で裕福で賢くなることではなく、「*復活したイエスの姿に似た者となること*」*であると教えています。*

*パウロは勤勉で生産的な使徒であっただけでなく、新約聖書の半分以上の書を著した偉大な神学者でもありました。*彼は個人訪問、回状、そして信頼できる助手を派遣することで、人々や教会をフォローアップしました。

パウロはまた、他の人々を宣教に招き入れる達人でした（シラス、テモテ、ルカ、ガイオ、テトス、アリスタルコ、その他多くの人々）。パウロは、自ら指導し、新しく加わった人々に実地訓練を行いました。*彼は他の人々に期待を抱きながらも、傲慢になることはありませんでした。かつて教会を迫害したことを認めるほど謙虚でしたが、それでも神と、神の驚くべき力を与えてくださる恵みに完全に頼りました。*

コリントの教会は、他の教会よりもパウロの時間と祈りを必要としていました。*その教会は問題と可能性に満ち溢れていました。パウロは決して彼らを見捨てませんでした。彼の手紙、コリント人への第一の手紙と第二の手紙は、現代の教会も直面する多くの必要や問題に取り組んでいます。例えば、コリント人への第一の手紙（NASB訳）の章の副題をご覧ください。第1章「一致への呼びかけ」と「神の知恵」、第2章「神の霊への信頼」、第3章「生活の基盤」、第4章「キリストのしもべ」、第5章「不道徳の戒め」、第6章「訴訟への戒め」、第7章「結婚に関する教え」、第8章「自由を大切に」、第9章「パウロの自由の用い方」、第10章「イスラエルの過ちを避ける」。第 11 章「キリスト教の秩序」と「主の晩餐」、第 12 章「霊的賜物の活用」、第 13 章「アガペーの愛の卓越性」、第 14 章「預言: 優れた霊的賜物」、第 15 章「復活の神秘」、および第 16 章「指示と挨拶」。*

*コリントに18か月滞在し、そこに教会を設立した後、*ケ*ンクレア（現在のギリシャのアテネ近郊）で第2回宣教旅行を終えました。イエスはシリア行きの船に乗り、*まずその地域で

最も重要な都市であるエフェソス（現在のトルコの西海岸に位置する）へ向かった。プリスキラとアクラもイエスに同行してエフェソスまで航海し、そこで下船した。

船は出航前に数時間港に停泊する予定だったので、パウロはその機会を利用して地元の会堂を訪れ、ユダヤ人たちとメシアであるイエスについて語り合いました。彼らはイエスについてもっと聞きたいと思い、もう少し滞在してほしいと頼みました。パウロは感謝しましたが、申し出を断らざるを得ませんでした。神の御心ならば後でまた来ると約束しました。彼は一人でカイサリアへ航海し、そこで下船しました。地元の会衆を訪問した後、*パウロはシリアのアンティオキアにある派遣教会に戻り、第二回宣教旅行の報告を行いました。*

パウロの第三回宣教旅行、西暦53-57年（使徒行伝18:23-21:14）

パウロはシリアのアンティオキアを拠点としてしばらく過ごした後、第三回宣教旅行に出発しました。*彼はエフェソスまで陸路1,500マイルを一人で歩いていたようです。*いつものように、パウロは道中（ピシデアのアンティオキア、イコニオム、リストラ、デルベなど）で信者たちを信仰と宣教の面で力づけることに時間を費やしました。

*パウロはついにローマ帝国の属州アジア州の首都エフェソスに到着しました。*当時の人口は約22万5千人で、*非常に大きな都市と考えられていました。*エフェソスにあった女神ディアナの神殿は、古代世界の七不思議の一つとされていました。ディアナ崇拝には売春も含まれていました。*パウロはエフェソスに約3年間（西暦53/54年から56/57年頃）滞在し、そこで最も優れた働きを行いました。*彼はエフェソスの会堂に戻るという以前の約束を守り、3ヶ月間イエスについて教えました。

彼はティラノの講堂に移り、そこで2年間教え、公の場や戸別訪問で人々に語りかけました。彼は指導者を育成し、エフェソス市内全域、そしてあらゆる方角に多くの新しい教会が設立されました。*おそらくエフェソスから100マイルも離れた場所にまで及んだでしょう。パウロの宣教活動の下、教会の成長はエフェソス全域に、そしてそのはるか彼方まで広がりました。こうしてエフェソスはキリスト教の重要な中心地となりました。*彼はエフェソスで、コリント人への第一の手紙57年とガラテヤ人への手紙54年または55年を執筆しました。

*パウロは夏にエフェソスを出発し、ギリシャへ向かいました。*マケドニアのフィリピへ船で渡り、数ヶ月滞在しました。*フィリピ滞在中にコリント人への手紙二を執筆しました。*その後、コリントに戻り、数ヶ月滞在して*ローマ人への手紙を執筆しました。（西暦57年頃）。近くのケンクレア出身のフィベが手紙をローマに届けました。*ローマ人への手紙15章19節によると、パウロはイリュリクム（ダルマチア、ローマの属州の一つ）を訪れました。ローマ人への手紙15章19節で、パウロはイエスが宣べ伝えられたことのない場所で福音を教え、宣べ伝えることが自分の望みであると述べています*（宣教師の召命です）*。

*パウロはコリントからフィリピに戻りました。しばらく滞在した後、パウロはシリアのアンティオキアに向かいました。ルカは*過越祭の後、パウロと共にフィリピを出発し、5日間かけてトロアスへ航海しました。トロアスでの寄港は1週間でした。パウロと友人たちは信者たちを見つけ、彼らがどこで礼拝しているかを知りました。

彼らは週の初めの日（日曜日）に集まり、パンを裂き（聖餐式、つまり聖餐を祝うため）、聖餐式を行いました。彼らが集まった3階の部屋には、多くのランプが灯されていました。ユテコという若者が、開いた窓辺に座っていました。*パウロは夜遅くまで説教し、聖書について語り合いました。ユテコは眠*

*りに落ち、窓から落ちて亡くなりました。*パウロは急いで階下に降り、若者を抱きしめ、*ユテコを生き返らせました。*皆が主を賛美し、2階に戻って聖餐式にあずかり、共に食事をしました。そしてパウロは夜明けまで説教を続けました。

*彼らは沿岸船で*トロアスからエフェソスのすぐ先のミレトスまで4日間航海しました。パウロはペンテコステ（過越祭の50日後）に間に合うようにエルサレムに急いでいたので、エフェソスに立ち寄りたくありませんでした。

パウロのエフェソスの長老たち（牧師たち）への別れの言葉（使徒行伝20:17-38）

彼らの船は、貨物の積み下ろしと乗組員の上陸休暇のため、数日間ミレトスに停泊しました。*パウロはエフェソスとその周辺の教会の牧師たちに使者を送り、ミレトスにいる自分のもとに来るように頼みました。多くの牧師たちがパウロに会いに来ました。パウロは、エフェソスとその周辺地域で教会の驚異的な成長をもたらすために、福音伝道、信者の弟子化、指導者の訓練、そして教会開拓に尽力したことを彼らに伝えました。使徒行伝　20章17-38節は、教会員や教会開拓者にとって貴重な指針となっています。*パウロは最後にこう述べています。「あなた方は弱い人を助け、主イエスの言葉を覚えていなさい。『受けるより与える方が幸いである』」

*最後の別れは辛いものですが、関係者全員にとって非常に大切なものです。パウロがひざまずいて共に祈ると、皆は感極まりました。長老たちは声を上げて泣き始め、パウロを抱きしめ、何度も頬にキスをしました。*パウロがもう二度と会えないと告げたので、彼らは深く悲しみ、皆でパウロに付き添って船へと向かいました。

ティルスへの航海と陸路エルサレムへの航海（使徒行伝21:1-17）

彼らは沿岸船でパタラ（現在のトルコ南部）まで行き、そこで下船して外洋船に乗りティルス（現在のイスラエル）行きに乗船し、そこで積み荷を降ろして上陸休暇を取った。パウロと一行はティルスの信者たちと7日間滞在し、エルサレムへは行かないように警告された。パウロは再び船に乗り、南下してプトレマイス（ティルスから25マイル）まで行き、積み荷を降ろして一泊し、そこで再び信者たちと会った。船は南へ32マイル進んでカイサリアに到着、そこがパウロと一行の航海の終点となった。カイサリアでパウロと一行は伝道者フィリポ（7人の一人、使徒行伝7章）のもとで数日過ごした。フィリポはサマリアの伝道に尽力し、エチオピアの宦官、そしてアゾトとカイサリアの間の沿岸地域でも伝道しました（使徒行伝6:1-7、8:1-17、8:25-40）。フィリポには、預言者であった処女の娘が4人いました。

パウロがそこにいる間、ユダヤからアガボという預言者がやって来ました。彼はパウロの帯を使い、自分の手足も縛り、エルサレムのユダヤ人たちがパウロを縛ってローマ人に引き渡すだろうと告げました。パウロの仲間たちはパウロにエルサレムに行かないように懇願しましたが、パウロはこう言いました。

> 私は主イエスの御名のためなら、エルサレムで縛られるだけでなく、死ぬことも覚悟しています。
>
> （使徒行伝 21:13 欽定訳）

さらに数日後、パウロと仲間たちは準備を整えてエルサレムに向けて出発しました。

パウロがエルサレムで逮捕される(使徒行伝21:15～23:11)

エルサレムに到着すると、ルカは「兄弟たち*(信者たちの指導者たち)*は喜んで私たちを迎え入れてくれた」と記しています。パウロは、主の異父兄弟であり、エルサレム会衆の指導者であるヤコブと他の長老たちに報告しました。彼らは、パウロの宣教を通して何千人もの異邦人がイエスを信じるようになったと聞いて、興奮していました。また、パウロに潜在的な問題について警告しました。アジアからユダヤ人がエルサレムにやって来て、パウロがモーセの律法に反し、息子に割礼を施してはならないと説いていると主張し、エルサレムを騒がせていたのです。長老たちは、パウロが反モーセではないことを示すための計画を提案しました。パウロは他の4人の男たちと共に身を清め、頭を剃り、犠牲を捧げることに同意しました。

七日間の期間がほぼ終わる頃、何人かのアジア系ユダヤ人が神殿でパウロを見つけ、彼を捕らえて騒ぎを起こしました。群衆が集まり、彼らはパウロが彼らの慣習に反することを語り、ギリシャ人を神殿に連れ込み、彼らの聖所を汚したと主張しました。彼らは以前、パウロがエフェソ人トロフィモと神殿の外で会っていたのを目撃しており、パウロがその異邦人を神殿に連れ込んだと誤解しました。

群衆はパウロを神殿から引きずり出し、殺すつもりで殴り始めました。ある人がローマ軍の司令官に「エルサレムは騒乱状態だ」と報告しました。司令官は百人隊長を率いて神殿へと急ぎました。襲撃者たちは軍隊が近づいてくるのを見て、パウロへの殴打をやめました。

*千人隊長はパウロを鎖(手錠のようなもの)で縛るよう命じ、*人々に尋ねました。「この男は誰だ。何をしたのか。」

群衆は叫ぶ者と叫ぶ者とで意見が異なり、意見の一致は見られませんでした。*司令官はパウロを兵舎に連れて行*

*き、鞭で打つよう命じました。*兵士たちが鞭でパウロを打とうとしたとき、パウロはローマ市民を打とうとしていることを兵士たちに知らせました。まだ裁かれ、有罪判決を受けていないローマ市民を鞭打つことは違法でした。兵士たちは恐れを抱き、鞭打ったり鎖でつなぐこともなく、パウロを鉄格子の中に閉じ込めました。その夜、主はパウロに勇気を保つように言われました。彼はエルサレムで主の証しをしたのだから、ローマでも証しをしなければならないのです(使徒行伝 23:11)。

パウロの安全のため、司令官は彼をエルサレムから大海(地中海)沿岸のカイサリアへ、約96キロ離れた場所に移送しました。パウロはカイサリアで、フェリクス総督の指揮下(西暦58年から60年)、後にフェストゥス総督の指揮下(西暦60年)で約*2年間監禁されました。パウロは腐敗したローマ総督たちに証言しました。*賄賂を渡さなかったため、彼らはパウロを釈放しませんでした。ユダヤ人の指導者たちに引き渡されれば死刑に処せられるのを避け、パウロは皇帝に上訴し、ローマへ送られて皇帝の裁きを受けることになりました。

*アグリッパ王*とその妻ベルニケは、パウロがローマへ出発する前に、総督フェストスを訪ねました。このアグリッパとは、16年前に使徒ヤコブを殺害したヘロデ・アグリッパ1世の息子であるヘロデ・アグリッパ2世でした(使徒行伝12:2)。彼は、洗礼者ヨハネを殺害し(マタイ14:1-12)、イエスを嘲笑したヘロデ・アンティパスの孫でした(ルカ23:8-12)。また、イエス誕生後にベツレヘムの子供たちを殺害したヘロデ大王の曾孫でもありました(マタイ2:13-23)。アグリッパはパウロに話しかけ、パウロは彼にイエスについて証言しました。アグリッパはパウロが逮捕された時のことを話すことを許可しました。フェリクス、フェストス、そしてアグリッパは皆、パウロを助けようとはしませんでした。

イタリアへの6ヶ月間の航海(トラブルあり)

パウロはユリウスという親切な百人隊長に保護されていました。彼らは悪天候の中を航海し、難破を経験しました。神はパウロに、恐れる必要はない、彼と同行者たちは皆無事だと保証されました。また、「パウロはローマで皇帝の前に立たなければならない」とも言われました。さらに3ヶ月後、彼らは別の船に乗り換え、ついにローマ帝国の首都であり、当時の世界の中心であったローマに到着しました。

ローマに到着後、*パウロは宿舎を借りることを許されましたが、丸2年間、そこで軟禁状態に置かれました。*宿舎で番兵に鎖で繋がれていたにもかかわらず、パウロは訪問者を迎え、神の国を宣べ伝え、イエスについて公然と教えることができました(使徒行伝28:30-31)。彼は護衛していたすべての兵士に、見事に福音を宣べ伝えました。*ローマで捕虜生活を送っていた間、パウロが教会に宛てたガラテヤ人への手紙には、彼がどのようにして信者たちを主に従うよう励まし続けたかが記されています。*

イエスに従う者は罪とモーセの律法の奴隷状態から解放されましたが、その自由を肉*(私たちの罪深い性質)を満足させるために用いてはなりません。私たちは愛(アガペーの愛、神の愛)*を通して互いに仕えなければなりません。キリストにおいて、モーセの律法全体は次の言葉で成就されます。

> 隣人を自分自身のように愛しなさい。*もし自由とは互いに攻撃し合うことだと考えるなら、それは間違いであり、霊的に互いを滅ぼしてしまうことになりかねません。*
>
> (ガラテヤ人への手紙 5:13-15
> 、著者による改稿)

> 聖霊と共に歩むなら、私たちは自我の欲望に従うことはありません。私たちの肉的な自我は神の霊に逆らって働き、神の霊は私たちの罪深い性質に逆らって働きます。もし私たちが神の霊に従うなら、モーセの律法は必要ありません。
>
> （ガラテヤ人への手紙 5:16-18、著者による改稿）

> *罪深い性質への渇望は至る所に見られます。*不道徳、汚れ、好色、偶像礼拝、魔術、敵意、争い、嫉妬、怒りの爆発、口論、分裂、分派、ねたみ、酩酊、酒宴、そしてそれらに類する行為は、深刻な問題であり、それを続ける人は神の国に入ることができなくなります。
>
> （ガラテヤ人への手紙 5:19-21 NASB）

御霊の実は、神に従う者の証です。「アガペー、愛、喜び、平和、寛容、親切、善意、誠実、柔和、自制」（ガラテヤ人への手紙 5:22-23 NASB ）*です。「実」という言葉は単数形にも複数形にもなります。「御霊の実」は集合実であることを示しています。これらの9つの特性（愛、喜び、平和など）はすべて、真の信者一人ひとりに与えられています。これらの特性の中には、他の特性よりも強いものもありますが、すべての信者はそれらすべてを備えています。もし私たちがそれらのどれかに弱点があるなら、神に私たちを強くしてくださるよう祈り、神の導きに従うだけでよいのです。*

> キリスト・イエスに真に服従し、従順に従う者は、肉（罪深い自我の性質）を、その情欲と欲望とともに十字架につけました。もし私たちが御霊によって生きるなら、御霊によって歩みましょ

う。高慢にならず、互いに挑み合ったり、ねたみ合ったりしてはいけません。

（ガラテヤ人への手紙 5:24-26
、著者による改稿）

パウロは書簡を通して同労者や教会を励まし続けました。エペソ人への手紙（トロフィズム62章または63章）、ピリピ人への手紙（62章）、コロサイ人への手紙（62章）、テモテへの第二の手紙（64章）、テトスへの手紙（64章）などです。テモテへの2通の手紙とテトスへの1通の手紙は、宣教において彼らを励まし、助言するために書かれました。パウロは友人フィレモン（62章）に手紙を書き、最近パウロがキリストに導いたばかりの逃亡した僕オネシモに対する態度を改めるよう求めました。この新信者はパウロにとって大きな助けとなっていましたが、フィレモンと対面するために戻ることに同意しました。彼はフィレモンに不忠実な僕を受け入れるよう求めるパウロからの手紙を携えていました。

ミニエピローグ

多くの人は、パウロがユダヤ人の告発を免れ、投獄から解放された（?）、フィリピへ行った後、スペインへの伝道旅行（?）を希望した（?）と信じています。*ローマが焼け落ちた後、ネロ皇帝はキリスト教徒を偽って非難し、新たな迫害を開始しました。パウロはニコポリス（現在のギリシャの一部）で逮捕されたと考えられています*（西暦64年）。使徒行伝は、パウロがまだ投獄されているところで終わります。*伝説によると、パウロは西暦64年、ローマで斬首されました。ペテロが逆さまに十字架にかけられたのとほぼ同じ頃です。*

ストーリー31

パズルのピースが組み合わさる

導入

私たちの物語を通して、神はパズルのピースを与えてくださいました。それらを組み合わせれば、人類に対する神の永遠の計画が明らかになります。すでに全体像の大部分が見えていると思う人もいれば、断片は見えても、まだすべてを組み合わせられていない人もいます。残りの私たちも、今からピースを組み合わせ始めましょう。そうすれば、散らばったピースではなく、全体像が見えてくるでしょう。*しかし、イエスが再臨されるまで、神が私たちのために永遠に用意しておられるすべてを、地上の誰も理解することはできません。*

　　　、地球と人類を含む宇宙の*創造以前から始まっていました。神は私たちをご自身の姿に似せて創造されました。ここで、第二の物語を簡単に振り返ってみましょう。神はご*自身の御性質の範囲内で*選択の自由をお持ちです。神はご自身の御性質を犯さないことを選択されたため、選択によって罪を犯すことはできません。神は人間を、*いかなる境界もない選択の自由をもって創造されました。*神は、私たちが神の御心を拒み、自分の意志を求めることをご存知でした。私たちの自我、つまり肉は*、神の御心と計画に反するものであり、それが罪の本質です。イエスの十字架刑は、人類の罪の現実を明らかにしています。

*神は私たちのために、想像を絶する永遠の計画を創造されました。*聖書とこの著者の弱々しいシミュレーションは、まさに神の計画について述べています。神の計画は、最初のアダムとそのすべての子孫の罪を償う第二のアダム、すなわちメシアを与えました。神の償いには、罪深い古い人類から新しい人類を創造することが含まれます。神は、悔い改め、神を愛し、神とその永遠の御心に身を委ねる人間だけを再創造します。新しい人類は、第二のアダムであるイエスの姿に再創造されます。

イエスは、私たちの代わりに死なれた救い主の死と復活を通して、罪と死の力を克服されました。ですから、罪を悔い改め、神が私たちに与えてくださった救い主を信じ、神に従う（自分の意志よりも神の意志を選ぶ）すべての人は、第二のアダムの姿に再創造され、聖化され、永遠に神と共に生きることができるようになります。

さて、それでは「聖書に啓示された神の人類に対する永遠の計画」として知られる*「聖書的世界観」について見ていきましょう。まずは神について簡単に述べてみましょう。*

*神の位格:*精神、無限、個人、唯一、不変、永遠　(常に存在し、これからも存在し続ける); 全能 (すべての力を持つ); 遍在 (同時にあらゆる場所に存在する); 全知 (すべてを知っている); など。

*神の道徳的性格:*愛（アガペー）、義、聖、慈悲深い、怒るのが遅い、同情心がある、許す、慈悲深い、自分を捧げる、道徳的誠実さなど、また神の名前や物語の中にも示されていますが、神は罪を罰することもできます（出エジプト記　34:5-8）

。*神は、神格が人格的であるように、人類（男と女）を人格を持つ者として創造しました。*神は人類を肉体を持って創造しましたが、神は霊も与えました。なぜなら、神は霊だからです。私たちは神でも神々でもありませんし、神や神々になることもできません。人類は有限であり、神のように無限ではありません。したがって、私たちの知識、力、存在などは有限であり、無限ではありません。

であるように、人類を善なる*存在として創造されました。*私たちは神と互いを知り、愛する能力を持って創造されました。人間は無垢で道徳的な存在として創造されました。神は人類に一定の期待を抱いていますが、私たちを命のない操り人形にすることは望んでいませんでした。神の私たちに対する計画は、地球と人類を含む宇宙の創造以前から始まっていました。神は私*たちをご自身の似姿として創造されました。神はご自身の性格を侵害しないことを選ばれました。*したがって、神はご自身の性格の中で選択の自由を持っています。人類は選択の自由を持って創造されましたが、*いかなる境界も設けられていませんでした。*

*全知なる創造主は、人類が神の意志（自我／肉体）を拒絶することをご存じでした。*こうして人類は堕落した人間となりました。*しかし神は、私たちのために想像を絶する永遠の計画を創造されました。*

*神の物語を通して、私たちは*パズルのピースを見てきました。創造、洪水、バベルの塔の反乱、アブラハムへの神の約束、預言者を通して与えられたメシアの約束、そして特に私たちの主であり救い主であるイエスの生涯、教え、犠牲の死、そして復活においてです。使徒たちもまた、私たちがパズルのピースを補うのを助けてくれます。

神の永遠の計画は、神の子羊であるイエスを第二のアダムとして備えました（ローマ人への手紙 5:12-21; コリント人への第一の手紙 15:45）。罪のないイエスは、人類がご自身を

殺すことを進んでお許しになりました。それは、最初のアダムの子孫すべての罪を償うためでした。すべての人がイエスを主であり救い主として受け入れるわけではなく、多くの人は決して受け入れません。イエスの拒絶、イエスの死、復活、そして神と共に天に昇られたことは、人類が神とその恵みを拒絶したことの究極の証拠です。

神の恵みを拒否する不信者は、地獄でサタンの許に行きます。*神は新しい人類を創造しておられます。*それはアダムとエバやその子孫とは異なる人類です。イエスに従い、神を愛し従う人類は、第二のアダム（復活したイエス）に似せて霊的に再創造されています。神の霊は、最初のアダムの罪人たちが罪深い生活を悔い改め、新しい人類として再創造されるのを助けておられます。神を信じ従う人は皆、永遠に神と共に生き、神の御心に従って神に仕えます。まだ生きている私たちの中で、そこに至っている者は一人もいません。聖霊はまた、新しい人類が、神と共に、刺激的で満ち足りた、そして神を敬う永遠の生活を送ることができるように備え（聖化）しておられます。

これまで、著者は私たちの復活に関して*「神秘」という言葉を*一度しか言及していません（第30話、コリント人への第一の手紙15章51節）。この言葉は旧約聖書では使われていませんが、新約聖書では20回使われています（マタイ、マルコ、ルカがそれぞれ1回、パウロが14回、ヨハネの黙示録で3回）。第31話ではこの言葉が複数回使われます。この簡単な紹介を踏まえて、聖書に啓示されている「神の人類に対する永遠の計画」*（マタイ13章11節、マルコ4章11節、ルカ8章1節）として知られる「聖書的世界観」について考察してみましょう。*

> 弟子たちはイエスに近づき、「なぜ人々にたとえ話*（霊的な教訓を込めた短くて平易な物語）で話されるのですか*」と尋ねました。イエスは

> 答えました。「あなた方には*天の国の奥義を知ることが許されているが*、*神とその道を拒む者には許されていない*。持っている者はさらに与えられ、豊かになる。しかし、多くを持たない者は、持っているものまでも取り上げられて、他人に与えられる。*(イエスはお金のことを言っているのではない*。)私がたとえ話で話すのは、彼らが目で見ても心で*見ようとせず*、耳で聞いても心と思いで聞こうとせず、*受け入れようとしないからだ*。」
>
> (マタイによる福音書 13:10-14
> 、著者による改稿)

イザヤの預言(イザヤ書6:9-10)が成就しました。

ペテロの手紙二第3章9節に*も反しているように思われます*。

> 主は、ある人々が遅いと考えるように、約束が遅いのではありません。むしろ、主はあなた方に対して忍耐強くあられ、*ひとりも滅びることを望まず*、*すべての人が悔い改めに至ることを望んでおられるのです*。

神は公平であり、*すべての人の心を求めます*。*救い主イエスは全人類の罪のために来られ*、*亡くなられましたが*、*それでもなお多くの人が神の恵みを拒み*、*自分の道を歩んでいます*。*イエスはそのような人々について語っておられたのです*。

結局、*そのような人々は*、*愛に満ちた神の恵みによる良い結果ではなく*、*自らの選択による悲惨な結果を受けることになります*。著者は、イエスは、信じて従うことを拒むすべて

の人々、特に当時の不信仰なユダヤ教指導者たち、つまり神ではなく自分たちの宗教に従った人々を含めて語っていたと考えています。*また、これは現代のすべての人々、つまり誰であれ、信じることを拒む人々は自動的に神の敵となることを語っています。注：物語第21話、たとえ話7「ぶどう園の人」は、上記のことを描写した非常に重要なたとえ話です。*

> *復活したキリストを通して、すべての信者に*天の領域におけるあらゆる霊的祝福を与えてくださった神に祝福がありますように。*すべての信者は*、神が私たちのために計画しておられるすべてをすでに持っています。私たちはすでにそれらの霊的祝福の一部を享受しています。残りの永遠の祝福を享受するには、イエスの再臨を待つだけです。
>
> （エペソ人への手紙 1:3-14、著者による改稿）

全知なる創造主は、世界を創造する前に、信者となるで*あろう人々を選び、イエスにおける神の息子（娘）となるよう定めました*。神の目的は、これらの養子*（娘）*が神の御前で聖潔で罪のない者となり、神の慈悲深い御心を行うことを選び、それによって神を賛美し、栄光をたたえることです。

神が誰が信じるか信じないかを知っているということは、予定を意味するものではありません。神と共に生きるか、神なしで生きるかは、すべての人に与えられた選択です。予定は、人が神とその御心に従うことを選んだ後にのみ、考慮されます（ローマ人への手紙8章28-30節）。神は、ご自分に信頼を置くすべての人の中で御業を成し遂げることを*保証されます。信じるすべての人の中での神の御業とは、彼らを復活したイエスの姿に再創造し、神と共に生き、信じる者のための神の永遠の計画と共に生きるために備えることです。*

私たちはキリストとの個人的な関係を通して、キリストの血による贖いを受けます。 *贖罪と*は、私たちの罪の赦しです。罪とは、神と私たちに対する神の御心を敬い、従うことを拒むことです。神の御心とは、私たちが神を創造主であり主であることを認め、神との生き生きとした関係を永遠に享受することです。神の*赦しは、神の惜しみない恵み（自我の意志に死に、まだ完全ではないものの、神の御心に従って生きる私たちに注がれる、惜しみない恩恵）に基づいています。それが、信仰と従順（コインの表裏一体）の*意味です。*神は、私たちの必要に対する完全な知恵と洞察力を通して、キリストの奥義を私たちに明らかにしてくださいました。*

（エペソ人への手紙 3:4-5）

この奥義は、以前の世代には明かされていませんでした。*信じるユダヤ人と異邦人*（非ヘブライ人）*は今やキリストにあって共同*の相続人です。こうして私たちはキリストの体（教会）の仲間となり、福音を通してイエスの約束にあずかるのです。かつては*奥義であったことが*今や*明らかになりました。*神の限りない知恵が今や明らかにされています。神が私たちにお持ちの*目的は*（昔の人々と同様に）、この地上における人生の頂点を極める時、神と共に永遠を過ごすことです（キリストにあって計画されたとおり）。その後、*神の永遠の計画は、信じて従うすべての人々*（民族や生誕地に関わらず）に対する*永遠のものとなります。神は新しい天と新しい地を*

創造し、私たちが神の御前で永遠に生きることができるようにしてくださいます。
（黙示録 21:1-3）

そうすれば、私たちの祈り（「神の国が来ますように、神の御心が天で行われるように、地にも行われますように」）は成就するでしょう。
（マタイ6:10）

*天と地はキリストを通して一つになります。*神は始められたことをすべて成し遂げ、その約束はすべて成就されます。今、すべての信者はキリストにおいて嗣業を受け継いでいます。*内住する聖霊は、神が私たちに対して与えてくださった前払いです。（聖霊が私たちの内に宿っていなければ、私たちはまだ救われていません。）神が私たちのために、そして私たちの中でしてくださることはすべて、神の栄光をたたえるためです。*
（エペソ人への手紙 1:6, 12, 14）

この時点で、新約聖書の第 17 話と第 18 話の間にある基礎的な記述をもう一度確認すると役立ちます。

パウロは異邦人の信者たち（現在の信者のほとんどを含む）*に語りかけ、こう言いました。*「あなた方はかつて神から離れ、心に神への敵意を抱き、悪行（偶像礼拝など）にふけっていました。しかし、神は恵みによって、イエスの十字架の死を通してあなた方を和解させ、聖なる者、傷のない者、非難されるところのない者として、御前に立たせてくださいました。*これは、昔か*

> *ら代々隠されていた奥義*ですが、今や聖徒たち（すべての真の信者たち）に明らかにされました。神は、異邦人の間でこの奥義がどれほど栄光に満ちているかを、彼らに知らせてくださいました。*それは、私たちのうちにおられるキリスト、栄光の希望にほかなりません。*」
>
> （コロサイ人への手紙 1:21-27、著者による改稿）

聖霊は、私たちが聖霊によって証印を押されているという点で、神が私たちの相続財産に与えてくださった前払いです。パウロは、神が私たちに知恵の啓示と神の真理の経験を与え、私たちの心の目が照らされるように、つまり、神の召しの希望と、私たち信者の中にある神の相続財産の豊かさを理解できるように、と祈りました。*神が私たちの再創造を終えられるとき、すべての真の信者はキリストにあって完全となり、神もまた私たちの中でご自身が豊かになったとみなされるでしょう*（エペソ人への手紙1章12-18節、著者による修正）。*それは私たちの心を揺さぶるでしょう。*

> あなた方とラオデキアの人々、そしてまだ私に会ったことのない人々にも、私があなた方のために奮闘していることを知ってほしいのです。私の目標は、あなた方全員がキリストにおける愛を通して励まされ、結ばれることです。また、神の奥義、*すなわちキリストご自身を真に知ることで、確信を持っていただきたいのです。*キリストのうちには、知恵と知識の宝がすべて隠されていますが、信じる者すべてに与えられています。
>
> （コロサイ人への手紙 1:21-2:4、著者による改稿）

偽教師はたくさんいます。彼らの邪悪でありながら説得力のある議論に惑わされないように、私はあなたに願います。あなたの信仰の揺るぎなさと、あらゆることにおいてイエスに従おうとする努力を、私は心から喜んでいます。ですから、キリストと一体となって積極的に生きてください。あなたがキリストにおいて成熟し、信仰において完全に確立されますように。そうすれば、偽りの教えに惑わされることなく、キリストにあって堅く立つことができるでしょう。

（ペトロの手紙二 1章、著者による短縮改稿）

*私たちはまた、あなた方（複数）のために祈ります。*あなた方が、外部の人々（未信者）に対して賢明に行動し、あらゆる機会を利用して彼らに福音を伝えるように。

（コロサイ人への手紙4章5-6節、著者による改稿）

イエスは神の姿で存在されましたが、*自らを空にし*、奴隷の姿をとって*私たちに似姿になられました。*イエスは神の御心に従うことで自らを犠牲にし、私たちの罪を負い、私たちが救われるために私たちのために死んでくださったのです。

（ピリピ人への手紙 2:6-11、著者による改稿）

アダムの罪は、自ら神になろうとしたことでした。しかし、救いとは、イエスが神でありながら、私たちの罪の償いのために死ぬために、人にもなられたことです。

（テキサス州アマリロのFBCのハワード・バトソン博士、著者の牧師、許可を得て使用）

だからこそ、神はイエスを高く上げ、すべての名にまさる名を与えられました。それは、*天にいる者も、地上にいる者も、地の下にいる者も、すべての人がイエスの名にひれ伏し*（イザヤ書45章23節、ローマ人への手紙14章11節）、*すべての人がイエス・キリストを主であると告白し、父なる神に栄光を帰すためです。しかし、多くの人にとって、それはもう手遅れです。救いの日が来るのは今日であり、イエスの再臨後ではありません（コリント人への手紙二6章2節、欽定訳聖書、著者による改稿）。*

*上記の聖書箇所は、イエスの受肉（神と人の結合）がかつては神秘であったが、今や明らかになったことを明らかにし、それは神の人類に対する永遠の計画の鍵となる。神の私たちに対する計画は、神に多大な犠牲を払わせた。まず神は、自我の生活を悔い改め、イエスを主として受け入れるすべての人が霊的に生まれ変わり、神と共に永遠の命を享受できる*ように、御子を（貸与ではなく）与えた。

*私たちの救いと神の永遠の計画は、神格の永遠の貧困を必要としました（1958年、ハワード・ペイン大学におけるナット・トレーシー博士の講義）。不可能だと言う人もいるかもしれませんが、私たちはエル・シャダイ（全能の神）について話しているのです。神にとって不可能なことは何もありません。神は人類創造の計画を持っており、人類が神に背を向けることを知っていました。*神の永遠の計画は、罪のない救い主が私たちの罪を自ら負い、私たちの代わりに死ぬことを必要としました。

> 初めに[創造以前、時間と空間以前]、言葉は既に存在していた。言葉は神と共にあった。言葉は神であった。言葉は初めに神と共にあった。
> （ヨハネ1:1-2）

地球と人類が創造される以前、「言葉」は罪のない人間である救い主となることを自ら申し出ました。創造後、私たちは創世記2章5節で初めて「言葉」を「ヤハウェ」（主）として見ます。

*新約聖書では、「ことば」が神の子として人となった後に、私たちはその姿に出会います。私たちは彼をイエス（イェシュア）という名前で知っています。前述のように、「ことば」は自ら進んで救い主となることを決意しました。*人となったイエスは、神ができなかったことを行うことができました。人となったイエスは、私たちの罪を負い、私たちの代わりに死ぬことができました。*人となったイエスは、人類を創造する前と同じ選択をしました。ヘブライ人への手紙12章1-2節（筆者による改稿）にはこう記されています。*

> 私たちは、真の信仰の創始者であり完成者であるイエスに目を留め、忍耐強く人生の競争を走らなければなりません。*イエスは、私たちが救われるために十字架に耐えることを喜びとされました。今、イエスは神の御座の右に座り、主が私たちのために再臨される日を待ち望んでおられます。*

第二の手紙8章9節（著者による書き直し）は、主イエスが私たちに対して示してくださった恵みのゆえに、私たちが富む者となるために、私たちのために貧しくなった*（お金のことではありません）ことを明らかにしています。復活から40日*

後、イエスは「言葉」ではなく「人なるキリスト・イエス」として、肉体を持って天に昇られました。

テモテへの第一の手紙2章3-5節（筆者による書き直し）は、私たちの救い主である神が、すべての人類が救われて真理に至ることを望んでおられることを明らかにしています。その真理とは、*神は唯一であり、神と人との間に仲介者もおられるということです。ですから、キリストであるイエスこそが、その仲介者なのです。*

これらの聖句は、神格の貧弱化（ハワード・ペイン大学のナット・トレーシー博士が授業でよく使う用語です。トレーシー博士は現在、長年主と共におられます）の例を示しています。神格（父、言葉、聖霊）の貧弱化は、人類を救うために神が主導されたものです。これは、神が創造された人類への深い愛の証であり、私たちを贖うために神がどこまでも進んで行かれることの証です。

神は永遠の計画から何かを得るのでしょうか？エペソ人への手紙1章18節（著者による加筆）は、パウロが私たちの心の目が光で照らされるようにと祈ったことを示しています。それは、神の召しの希望と、すべての信者の中にある神の栄光の富（お金ではありません）が何であるかを理解できるように照らされるのです。*こうして神は、新しい人類によってご自身を豊かにされたとみなされます（お金のことやお金で買えるもののことではありません）。キリストにある新しい人類は何よりも神に栄光を帰し、神もキリストにある新しい人類に栄光を帰されます。*

神はまさにそれを成し遂げられましたが、このすべてにおいて神の目的は何でしょうか？*ローマ人への手紙8章28-29節（著者による改稿）は、地上の人類に対する神の計画を紹介しています。28節：*

> *私たちは神の言葉と私たち自身の経験の両方から知っています。*

これは、神がすべての原因となると言っているのではなく、神がすべてのものを善のために使うと言っているのです。

しかし、その特定の善は、神を愛する人々 *(神の目的のために召され、その召命に応える人々)に限られます。*繰り返しますが、私たちの善とは、*裕福になり、健康になり、物事が楽になることを意味するのではありません。信者の特定の善とは、内在する聖霊を通してイエスに似た者となるために、復活したイエスの姿に似せられることです。29*節：

> 神は、信じる者たちをあらかじめ知っておられたので、御子イエスのかたちに似た者となるよう、あらかじめ定められました。*それは、イエスが多くの兄弟姉妹の中で長子となるためです。神は全知であり、御自分に従う者たちをご存知です。*人は信じた後（信じる前ではなく）、復活した神の子イエスのかたちに似た者となるよう、あらかじめ定められます
>
> （すべての真の信者に対する神の約束）。

御言葉が人となった*ことは驚くべきことです。罪のない第二のアダムであるイエスは、*私たちに救いを与えてくださ*いました。そして今、神は従順な信者たちを、罪のない、*十字*架につけられ、復活し、*天*に昇られたイエスの姿に*再創造*すると約束しておられます。*私たち信者は、*神の霊的な子、イエスの兄弟姉妹となります。しかし、*それは私たちが神になるという意味ではありません。ある人が主張するように、私たちは決して神々や天使になるわけではありません。*それは、私たち*

が新しい人類、つまりイエスのような新しい性質を持つ人類になるという意味です。神は、キリストの花嫁である教会（地上での私たちの結婚とは異なります）を誇りとされますが、むしろ、イエスの受肉の命が地上の未信者たちにまで及ぶことを誇りとされます。

真の教会は、組織でも建物でもありません。真の教会はキリストの体です。キリストは、キリストの生ける体と交わりの頭です。*真の教会は、神の「自我の世界」から出て来なさいという呼びかけに応え、キリストの体（この世におけるキリストの受肉としての新しい人間性）となる人々によって構成されます。教会はキリストを頭とするキリストの体です。体と頭は一体です。*

教会はキリストの体として、今ここで多くの機能を持っています。

1. 最も基本的な機能は、神を愛し、従い、崇拝し、神に栄光を捧げることです。
2. 祈りは神との双方向のコミュニケーションと交わりです。
3. 人々の中で神のような人生を送りましょう。イエスのように、自ら選び、他者を中心とする奉仕を通して、神のように愛しましょう。
4. イエスの弟子として成長し、弟子を作りましょう。
5. 会衆の成員との交わり（コイノニア）、互いに愛し合い、キリストにおいて同じ思いを共有し、互いに責任を持ち、互いの幸福を気遣い合うこと。*多様な会衆の中で、このような交わりを私たち自身で築くことはできません。神だけが私たちの間にそのような交わりを築けるのです。*
6. 外部の人々に手を差し伸べ、彼らに証言してください。

7. 伝道、宣教など
8. したがって、キリストの真の体は、神の愛、道徳、そして神の霊的な真理を未信者に示す、奉仕する会員たちの奉仕する教会となります。

*神は信者に多くのものを託しておられます。キリストは聖霊の臨在を通して、すべての信者の内に住んでおられます。こうして、信者は個人的にも集団的にも、神の命令に従う備えをしています。例えば、*エペソ人への手紙3章9-12節（筆者による書き直し）は、「万物を創造された*神の中に、世々隠されていた奥義」を明らかにしています。今、神の永遠の計画のうち、地上における部分の多くはキリストの体に託されています。*「それは、神の豊かな知恵が今や、『教会』（普遍教会）を通して、天にある支配者や権威者に知らされるためです。」*天にある支配者や権威者は天使です。（悪天使にも、神が教会を通して行っていることを示され、彼らの敗北が確実であることを示されたと考える人もいます。）*これは、神が私たちの主キリスト・イエスにおいて成し遂げておられる永遠の目的と一致しています。キリストにおいて、私たちはキリストへの信仰を通して、大胆に、そして確信を持って神に近づくことができます。

*著者は、天の支配者や権威者たちが、口を大きく開けて地上を見つめ、驚きに震え、顔には驚きが浮かんでいる様子を想像しています。「どうやって?」と彼らは尋ねます。「神様はどうしてこんなことをするのですか? 神様は人類を含め、すべてのものを創造されました。すべては完璧でした。しかし、人類は神様に背を向け、すべてが破綻しました。今、神様はイエスに従う罪人たちにすべてを賭けておられます。悔い改めた罪人たちを通して、そして罪人たちを通して、神様が何をなさっているか、見てください!*神様は私たちが想像する以上に偉大なお方です。神様に永遠の栄光あれ!」

*他の箇所でも、天使が人類の永遠の救いに関心を持っていることが明らかになっています。*ペテロ第一1章12節、ルカ15章10節、テモテ第一3章16節、黙示録5章11～14節。

*これまでのところ、神の永遠の計画の大部分は地上で実現しています。*私たちの義認に加えて、私たちの救い（罪からの悔い改めと神への信仰、つまり従順）の即時的な始まりは、神の赦しの恵みと、キリストの姿に私たちを再創造されたことによって可能になりました。

また、私たちは*聖化*（救済後、生涯にわたる進歩となります）を、内在する神の御霊が一人ひとりの信者の中で働くことによる救済の継続として捉えました。神は信者を復活したキリストの姿に変えておられます。神は私たちが徐々に神の御心をすべて選び、自分の意志をすべて拒絶できるようにしてくださいます（自我の意志を拒絶し、神が私たちに対して立てられた計画を完全に受け入れること）。*これは、個々の信者にとって大きな霊的成長を伴います。その成長は、私たちの内で働く神の御霊への服従*の結果です。*聖化の過程は、私たちが地上で最後の息を引き取るまで続きます。それは、私たちの中で働く神の御霊の働きであり、私たちが神に服従し、従うことです。*

信者が栄光、すなわち永遠の救いの段階に入る時に完全に成就します。その段階はもはやこの地上ではなく、神の御前、新しい永遠の天と地において行われます。

*神の定めた時が来れば、主の日が来る。神はブザーを*鳴らし、笛を吹く。私たちが知っている地上の生命は終わりを迎える。

> 主の日は、夜の盗人のように、*私たちが最も予期しないときにやって来ます。*
>
> （テサロニケ第一 5:2）

少なくとも2000年もの間、人々はその日がいつ来るのか推測してきました。一日一日が過ぎていくごとに、その日は近づいていますが、イエスの言葉を思い出してください。使徒たちがイエスに直接「それは今ですか」と尋ねたとき、*イエスは「父が定めておられることは*、あなたがたには知る必要はない」(使徒言行録1:6-7)と答えました。そして続けて、「あなた方は、そのような将来の出来事のことよりも、今、神の計画に携わっていなさい。ですから、わたしはあなたがたに神の国がいつ来るかを告げるのではなく、どのように来るかを告げるのです」(著者による自由な翻訳)と語りました。

> *神の聖霊があなた方(真の信者たち、複数)に臨むとき、あなた方は*エルサレム、ユダ、サマリア、そして全世界、遠く離れたすべての人々にまで、わたしの証人となるでしょう。
>
> (使徒行伝 1:8)

> イエスは続けて言われた。

> 自分の力で証ししようとしてはいけません。それでは何も得られません。*すべての権威は父によって私(イエス)に与えられています。ですから、私は*私に従い従うすべての人に*聖霊*を送ります。父はあなたがたが私について証しできるようにしてくださいます。*聖霊だけが人々に、自分の罪と救い主の必要性を確信させることができます。彼らは自分の善行に頼ることはできません。*なぜなら、義なる方はただ一人のイエスだけだからです。そして、彼らは裁きを受ける

> のです。聖霊はまた、あなたがたをすべての真理へと導き、私に栄光を授けてくださいます。
> （マタイ28:18; ヨハネ16:5-15）

*目的*を簡潔に明らかにしたので、わたしがあなたたちに託した使命をあなたたちがいかにして達成するかを簡単に明らかにしよう（著者訳）」

まず、「生活の中で、弟子を作りなさい。すべての国の人々を弟子にするために、出かけて行くか、出かけて行く人々を支えなさい。」これは簡潔に述べられていますが、どういう意味でしょうか？もっと詳しく言うと、「日々の生活の中で、そして私があなたに与える特別な使命の中で、証しをしなさい（未信者にも信者にも、すべての人に、イエスについて、そしてイエスがあなたの人生をどのように変え、豊かにしてくださったか（お金ではなく）を伝えなさい）」ということです。すべての人にイエスについて伝えるには、私たちと同じような人たちと多くの新しい友人を作る必要があります。そして、私たちとは異なる人たちとさらに多くの新しい友人を作る必要があります。つまり、私たちは個人として、あるいは支援者として、地球上のすべての国、そして私たちの国を含むすべての民族、言語、文化などにイエスの福音を伝える活動に参加しなければならないということです。

それはまさにマタイ伝28章19節前半でイエスが言っていたことです。

> それゆえ、行って、すべての国の人々を弟子（従う者／学ぶ者／行う者）にしなさい。*イエスは「信じる者は証しし、聖霊が回心させる」という意味で言われたのです。*

第二に、イエスは「*人々を弟子として育てた後、父と子と聖霊である神の御名によって洗礼を授けなさい*」（マタイによる福音書　28:19）と言われました。洗礼は救いを与えるものではなく、イエスが自分を救い、イエスが今やキリストにおける新しい人生の主であることを、新しい信者が認め、証しするものです。洗礼を受けた後、すべての人はより多くの弟子としての歩みを必要とします。それは生涯にわたる過程なのです。

*3つ目：*イエスは「*わたしが命じたことをすべて守るように*、すべての信者*に教えなさい*」（マタイ伝28:20a）と言われました。口で証しするだけでは十分ではありません。日々の生活を通して、イエスが命じられたことをすべて実践しなければなりません。*それは簡潔で分かりやすい言葉ですが、イエスが言われた戒めやその意味を見逃してはなりません。*

ある人が著者に、真の教師は教訓ではなく人を教えるものだと教えました。また、良い教えは変化をもたらすとも教えられました。さらに続けることもできますが、イエスはここで何を言っているのでしょうか？信者は、イエスの教えによって人生を変えるように命じられています。そうすれば、聖霊の力によって信者は新しい信者にイエスの教えを教え、実践し、彼らの人生が変わり始めるまでそれを実践できるようになるでしょう。

もし私たちの人生がイエスの教えとイエスの存在によって変えられていないなら、パウロのように「わたしのするようにしなさい。わたしもイエスがなさったようにしているからです」（コリントの信徒への手紙一　11:1）と言うことはできません。*真の弟子は師の態度と実践に従い、真似するのです。*

パウロはまたこうも言いました。

あなたが他の人々の前で私から聞いた教えを、
他の忠実な信者たちに教え、託し、その教えに従って生き、備え、他の人々に教えるようにしなければなりません。

(テモテへの手紙二 2:2)

*イエスの弟子たちは、イエスの教えを学ぶだけでなく、日々その教えを実践します。*これが、イエスが私たちの人生を変える方法の一つです。イエスの弟子たちは、他の弟子たちにも学び、実践するように教え、それによってイエスが彼らの人生にも変化をもたらすのを見ます。神は、イエスの模範、聖書、私たちの心と人生における聖霊の働き、そして神と信者の間の祈り(双方向のコミュニケーション)を通して変化をもたらします。

数ページ前で、私たちは神の御前で信者が栄光を受けること、そして主の来るべき日について簡単に触れました(テサロニケ第一5:2)。主の日とイエスの再臨は、地上での*有限の命と新しい天と地における無限の命を*つなぐ*架け橋です*。さあ、私たちはその命が何を意味するのかを探求し始める準備が整いました。主の日までの時代については、多くの預言や考えがあります。預言の中には、難解な聖書(例えば、ダニエル書や黙示録)が含まれているものもあります。本書では、聖書にあるそのような難解な預言を解説しようとはしません。そのため、読者の中にはがっかりする方もいれば、安心する方もいるかもしれません。

*アダムとエバは*罪を犯すことなく創造されましたが、選択の自由を与えられていたため、神の意志を拒否する能力を持っていました。*彼らは罪を犯すことを選び、全人類は堕落しました。*

*人類だけでなく、神の創造物すべてが人間の罪によって堕落しました。*人類の罪の後、雑草や棘が生え始め、嵐や洪水が発生し、病気、苦しみ、そして死が全人類にもたらされました。

ここで、*神がテサロニケ人への手紙二　2章7節でパウロに明らかにされた最後の神秘を解き明かしましょう(ただし、著者はパウロが言及したすべての神秘を用いているわけではありません)。テサロニケ人への手紙二では、「不法の神秘」が既に作用していることが分かります。*神は不法の者*(サタン)を抑制しておられ、キリストの再臨の時にサタンは排除されます。*

神は人類に救世主を約束し、救世主は来られましたが、人類にはまだ選択の自由があります。

> は、*神の子らの顕現を切望して待ち望んでいます。*なぜなら、被造物は神の本来の創造目的とは比べものにならないほど虚しく腐敗したものにされたからです。それはアダムと私たちの罪によるものでした。被造物自身も、その束縛から解放され、神の子らの栄光に満ちた自由へと導かれるでしょう。私たちは、被造物全体が今に至るまで、共に悲しみと苦悩と苦痛の中でうめき声を上げていることを知っているからです。
>
> (ローマ人への手紙 8:22 欽定訳)

多くの人々は、人類のライフスタイルが地球を破滅させるのではないかと恐れ、それを阻止しようとします。しかし、彼らが理解していないのは、*地球は既に滅びの運命にあるということです。気候変動ではなく、人類が神に対して犯した罪によってです。*私たちは、天に届く塔を建てようとした古代の人々の真似をしているだけです。しかし、それは失敗に終わりました。私たちが地球を自らの力で救おうとする多くの試みも、成功しないでしょう。人間ではなく、神が依然として支配しておられます。イエスは「天地は滅びる」(マルコ13:31-33　欽定訳)と言われました。

不信者は、神が新しい人類、新しい天、新しい地を創造するという約束を知らないか、認めようとしません。新しい人類とは、信じる者をイエスの姿に再創造するという神の御心に基づいています。神はまた、罪、苦しみ、死などのない新しい地を創造し、信じる者と神が永遠に共に過ごす住まいとされます（黙示録21:1-8。ローマ人への手紙8:28-30、黙示録22:1-5も参照）。*これらの出来事は主の日（イエスの再臨）の後に起こりますが、それだけではありません。*

*「死者はどのように復活するのか、そしてどのような体を持つのか」と尋ねる人がいます。*キリストは死からよみがえり、死んだ信者たちの初子となりました。アダムという一人の人間によって、すべての人に死がもたらされました。キリストによって、死者の復活と、すべての真の信者のための永遠の命がもたらされます。

> *信者の死について言えば*、朽ちる体は葬られ、朽ちない体はよみがえらされます。罪深い体は葬られ、栄光ある体は復活します。弱さの中に葬られた体は力の中に復活します。自然の体は葬られ、霊的な体は復活します。自然の体があるなら、霊的な体もあるのです。
>
> （コリント人への手紙第一15:35-44、著者による改稿）

イエスは死からよみがえられたとき、霊的な体を持っていました。

次のように書かれている

> *最初の人アダムは生ける魂とされました。最後のアダム（イエス）は命を与える霊とされまし*

た。最初の人は地から出た者であり、第二の人は天から出た主です。

（コリント人への第一の手紙 15:45-47 欽定訳）

信者は恵みによって救われます。救いは私たちの善行によって得られるものではなく、神の賜物であり、誰もそれを高めることはできません。*私たちは善行によって救われるのではありません*。しかし、*神は私たちをキリスト・イエスにおいて善行を行う者として再創造してくださいました*。神ご自身が信者のために善行を備えてくださり、私たちがそれを行うことを期待しておられます。

（エペソ人への手紙 2:8-10：著者による改稿）

信者にとって大切なことは二つあります。(1)自己中心を捨て、神の栄光のために生きることによって*神と日々関係を築くこと*。*(2)聖霊の導きに従うこと*。*聖霊*にあって、(a) 聖化を通して*私たちを*キリストのイメージに再創造し、(b) 天国で神とともに生きるために私たちを備えさせてください。

神が私たちのためにしてくださったすべてのことのゆえに、私たちは自分の体を*神に喜ばれる生きた聖なる供え物として捧げるよう戒められています*。それが私たちの霊的な礼拝となり、神*の栄光を讃えるものとなります*。私たちはこの自我の世界に*同調することを拒否し*、むしろ*神に委ねるよう戒められています*。　神*は*、*私たちの心と意志と精神を新たにすることによって私たちを変えてくださいます*。神の御心を選ぶとき、私たちは神と自分自身、そして周りの人々に喜ばれる者となります。（ローマ人への手紙12:1-2、著者による改稿）

ストーリー32

エピローグ：永遠の未来を垣間見る

聖書から分かることがいくつかあります。

聖書で関係を表す言葉の一つは「*知る*」です。イエスはこう言われました。*「永遠の命とは、唯一のまことの神である天の父と、神が地上に遣わされたキリストであるイエスを知ることです。」*

永遠の命は、地上において「神との真に親密な個人的な関係が確立された」時に始まります。地上における人間と神との親密な関係は、永遠にわたって受け継がれます

（ヨハネ17:3、著者による改稿）

イエスはこう言われました。「再臨の際、すべての人が復活し、裁きを受けます。義人は*神と共に永遠の命に入ります*。しかし、不義な者は永

遠の罰を受けます。地獄は永遠の罰を受ける場所です。二度目のチャンスはなく、地獄は救済の場ではありません。」

（マタイ伝 25:31-46、著者による短縮）

主の日は、夜盗のように突然来ます。*ノアの時代に洪水に備えていなかった人のように*、*主の日が来ると*、*多くの人が準備ができていません*。主の日が来ると、天と地は火によって滅ぼされます。神は新しい天と新しい地を約束されました（イザヤ書65:17、66:22、黙示録21:1）。新しい天と新しい地には、義（罪のないもの）だけがあります。神の御言葉がこれらのことを前もって告げているのですから、私たちはどのような者になるべきでしょうか。もはや罪の中に生きていない者、悔い改めて神から赦しを受けた者として見出されるよう、熱心に努めましょう。赦しは今日与えられますが、明日が保証されているわけではありません。家族、友人、そして他の人々に証しすることは重要です。死後、あるいは主の再臨後では、手遅れです。

（ペテロ第二3:10-18、著者による改稿）

神はこう言われました。「わたしは新しい天と新しい地を創造する。以前のことはもはや思い出されない。」現在の世界と天は創造主によって滅ぼされます。新しい天と地は、義と神の永遠の栄光、そして罪のない新しい人類のためのキリストのような永遠の在り方を象徴するものです。古い世界と天は決して再現されることはありません。

（イザヤ書 65:17、著者による改稿）

神はヨハネに、海のない新しい天と新しい地を見せました。最初の天と最初の地は滅ぼされました。海は悪を象徴していたので、海がなければ悪もありません。

（黙示録 21:1、著者による改稿）

*主の日に*私たちに現される栄光に比べれば、取るに足りないものです。信じる者は既に救われていますが、救われた者たちは、神の子たちの現われ*（イエスの再臨）を待ち望んでいます。*アダムとエバ、そして彼らの子孫の罪によって、全人類と地球そのものが砕かれ、罪の奴隷となりました。神は信じる人間を再創造し、イエスの再臨の時に天地を再創造されます。私たち信じる者は神の御霊の初穂を持っていますが、被造物のように、私たちも心の中でうめき、*神の子として受け入れられ*、私たちの体が贖われることを待ち望んでいます。それは、被造物が再創造を待ち望んでいるのと同じです。

（ローマ人への手紙 8:18-21、著者による改稿）

新しい天と新しい地の創造、そして元の天と地の破壊に関しては、少なくとも 2 つの異なる解釈があります。

最初に、そしておそらく最もよく受け入れられている解釈は、聖書の簡潔で明確な言葉をそのまま受け入れることです。つまり、古いものは神によって滅ぼされ、神は新しいものを創造するということです。*ペトロの手紙二3章10-13節は、神が古い天と地を滅ぼし、滅ぼされた天と地とは別に新しい天と地を創造すると言っているようです。*

*二つ目の*解釈は、神が天と地を、古いものから新しいものに作り変えるというものです。*ローマ人への手紙8章*

18-23節は、この解釈（すなわち19節）を暗示しているようです。「被造物は、神の子たちの現れを切望して待ち望んでいる」というのは、*イエスの再臨の時です*。

聖書には矛盾がないことは分かっています。では、ペ*テロとパウロによる古い天と地と新しい天と地の説明の間に矛盾があるように見えるのは、どう説明すればいいのでしょうか*。

パウロはある男が受けた幻、あるいは啓示についてこう書いています。

> キリストにあって十四年前、ある人が――肉体のままであったか、肉体を離れてであったか、私は知りませんが、神はご存じです――第三の天にまで引き上げられました（ユダヤ人は天が三層であると信じていました）。そして私は、そのような人が――肉体のままであったか、肉体を離れてであったか、私は知りませんが、神はご存じです――パラダイスに引き上げられ、人には語ることができない、言い表せない言葉を聞いたことを知っています。
>
> （コリント人への手紙二 12:2-4 NASB）

ヨハネの黙示録21章1-2節では、使徒ヨハネは「新しい天と新しい地」を見ただけでなく、「聖なる都、新しいエルサレムが神のもとから天から下って来るのを見た」と記されています。ヨハネは新しいエルサレムの都市を分かりやすく描写することができました（例えば、新しいエルサレムには純金の街路、碧玉の壁、宝石で作られた土台があり、都市には12の門があり、それぞれが一つの真珠でできていたこと、都市の長さ、幅、高さなどを知っていたことなど）。

コリント人への第二の手紙12章1-6節で、パウロは天で見たものを表現することができず、また表現しようと試みることさえ禁じられていました。しかし、使徒ヨハネは新しい天と新しい地の中にある新しいエルサレムをはっきりと描写することができました。なぜパウロは同じことをできなかったのでしょうか?一つの可能性として、パウロは天をありのままに見て、それを表現する言葉を持っていなかった(そして、表現することを許されていなかった)ことが挙げられます。

一方、ペテロとヨハネは、新しい天と新しい地の栄光を理解できない私たちの中に、彼らが知っている言葉で説明できる幻を与えられたのかもしれません。彼らの幻はパウロの幻と同じかもしれませんが、パウロは古いものと新しいものについて異なる説明をしています。

ローマ人への手紙8章18-23節は、聖書の他の例を示唆して、新しいものを古いものの再創造と解釈しているようです。*最初の例:*人類は罪を犯すことなく創造されましたが、罪を犯す能力を持っていました。人は罪を犯しました。そして今、神は現在の罪深い人類から、罪のない新しい人類を再創造しています。罪深い人類は、罪深いアダムとエバのようでした。罪のない新しい人類は、罪のない第二のアダム、復活したイエスのようになります(ローマ人への手紙8章29節)。2*番目の例:*「地球規模の洪水と新たな始まり」(物語4)。洪水は地球に甚大な破壊をもたらし、また甚大な変化をもたらしました。洪水以前、地球は海に囲まれた一つの乾いた陸地でしたが、洪水の間に巨大な力がその一つの乾いた陸地を海に囲まれた複数の別々の乾いた陸地(大陸)に分裂させました。それは新しい始まりであり、新しい地球ではありませんでした。3*番目の例:*かつての膨大な数の人類は、ノアの家族にまで減少しました。それは人類にとっての新たな始まりであり、新たな人類ではありませんでした。

そのため、神が現在の天と地を新しい天と新しい地に作り直すと信じる人もいます。この信条に従う人々は、ローマ人への手紙8章18-21節も心に留めています。著者はパウロの考えに共感しますが、この問いの答えはイエスの再臨まで*待つことができると考えています。*

*永遠の神は新しい天と地に臨在します。*使徒ヨハネは黙示録21章3節で、神の幕屋が神の民の中にあると記しています。

> 神自身が、アダムとイブが罪を犯す前の庭の中でように、日々彼の民の中に宿るでしょう。
>
> *(創世記 3:8)*

> *神は彼らの目からすべての涙をぬぐい去ってくださいます。*もはや死はなく、嘆きも叫びも苦しみもありません。最初のものは過ぎ去りました。御座に座っておられる方がこう言われました。「わたしは、すべてのものを新しくする。」
>
> (黙示録 21:4-5)

*信者は天国で天使にはなりません。*もし信者が天使になったとしても、それは格下げであって、格上げではありません。信者は神の子として養子にされます。天使は神のしもべであり、息子や娘はしもべよりも上位にいます。

> *イエスはサドカイ派の結婚に関する質問に答え*、彼らが間違っており、聖書も神の力も理解していないと告げました。復活後、人々は結婚しません。イエスは私たちが天使になるとはおっしゃいませんでした。天使のようになるとおっしゃったのです。天使は性別を持たずに創造されまし

> *た。イエスは、復活後の私たちの体は性別を持たないかもしれない、つまり結婚は天国には存在しないかもしれないとおっしゃったようです。*
>
> (マタイ22:29-30)

私たちには未だ理解できないことがたくさんあります。「天国には動物がいるのだろうか?」と尋ねる人もいます。ビリー・グラハムは「いる」と言ったそう です。フレッド・ベックは動物が大好きですが、その存在は知りません。

*神が*人類の再創造、そして特に私たちの救いのために払われた多大な犠牲など、神がなさっているすべてのことを踏まえ、著者は神が永遠にわたって神の栄光のために私たちに多くのことをしてくださっていると推測しています。私たちは揺り椅子に座っていたり、翼を広げて飛び回ったりするわけではありません。

*天国とは、ある場所である。*神が信者に与えた永遠の目的には、敬虔さにおける継続的な霊的成長と、神との継続的な交わりと神への礼拝が含まれる。著者のこの仮定は、神の性格と、かつて罪を犯した者たちから新しい人類を創造するために神が払われるあらゆる困難に基づいている。確かなことが一つある。

> 聖書に書いてあるとおりです。「目がまだ見ず、耳がまだ聞かず、人の心に思い浮かんだこともない。神を愛する者のために、神は備えておられる。」
>
> (コリント人への第一の手紙 2:9、イザヤ書 64:4、65:17に基づく欽定訳聖書)

黙示録 4:1-11*には、天国では多くの礼拝が行われると書かれています。*

> 聖なるかな、聖なるかな、聖なるかな、全能の神である主。かつて存在し、今存在し、やがて来られる方。主よ、あなたは栄光と名誉と力を受けるにふさわしい方です。あなたはすべてのものを創造し、あなたの喜びのためにすべてのものは創造され、今も創造されているからです。
>
> （欽定訳）

*信者は永遠を神への畏敬の念と栄光を捧げながら過ごします。*天の神を礼拝する間、私たちの心は神の存在と栄光から決して離れることはありません。また、*神は私たちに多くのことを与えてくださると確信しています。*それがどのようなものかは私たちの想像を絶するものです。しかし、それは確かに偉大なものであり、神を賛美し、新しい人類を満足させる以上のものとなるでしょう。

神に栄光を帰すもう一つのすばらしいことは、アブラハムに対する神の約束が成就したという証拠となるでしょう。

> あなたによって地のすべての家族は祝福されるであろう。
>
> （創世記 12:3b）

> ヨハネは数えきれないほどの大群衆を見ました。人々はあらゆる国、あらゆる部族、あらゆる言語の人々から来ており、中に*はアメリカ合衆国から来た人々もいました。天にいるすべての人々は、白い衣をまとい*、手に棕櫚の枝を持ち、御座と小羊の前に立ちます。　*枝の主日。*皆、大声で「御座に座しておられる我らの神と小羊に救いがあるように」（黙示録7:9-10）と叫ぶでしょう。

彼はまた、ユダの獅子（創世記 49:8-10 および黙示録 5:5）であり、万王の王、万主の主（黙示録 19:16）でもあります。

神のメシア（キリスト）が到来する前は、誰もが救われるのは神の約束のメシアを信じる信仰によってのみでした。神の約束のメシア（キリスト）が到来した後は、誰もが救われるのは神のメシア（キリスト・イエス）を信じる信仰によってのみです。*宗教や教会は人々を救うことはできません。イエスが再臨される時、ユダヤ人、イスラム教徒、異邦人の中からキリストに従う者たちが一つとなり、キリストにおいて一つとなり、アブラハムの真の子孫となるのです。*

> ユダヤ人もギリシャ人（異邦人）もなく、奴隷も自由人も、男も女もありません。なぜなら、あなたがたは皆、キリスト・イエスにあって一つだからです。もしあなたがたがキリストに属しているなら、あなたがたはアブラハムの子孫であり、*神の*約束による相続人なのです。
>
> （ガラテヤ人への手紙 3:28-29 NASB）

「マラナタ」。それでも、主イエスよ、来てください。アーメン。

著者について

フレッド・ベックはテキサス州ガルベストンのボール高校を卒業し、そこでリンダ・ラウントリーと出会いました。二人は1959年6月6日に結婚しました。1962年1月、ハワード・ペイン大学で聖書学と歴史学の学士号を取得しました。1967年6月、ゴールデンゲート・バプテスト神学校（GGBTS）で神学修士号を取得しました。大学と神学校では、パートタイムで二つの教会の牧師を務めました。GGBTS卒業後、カリフォルニア州フォルサムのファースト・バプテスト教会の牧師に就任しました。

1969年5月、フレッドとリンダはSBC国際宣教局を通してインドネシアの宣教師に任命されました。二人はインドネシアで21年間奉仕しました。インドネシアで1年間の語学研修を受けた後、ベック夫妻はインドネシアの3つの州で伝道者、教会開拓者、そして地域指導者の育成者として奉仕しました。

1990年6月、ベック夫妻は南アジア（インドおよび周辺諸国）へ転勤しました。南アジア各地で伝道師として、また巡回する現地のリーダーシップ育成者として活躍しました。困難な任務でしたが、この12年間はベック夫妻にとって最も思い出深く、最も充実した日々でした。

ベック夫妻はテキサス州アマリロで引退生活を送り、教会を通してボランティア活動を行っています。5人の成人した子供、11人の曾孫、そして14人の曾孫がおり、さらに増え続けています。フレッドの処女作『When God Works Incognito』（自伝）はAmazon　Booksで販売されています。159ページと読みやすく、5つ星の評価を受けています。

www.ingramcontent.com/pod-product-compliance
Ingram Content Group UK Ltd.
Pitfield, Milton Keynes, MK11 3LW, UK
UKHW031829260826
14628UKWH00001B/288